红色
旅游 与
文化

吴必虎　余青 主编

王缤钰 沈晔 李敏琦 李静 编著

中国建筑工业出版社

图书在版编目（CIP）数据

红色旅游与文化 / 吴必虎, 余青主编；王缤钰等编
著. — 北京：中国建筑工业出版社, 2013.3
　ISBN 978-7-112-13599-8

　Ⅰ.①红… Ⅱ.①吴… ②余… ③王… Ⅲ.①革命纪
念地—介绍—中国②旅游文化—中国 Ⅳ.①K878.23
②F592

　中国版本图书馆CIP数据核字(2013)第039346号

红色旅游与文化

主　　编　吴必虎　余青
编　　著　王缤钰　沈晔　李敏琦　李静
策　　划　沈元勤
责任编辑　董苏华
书籍设计　晓笛设计工作室　任毅　刘清霞　贺伟
责任校对　党蕾　陈晶晶

出版发行　中国建筑工业出版社（北京西郊百万庄）
经　　销　各地新华书店、建筑书店

制　　版　北京新思维艺林设计中心
印　　刷　北京顺诚印刷有限公司
开　　本　787×1092毫米　1/16
印　　张　25
字　　数　610千字
版　　次　2013年3月第一版　2013年3月第一次印刷

书　　号　ISBN 978-7-112-13599-8（23230）
定　　价　68.00元

前言
旅游路上的中国革命史

第一篇
长征前革命史

目录

第二篇
漫漫长征

———

第三篇
红都延安

———

第四篇
抗日战争

第五篇
解放战争

第六篇
新政建设

第七篇
革命英豪谱

附录

参考文献

后记

前言
旅游路上的中国革命史

用另一种方式阅读中国。

现代中国，交通便利性大增，几乎没有人不曾品尝过出门旅行的经历。现在的旅游者，有越来越多的人来自80后、90后的年轻一代。与出生于1949年之前，或者经历过多次政治运动的50后、60后的那几代人相比，这些年轻一代的国民，对过去一百多年的中国近现代历史，缺乏亲身的经历或体验，中国经历过的百年苦难、百年奋斗、百年涤荡，对于他们来讲，只能靠中小学课本上的灌输、电视节目的演绎和网络资料的搜索了。如果能有机会走出家门、走出校门，走进中国广袤的山河，探寻过去一百多年来中国发生过的风云激荡的踪迹，用足尖、双眼和心灵去实地观察和思考，可能是一种最好的阅读中国的方式。中国是我们的祖国，深情地阅读她、读懂她，比什么都重要。

中国革命史，离不开中国共产党和其他社会力量的互动演进。

这本书的书名叫《红色旅游与文化》，在开始接受编写任务的时候，对于什么叫红色旅游，我们编写小组的成员是没有什么疑问或顾虑的。红色旅游的本意是参访中国共产党领导下的中国革命在中国各地保存和展现出来的各类历史遗址、战争痕迹、名人故地和建设成就。"红色"二字应该源于共产党领导的红军，长征时期就是这么称呼共产党领导的军队的。但是，随着对本书的研讨的逐步深入，我们发现要探访中国共产党的奋斗史、建国史，要完全忽略与其他政党、特别是1949年前的国民党互动的历史，几乎是不可能的。中国革命史，包含了中国共产党、中国国民党、其他政治力量以及中国民众在一百年多年来围绕推翻封建主义王朝、抵抗帝国主义列强侵略、建设自由民主的幸福国家所付出的努力和牺牲。正视历史本身，才能书写真正的历史。特别是在大地上追寻历史的痕迹，更需要这种坦然、浩然的正气，闪烁我们民族光明磊落的精神。

旅游者在路上，学到了什么？团队建设是很有启发的角度。

通过编写这本书，写作组再次重温了在学校政治课本上曾经被灌输过的一些"红色历史"，但是把这些历史事件逐一投影到地理空间上，并从旅游者的出游线路组织的角度加以编排，还是与此前的以时间轴线和政治斗争为线索的组织方式明显不同。在路上学习历史，感受历史，与读者在教室内温习历史，有什么不同呢？

首先，孤立的、平面的中国革命史，通过旅程变得整体化、立体化了，使得读者获得更接近真实的故事，对国家的命运、社会的演变，得到更加深刻的理解。

其次，整理史稿、辨析山河使我们了解了中国的百年沧桑巨变、百年革命史中，为何中国共产党获得最终胜筹？与国民党的腐败、共产党的为广大人民所拥护密切相关。重访历史，明鉴今天。

最后，红色旅游城市如井冈山如遵义如延安、红色旅游景点如一大会址如西柏坡如大别山，带给今天不同社会阶层哪些重要的价值？

除了我们长期以来习以为常的政治教育、爱国主义教育功能以外，红色旅游地还具有更为广泛的社会意义。红色政党创建红色军队，红色军队建立红色政权，这个过程就像一个组织由小变大由弱变强，对于任何一个学校、任何一个公司、任何一个机构，都具有强烈的团队建设实例教学的价值，学习共产党初创时期的艰苦奋斗、发展壮大过程中的团结拼搏，许多红色旅游景区都具有这样的教育功能。

从旅游产品开发和营销角度，理解和管理好红色旅游目的地。

本书除了意在帮助普通读者如何通过走访天下获得革命史的教益，也希望对红色旅游景区的管理者提供一定的产品开发和目的地营销方面的启发。红色旅游也要讲市场。红色旅游的市场有比较强的指向性、针对性。党团组织、机关单位、中小学校，教育旅游是指向型的，团体销售根据指向性适宜采用定制式营销。红色旅游需要和其他产品组合，才能获得健康发展；红色旅游区要转化为目的地，需要建设完善的功能系统；通过营销可以把红色旅游做得更好，推向更广阔的前景。

吴必虎

2012年12月28日

第一篇
长征前革命史

01　上下求索

◉ 鸦片战争前的中国是在清王朝统治下的一个独立的封建国家，但已处于衰落时期，阶级矛盾和社会危机大量积聚，预示着中国封建社会已经走到它的尽头。在这样一个大的历史背景下，西方列强就把政治腐败、经济落后的中国作为他们继印度、波斯之后的又一侵略目标，于19世纪40年代开始相继发动了两次鸦片战争、中法战争、中日甲午战争、八国联军侵华战争等一系列侵略战争，使中国一步步沦为半殖民地半封建社会。

帝国主义和中国封建主义相勾结把中国变成半殖民地半封建社会的过程，同时也是中国人民反抗帝国主义和封建统治、探索国家出路的斗争过程。在这期间，中国人民进行过无数次艰苦卓绝的斗争，中国各派爱国的政治力量和无数仁人志士苦苦求索，为了寻求解放中国的出路，前仆后继地进行了不屈不挠的斗争，充分显示了中国人民不甘屈服于帝国主义、封建统治的顽强斗争精神。但是，这些斗争最终都难逃失败的悲凉结局。它们的失败证明，农民、资产阶级改良派都不可能担当起领导民主革命的重任。

1-1 第一次鸦片战争

◉ 清中叶以后，英国等国向中国大量输出毒品鸦片。清道光十八年（1838年）冬，道光帝派湖广总督林则徐为钦差大臣，赴广东查禁鸦片。次年3月，林则徐虎门销烟。英国政府以此为借口，发动鸦片战争。

1841年5月，英军对广州发起进攻，激起城北郊三元里一带民众自发武装起来进行抗英斗争。1842年7月，英发起镇江之战，攻陷镇江。27日，英舰队驶抵南京江面，清军已无力再战，全部接受英国侵略要求。8月，耆英与璞鼎查签订不平等的《中英南京条约》。

鸦片战争是中国军民抗击西方资本主义列强入侵的第一次战争，广大官兵英勇抗战，表现出崇高的爱国主义精神。但是，由于清廷和战不定，决策多变，将帅不善指挥，战法呆板，加之武器装备落后，终为英军所败。鸦片战争的实践表明，落后的封建军队已不能战胜初步近代化的资本主义军队。鸦片战争后，中国逐步沦为半殖民地半封建社会。

✦ 广州市三元里人民抗英斗争纪念馆

三元里人民抗英斗争是鸦片战争时期广州三元里人民自发的武装抗英斗争。1840年6月，英国发动对华鸦片战争。次年5月29日，英军劫掠队到三元里一带抢劫，侮辱妇女，三元里广大民众义愤填膺，组成反侵略武装抵御英军，打死英军200多人，大获全胜。

三元古庙建于清代初期，是二进四合院的布局。因道教以天、地、水为"三元"，所以称之为"三元古庙"，里面供奉的是北帝神。原古庙在第二次鸦片战争时被英、法侵略军焚毁。现有的这座是1860年由三元里当地人民集资重建的。位于广东省广州市白云区广园中路34号。

重建后的古庙为砖木结构建筑，面积237平方米，面宽11.38米，进深20.88米。山门为硬山顶、面阔三间。条石铺地，墙下部砌石，上筑青砖。前檐方石柱与山墙都连以奇石坊。石坊大门上额书"三元古庙"四个大字。硬山顶的屋脊饰以琉璃鳌鱼宝珠，并有云纹脊饰。前廊及庙内四壁都绘有"伏生传经"等壁画及图案花纹。表现了晚清时期建筑趋向装饰华丽铺张的风格，真正具有浓厚的广州清代祠庙建筑的特色。

纪念馆内的展品主要有沙盘、七星旗、武器和战利品。沙盘是当年三元里及附近103乡农民抗击英国侵略者斗争的示意模型。它重现了当年乡民大败英军的场面与杀声震天的情景，如临其境，如闻其声。这里"黑底牙边三连星旗"

曾是三元里抗英斗争的指挥旗，英军打仗忌黑旗，一见到这面旗就失色惊呼："打死仗者来了！"顿时落魄惊魂，斗志尽失。现在北京国家博物馆内展出的三星战旗是复制品，它和陈列在这里的大刀、长矛、缴获的英军军服，以及陈列在大门两边的4门古炮，被一代代保存下来，作为爱国主义教育的生动教材，让后人永远记住这段光辉的历史。

⌂ 其他相关景点：东莞市鸦片战争博物馆（广东省）

1-2 第二次鸦片战争

◉ 随着世界资本主义经济的迅速发展，西方列强为进一步扩大在华权益，于1856年至1860年，英、法两国在俄国和美国的支持下又发动了第二次鸦片战争，又称英法联军之役。

　　1858年，英法舰队在美、俄两国支持下，袭击大沽口。大沽炮台失陷，英法联军进犯天津。清政府与俄、美、英、法各国代表分别签订《天津条约》。同年，沙皇俄国以武力迫使黑龙江将军奕山签订《瑷珲条约》。1860年8月，英法联军进占天津。9月，清军在北京通州八里桥迎战英法联军失利。清咸丰帝携皇后、贵妃等逃往承德。10月18日，英法联军占领北京，抢劫焚毁圆明园。英法联军在北京城郊抢掠烧杀近50天，京郊皇家园林如圆明园、清漪园、静明园（玉泉山）、静宜园（香山）、畅春园等均被付之一炬。清廷派奕䜣为全权大臣议和，签订中英、中法《北京条约》。联军洗劫和烧毁了圆明园和静宜园。圆明园大火持续了三天三夜，300多名太监和宫女葬身火海。法国作家维克多·雨果曾对此给予强烈谴责，称之为"两个强盗的胜利"。接着，沙俄又胁迫清政府签订中俄《北京条约》。中国赔偿巨额赔款，沙俄趁机侵占了中国东北、西北144万多平方公里的领土。

　　第二次鸦片战争加快了中国在政治、经济、文化等方面向半殖民地半封建社会的演变。

◉ 圆明园遗址公园

　　圆明园遗址公园位于北京市海淀区清华西路28号。圆明园亦称"圆明三园"，由圆明、长春、绮春三园组成，是清代行宫式御园，始建于康熙四十六年（1707年），占地350公顷（5200余亩），其中水面面积约140公顷（2100亩），有园林风景百余处，建筑面积近20万平方米，是清朝帝王在150余年间创建和经营的一座大型皇家宫苑。

⊛ 圆明园遗址公园　*郑建民 摄*

　　"圆明园"，是由康熙皇帝命名的。"玄烨御"三字匾额，就悬挂在圆明园殿的门楣上方。圆明园继承了中国三千多年的优秀造园传统，既有宫廷建筑的雍容华贵，又有江南水乡园林的委婉多姿，同时，又吸取了欧洲的园林建筑形式，把不同风格的园林建筑融为一体，在整体布局上使人感到和谐完美。真可谓 "虽由人作，宛自天开"。圆明园不仅以园林著称，而且也是一座收藏相当丰富的皇家博物馆。法国大作家雨果曾说："即使把我国所有圣母院的全部宝物加在一起，也不能同这个规模宏大而富丽堂皇的东方博物馆媲美。"园内各殿堂内装饰有难以计数的紫檀木家具，陈列有许多国内外稀世文物。园中文源阁是全国四大皇家藏书楼之一，藏有《四库全书》、《古今图书集成》、《四库全书荟要》等珍贵图书文物。圆明园，曾以其宏大的地域规模、杰出的营造技艺、精美的建筑景群、丰富的文化收藏和博大精深的民族文化内涵而享誉于世，被誉为"一切造园艺术的典范"和"万园之园"。

　　第二次鸦片战争期间，英、法组成联军发动侵华战争。咸丰十年（1860年）8月，英法联军攻入北京。10月6日，占领圆明园。从第二天开始，军官和士兵就疯狂地进行抢劫和破坏。为了迫使清政府尽快接受议和条件，英国公使额尔金、英军统帅格兰特以清政府曾将英法被俘人员囚禁在圆明园为借口，命令米启尔中将于10月18日率领侵略军3500余人直趋圆明园。

　　英法侵略军把圆明园抢劫一空之后，为了销赃灭迹，掩盖罪行，英国全权大臣额尔金在英国首相帕麦斯顿的支持下，下令烧毁圆明园。大火连烧3昼夜，使这座世界名园化为一片废墟。

　　1976年11月，圆明园管理处成立。1983年，北京市人民政府集资修理，定名"圆明园遗址公园"。1988年 6月29日，圆明园遗址公园正式开始对社会开放。遗址仅存山形水系、园林格局和建筑基址，假山叠石、雕刻残迹仍然可见。在"西洋楼"旧址建有园史展览馆，供人瞻仰凭吊，令人痛定思痛。

1988年1月圆明园遗址公园被公布为全国重点文物保护单位，1996年9月被六部委命名为爱国主义教育基地；1998年11月，圆明园遗址公园被北京市国防教育委员会命名为"北京市国防教育基地"。 2008年11月20日通过国家旅游局AAAA景区评审。2010年10月12日，荣获"北京新十六景"之一，成为最新的代表京都魅力的16张名片之一。

△ 其他相关景点：福州市马尾船政旧址（福建省）

1–3 中法战争

◉ 中法战争是1884年至1885年，由于法国侵略越南并进而侵略中国而引起的一场战争。第一阶段战场在越南北部；第二阶段扩大到中国东南沿海。战争过程中，法海陆两军虽于多数战役占上风，但均无法取得奠定全局的战略性大胜：法国远东舰队虽于海战赢得全胜，并一度攻占基隆，却因沪尾（今台北县淡水镇）一役受挫及疫病流行，无法实现拿下台湾全岛的战略目的；而清军虽于初期陆海皆遭惨败，但因后期台湾及杭州湾防卫成功，且有冯子材统率各部取得了"镇南关大捷"，给法国陆军带来较重伤亡，导致费里政权垮台。以此为契机，中法两国重启和谈，签订《中法新约》，清方承认法国对法属印度支那诸殖民地的宗主权，两国重开贸易，法国势力趁机侵入我国云南、广西，进一步加深了我国西南边疆地区的危机。受此战的影响，清廷于台湾设省，以刘铭传为巡抚大力推进现代化防务及新政，并积极筹建北洋水师。

◉ 崇左市凭祥市镇南关大捷遗址

镇南关（今友谊关）位于中国广西壮族自治区凭祥市西南18公里处中越边境上。始建于汉，初名"鸡陵关"。明永乐年间改为"镇夷关"。清初改为"镇南关"。

◉ 崇左市凭祥市镇南关大捷遗址 新华社记者 刘广铭 摄

1953年改为"睦南关"，1965年改为"友谊关"。清雍正三年（1725年）建关楼一座，中法战争时被法军焚毁。于是清将领苏元春率民在边境上修建炮台、营垒、城堡130多座，安装大炮和其他火炮，修三关（镇南、水口、平而），设56卡、64隘，筑路500公里，连成一个防御体系。后重建二层关楼，该关楼在中国人民抗日战争中被毁。中华人民共和国建立后重建。1965年改建成拱式城门和三层楼，陈毅题字"友谊关"。

1-4 中日甲午战争

◎　发生在清光绪二十年（1894年）的甲午战争被称为第一次中日战争，是新兴的日本军国主义势力，经过长期有计划的准备，利用英俄对抗的机遇，设置圈套制造借口，对中国和朝鲜发动的一场侵略战争。自丰岛海战至占领田庄台，仅八个月，日军就占领了朝鲜全境和中国辽东、山东两半岛，中国北洋舰队全军覆没，日本控制了制海权。至台湾台南失守，历时一年零三个月。中日甲午战争，迫使清政府签订了丧权辱国的《马关条约》，这一不平等条约给中国社会带来了极大的危害。之后，各帝国主义国家掀起了瓜分中国的狂潮。

甲午战争是中日两国数千年关系史上的重大转折。以此为起点，日本的侵华活动和局部战争持续不断。1900年，日军充当了镇压义和团运动的主力军；1904年日俄战争后，日军又重新占领了辽东半岛；1914年日军趁第一次世界大战之机，出兵夺取了德国在山东的权益；1927年和1928年，日军又两次出兵山东，制造"济南惨案"，阻挠中国北伐。自1931年"九一八"事变后更变本加厉，占领中国东北三省，先后进攻上海市、热河省、长城沿线和冀东地区以及察哈尔和绥远两省。中国步步败退，国无宁日。1937年卢沟桥事变，日本又发动了第二次中日战争，这决不是什么"偶然"事件，而是日本一贯推行侵华政策的必然结果，是甲午中日战争的继续和扩大。

◎ 威海市环翠区刘公岛甲午海战纪念地

为纪念甲午海战，在威海市甲午海战纪念地上建造了一座甲午海战纪念馆。甲午海战纪念馆坐落于山东省威海市刘公岛码头东200米，是一处以建筑、雕塑、绘画、影视等综合艺术手段展示甲午海战悲壮历史的大型纪念馆。

纪念馆由序厅、北洋水师成军、颐和园水师学堂、丰岛海战、平壤之战、黄海大海战、旅顺基地陷落、血战威海、尾声厅九部分组成。采用综合艺术与现代声、光、电技术相结合的手段，以强烈的视觉语言真实而完整地再现了北洋水师成军到覆没的悲壮历史过程。目前，在馆内陈列展示的有国内最大的室内人物雕塑群；有国内最大幅的海战景观油画；有国内纪念馆、博物馆展示、收藏的唯一一组大型专题油画《北洋众英烈肖像》，以及标志着和平、文化的大型石雕"和平碑"等；尾声厅备有多台电脑多媒体查

询设备，可供游人查询甲午战争的完整历史资料。

整个纪念馆气势宏大、外形构思新颖，像几艘互相撞插的船体，坐落在当年旗舰"定远号"搁浅的地方，悬浮于海上。18米高的主体建筑上又塑了一尊15米高的北洋海军将领雕像。

甲午海战纪念馆以其完善的旅游设施，舒适、满意的游览环境，成为了威海市主要旅游景点之一。

◉ 威海市环翠区刘公岛甲午海战纪念地
《中国现代美术全集·建筑艺术》（卷5）（中国建筑工业出版社出版）

1-5 八国联军侵华战争

◉ 1900年8月，中国爆发了义和团反帝爱国运动。英、美、法、德、俄、日、意、奥等8个帝国主义国家，以镇压义和团为借口，进一步侵略中国，又联合发动了一次大规模的八国联军侵华战争。

八国联军侵华，给中国人民带来了深重的灾难。联军所到之处，杀人放火、奸淫抢掠，无数村镇沦为废墟，天津被烧毁三分之一，北京一片残墙断壁。连八国联军总司令瓦德西也供认，"所有中国此次所受毁损及抢劫之损失，其详数将永远不能查出，但为数必极重大无疑"。八国联军在北京公开大肆抢劫，清宫无数文物珍宝被洗劫一空，大批群众惨遭杀戮。八国联军的行动，直接造成义和团的失败，以及京津一带清军的溃败，迫使慈禧太后挟光绪帝逃往陕西西安。1901年9月7日，外务部总理大臣奕劻和北洋大臣、直隶总督李鸿章，代表清廷与帝国主义签订了丧权辱国的《辛丑条约》。条约规定：中国赔银4亿5千万两；北京使馆区及北京至山海关铁路沿线交由外国驻军；禁止中国人民组织反帝组织等。

《辛丑条约》是一个空前屈辱的不平等条约，赔款最多，签订国家最多，并丧失多项主权。《辛丑条约》虽然保住了清政府权位，但巨额赔款加重了清政府对人民的压榨，人民生活极度困苦。《辛丑条约》的签订，使帝国主义从政治、军事、经济等方面加强了对中国的控制，更使清政府成为"洋人的朝廷"。至此，中国沦为完全的半殖民地、半封建社会。

⊛ 怒江州泸水县片马抗英遗址

片马镇位于云南省怒江傈僳族自治州南部泸水县的西部，是省级对外开放口岸。19世纪末到20世纪初，在片马危机之中，当地各族民众在各寨头人带领下进行了顽强抵抗，最终取得了抗英斗争的胜利。

怒江州泸水县片马抗英遗址包括片马人民抗英胜利纪念馆和片马人民抗英胜利纪念碑两个主体部分。

片马人民抗英胜利纪念馆修建在片马镇政府所在地片马至坡西"丁"字路口的左上方。仿茶山人住宅样式建筑的纪念馆，既具有民族特色，又具有现代气息，三面青山环抱，纪念馆保护面积为20000余平方米。1985年2月16日，正值怒江各族人民喜迎新春之际，中共中央总书记胡耀邦来到怒江视察工作，高度评价和赞扬了片马人民的抗英斗争精神，并亲笔为纪念馆题写了馆名。

片马人民抗英胜利纪念碑建筑面积950平方米，高20米，碑体由三把剑和三面盾组成，象征汉、傈僳族、怒族团结抗英的事迹。胡耀邦巡视怒江片马时，建议修建纪念碑，并为纪念碑题了字："片马人民抗英胜利纪念碑"。

⊛ 日喀则地区江孜县宗山抗英遗址　中国建筑工业出版社提供

⊛ 日喀则地区江孜县宗山抗英遗址

江孜宗山抗英遗址位于西藏雅鲁藏布江支流年楚河北岸的江孜县，距拉萨市307公里。1904年春，就在这宗山上，江孜军民写下了反抗英帝国主义的侵略、保卫祖国领土主权的可歌可泣的爱国主义篇章。从此人们称江孜为英雄城。

宗山建筑约建于14世纪初，它耸立在江孜古城中央，屹立在白居寺对面的悬崖峭壁上，山顶海拔4187米，现有大小房间193间，存古建筑7064平方米。主要有宗本（县长）办公室、经堂、佛殿及各类仓库等，依山势由山腰一直建至山顶。建筑高大宏伟，居高临下，气势壮丽。后来为了抵抗侵略者，守山军民在山坡用大石块砌筑起一圈高 5-8米、宽约4米的围墙，并沿墙及前崖修筑了许多炮台，给英军以沉重打击。但在持续的战火中，几乎被侵略者毁为一片废墟。现仅存炮台遗迹、带弹孔的残垣断壁以及东部代本（藏军指挥官）的一处住室。西藏地方政府已对之加以维修保护。

1961年国务院公布为全国重点文物保护单位。

△ 其他相关景点：临沧市沧源县班洪抗英遗址（云南省）

1-6 太平天国运动

◎ 鸦片战争后，清政府增加赋税，横征暴敛，使阶级矛盾更加激化。广大农民饥寒交迫，纷纷揭竿而起。广西是各种矛盾十分尖锐而统治力量相对薄弱的地区之一，起义武装遍及全省。1851年，洪秀全发动了金田起义，并建立了太平天国政权；1853年，太平天国定都天京；1856年，太平天国军事上达到了全盛时期；此后，领导集团内部矛盾激化引发的天京事变大伤了太平天国的元气；1864年，太平天国运动失败。

波澜壮阔的太平天国运动，历时14年，纵横18省，战争规模与激烈程度，军事筹划和指挥水平，都达到历代农民战争的高峰。太平天国运动不仅猛烈冲击了清朝的封建统治，还英勇地抗击了外国侵略者的干涉，不承认不平等条约，主张严禁鸦片，坚持独立自主的外交政策，并颁布了《天朝田亩制度》和《资政新篇》

◎ 贵港市桂平县太平天国金田起义旧址 新华社提供

两个纲领性文件。但太平天国农民运动毕竟无法克服农民小生产者所固有的阶级局限性，领导集团内部争权夺利的斗争导致了太平天国最终的失败。太平天国农民运动虽然失败，却表明了中国农民阶级具有强烈的革命要求和英勇的斗争精神，他们是近代中国人民反帝、反封建的一支重要力量。

◎ 贵港市桂平县太平天国金田起义旧址

太平天国金田起义旧址（俗称金田营盘），位于广西桂平市北部金田镇金田村西侧的犀牛岭上，距市区28公里，有二级公路直达。

犀牛岭是一个南北走向的土丘，后枕荆山，前列金田平原，是个进可攻、退可守的战略要地。该岭北端为古营盘，相传是明代瑶民起义领袖侯大狗所筑，墙体长65米、宽23米、高3米，后为洪秀全领导的太平军所沿用。中间有太平天国起义时的"拜旗石"。古营盘前的草坪，是当年太平军的练兵场。太平军在这里列队布阵，苦练杀敌本领。岭的西北坡紧靠犀牛潭，是太平军秘藏武器的地方。岭的南面是"太平天国金田起义历史陈列馆"，为花岗石体，琉璃瓦歇山顶，外观古朴，与接待室、碑廊、录像室形成园林式布局。馆内展示历史文物100多件。太平天国北王韦昌辉故居，在犀牛岭东侧的金田村内。拜上帝会总部曾设其家，会众们在这里开炉日夜打制武器，然后运到犀牛潭中秘藏。起义军北上后，清兵烧毁民房。现在韦昌辉故居是1987年恢复的。距古营盘东4公里的新圩三界庙，是太平军的前军指挥部，庙内保存有近30块碑刻，是研究太平天国历史的珍贵资料。

金田起义原址是当年太平军誓师起义的地方，遗迹犹存，经多年建设，设施日臻完善，参观内容不断丰富，这里已成为人们瞻仰观光、学术研究、进行爱国主义教育的好场所。

1961年国务院公布太平天国金田起义旧址为全国重点文物保护单位；1995年广西区党委、区政府命名为"爱国主义教育基地"。

1-7　辛亥革命

◉　《辛丑条约》签订后，帝国主义列强对中国进行更激烈的争夺和侵略，中国迫切需要进行反帝反封建的资产阶级民主革命。在这样的历史背景下，以孙中山为代表的资产阶级革命派登上了历史舞台，担负起领导中国革命的历史重任。随着"戊戌变法"的失败，孙中山目睹了清政府的腐败无能，认识到只有推翻清王朝的封建统治，才能拯救中国。于是孙中山等人建立了一系列的资产阶级团体，宣传资产阶级革命思想，组织了很多次的武装起义，最终在1911年推翻了清王朝，结束了中国两千多年的封建专制统治，建立了资产阶级共和国，取得了中国民主革命的重大胜利。辛亥革命是资产阶级领导的旧民主主义革命的伟大尝试。然而，辛亥革命的果实很快被帝国主义扶植的新的复辟势力袁世凯所篡夺。辛亥革命最终的结局表明，在半殖民地半封建的中国，资产阶级领导的中国民主革命并未取得彻底胜利，要实现民族独立、民主和社会进步的民主革命的胜利，中国还需走更远的路。

◉ 武昌区辛亥革命纪念馆及首义广场

辛亥革命武昌起义纪念馆位于湖北省武汉市武昌区阅马场广场北端，西邻黄鹤楼，北倚蛇山，南面首义广场，其前身是清末湖北咨议局，始建于1909年，1910年建成。1911年10月11日，取得武昌起义胜利的革命党人，在这里组成中华民国军政府鄂军都督府，即湖北军政府，推举黎元洪任都督，宣布废除清宣统年号，号召各省响应武昌起义，推翻清王朝，建立中华民国，从而开启了划时代的"民国之门"。

　　湖北咨议局旧址自成一个规整的院落，它的主体建筑咨议局议场是一栋砖木结构二层红色楼房，其建筑形式完全依照近代西方国家议会大厦，风格典雅庄重。

　　旧址占地面积18000多平方米，建筑面积近10000平方米。馆内现有两个主题性的基本陈列：一是"鄂军都督府旧址复原陈列"，二是"辛亥革命武昌起义史迹陈列"。因旧址红墙红瓦，武汉人称之为"红楼"。红楼于1961年以"武昌起义军政府旧址"的名义经国务院公布为首批全国重点文物保护单位。1981年10月，依托红楼建立辛亥革命武昌起义纪念馆（旧馆），由国家名誉主席宋庆龄题写馆名。经过30余年的建设和发展，这里已然成为辛亥革命的纪念中心、史迹文物资料的保护收藏中心、陈列展览中心和科学研究中心。已先后被命名为"全国青少年教育基地"、"全国百个爱国主义教育示范基地"、"中国侨联爱国主义教育基地"和国家AAAA级旅游景区。

⊛ 广州市黄花岗七十二烈士墓

　　黄花岗七十二烈士墓园，又称黄花岗公园，位于广州市区北面的白云山南麓先烈中路，是为纪念1911年4月27日（农历辛亥三

⊛ 广州市黄花岗七十二烈士墓　新华社提供

月二十九日）孙中山先生领导的同盟会在广州"三二九"起义战役中牺牲的烈士而建的，是广州近代革命策源地的重要见证。中华人民共和国成立后，改为纪念公园。

黄花岗墓园始建于1912年，至1921年七十二烈士墓和纪功坊先后落成。入门是宽敞的墓道，长230米。七十二烈士墓构筑在岗陵之上，居于墓台当中，纪功坊峙立墓后。墓道两旁苍松翠柏，烘托出满园黄花辉映碧血的庄严肃穆气氛。南墓道为碑林，镌刻有"自由魂"、"精神不死"等碑文。两条3米多高的连州青石透雕龙柱，夹道相对。

墓园占地面积13万平方米，园内300多米长的层级主干道两旁苍松翠柏排列有序。巍峨的正门为高13米的牌坊，上面镌刻着孙中山先生亲笔题词"浩气长存"四个大字。园内有墓亭、陵墓、纪功坊、纪功碑等。纪功碑上刻有历史缘由和烈士英名，顶部是高举火炬的石雕自由神像。岗陵上安放着七十二烈士之墓，墓后的纪功坊上屹立着自由女神像，墓旁孙中山先生亲手植的松树苍劲挺拔。潘达微、邓仲元、杨仙逸、冯如、史坚如等革命烈士也安葬于此。园内还有黄花井、黄花亭、默池、四方池、八角亭、黄花园等。

烈士墓园内除了七十二烈士之墓外，还有被誉为中国航空之父的中国第一个飞机制造家和飞行家冯如之墓、陆军上将邓仲元之墓、被孙中山誉为"中国革命空军之父"的杨仙逸之墓、被孙中山称作"为共和殉难之第二健将"的史坚如之墓以及越南烈士范鸿泰之墓等。

新中国成立后，人民政府十分重视墓园建设，筑起围墙，加强整治保护。1961年被国务院公布为第一批全国重点文物保护单位。1981年和1986年政府两次拨款维修，使浩气重光，1986年被评为"羊城新八景"之一，名"黄花浩气"。

⊛ 昆明陆军讲武堂旧址 CFP

⊛ 昆明陆军讲武堂旧址

在近代云南的历史上，有一文一武两所学校，都非常著名，"文"指西南联合大学，"武"指云南陆军讲武堂。前者培养了一大批杰出的科学家、教育家；后者培养了一大批杰出的军事家、革命家。正因为如此，曾经是云南陆军讲武堂的学员，后来成为共和国元帅的朱德，称云南陆军讲武堂是"革命熔炉"。

创办于近一个世纪前的昆明陆军讲武堂，直到今天遗址尚存。讲武堂旧址位于昆明城中心、著名风景区翠湖西岸承华圃内，现今还存在着一栋米黄色砖木结构的四合院式二层建筑。由东、西、南、北四座楼房组成，各楼对称衔接，并设有通廊，楼端各设拱券门一道。占地面积1390平方米。主楼西南尚存有大课堂（礼堂）和兵器库一栋。南楼中部设阅操楼，高约15米，宽13米。楼前即当年宽大的操场，不亚于两个足球场面积，不过今天已为云南省科技馆等高大的建筑所占用。然而，历经百年风雨的老四合大院尚存，配上四座长120米、宽10米的四座走马转角楼的楼房，不仅平添几分古色古香，也显现了讲武堂当年的雄宏气魄。

1988年被列为国家级重点文物保护单位。

△ 岳麓山景区 *新华社记者 赵众志 摄*

△ 其他相关景点

岳麓山景区（湖南省长沙市）

湘潭市湘乡东山学校旧址（湖南省）

党的创建

◎ 随着帝国主义的入侵和近代工业的发展，中国产生了工人阶级，而且在不断发展壮大，到1919年产业工人已经发展到200多万人。工人阶级的产生和发展，为中国共产党的建立奠定了社会基础。1917年俄国十月革命给中国输入了马克思列宁主义，在一些具有革命思想的知识分子的推动下，马克思列宁主义在中国得到广泛传播，为中国共产党的建立奠定了思想基础。1919年爆发的五四运动，促进了马克思主义同中国工人运动的结合，为中国共产党的建立作了思想上和干部上的准备。1921年7月23日—7月31日，在上海召开的中国共产党第一次全国代表大会，宣告了中国共产党的成立。在中国工人阶级的先锋队——中国共产党的领导下，中国人民踏上了通过武装斗争推翻半殖民地半封建的社会制度的征程，并最终取得了新民主主义革命的胜利，创建了中华人民共和国，基本上完成了争取民族独立、人民解放的任务，从而为实现国家繁荣富强、人民共同富裕创造了前提，开辟了道路。

2-1 新文化运动

◎ 1915年9月，陈独秀在上海创办《青年杂志》，在思想文化领域掀起一场以民主和科学为旗帜，向传统的封建思想、道德、文化宣战的新文化运动。一年后，《青年杂志》更名为《新青年》。在这一时期，陈独秀、胡适、鲁迅等人成为新文化运动的核心人物。

新文化运动是一次前所未有的思想解放和启蒙运动，为马克思主义在中国的传播开辟了道路。新文化运动从内容到形式的深刻变化，是旧民主主义革命向新民主主义革命转变的重要标志之一。

⊛ 新文化运动纪念馆

北京新文化运动纪念馆位于北京市东城区五四大街29号，是建立在原北京大学红楼旧址上的纪念馆。

北京大学的前身是清代京师大学堂，始创于1898年（清光绪二十四年），

⊛ 新文化运动纪念馆 *新华社记者 罗晓光 摄*

1912年京师大学堂改成国立北京大学。从1916年开始，北大在沙滩兴建学生宿舍楼，因大楼用红砖砌成，故称红楼。1918年9月红楼建成后，改用作北京大学校部、图书馆和文科教室，组成文学院。红楼出名，源于五四新文化运动。蔡元培出任国立北京大学校长，在此楼办公。他提倡新文化、新思想，主张各种思想"兼容并包"，提倡学术民主。在他主持下，北大出现一批新派教授：陈独秀、李大钊、胡适等新文化运动代表人物相继到北大执教。一时间红楼内出现许多新团体和进步刊物。红楼因此成为新文化运动的营垒。

北京新文化运动纪念馆于2002年5月正式对外开放。红楼平面呈工字形，砖木结构，连地下室共5层，东西宽100米，主楼进深14米，东西翼楼南北长均为34米，总面积10000平方米。作为新文化运动五四运动的发源地，1961年3月被公布为第一批全国重点文物保护单位。2002年12月，北京新文化运动纪念馆成为北京市爱国主义教育基地，是全国唯一一家全面展示五四新文化运动历史的综合性博物馆，目前也是全国重点红色旅游景区。

2-2 五四运动

◉　1919年巴黎和会中国外交上的失败导致了五四运动的爆发。全国100多个城市开展了声援北京学生爱国运动的罢工、罢课、罢商的"三罢"斗争。这次运动从5月4日持续到6月28日结束，迫使北洋政府拒绝在巴黎和会上签字。五四运动是一场彻底的不妥协的反帝反封建运动。五四运动促进了马克思主义在中国的广泛传播；一批具有初步共产主义思想的知识分子深入实际，接触和宣传马克思主义，这就使马克思主义与中国工人运动相结合，知识分子与工人群众相结合，为中国共产党的成立作了思想上和干部上的准备。

⊛ 保定留法勤工俭学运动纪念馆

留法勤工俭学运动纪念馆，位于河北省保定市金台驿街86号，原保定育德中学旧址。纪念馆的主体建筑，是一座典型的砖木结构的四合院。大门（即原保定育德中学大门）坐西朝东，门楣上挂着一方棕地金字匾额，上面是江泽民的亲笔题词："留法勤工俭学运动纪念馆"。踏上石阶，穿过门楼，步入青砖墁地的四合院。院子中间面阔3间的过厅，把四合院隔成前后两个部分，过厅的两边与前后院相通。

这所小建筑群，规模虽说不大，但严整对称。南北瓦房原是育德中学的教务处，现已辟为纪念馆的展厅。后院西房的门楣上有一方白色大理石匾额，上面有"幼云堂"三个金色阴刻楷书大字，这是育德中学的创建人陈幼云先生的祠堂。堂内正面墙上有陈幼云的瓷质遗像，遗像下面白色大理石的功德碑上，刻着陈幼云的生平事迹。"幼云堂"的西面原是育德中学的校长办公室，现为纪念馆的办公处所。

1917年秋天在保定育德中学附设了留法高等工艺预备班，该班教学质量之高、教学设备之良、赴法人数之多，是其他学校不能与之相比的。革命前辈刘少奇、李维汉、李富春等湖南学生就先后毕业于此班。1918年还在北京、长辛店设立了高等法文专修馆，赵世炎、何长工等就毕业于此馆。

1995年，纪念馆被河北省委、河北省人民政府命名为"河北省爱国主义教育基地"。1997年对展厅、展室和幼云堂、校长室及所有房屋进行了一次修缮，并对院落地面进行整修，更新了陈列展览。

2-3 中共一大

⊛ 1921年7月23日，中国共产党第一次全国代表大会在上海法租界望志路106号（现兴业路76号）召开。

出席会议的有全国各地共产主义小组代表李达、李汉俊、张国焘、刘仁静、毛泽东、何叔衡、董必武、陈潭秋、王尽美、邓恩铭、陈公博、周佛海和陈独秀指定的代表包惠僧等13人，代表全国50多名党员。共产国际代表马林和尼科尔斯基也参加了会议。7月30日，会议遭到法租界巡捕房的注意和搜查，被迫中止。最后一天的会议改在浙江嘉兴南湖一条游船上举行。

大会通过了《中国共产党纲领》，明确了党的奋斗目标。会议还讨论了当时形势、基本任务、党的组织原则和组织机构等问题。中国共产党第一次全国代表大会的召开，正式宣告了中国共产党的诞生，从此，在中国出现了一个完全崭新的，以马克思列宁主义为其行动指南的，统一的无产阶级政党。中国共产党逐渐成为中国政治舞台上一支重要的力量，给处于半殖民地、半封建社会状态中的中国人民带来了新的希望。中国的无产阶级因此有了战斗的司令部，中国革命的历史从此翻开新的一页。

由于党的一大召开于7月，而在战争年代档案资料难寻，具体开幕日期无法查证，因此，1941年在党成立20周年之际，中共中央发文正式规定，7月1日为党的诞生纪念日（党的生日）。

⊛ 中国共产党第一次全国代表大会会址纪念馆

中国共产党第一次全国代表大会会址纪念馆位于上海市兴业路76号，是介绍中国共产党诞生史迹的革命旧址纪念馆。

该楼于民国九年（1920年）夏秋间建，与左右紧邻4栋同类房屋同时建成，属贝勒路树德里（今黄陂南路374弄）一部分。纪念馆的"一大"原址是两栋砖木结构的两层石库门楼房，是为上

❀ 中国共产党第一次全国代
表大会会址纪念馆 CFP

海典型石库门式样建筑，外墙青红砖交错，镶嵌白色粉线，门楣有
矾红色雕花，黑漆大门上配铜环，门框围以米黄色石条。这两栋
楼一栋是一大代表李汉俊的家宅，另一栋是一大代表在上海的住
所——文博女校。

　　那栋李汉俊住宅实为他与其兄李书城（同盟会发起人之一）
合用，人称"李公馆"。李氏兄弟为该楼最早住户。楼南路侧当时
尚存农田，环境僻静。李家将两栋楼内墙打通，楼梯合一，组成一
家。楼上是李汉俊卧室，楼下客厅约18平方米。

　　纪念馆建于1952年，由"一大"会议室、中共创建史陈列室
和革命史专题临时陈列室三部分组成。"一大"会议室家具与物品
均按当年原样陈列。中共创建陈列室有历史文献、文物和照片170
余件，陈列内容为中国共产党成立的历史背景、各地共产主义小组
的产生及其活动、中国共产党的诞生。革命史专题临时陈列室曾分
别举办过毛泽东、周恩来在上海的史料展览。

❀ 中国共产党第二次全国代表大会会址纪念馆
　　中共二大会址纪念馆为1922年7月16日至23日中国共产党第二

⊛ 中国共产党第二次全国代表大会会址纪念馆 *新华社记者 刘颖 摄*

△ 上海　*中国建筑工业出版社提供*

次全国代表大会召开的会址——上海原公共租界南成都路辅德里625号（现成都北路7弄30号）。

这栋始建于1915年的石库门楼房是当时中央局宣传主任李达的寓所。纪念馆占地面积2282平方米，包括中共二大展厅、平民女校展厅、党章历程厅及二大会址、平民女校旧址，共展出文献、实物、资料等300余件。辅助以电子沙盘、指点江山感应系统、电子留言板、查询系统等现代化多媒体手段，真实地再现了中国共产党创建初期的峥嵘岁月。

纪念馆地处上海市中心延中绿地，周边交通便利，环境优美，常年接待各地游客参观。1959年，"二大"会址被上海市人民委员会确定为市级文物保护单位。2002年6月，"二大"会址纪念馆建成并对外开放。2003年1月，纪念馆被上海市人民政府命名为"上海市爱国主义教育基地"。2009年5月纪念馆被中宣部列为第四批全国爱国主义教育示范基地。

△ 上海主要旅游景点

上海，中国第一大城市，四大直辖市之一，中国国家中心城市，国际经济中心、国际金融中心、国际贸易中心和国际航运中心。上海位于中国大陆海岸线中部长江口，南濒杭州湾，西部与江苏、浙江两省相接。江南的传统与中外移民带入的文化融合，逐渐形成了特有的海派文化。

上海是中国近现代史的"缩影"，许多重大的历史事件和革命活动在这里发生并影响全国；上海是新中国的"窗口"，60多年的艰苦创业，特别是浦东的开发、开放，上海已成为国际大都市及海内外来华投资的热点；上海是历史文化名城，有70余处国家和市级重点文物保护单位，是上海具有鲜明特色的区域文化的最好展示；上海还是万国建筑博览城，外滩风格各异的建筑群及近年新建的千姿百态的新建筑，引起了海内外建筑界的瞩目，上海已成为一座融古色古香和现代潮流为一体的旅游中心城市。

A. 历史建筑与人文古迹

作为中国近代化先驱和深受欧美殖民地文

△ 上海跑马厅大厦 张钦楠摄

△ 今日外滩 盛学文摄

化影响的港口城市，上海保留了一大批具有典型海派风格的历史建筑，其中最为著名的经典建筑包括：中共一大会址、中共二大会址、和平饭店、汇中饭店、百乐门、上海美术馆、国际饭店、大光明电影院、大世界、国泰大戏院、诺曼底公寓、徐家汇大教堂、华懋公寓、枕流公寓、美琪大戏院、兰心大戏院、百老汇大厦、黑石公寓、马勒别墅、上海音乐厅、花园饭店、浦江饭店、永安百货、爱丁堡公寓、基督青年会、衡山路、静安区石库门建筑区等。而外滩则有万国建筑博览会之美称。

上海也是江南地区重要的文化重镇，明清以来留下许多人文古迹，例如枫泾古镇、朱家角镇、七宝古镇、老城隍庙、豫园、上海文庙、玉佛寺、静安寺、龙华寺及古塔、下海庙、方塔园、徐光启纪念馆、黄道婆纪念馆等。

近代上海，风云际会，留下了许多近现代知名人士的足迹，名人故居和活动遗址比比皆是，其中尤以孙中山故居、宋庆龄故居、宋庆龄陵园、周恩来故居、陈云故居、张闻天故居、宋教仁墓、鲁迅故居、鲁迅墓、蔡元培故居、韬奋纪念馆、刘海粟美术馆、陶行知纪念馆、黄炎培故居、多伦路文化名人街等。

B. 现代建筑与创意园区

改革开放以来，上海同样引领中国城市发展新潮，出现了许多令中外游客向往的新型建筑景观和创意景区，其中包括东方明珠电视塔、金茂大厦、环球金融中心、世博会中国馆、上海国际金融中心、上海科技馆、恒隆广场、正大广场、上海欢乐谷、大观园、梅赛德斯奔驰文化中心、上海中心、新天地、思南公馆、田子坊、尚街、8号桥、M50、智造局国际外包服务产业园、同乐坊、人民广场、上海博物馆、上海大剧院、上海老码头、迪斯尼乐园、上海世纪公园、陆家嘴中心绿地等。

C. 十大商业中心

作为中国都市旅游的重要目的地，上海拥有南京东路步行街、南京西路商业街、徐家汇商圈、淮海中路商业街、四川北路商业街、五角场商圈、豫园商圈、中山公园商圈、浦东新上海商业城商圈（陆家嘴——第一八佰伴）、新客站不夜城等知名购物天堂，令许多购物爱好者流连忘返、每每让旅游者满载而归。

⊛ 嘉兴市南湖风景名
胜区（中共"一大"旧
址） *新华社提供*

⊛ 嘉兴市南湖风景名胜区（中共"一大"旧址）

南湖风景名胜区位于浙江省嘉兴市。南湖是浙江的三大名湖之一，与杭州西湖、绍兴东湖齐名。"湖烟湖雨荡湖波"，嘉兴南湖不仅以秀丽的风光享有盛名，而且还因中国共产党第一次全国代表大会在这里胜利闭幕而备受世人瞩目，成为我国近代史上重要的革命纪念地。

湖心岛烟雨楼前东南岸边水面展出了一艘中型单夹弄丝网船，当年"一大"会议就在这艘船上闭幕。船身全长约16米，宽3米，内有前舱、中舱、房舱和后舱。中舱放一方桌，桌上摆设茶具，周围放着椅凳，向人们生动地展现了中国共产党诞生的历史场景；前舱搭有凉棚，房舱设有床榻；后舱置有橱灶等物，船艄系一小拖梢船，为当时进城购物接人等所用。

这条"一大"纪念船被人们亲切地称为"南湖红船"，是一艘代表中国共产党的红船。1959年，为纪念中共"一大"在南湖胜利闭幕这一重大历史事件，仿制了当年"一大"开会的游船（当年该游船已经在抗战时期被毁），作为中共"一大"的纪念船，它向人们生动地展现了中国共产党诞生的历史场景。

⊛ 满洲里市红色国际秘密交通线教育基地，满洲里国门　董苏华 摄

1964年4月，"一大"代表董必武视察南湖，仔细察看纪念船后欣然题诗"革命声传画舫中，诞生共党庆工农。重来正值清明节，烟雨迷蒙访旧踪。"1991年3月，彭真登临纪念船，深情地说："这船不大，但前途远大，有了这艘船，才诞生了社会主义中华人民共和国。"

⊛ 满洲里市红色国际秘密交通线教育基地

满洲里市地处中俄蒙三国交界地区，北邻俄罗斯赤塔州，20世纪20年代，中国共产党在满洲里设立了秘密交通站，开辟了由满洲里通往苏联的红色交通线。教育基地暨国门景区包括国门、41号界碑、和平之门主体雕塑和满洲里历史浮雕、满洲里红色国际秘密交通线遗址、红色旅游展厅、火车头广场等，再现了20世纪20年代中国共产党早期创始人和领导者为建党建国、抗击外来侵略，与共产国际、苏联共产党保持密切联系的国际秘密交通线原貌，展示了老一辈革命家在满洲里留下的光辉业绩，是进行爱国主义教育的绝佳基地。

⊛ 绥芬河市秘密交通线纪念馆

1903年中东铁路通车后，绥芬河市是连接中、苏、日、朝等国家、地区陆海通道的交通枢纽，是连接中俄两国的重要通道。这里曾经是很多共产党人通往共产国际的秘密通道，是"红色交通线"中国境内最东端的枢纽。绥芬河现存革命遗址很多，其中中共六大代表秘密过境居住地（绥芬河铁路公寓）、绥芬河1925年建立党支部旧址（绥芬河火车站）、苏俄领事馆旧址三处是国家级文物保护单位。

2-4 早期工人运动

◉　中国共产党成立以后，集中力量领导工人运动，掀起了中国工人运动的第一次高潮。从1922年1月至1923年2月，全国罢工达100多次，其中安源路矿工人大罢工取得了完全胜利，而京汉铁路工人大罢工遭到直系军阀吴佩孚的血腥镇压，造成了震惊中外的"二七惨案"。共产党从"二七惨案"中进一步认识到，没有强有力的同盟者，要战胜强大的敌人是不可能的。

◉　萍乡市安源路矿工人运动纪念馆

　　安源路矿工人运动纪念馆，坐落在江西省萍乡市城东南6公里处的安源镇境内，毗邻湖南。1922年9月的安源路矿工人大罢工的爆发地，史称全国第一次罢工高潮中"绝无而仅有"的成功范例，以完全胜利而告终。

　　纪念馆建于1968年，高24米，长100米，宽30米，系二层钢筋混凝土结构。正中间建有安源路矿工人俱乐部部徽，两边是红色瓷砖组成的五星红旗和大型有机玻璃火炬灯。大厅门口有6根用大理石砌成的方开形大柱，高约14米。馆址择地巍峨，建筑雄伟，在苍松翠柏芳草花卉衬托点缀之下，宛如公园，是一个典型的革命文物与自然景观相结合的游览地。1984年，邓小平为安源路矿工人运动纪念馆题写了

◉ 萍乡市安源路矿工人运动纪念馆　CFP

馆名。

　　纪念馆包括安源路矿工人俱乐部、总平巷井口、湘赣边界秋收起义军事会议旧址等革命遗址。它全面系统地介绍了1921年到1930年，毛泽东、刘少奇、李立三等老一辈革命家领导安源路矿工人，团结农民和其他民众，准备和实行武装斗争，为建立新民主主义的新中国而奋斗的历史。

　　安源纪念馆征集了大量文物和史料，现有馆藏文物5000余件，其中一级文物54件。有20世纪20年代的安源路矿工人俱乐部出版的《安源旬刊》、安源工人集体创作的长篇叙事歌谣《劳工记》手抄原本、安源路矿工人俱乐部教育股编印的《小学国语教科书》、安源路矿工人消费合作社股票和购物证等。有全国重点文物保护单位四处。

◉　广西农民运动讲习所旧址

　　广西农民运动讲习所的创办，为右江革命根据地的建立打下了基础，为红七军和右江苏维埃政府的

⊛ 广西农民运动讲习所旧址 *新华社提供 甄仲民 摄*

建立创造了条件。1929年10月，在中共中央代表邓小平领导下，韦拔群率领的农民革命武装赶到百色平马镇，参加了著名的百色起义。

广西农民运动讲习所旧址原名北帝岩，位于广西壮族自治区东兰县武篆巴学村拉甲山一个叫北帝岩的山洞内，分别距县城、武篆镇38公里和4公里。1922年3月，韦拔群在此组织革命同盟，发表《敬告同胞书》，1925年9月，韦拔群、陈伯民等在洞内开办东兰第一届农民运动讲习所。1931年，红七军军长张云逸来到北帝岩，建议将北帝岩改称为列宁岩。

北帝岩宽64米，高43米，深137米，总面积8000多平方米。洞内宽敞明亮，干燥平坦，可容纳两千多人。岩洞深处清泉流涌，水声潺潺，有一条300多米的隧道直通山后。洞外树木参天，浓荫蔽日，一条碧绿小河静静向东流去。置身洞口，居高临下，举目远眺，方圆一公里以内的景物尽收眼底，进可攻，退可守，占据着重要的战略位置。

广西农民运动讲习所的课堂就设在岩洞口的洞内大厅，课桌由竹片拼制而成，竹桌上摆放的盏盏桐油灯，让人仿佛看到了当年的燎原之火。讲坛由泥石垒成。用泥砖砌成的小屋是教员宿舍，门口两侧贴着"快乐事业，莫如革命"的对联，横批上写着"团结、互助、奋斗、牺牲"八个大字。门楣上挂着马克思、列宁和孙中山的画像。课堂的两侧是用竹篱笆围成的学员宿舍。

1962年6月26日，广西壮族自治区公布其为自治区重点文物保护单位，称为"广西东兰第一届农民运动讲习所旧址"。1977年，广西壮族自治区拨款修缮北帝岩，依照1925年的原貌进行修复，并办陈列橱窗。1978年，中共中央副主席叶剑英题写了"广西农民运动讲习所旧址"，放大后刻在岩洞口。1995年12月，经自治区党委、自治区人民政府批准，命名为自治区爱国主义教育基地。

△ 其他相关景点：郑州市二七纪念堂（河南省）*郑州党史办提供*

03　北伐战争

◉ 1924年，在共产国际的帮助和推动下，国共两党以"党内合作"的形式实现了第一次合作。在第一次国共合作期间，两党的军队联合挥师北伐，沉重地打击了军阀势力，威慑了帝国主义列强。但是，革命统一战线仅维持了三年半时间，在革命形势一片大好，即将取得国民革命胜利之时，国民党右派却突然叛变革命，疯狂屠杀共产党员和国民党左派，国共合作宣告破裂，轰轰烈烈的第一次大革命失败了。

虽然第一次国共合作以失败告终，但它仍然具有深远的意义和影响：国共合作的形成，加快了中国民主革命前进的步伐；北伐战争的迅猛发展，使共产党大大地拓展了成员数量和组织，建立了一定数量的工农武装；合作失败后，使共产党开始成长成熟，懂得了进行土地革命和掌握革命武装的重要性。

3-1　国共合作

1）合作

◉ 1923年6月中国共产党第三次全国代表大会确定了全体共产党员以个人名义加入国民党，与国民党建立革命统一战线的方针。1924年1月20日至30日，在中国共产党人的参加与帮助下，孙中山在广州召开了国民党第一次全国代表大会，重新解释了三民主义。随后，全国大部分地区以共产党员和国民党左派为骨干改组或建立了各级国民党党部。国民党的"一大"标志着第一次国共合作的正式建立。

以国共两党合作为特征的革命统一战线的建立，加速了中国革命的进程，在中国革命历史上出现了轰轰烈烈的大革命。大革命基本上推翻了北洋军阀的反动统治，沉重地打击了帝国主义的侵略势力；宣传共产党的纲领，扩大党在群众中的影响；共产党开始掌握部分革命武装；中国人民受到一次革命洗礼，为中国革命继续前进奠定了基础。

⊛ 武昌区毛泽东旧居及中央农民运动讲习所旧址纪念馆

武昌中央农民运动讲习所是第一次国共合作时期毛泽东倡议创办的一所培

养全国农民运动干部的学校，于1927年3月7日正式上课，学员来自湖南、湖北、江西等全国17个省共8000多人。毛泽东参与制定了教育方针和教学计划，并讲授"农民问题"、"农村教育"等主要课程。许多共产党人、国民党左派和知名人士，如瞿秋白、李立三、恽代英、彭湃、方志敏、陈荫林、于树德、李汉俊、何翼人、李达等在讲习所任教。

1927年6月18日，农讲所举行毕业典礼。大多数学生被委任为农民协会特派员，深入开展农民运动，犹如星星之火，燎原于神州大地。大革命失败后，他们积极投身于各地的工农武装起义，如著名的八一南昌起义、湘赣边秋收暴动、黄麻起义以及参与创建湘鄂西等革命根据地的斗争，为中国革命作出了巨大的贡献。

讲习所旧址纪念馆位于武汉市武昌解放路红巷，是武汉市现存唯一保存完好的晚清学宫式建筑，占地面积12850平方米。校舍建于1904年，当初为张之洞创办的北路小学堂，1927年辟为中央农民运动讲习所校址。讲习所坐北朝南，是一个长方形的大院落，四栋砖木结构的青砖灰瓦房屋，均面向正门平行布置，掩映在葱茏的林木中。大院两面墙上"进行国民革命"、"拥护工农政策"的标语至今仍清晰在目。大院从前到后整齐排列着4栋高台式建筑，第一排红柱青砖的房舍，就是当年的办公用房。东头有常委办公室，毛泽东就在这里办公；第二排房屋中部是大教室；穿过大操场，是一栋二层青砖楼房，为学员寝室。

⊛ 武昌区中央农民运动讲习所旧址纪念馆内景
新华社记者 于澄建 摄

农讲所旧址纪念馆现有馆藏文物500余件，其中有毛泽东1927年撰写的《中国佃农生活举例》；有周恩来、董必武、张平化、伍修权等领导人的题字、题词；有黄兴、邓演达、陈潭秋、夏明翰、包惠僧等用过的实物，均为珍贵的革命文物。馆内有毛泽东主办中央农民运动讲习所旧址、"农民革命大本营"基本陈列。对外开放的复原陈列有常委办公室、总队部、教务处、庶务室、医务室、财务部、大教室、学生寝室，以及毛泽东旧居。除此之外还开辟了面积1000平方米的临时展厅，适时围绕主旋律举办临时展览。

1958年中共湖北省委决定复原旧址纪念馆，同年12月，周恩来题写"毛泽东同志主办的中央农民运动讲习所旧址"馆标。1963年纪念馆正式开放。1982年农讲所被公布为湖北省文物保护单位。1997年国家文物局、中宣部分别授予武昌农讲所纪念馆全国优秀爱国主义教育基地、全国百家爱国主义教育示范基地称号。2001年由国务院公布为全国重点文物保护单位。

2）合作破裂

◉ 到了大革命后期，1927年7月，由于蒋介石和汪精卫控制的国民党右派不顾以宋庆龄为代表的国民党左派的坚决反对，宣布与共产党决裂，发动了"四一二"、"七一五"反革命政变，公开叛变革命，致使第一次国共合作破裂。

✳ 雨花台烈士陵园

从1927年蒋介石发动"四一二"政变叛变革命到1949年新中国成立前夕，雨花台变成了国民党屠杀中国共产党党员和爱国人士的刑场。这22年中，约有近10万的共产党人、工人、农民、知识分子等革命志士、爱国人士在此被杀害。

南京雨花台烈士陵园位于雨花西路215号的中华门外雨花台，是新中国规模最大的纪念性陵园。烈士就义群雕、纪念馆和纪念碑是主要纪念性建筑。整个陵园苍松似海、翠竹成林。

⚐ 其他相关景点：江夏区中山舰纪念馆内景（湖北省武汉市） 新华社提供 周国强 摄

✳ 雨花台烈士陵园
《中国现代美术全集·建筑艺术》（卷5）（中国建筑工业出版社出版）

陵园由雨花台主峰等五个山岗组成，总占地面积约54.2公顷。陵园正门立有一对石柱，朴素庄严，高约11.7米，象征俄国的"十月革命"。陵园内部有宽阔的广场和花坛。在雨花台的主峰建立了6.8米高的纪念碑，上刻有毛泽东手书的"死难烈士万岁"6个大字。在烈士殉难处建有"革命烈士殉难处"牌坊以及其他纪念物。

烈士就义群雕是用179块花岗石拼组而成的。北殉难处建有赭色花岗石烈士就义群雕，雕像高10.3米、长14.2米，由党的工作者、知识分子、工人、农民、战士、学生等9位烈士形象组成，雕像充分表现了烈士们临刑前大义凛然、视死如归的浩然正气。

纪念馆坐落在主峰南面的任家山上，平面呈向南开口的矩形结构，东西长92米，南北宽49米。正门馆名由邓小平题写。墙外面及地坪贴铺花岗石，朴素庄严。

纪念碑坐落在主峰峰顶，高42.3米，碑体方形，宽7米，厚5米。正面镌刻邓小平手书"雨花台烈士纪念碑"8个金字。

陵园内还建有"四一烈士墓"、"望江矶烈士墓"以及安葬项英、袁国平、周子昆的"三烈士墓"等。

南京雨花台烈士陵园1988年被列为全国重点文物保护单位；2000年又被评为国家第一批AAAA级旅游区、全国爱国主义教育示范基地。

3-2 挥师北伐

◉ 北伐战争是指1926年至1928年，由广州国民政府及其领导下的国民革命军北进讨伐北京北洋政府及其领导下的各路军阀，使中华民国在形式上完成统一的战争。

1926年7月9日蒋介石就任国民革命军总司令，进行北伐誓师；1927年初，北伐军先后击溃北洋军阀吴佩孚、孙传芳等军队主力，占领了半个中国，取得了伟大的胜利。但是，正当北伐军向前发展的紧要关头，蒋介石、汪精卫等国民党右派势力在帝国主义支持下先后在上海和武汉发动"四一二"和"七一五"反革命政变。同时，由于陈独秀右倾机会主义错误的影响，共产党没有能够采取应付突发事变的正确措施，结果，蒋介石反动集团窃取了革命果实，建立了新的军阀统治，轰轰烈烈的北伐战争以失败告终。

北伐战争沉重打击了北洋军阀的统治，为以后中国新民主主义革命的发展开辟了道路，加速了中国革命历史的进程。同时使中国共产党人认识到开展武装斗争的极端重要性，开始了创建工农红军、进行土地革命的新时期。

⊛ 广州市黄埔陆军军官
学校旧址　新华社提供

⊛ 广州市黄埔陆军军官学校旧址

　　黄埔军校是孙中山在中国共产党和苏联帮助下创办的一所新型的军事政治学校。因校址设在长洲岛（又称黄埔岛），故通称"黄埔军校"。前身为清末广东水陆师学堂、陆军小学以及1912年广东政府创办的广东海军学校。黄埔军校诞生于国共第一次合作时期，1924年6月16日举行开学典礼，孙中山任校总理，蒋介石任校长，廖仲恺任国民党党代表，中国共产党人周恩来担任政治部主任。军校以孙中山提出的"创造革命军，来挽救中国的危亡"为宗旨，以"亲爱精诚"为校训，采取军事与政治并重、理论与实践结合的教育方针，为国共两党培养了大批军事政治人才。在国民党方面，黄埔师生被授予上将军衔的有近40人。在共产党方面，中国人民解放军十大元帅中有5人出自黄埔、10名大将中黄埔出身的占了3位、1955年授衔的57名上将中有黄埔师生8人。黄埔军校在中国现代史和军事史上都具有重要意义。

　　黄埔军校旧址位于广州市黄埔区长洲街军校路170号大院，其大部分建筑物于1938年被日军飞机炸毁，1965年做了一次较大修缮，基本恢复原貌。1984年建立黄埔军校旧址纪念馆。1988年，旧址被定为国家级文物保护单位。1996年，广州市政府按国家文物局批复的"原位、原尺度、原面貌"原则重建。2005年，又进行了全面修缮。现有军校正门、校本部、孙总理纪念碑、中山故居、俱乐部、游泳池、东征烈士墓、北伐纪念碑、济深公园、教思亭等十几处建筑。

黄埔军校大门风格非常朴实，中央上方横匾"陆军军官学校"几个大字，是国民党元老谭延闿的手笔。在二门门口挂着一副对联："杀尽敌人方罢手，完成革命始回头"。二门右侧墙壁上，挂着蒋介石手书的"亲爱精诚"校训。军校大门彩楼两旁原挂有一副对联："升官发财，请往他处；贪生怕死，勿入斯门"，横批为"革命者来"。孙中山逝世后改为其遗嘱中的"革命尚未成功，同志仍须努力"。黄埔军校校本部是一座日字形的二层砖木结构、三路四进、回廊相通的楼房。中山故居即"史迹陈列室"，原为清朝广东海关黄埔分关的旧址，称为学海楼。位于孙中山故居西的学生俱乐部是欧式红色建筑，礼堂讲台中央和两侧分别悬挂孙中山像、孙中山遗训、中华民国国旗、国民党党旗和林则徐焚鸦片、义和团抗击八国联军侵犯天津、沙基惨案和攻打惠州四幅大型油画。

东征烈士墓园坐落在军校西南的平冈，是1925年广东革命政府为纪念因讨伐陈炯明等叛军而阵亡的将士所修建的。1936年在墓园正门增建东征阵亡烈士纪功坊和码头，有"小黄花岗"之称。北伐纪念碑也矗立在平冈，是一座高10米的花岗石碑，是为纪念北伐阵亡的军校生而建。

⊛ 咸宁市咸安区北伐战争汀泗桥战役遗址

北伐战争咸宁汀泗桥战役遗址位于湖北省咸宁市咸安区汀泗桥火车站以北约500米的京汉铁路西侧西山头，距汀泗桥镇500余米。重点保护区一个是马家山，另一个是塔垴山。京广铁路从这两座山的山脚下穿过。马家山建有大门楼、烈士纪念亭、碑、墓及陈列室。遗址大门和烈士纪念碑、亭的建筑风格，融为一体。门楼采用绿色花岗石，门楼顶部有叶剑英亲笔题词"北伐先锋"楷体字样。烈士纪念碑与墓成中轴线对称布局，在碑身四个面上都镌刻着胡汉民题词的"国民革命军第四军北伐阵亡将士纪念碑"。烈士墓冢占地面积约为55平方米，墓首为四柱三间式牌坊，中刻碑一块，其上刻有"国民革命军第四军阵亡将士之墓，民国十八年十月立"等字样。

1926年，国民革命军第四军叶挺率独立团将士同吴佩孚的北洋军在此展开一场空前的激战，吴佩孚北洋军全军覆没。北伐战争汀泗桥战役的胜利，结束了中国在辛亥革命推翻清王朝十数年间一直处于军阀割据和军阀混战的黑暗局面。由中国共产党领导的部分北伐将士经过汀泗桥战役的洗礼，后来在八一南昌起义中发挥了重要作用。

△ 其他相关景点：山西省国民师范旧址革命活动纪念馆（山西省太原市）

04　创建红军

◉　在革命遭受严重挫折的形势下，要不要坚持革命？如何坚持革命？这是摆在中国共产党面前的两个最根本性的问题。在面临国共合作破裂的危急关头，1927年7月中旬，中共中央临时政治局常委会决定将准备南昌起义；组织湘、鄂、赣、粤四省农民在秋收季节举行暴动；召集中央会议，讨论和决定新时期的方针和政策作为未来工作的三件大事。同年8月7日，中共中央在汉口召开八七会议，毛泽东在会上着重阐述了党以后要非常注意军事，必须依靠农民和掌握枪杆子的思想。会议还提出了"整顿改编自己的队伍，纠正过去严重的错误，而找到新的道路"的任务。

　　八七会议后，共产党人接连领导了南昌起义、秋收起义、广州起义，在不到一年的时间里，还先后在海陆丰、琼崖、鄂豫边、赣西北、赣东北、湘南、湘鄂西、闽南、陕西等地区领导了近百次武装起义，从而进入了创建红军的新时期。中国革命由此发展到了一个新的阶段，即土地革命战争时期，或称十年内战时期。

4-1　南昌起义

◉　1927年7月下旬，周恩来到达南昌，组织前敌委员会并领导南昌起义。8月1日南昌起义爆发，经过4个多小时的激烈战斗，起义部队将大部国民党军队歼灭，占领南昌。8月3日开始，前委根据中央原定计划，率起义部队陆续撤离南昌，转至福建、广东一带。部队在南下广东途中，遭到强敌围攻而失败。保存下来的起义部队，一部分转移到海陆丰地区坚持斗争，另一部分在朱德、陈毅率领下转入闽南、赣南、粤北等地。

　　南昌起义，是中国共产党直接领导的带有全局意义的一次武装暴动。它打响了武装反抗国民党反动统治的第一枪，宣告了中国共产党把中国革命进行到底的坚定立场，标志着中国共产党独立地创造革命军队和领导革命战争的开始，是创建人民军队的开始。南昌起义、秋收起义和广州起义成为这段时期百余次大小起义中最为重要的三次起义，极大地扩大了共产党的影响力，奠定了良好的群众基础，掀起了反抗国民党独裁统治的革命浪潮。

1933年7月11日，中华苏维埃共和国临时中央政府根据中央革命军事委员会6月30日建议，决定将8月1日定为中国工农红军成立纪念日。从此，8月1日成为中国工农红军和后来的中国人民解放军的建军节。

⊛ 南昌八一起义纪念馆

南昌八一起义纪念馆位于江西省南昌市中山路西端洗马池"八一"南昌起义总指挥部旧址内，旧址原是江西大旅行社。

纪念馆外观呈银灰色，坐南朝北，是一座楼高4层的回字形建筑，始建于1922年，1924年建成。采用

⊛ 南昌八一起义纪念馆 CFP

中西合璧的建筑风格，外观以具有西洋风格的水泥浮雕装饰门窗。楼内有一宽大的天井，天井里放有四口防火用的大水缸，显示出中国传统建筑的独特格局。

现在，旧址门首悬挂着陈毅手书的"南昌八一起义纪念馆"镏金横匾，大楼的二、三层已辟为4个陈

列室和1个题词纪念室，以大量的历史文献资料、图表、照片、文物以及参加南昌起义的老同志题词，生动地再现了南昌起义的光辉历史。还按原貌恢复曾经举行过领导会议的喜庆礼堂，周恩来工作过的25号房间，林伯渠的办公室兼卧室的20号房间，军事参谋团的办公地点9号房间，部分起义领导人住过的10号房间，以及在一层天井两侧的警卫连和卫生处的部分住房。此外，三层的展厅还陈列了一组周恩来生平的照片。

1961年经国务院批准，南昌起义总指挥部旧址列为全国重点文物保护单位。现为全国爱国主义教育示范基地。

⊛ 梅州市大埔县"八一"起义军三河坝战役烈士纪念园

"八一"起义军三河坝战役烈士纪念园位于广东省大埔县三河镇汇东村笔枝山顶，占地面积18万平方米，为全国重点烈士纪念建筑物保护单位、广东省文物保护单位、梅州市和大埔县爱国主义教育基地。纪念园内有"八一"起义军三河坝战役烈士纪念碑、"八一"起义军三河坝战役纪念馆、朱德雕塑、浮雕墙、门楼、长廊、花架、凉亭等。1927年10月1日，著名的八一南昌起义军三河坝战役就在这

里打响。

三河坝战役烈士纪念碑

纪念碑建于1964年。碑呈四方形，高15米、宽4米，用35种各种造型的石块及356块花岗石条砌成，占地面积716平方米。碑身正面镌刻着朱德题的"八一起义军三河坝战役烈士纪念碑"正楷镏金字。碑座上刻着第二师师长周士第撰写的碑文。碑座立在平台的中间，平台全部用花岗石条铺成，平台外沿周围竖着石栏杆，建筑雄伟壮观。

三河坝战役纪念馆

三河坝战役纪念馆占地3000平方米，为五开间单层狮子口典型客家堂式建筑，白墙黑瓦，显得十分肃穆庄重。纪念馆展厅内设"举义南昌城"、"浴血三河坝"、"会师井冈山"三个展厅，展出了108幅珍贵的历史图片和100多件历史文物，真实地向观众再现了我军建军史上那段峥嵘岁月和永远值得纪念的历史。而设在正门大厅占地18平方米的三河坝战役沙盘，则让观众对三河坝战役一目了然。

⊛ 龙华革命烈士陵园

龙华革命烈士陵园位于上海徐汇区龙华西路180号，龙华寺西侧，原为国民党淞沪警备司令部旧址和龙华革命烈士就义地，在此被关押和杀害的共产党人和革命义士数以千计。

⊛ 龙华革命烈士陵园
CFP

龙华烈士陵园建有纪念瞻仰区、烈士墓区、遗址区、烈士就义地、碑林区、青少年教育活动区、干部骨灰存放区和游憩区共8个功能区。纪念碑矗立在陵园主轴线上，其正面镌刻着江泽民题写的"丹心碧血为人民"7个大字。纪念馆分8个展厅，以1000余件文物和大量照片、图片，展示自鸦片战争以来，为"独立、民主、解放、建设"而战斗和牺牲在上海的200多位革命先烈的光辉业绩。烈士纪念堂安放着500余位烈士的骨灰，堂内设有一幅题为"碧血"的大型瓷版画，是先烈崇高精神的生动写照。陵园内有全国著名雕塑家塑造的10座大型纪念雕塑和集当代书法大成的龙华烈士诗词碑林。

龙华烈士陵园建筑的艺术特点是主题、主轴线、立体建筑的融合，以及"过去"、"现在"、"未来"的交替。红岩石、入口广场、园名牌楼、纪念桥、纪念广场、纪念碑、纪念馆、无名烈士陵等一系列建筑井然有序地坐落在陵园的南北主轴线上。入口处的红岩石，以其特定的思想意蕴点出了陵园的人文主题；纪念广场是陵园的中心地带；纪念馆以四层素色花岗石阶梯与金字塔形的蓝色玻璃幕墙和谐组合，于庄严凝重中透出明朗开阔的意境。这些建筑成功地营造出陵园独特的纪念氛围，并以其庄重大器、中西合璧、富有时代气息的建筑风格，使龙华烈士陵园成为上海的标志性纪念建筑。

陵园四季林木苍翠，入春桃花盛开，从农历三月初一到三月十五的半个月里去龙华瞻仰烈士，观桃花，敬香登塔逛庙会已成为上海人的习俗。现为全国重点文物保护单位。

4-2 八七会议

◉ 为了审查和纠正共产党在大革命后期的严重错误，决定新的路线和政策，中共中央于1927年8月7日在湖北汉口召开紧急会议，即八七会议。

会议总结了大革命失败的经验教训，坚决纠正和结束了陈独秀的右倾机会主义错误。八七会议使中国共产党在政治上大大前进了一步。

八七会议确定以土地革命和以武装反抗国民党反动派的屠杀政策为党在新时期的总方针，并把发动农民举行秋收起义作为党在当时的最主要任务。

◉ 江岸区八七会议旧址纪念馆

八七会议旧址纪念馆位于武汉市鄱阳街139号（原三教街41号），馆址系英国人建造的中西结合式公寓楼中的一个单元，距今已有80多年的历史。纪念馆共三层，占地面积1600平方米，现有复原陈列和辅助陈列，用大量文物、图片和资料再现八七会议的历史。邓小平、李维汉等老一辈无产阶级革命家曾分别来馆视察，邓小平还亲笔为纪念馆题写馆名。

　　纪念馆现已成为武汉市精神文明建设的重要窗口和爱国主义教育的重要基地。1982年，国务院公布会址为全国重点文物保护单位；2001年中宣部命名纪念馆为全国百家爱国主义教育示范基地。

4-3 湘赣边界秋收起义

◉　八七会议后，各地武装起义相继展开。根据临时中央政治局关于在湘、鄂、赣、粤四省举行秋收起义的决定，1927年9月，湘赣边界秋收起义开始。起义部队由于缺乏作战经验和敌我力量悬殊，战斗相继失利。毛泽东当机立断，命令各路起义军向浏阳文家市集中。9月19日，前委在文家市召开会议，决定放弃攻打长沙的计划，部队沿罗霄山脉向南转移。10月下旬到达井冈山。

　　秋收起义是继南昌起义之后，中国共产党领导的又一次著名的武装起义。这次起义，在连受挫折的情况下，却成功地走出了一条在农村建立革命根据地，以保存和发展革命力量的正确道路。

　　秋收起义的爆发具有重大的历史意义，创建了中国共产党第一支工农军队，并率先举起了共产党的第一面旗帜。正如毛泽东在诗词中所说的"军叫工农革命，旗号镰刀斧头"，标志着共产党独立领导武装斗争的开始，具有里程碑式的意义。最后，毛泽东带领秋收起义部队转进井冈山，开辟了第一个农村革命根据地，找到了中国革命的正确道路，中国共产党从此由小变大，由弱变强，最终取得了中国革命的最后胜利。

✵ 秋收起义铜鼓纪念馆

　　在江西省铜鼓县定江东路489号，肖家祠之旁坐落着秋收起义铜鼓纪念馆。纪念馆建成于1977年，并于当年8月16日正式对外开放。全馆建筑面积3300多平方米，分前后3栋。前栋中间为三层，其余都是两层。全馆共分五个部分。第一部分"军旗猎猎"，主要介绍铜鼓成为湘赣边秋收起义策源地之一的历史背景；第二部分"沙洲阅兵"，主要介绍毛泽东亲自领导三团和铜鼓人民举行秋收起义的光辉历程；第三部分"排埠思索"，主要介绍起义受挫后毛泽东率三团回师铜鼓排埠，在这里思索部队前进的方向；第四部分"引兵井冈"，主要介绍工农革命军第一、二、三团在浏阳文家市胜利会师，毛泽东率领部队到达井冈山，创建了一块农村革命根据地，指明了中国革命的航程；第五部分"星火燎原"，主要介绍了这支由毛泽东从秋收起义中带出来的经三湾改编后的革命军队，参加了中国革命武装斗争并取得最终胜利立下的不朽功勋。

⊛ 萍乡秋收起义纪念碑

秋收起义纪念碑矗立在江西省萍乡市城北新区，占地20多公顷的秋收起义广场的主轴带上。秋收起义广场是为纪念秋收起义而建设的纪念性广场，以昭萍桥为中心，萍水河为纽带，四个块面组合而成。广场以秋收起义纪念碑为重点，南向中轴线上设置秋收起义纪念馆。

秋收起义纪念碑碑高30.9米，占地面积151平方米。纪念碑由"9"字、浮雕、题词、长城、安源路矿工人俱乐部徽标、碑柱、火焰（火炬）、五角星、碑文、红旗、山川、稻穗等图案协调配置、有机组合。长城堡连碑柱27米，基座27级台阶、高3.9米，碑柱顶部正面与背面造型为两个"9"字，连缀起来表明秋收起义的时间为1927年9月9日，同时又有"九重天"的寓意。长城墙上的火炬和基座侧边的火焰，表示秋收起义之火燃遍长城内外、大江南北，与刻在基座南、北面的毛泽东的名言："星星之火，可以燎原"相吻合。

⊛ 秋收起义修水纪念馆

秋收起义修水纪念馆坐落于江西省修水县城凤凰山路136号，属秋收起义专题性纪念馆，占地面积3000平方米，始建于1977年。馆标由秋收起义时师部参谋、工农革命军军旗设计者之一、原全国政协副主席何长工题写。

纪念馆陈列重点反映湘赣边界秋收起义爆发的背景；工农革命军第一军第一师的组建；中国共产党的第一面军旗在修水设计、制作、升起；师部和第一团以及第二、三、四团在秋收起义中的经历；修水地方党组织和农会、工会以及人民群众积极配合并参加秋收起义的史实。突出展示了毛泽东和参加秋收起义的老一辈革命家的丰功伟绩，讴歌秋收起义开创井冈山革命根据地，使星星之火燃遍全中国的历史功勋。

2004年10月，秋收起义修水策源地被评选为百姓心中的"江西十大红色景点"之一。

⊛ 浏阳市文家市镇秋收起义会师旧址纪念馆

秋收起义文家市会师纪念馆位于湖南省浏阳市区东南45公里的湘赣边界文

家市镇。1927年9月，湘赣边界秋收起义部队进攻中心城市失利后，毛泽东领导各部队在此会师。

纪念馆主要由秋收起义文家市会师旧址和秋收起义历史辅助陈列馆两部分组成，总面积为13283平方米，建筑面积为6841平方米。秋收起义文家市会师旧址原名"文华书院"，创建于清道光二十一年（1841年），1901年更名为"里仁学校"，是浏阳仅存的两大书院之一，具有典型的清代建筑风格。里仁学校坐南朝北，学校大门前有2座木结构的雨亭。主体建筑前后共4进：第一进是大门，左右各有房屋1间；第二进是2层木结构楼房；第三进是书院大成殿，为重檐歇山顶，内外共有石柱20根；第四进是原文华书院承德堂。1927年9月19日晚，前敌委员会军事会议在此召开。书院前部左面原有关帝庙，右为文昌阁，阁左边新斋坐西向东共有4间平房，其中一间，为当年毛泽东住室。小巷两侧保存有革命标语。

1961年3月，秋收起义文家市会师旧址被国务院公布为第一批全国重点文物保护单位。1995年被公布为湖南省爱国主义教育基地，2001年被中宣部公布为全国爱国主义教育示范基地，2004年，国家旅游局公布为AAA级景区。

⊛ 浏阳市文家市镇秋收起义会师旧址纪念馆　新华社记者 王平 孟庆彪 摄

4-4 广州起义

◉ 继南昌、湘赣边界等地起义之后，中国共产党又于1927年12月11日发动和领导了广州起义。经过激烈战斗，成立了广州苏维埃政府。不久，粤桂军阀在帝国主义的支持下，联合向起义部队反扑，起义失败。广州起义失败后，被迫从广州撤出的部分武装力量，在广东花县整编为工农革命军第四师，转入海丰、陆丰地区，坚持革命斗争；少数起义者到达香港，后到广西参加了左、右江起义；还有少数人员撤到粤北韶关地区，加入朱德、陈毅率领的南昌起义保留下来的部队，后来上了井冈山。

广州起义是对国民党叛变革命和实行屠杀政策的又一次英勇反击。但实践再一次表明，面对国民党新军阀在城市拥有强大武装力量的形势，企图通过城市武装起义或进攻大城市来夺取革命的胜利是不可能的。在广大农村寻求出路，才是中国革命的正确途径。

◉ 广州起义纪念馆

广州起义纪念馆，即广州公社旧址，位于广州市起义路200号，为原国民政府广东省公安局，是由共产党的张太雷领导发动的广州起义而建立的苏维埃政府——广州公社所在地。1927年12月11日，张太雷等人在广州发动起义，工人赤卫队攻打广东省公安局，12日下午广州苏维埃政府在此宣布成立。广州起义失败后苏维埃政府随即废止。虽

◉ 广州起义纪念馆 新华社记者 刘玉生摄

然广州公社仅存三天，却是中国大城市里建立的第一个苏维埃政府，被誉为"东方巴黎公社"。

1949年广州解放后，原广东省公安局被广州市人民政府所接管，并于此设立广州市公安局。1956年，广州市政府把南楼辟为广州起义陈列室，对内开放。1987年，广州市公安局向文物部门移交了旧址的南楼、中楼及门楼等建筑；2005年底，又移交了余下的旧址北楼和拘留所。在对旧址进行维修复原后，成立了广州起义纪念馆。叶剑英曾为此题字"广州公社旧址"。2006年开始重新修葺纪念馆，2007年重新开放。

纪念馆由大门及其后面的大院和南、北、中三座两层的楼房组成。大院中有广州起义苏维埃政府主要领导人的9座汉白玉雕像。1987年复原重建了被日机炸毁的南楼第三层和中楼右翼。中楼复原张太雷办公室、苏维埃政府会议室、救护室及苏维埃委员办公室等。南楼设置广州起义史料辅助陈列展，展出广州起义文物、图片、模型、绘画等200多件，放映有关起义的专题录像，再现当年广州起义的悲壮历史。该馆

还常举办一些临时展览。

广州起义纪念馆隶属广东革命历史博物馆，纪念馆于1961年被国务院列为全国重点文物保护单位。

⊛ 广州起义烈士陵园

广州市中山二路92号的广州起义烈士陵园是为纪念1927年12月广州起义中英勇牺牲的烈士，于1954年修建的纪念性公园。广州起义死难的5700多烈士都埋于此。陵园大门石壁上刻有周恩来题写的"广州起义烈士陵园"，气魄雄伟。

广州起义烈士陵园坐北向南，面对东广场，面积达18万平方米。园区是典型的岭南特色园林景观，绿荫芳草和碧水间坐落着各具特色的纪念亭：有为纪念举行"刑场上的婚礼"的周文雍、陈铁军烈士而建造的"血祭轩辕亭"；有为纪念广州起义中牺牲的朝鲜和苏联烈士而建造的"中苏人民血谊亭"和"中朝人民血谊亭"。

陵园以建设生态公园为目标，结合自身的特点，挖掘亮点，打造"四季飞花"品牌，提高公园的景观效果和文化内涵。在不同的季节引种个性各异的花卉，使园内从春季到冬季都有各具特色的鲜花开放，为蕴含历史沧桑和英雄故事的公园增添了新的色彩和活力。1992年修建花卉展馆；2003年新建"知趣园"。园林布置手法融合古典和现代、中国和西方造景特点，为青少年提供了一个良好的环境生态教育和科普教育的场所。

广州起义烈士陵园被列为全国重点烈士纪念建筑物保护单位和广东省重点文物保护单位，是广州市首批爱国主义教育基地之一。

4-5 湘南起义

◉ 从1927年11月到1928年夏，中国共产党在全国一些地区又先后发动和领导了多次武装起义。

1928年1月南昌起义军余部进入湖南南部地区，在当地共产党组织的配合下，发动农民在旧历年关举行起义，占领湖南宜章，由此揭开了湘南起义的序幕。2月23日上午，中共宜章县委在西门广场召开群众大会，庆祝起义胜利。朱德宣布起义部队改名为"工农革命军第一师"，朱德任师长，陈毅任党代表，王尔琢为参谋长。

同年3、4月间，在国民党军队的重兵进攻下，朱德、陈毅率起义部队撤离湘南地区，向井冈山转移，与毛泽东率领的秋收起义部队会师后，创建了井冈山革命根据地。

湘南起义是共产党历史上一次重要的武装起义。它为武装斗争与农民运动相结合提供了范例，是农村武装割据与土地革命斗争的伟大实践。更为重要的是，湘南起义为毛泽东科学地总结出中国革命必须走"农村包围城市，武装夺取政权道路"的光辉理论提供了宝贵的实践经验。可以说，有了湘南起义才有井冈山会师，有了井冈山会师才有日益巩固的井冈山根据地。

◉ 宜章县湘南暴动指挥部旧址

指挥部旧址位于湖南省郴州市宜章县城关镇。旧址建筑原状为晚清风格，是四栋两层建筑物的四合院，中坪北面原有一栋简易楼房，楼下有两耳房和一厅堂，中厅是起义指挥部及朱德、陈毅等的住房，两侧为红军战士营房。1979年对旧址进行了全面维修，按原貌作了复制陈列。

旧址的"湘南起义史料陈列"集中反映了朱德、陈毅在南昌起义之后，率部分起义军进抵湘南，策划智取宜章，以及相继组织郴县、耒阳、永兴、安仁、资兴等六县的武装暴动，建立苏维埃政府、组建工农革命军和开展土地革命运动，一直到同毛泽东领导的秋收起义部队在井冈山会师的全部历史史料，展出图片325幅，实物186件，珍贵文献资料13件。

旧址现已辟为爱国主义教育基地。1996年被列为全国重点文物保护单位。

4-6 黄麻起义

◉ 1927年11月13日，湖北省黄安(今红安)、麻城3万余名农民自卫军和义勇军在八七会议精神指引下和中共湖北省委领导下，攻打黄安县城，打响了鄂豫皖地区武装反抗国民党右派的第一枪，正式成立了黄安农民政府，组建了工农革命军鄂东军，史称"黄麻起义"。

黄麻起义及其后的革命斗争，开辟了一块坚实的革命基地。黄麻起义奠定了鄂豫皖革命根据地的初始基础，也是川陕革命根据地的历史起点。1930年春，鄂豫边，豫东南、皖西三块根据地连成一片，形成了鄂豫皖革命根据地，是全国六大苏区之一，成为仅次于中央根据地的第二大革命根据地。红四方面军主力向西实行战略转移后，又创建了川陕革命根据地。由在黄麻起义中组建的鄂东军发展起来的红四方面军，先后开辟了两大苏区，这是对中国革命的重大贡献。

黄麻起义不仅用鲜血和生命燃起了大别山工农武装革命的烽火，也在起义及其后的斗争实践中逐渐形成了独具特色的黄麻起义革命精神。

❀ 红安县黄麻起义和鄂豫皖苏区革命烈士陵园

黄麻起义和鄂豫皖苏区革命烈士陵园位于湖北省黄冈市红安县城关镇陵园大道1号，由牌坊、黄麻起义和鄂豫皖革命烈士纪念碑、烈士祠、烈士骨灰堂、烈士墓和园林等部分组成，面积约1平方公里，始建于1956年，全部建成于1980年。

烈士陵园大门为高大牌坊建筑，坐北朝南，钢筋混凝土结构，绿瓦红檐，庄严宏伟。入陵园，两侧有平顶的小房，灰壁绿窗，造型雅致。由林荫大道前行约百米，烈士纪念碑巍然屹立。纪念碑坐北向南，钢筋混凝土建筑，平面四方歇山顶，高25.7米。碑身四面镶嵌汉白玉，碑座正面有五星碑徽，台座正中饰汉白玉雕成的光环，左右分别嵌有再现黄麻起义和苏区军民坚持武装斗争、保卫苏维埃政权的场面的浮雕。碑座前刻有中共湖北省委和省政府共同撰写的碑文。碑前左右各有雕塑一座，左塑武装农民身背大刀，高举铜锣，象征黄麻起义；右塑红军战士，高擎钢枪，奋勇向前，象征着根据地军民坚持武装斗争。由纪念碑北行约百米，便是烈士祠。此祠建于1959年春，原为砖木结构，1984年改建为钢筋混凝土及砖木结构。祠内为烈士灵堂，陈列着全县英烈名册及党、政、军、民及各界敬献的花圈。

❀ 麻城市乘马会馆

乘马会馆位于湖北省麻城市乘马冈镇乘马冈村，系佛教庙宇"华祖殿"，始建于清乾隆年间，1913年改建为学堂。1930年秋，国民党军队对鄂豫皖区进行第一次"围剿"时将其烧毁。1931年由当地乡绅改建为学堂，后因战火的破坏，再改建为商会会馆。该建筑坐西向东，为三开间四柱梁硬山结构，一进两重南北厢房式布局，东西长21米，南北宽30米。

乘马会馆是黄麻起义的策源地之一，具有历史纪念意义。1981年，湖北省人民政府公布乘马会馆为省级重点文物保护单位。1999年，省政府公布乘马会馆为全省爱国主义教育示范基地。2007年进行了全面维修。

⊛ 渭南市华县渭华起义纪念馆

　　1928年春，刘志丹、谢子长等在陕西渭南、华县一带率领政治保卫队和中山学校的学生1000多人，配合当地农民举行武装起义，成立工农革命军和工农民主政府，经过一个多月的战斗，在国民党反动派优势兵力的围攻下最终失败，留下的部队继续在陕甘边境坚持武装斗争。

　　渭华起义纪念馆坐落在陕西省华县高塘塬上，占地面积8872平方米，建筑面积1590平方米，馆藏革命文物1400余件，陈列展室7个，起义领导旧居4处。馆内保留了当年起义时具有重要意义的革命遗址5处：一是西北工农革命军军委指挥部——五间厅，位于纪念馆内最北端，是工农革命军军委、司令部的会议室——军委、司令部、陕东特委负责人在这里聚会运筹帷幄，指挥这场革命斗争。二是15个砖铺大字，砖铺字所在地是纪念馆的中心位置。1927年11月，共产党员教师陈述善、李维俊在为悼念李大钊等革命烈士而召开的追悼大会之时，在校园大道用青砖和鹅卵石铺成长20米、宽2米的巨幅标语："同志们赶快踏着先烈的鲜血前进啊！"，在全国革命文物中绝无仅有，被列为国家一级文物。三是中共华县县委办公楼旧址，1927年7月，中共华县县委在此成立，常驻办公。四是西北工农革命军军委扩大会议遗址（两颗古槐遗址）。五是烈士殉难井，位于两颗古槐遗址地正北15米处。除此以外，起义旧址还包括三教堂、郭家庄小庙、药王洞、高塘会馆。

　　1957年5月31日，陕西省人民政府将渭华起义旧址列为省级重点文物保护单位。2006年5月25日，又被国务院公布为国家级重点文物保护单位。

────────────

△ 其他相关景点：麻城市烈士陵园（湖北省）

⊛ 平江县平江起义旧址

　　1928年7月22日，共产党人彭德怀、滕代远、黄公略等领导湖南平江的革命士兵和农民举行武装起义，开辟了湘鄂赣革命根据地，成立了中国工农红军第五军，彭德怀任军长，滕代远任党代表。以后红五军主力于12月11日到达井冈山与红四军会合，其余部分留在湘赣地区坚持游击战争。

　　平江起义旧址位于湖南省岳阳市平江县城东1.5公里处的原天岳书院，占地面积6549平方米，建筑面积3907平方米；始建于清康熙年间（1720年），清同治年（1867年）迁建现址。清朝末年实行"新政"，改革教育制度，废除了科举制；1902年，天岳书院改为平江小学堂；辛亥革命后，又改为平江高等学堂。新中国成立后，改为平江第一中学，直到1985年，该校迁出。因此，从清朝直到1985年，平江起义旧址一直是平江著名的教学机构，为平江培育了大量人才。

天岳书院正门门额嵌有"天岳书院"石匾额，东西两边嵌有"天经地纬，岳峙渊渟"，字迹苍劲秀丽，蕴含天岳书院秉承岳麓书院、城南书院的教学宗旨，培育"经天纬地"实用人才的教学理念。书院为清代砖木结构建筑，坐南朝北，白色山墙，青灰屋瓦，歇山式屋顶，共有讲堂三间。东边原建有屈子祠三间，宋九君祠三间；西边有藏书楼及罗孝子祠。现在，除东西祠和藏书楼已不复存在外，主体建筑均保存完好。

旧址有四个专题陈列室，依次为"彭德怀同志光辉业绩陈列展"、"滕代远、黄公略生平展"、"光荣的平江起义简介"和"平江起义史料陈列"。展品包括珍贵的文物106件、图片126幅，辅以文字、图表和模型等，真实地反映了平江起义对创建人民军队、开辟湘鄂赣根据地和保卫中央苏区、建立新中国的伟大历史作用。

⊛ 平江县平江起义旧址 *新华社提供*

⊛ 平江起义总指挥部原址 *新华社提供*

平江起义旧址广场东边有彭德怀元帅拴过马的梧桐树——将军树，不过原来的树在"文化大革命"中已被砍掉，现在的树是在原址上重新栽植的。西边是彭德怀元帅铜像和铜像广场。铜像于1990年落成揭幕，彭德怀元帅骑着战马、手持望远镜，反映了元帅"谁敢横刀立马，唯我彭大将军"的英雄气魄。

1959年湖南省人民政府公布平江起义旧址为省级文物保护单位。1988年，国务院将平江起义旧址公布为全国重点文物保护单位。1995年被公布为湖南省爱国主义教育基地。2001年被中央宣传部命名为全国爱国主义教育基地。

⊛ 百色市红七军军部旧址

百色起义，又叫右江暴动。1929年12月11日，邓小平、陈豪人、张云逸等同志在广西百色组织领导的武装起义，创造了中国工农红军第七军，是在南昌起义、秋收起义、广州起义的影响和鼓舞下，中国共产党在广西少数民族地区实行"工农武装割据"的一次光辉实践。

百色起义前后，清风楼和粤东会馆成为红七军党的领导机关和部队指挥部所在地。清风楼坐落在百色市繁华的解放街中心，面临碧波如画的澄碧河。这座建筑物始建于清康熙五十九年（1720年），道光和同治年间先后两次重修，乃粤籍豪商巨贾集资兴建，为粤商商事活动场所。整个建筑占地面积2330平方米，坐西向东，以前、中、后三大殿宇为主轴，两侧配以相对称的三进厢房和庑廊。

旧址现陈列百色起义和红七军革命斗争的文物1000多件，共分三部分。第一部分陈列百色起义前的左江农民运动和武装斗争的史实；第二部分陈列百色起义和红七军光荣的战斗历程；第三部分为"历史性的胜利"。

在中国红军战斗序列中红七军是在百色起义中诞生的，以广西少数民族为主组成的部队，它骁勇善战、英勇顽强。从这支部队里走出了共和国的军委主席，1位大将，2位上将，4位中将，12位少将和一大批党政高级干部。

1963年2月26日，广西壮族自治区人民委员会公布红七军军部旧址为自治区重点文物保护单位。1977年8月17日，邓小平亲笔题字："中国工农红军第七军军部旧址"，1988年1月13日，国务院将红七军军部旧址公布为全国重点文物保护单位。1990年11月20日，江泽民在红七军军部旧址亲笔题词："百色起义的英雄业绩光照千秋"，为旧址增添了光辉。1997年6月被中宣部确定为全国爱国主义教育基地。

✳ 独山革命旧址群

独山革命旧址群位于安徽省六安市裕安区独山镇，地处大别山东北麓咽喉要道，与金寨、霍山县接壤，向来是兵家必争之地。

1929年11月，正当中共六安中心县委组织发动起义的一触即发之际，7日晚发生了独山暴动。独山暴动打响了六霍起义的第一枪，独山的名字和它对中国革命的伟大贡献，同时载入光荣史册。现今独山镇遗存的革命旧址均为当时的革命活动的场所。70多年过去了，山河旧貌已换新颜，但见证当年鄂豫皖革命历史的独山暴动指挥部、中共六安县委和少共六安县委、六安县苏维埃政府、六安县赤卫军指挥部、六安县列宁小学、六安县苏维埃俱乐部、六安县保卫局、六安县革命法庭、六安县经济合作社、中共六安中心县委委员会成立旧址等10处建筑物及其所处的自然环境，老区人民备加珍惜，当做传家宝完整地保存下来，这是国内罕见的。镇区南头山还有邓小平亲笔题字的六霍起义纪念塔，徐向前元帅为纪念塔题词"六霍起义中牺牲的烈士永垂不朽"。

△ 泸州市泸顺起义旧址　CFP

独山革命旧址群1981年被列入县级文物保护单位，2000年纪念塔和旧址群一并被列为全省爱国主义教育基地。

——————

△ 其他相关景点

1）泸州市泸顺起义旧址（四川省）

2）凤县两当起义纪念馆（陕西省宝鸡市）

3）红七军前敌委员会旧址（广西壮族自治区河池市东兰县）

4）陇南市两当县两当兵变遗址（甘肃省）

05　苏维埃根据地

⊙　在全党为挽救革命、寻找革命新道路而进行的艰苦斗争中，以毛泽东为主要代表的一大批共产党人，经过创建、发展红军和农村革命根据地的实践，逐步找到了一条推动中国革命走向复兴和胜利的道路。那就是：以农村工作为重点，到农村去发动农民，进行土地革命，开展武装斗争，建设根据地。农村包围城市、武装夺取政权这条革命新道路的开辟，依靠了党和人民的集体奋斗，凝聚了党和人民的智慧，而毛泽东则是其中的杰出代表。早在1928年10月和11月，毛泽东就写了《中国的红色政权为什么能够存在？》和《井冈山的斗争》两篇文章，科学阐述了共产党领导的土地革命、武装斗争与根据地建设这三者之间的辩证统一关系；1930年1月，毛泽东在《星星之火，可以燎原》一文中进一步指出建立红色政权的必要性及其在中国革命中的作用，明确地提出巩固和扩大农村革命根据地的路线与政策。这标志着中国化的马克思主义即毛泽东思想的初步形成，也是马克思主义在中国创造性的运用和发展。

随着革命道路的开辟，中国革命开始走向复兴，红军和中央革命根据地、鄂豫皖、湘鄂西、湘赣、湘鄂赣等根据地也都得到了发展。根据地成为新民主主义共和国的雏形，为建设人民当家做主的新国家奠定了必不可少的第一层基土。

5-1 井冈山革命根据地

● 1927年10月，毛泽东率领湘赣边界秋收起义的工农革命军，开始了创建以宁冈为中心的井冈山农村革命根据地的艰苦斗争。在井冈山建立根据地，是因为：一是党在这个地区的群众基础较好，大革命时期各县曾建立过党的组织和农民协会，并有地方农民武装在这里坚持斗争，他们愿意同工农革命军相结合；二是地势险要，易守难攻；三是周围各县有自给自足的农业经济，易于部队筹款筹粮；四是地处两省边界，距离国民党统治的中心城市比较远，加之湘赣两省军阀之间又存在矛盾，敌人的统治力量比较薄弱。

从1927年10月到1928年2月，以毛泽东为书记的前敌委员会领导井冈山军民，利用国民党新军阀之间发生战争、井冈山地区敌人兵力空虚的大好时机，采取积极发展的方针，逐步开创了工农武装割据的局面。1927年11月，工农革命军攻占茶陵县城，成立湘赣边界第一个红色政权——茶陵县工农兵政府。1928年2月上旬，打破江西国民党军队的第一次"进剿"。至此，奠定了井冈山根据地的基础。

1928年4月，朱德、陈毅率领南昌起义保存下来的部队和湘南农军到达井冈山，与毛泽东领导的工农革命军会师。会师后，成立了中国工农红军第四军，毛泽东任党代表，朱德任军长。

井冈山革命根据地的建立，点燃了"工农武装割据"的星星之火，开创了在革命转入低潮的形势下，重新聚集革命力量，武装夺取政权的新局面，为中国革命照亮了胜利前进的航程。为中国革命的中心工作完成从城市到农村的伟大战略转移，走上农村包围城市，最后夺取城市，开辟了新的道路。

⊛ 井冈山市红色旅游系列景区

湘赣边界、罗霄山脉中段这片神奇的土地，曾经养育了毛泽东、朱德等一代伟人。在这里，30多处革命遗址仍保存良好，其中国家级保护遗址10处，省级保护遗址2处，市级保护遗址17处。井冈山不仅革命遗址众多，而且风景非常秀丽。雄伟的山峦，怪异的山石，参天的古树，神奇的飞瀑，磅礴的云海，瑰丽的日出，烂漫的杜鹃，奇异的溶洞，令人心旷神怡，流连忘返。这里夏无酷暑，冬无严寒，气候宜人，四季咸游，春赏杜鹃、夏观云海、秋眺秀色、冬览雪景。历史学家郭沫若在瞻仰革命遗址，浏览龙潭风景区后，发出"井冈山下后，万岭不思游"的慨叹。

⊛ 上杭县古田会议旧址

1929年12月28日至29日，在福建上杭县古田村召开了红四军党的第九次代表大会，史称古田会议。大会认真总结了红四军建军以来的经验，批判了各种错误思想，坚持以无产阶级思想建设人民军队的原则。会议通过了毛泽东主持起草的《中国共产党红军第四军第九次代表大会的决议案》。

古田会议总结了中国共产党建军方面的经验教训，解决了如何把以农民和其他小资产阶级为主要成分的中国红军，建设成为党领导下的新型人民军队的根本问题。它所确定的着重从思想上建党和从政治上建军的原则，为后来的农村包围城市、武装夺取政权思想的形成、发展和成功实践奠定了基础，古田会议因此成为中国共产党和人民军队建设史上的重要里程碑。

古田会议旧址位于福建省龙岩市上杭县古田村采眉岭笔架山下，原为廖家祠堂，此祠堂建于清末，民国以后曾为和声小学校址，由前后厅和左右厢房组成。旧址后厅原是学校高年级课堂，古田会议就在这里举行。现在恢复了主席台、会标、党旗、马克思和列宁像、代表的席位。左厢房有会议期间毛泽东的办公室。旧址附近还建有会议陈列馆。

古田会议旧址左侧为当年红四军的阅兵场，西南面设有当年红四军领导人检阅红军官兵操练的司令台；正面是宽阔平整的农家稻田；右侧有一口引水井和荷花池，是当年毛泽东在会议期间散步、休息常到之处。旧址为单层砖木结构建筑，前门内侧有建祠时的青石阴刻对联"万福攸同祥绵世彩，源泉有本派衍叉溪"，横批为"北郭风清"；外侧一副对联是改办学校后而题，上联是"学术仿西欧开弟子新知识"，下联为"文章宗北郭振先生旧家风"。旧址建构完美，飞檐翘角。中门门厅的横梁、天花板上彩绘了龙凤呈祥图案以及三国演义故事，色彩艳丽、绘制精美、气韵生动。

1961年3月，国务院公布古田会议旧址为国家重点文物保护单位。1986年8月，旧址被列为福建省十佳风景区之一。1989年12月，江泽民参观了古田会议

❀ 井冈山市红色旅游系列景区，井冈山革命烈士纪念碑 吴必虎摄

❀ 上杭县古田会议旧址 新华社提供

旧址，并题写了"继承和发扬古田会议精神，加强党和军队的建设"的题词。

⊛ 永新三湾改编旧址

　　1927年9月29日，毛泽东率领湘赣边界秋收起义部队来到江西省永新县三湾村，进行了具有伟大历史意义的"三湾改编"。他创造性地确立了"党指挥枪"、"支部建在连上"、"官兵平等"等一整套崭新的治军方略，并初步酝酿出"三大纪律、六项注意"。三湾改编从政治上、组织上保证了共产党对军队的绝对领导，是共产党建设新型人民军队最早的一次成功探索和实践，标志着毛泽东建设人民军队思想的开始形成。三湾改编初步解决了如何把以农民及旧军人为主要成分的革命军队建设成为一支无产阶级新型人民军队的问题，保证了共产党对军队的绝对领导，奠定了政治建军的基础。同时，三湾改编的三项重要内容之一——实行民主主义，也对团结广大士兵群众、瓦解敌军起到了巨大作用，从这个意义上说，三湾改编又丰富了共产党早期的统一战线思想，从理论和实践上对统一战线工作作出了很大贡献。

　　三湾改编旧址包括中国工农革命军第一军第一师第一团士兵委员会旧址——泰和祥杂货铺、毛泽东旧居——协盛和杂货铺、中国工农革命军第一军第一师第一团团部旧址——钟家祠、红双井、枫树坪等。三湾改编史迹陈列以四个部分展示了三湾改编的背景、内容和意义。

　　1961年3月，国务院将永新三湾改编旧址列为全国重点文物保护单位。1982年，国务院重新确认公布它们为全国重点文物保护单位。2001年6月，中宣部将三湾改编旧址群列为第二批全国爱国主义教育示范基地。

⊛ "三大纪律八项注意"纪念碑 CFP

⊛ 桂东县"三大纪律六项注意"颁布旧址

　　"三大纪律六项注意"颁布旧址位于湖南省桂东县沙田镇。桂东县位于湘赣边界、井冈山南麓，是井冈山革命根据地的重要组成部分。

　　1927年9月毛泽东领导湘赣边界秋收起义时，就要求部队官兵对待人民群众说话和气，买卖公平，不拉夫，不打人，不骂人。同年10月在江西省遂川县荆竹山动员部队向井冈山进发时，站在雷打石上首次规定了三项纪律：行动听指挥，不拿群众一个红薯，打土豪要归公。1928年1月部队进驻遂川县城，分散到县城周围农村发动群众时，提出了六项注意：上门板，捆铺草，说话和气，买卖公平，借东西要还，损坏东西要赔。

1928年4月3日部队到达湖南省桂东县沙田村，毛泽东在沙田镇沙田圩，向工农革命军和地方赤卫队进行思想政治教育和建军宗旨教育，向全体官兵正式宣布"三大纪律六项注意"，奠定了红军统一纪律的基础；后发展为"三大纪律八项注意"，是中国工农红军政治工作的重要内容，对人民军队的建设起了重大作用。现建有萧克将军题词的"三大纪律八项注意纪念碑"一座。

此旧址1972年被湖南省政府列为省级文物保护单位；2002年被列为省级爱国主义教育基地；2005年被列为第三批全国爱国主义教育基地。

❋ 东固革命根据地

东固革命根据地，位于赣中南，以吉安县的东固为中心，形成吉安、吉水、永丰、泰和、兴国五县交界地区的工农武装割据。东固革命根据地是毛泽东、朱德、陈毅、曾山等开国元勋曾经运筹帷幄的地方，是与井冈山根据地同时创建起来的最早的农村革命根据地之一。

东固平民银行旧址。1928年，为了打破敌人的经济封锁，活跃根据地的经济，中共东固区委决定沟通与白区的贸易，成立"东固平民银行"。它位于东固老街街道中心南侧的二层楼房，坐东南朝西北，砖木结构，占地面积约170平方米。东固平民银行印制了中国工农政权的第一张纸币。1930年10月，毛泽东、朱德、陈毅亲临视察。1931年东固平民银行发展为"江西工农银行"，后又与闽西银行合并为"中华苏维埃共和国国家银行"。1987年被列为江西省文物保护单位。

革命烈士纪念塔。革命烈士纪念塔位于东固乡政府东北面的小山顶上。1961年建成时是一位身着军装、头戴军帽、背斗笠、持钢枪、目视前方的红军战士，1964年改建成此塔。革命烈士纪念塔呈八角形，分五层，上小下大、平顶；顶层四面有四个五角红星，塔身正面向西，中嵌汉白玉，上有毛泽东的亲笔题词"无上光荣"四个镏金大字，右镌"英勇牺牲的烈士们千古"，左书"毛泽东"。塔中座前横列三个谷穗状花圈，塔基八面用汉白玉镶嵌，典雅朴素庄重。早在1926年，东固就成立了共产党的组织，开展了农民运动，建立了革命武装。革命战争取得了伟大的胜利，东固人民为革命作出了巨大的贡献，但也付出了沉重的代价。在革命战争中有名有姓的烈士就有1429人，为了革命，他们献出了自己宝贵的生命，其中有黄公略军长、胡海、赖经邦、曾炳春等革命领导人，为纪念这些英勇牺牲的革命烈士，建成此塔。

傲上村。东固乡傲上村是东固革命根据地的基础，是赖经邦同志领导的七纵队率先创建的根据地，并由此逐步形成整个东固红色根据地。这里正是毛泽东领导工农红军进行第二、三次反"围剿"的主战场。

毛泽东旧居。毛泽东旧居坐落在傲上村中心，四面山高林密，坐西朝东，为三间土木结构瓦房，约110平方米，周围错落着数十户民房，具有20世纪二三十年代客家的建筑风格。旧居进门的右侧是毛泽东的卧室兼办公室，1931年4月毛泽东居住在这里，达25天之久。毛泽东和朱德、黄公略、叶剑英等革命先辈在这里亲自制定和部署了第二次反"围剿"的战略方案，采取"诱敌深入、集中优势兵力，击其虚弱，歼敌于根据地之内"的战略方针，并取得了第二次反"围剿"的伟大胜利。

朱德旧居。 1931年4、5月间，朱德就住在这里，距离毛泽东旧居约100米。朱德旧居系木土结构的四间瓦房，其中一间厨房，四间房占地约110平方米。

红一方面军无线电培训班旧址。 1931年4月至5月，红一方面军利用从敌人处缴获的无线电设备在此组织战士开办无线电培训班，造就了中国工农红军第一批无线电通讯员。毛泽东等领导人常常亲临培训班视察学员的学习情况，他还和朱德在紧张备战的百忙之中，给培训班的学员们上政治课。毛泽东操着一口浓重的湖南口音说："国民党不可怕，蒋介石的兵再多也没什么了不起，历史上赤壁之战不就是以少胜多、以弱胜强吗？红军有了电台，就等于有了'千里眼'和'顺风耳'。我们一定能打败敌人，革命是不可阻挡的！"

红四军与红二、红四团会师旧址。 东固乡螺坑村正是红四军与红二、红四团会师旧址。1929年2月10日，毛泽东、朱德、陈毅率领红四军从井冈山来到东固，22日红四军与红二、红四团在螺坑石古丘坝上召开了胜利会师大会。毛泽东在会上高度赞扬了东固革命根据地和红二、红四团的功绩。

⊛ 炎陵县红军标语博物馆

第一次国内革命战争时期，工农红军在湖南省株洲市炎陵城乡书写了大量宣传标语。红军标语是井冈山根据地和湘赣根据地革命斗争历史的缩影。

炎陵红军标语博物馆是中国第一家红军标语专题博物馆。博物馆仿江南清代祠堂式建筑，主体分两层，展厅面积650平方米。主要有序厅、8个展厅、多媒体室、会议室、办公用房、文物库房等。博物馆陈列的红军标语是从1927年10月（工农革命军第一军第一师第一团）至1938年2月（湘赣游击队）期间的标语。展厅内集中展示揭取下来的真实标语，并利用现代声光及多媒体技术，模拟当年书写标语的场景，为参观者还原历史。该馆兼具爱国主义和革命传统教育、旅游参观、文物收藏、学术研究等多项功能。

炎陵县是全国目前遗存红军标语最多的县。遗存标语具有署名单位多、时间跨度长、书写形式多、宣传对象广等特点，其内容既宣示了革命的最终目标，又结合了工农群众的切身利益；既有普遍的指导意义，又有明显的地方特点；既有强烈的政治性，又有质朴的艺术美，是中国革命斗争的珍贵信史、中国红色文化的重要组成部分。

△ 其他相关景点

1）连城县红四军政治部旧址（福建省龙岩市）

2）乐业县红七军和红八军会师地旧址（广西壮族自治区百色市）

5-2 各地革命根据地的建立

◉ 从1927年到1934年间，各地起义部队先后转入农村，全国各地先后建立起十几个革命根据地，革命根据地蓬勃发展起来。

红四军进军赣南、闽西，与当地的农民起义队伍一起，开辟了闽西革命根据地。到1931年与赣南连成一片，形成了中央革命根据地。1928年7月，彭德怀等领导的平江起义部队，组成红五军，主力上井冈山与红四军会合，留下的部队向鄂东南发展，以后扩建为红八军，开辟了湘鄂赣革命根据地。

方志敏领导的赣东北地区农民起义队伍，在斗争中不断发展壮大，1930年秋成立红十军，以后赣东北和闽北两个革命根据地合并，形成了闽浙赣革命根据地。

湖北黄安、麻城的农民起义队伍，创建了鄂东根据地，以后又与豫东南、皖西连成一片，形成了鄂豫皖革命根据地；1932年秋，主力转移到川北，建立了川陕革命根据地。留下的部队在徐海东、吴焕先率领下成立红二十五军，坚持斗争，长征到陕北，与刘志丹领导的陕北红军会合。

在洪湖和湘鄂西，贺龙和周逸群领导的武装力量分别成立红二军和红六军，建立了湘鄂西根据地，后转到湘鄂川黔地区。

在广西左右江地区，1929年12月，邓小平、张云逸领导百色起义，成立了红七军，建立了左右江根据地。1930年2月邓小平领导龙州起义，建立了红八军。

◉ 赣州市、吉安市、抚州市中央苏区政府根据地红色旅游系列景区

瑞金革命遗址

瑞金革命遗址位于江西省东南部、武夷山西麓的瑞金县，包括叶坪、沙洲坝等地的旧址和纪念建筑物共15处。

叶坪在瑞金县城东北5公里。1931年至1933年中共中央驻此。1931年9月28日，毛泽东和朱德指挥根据地军民粉碎了敌人第一、二、三次"围剿"，在叶坪村建立、发展和巩固中央革命根据地。1931年11月在此召开第一次中华苏维埃共和国工农兵代表大会，通过了《宪法大纲》、《劳动法》、《土地法》及经济政策等重要决议，宣告中华苏维埃共和国成立，毛泽东任主席。

革命旧址有中华苏维埃共和国临时中央政府、中共苏区中央局旧址以及红军烈士纪念塔、纪念亭、博生堡、公略亭、红军检阅台等，此外，还有毛泽东、朱德、周恩来等领导人的旧居。临时中央政府旧址原是谢氏宗祠，建于明代，砖木结构，分前后二厅，中间为天井。旧址内部以木板隔成15间，作为各部委办公室。纪念塔、纪念亭等均是1933年动工兴建的，上面有毛泽东、朱德、周恩来等的题词和题字。

沙洲坝在城西南5公里。1933年4月，临时中央政府由叶坪迁此，中央领导人分住在周围的元太屋、老茶亭、乌石垅、下肖、枣子排等村。现存旧址有临时中央政府执行委员会、人民委员会、中央革命军事委员会、中共临时中央局、少共中央局、全总执行局等旧址及中央大礼堂。临时中央政府执行委员会旧址在元太屋，建于1876年，为旧式祠堂，土木结构，悬山顶。

面阔三间，进深二间，中间为天井，两侧各有厢房一间。毛泽东、徐特立、谢觉哉等领导人住此。中央大礼堂在老茶亭村，建于1933年，土木结构，面积约1530平方米，内有固定戏台，四周开17门，辟百叶大窗，上下两层可容纳2000多人，正门上方嵌红油漆涂饰的"中华苏维埃共和国临时中央政府"和中华苏维埃共和国国徽图案。左侧建有回字形防空洞。

1961年国务院公布瑞金革命旧址为全国重点文物保护单位。

该景区内还有：于都长征第一渡；抚州市红色革命遗址。

✹ 赣东北革命委员会旧址

赣东北革命委员会是赣东北省苏维埃政府的前身。旧址在江西景德镇市乐平县城东大街，东邻富贵巷，西毗周家巷，北倚花园巷，即今乐平镇人民政府所在地。它是一栋二层七拱四面回廊的大楼，高墙围护，独立在庭院中，东、北两侧有配房两栋，中留跨院。当年方志敏及其夫人缪敏住在楼上。此间，中共赣东北特委、军委驻西门，军政学校驻东门程家祠堂，中共乐平县委、县苏维埃政府驻衙门里（今县人民政府院内）。

✹ 大冶市红三军团建军旧址

红三军团建军旧址位于湖北省大冶市区西南20公里刘仁八镇中学内，亦称"刘仁八会议旧址"。

1997年，由湖北省文物局、大冶市政府筹资，对红三军团团部旧址保留的三栋房屋

✹ 瑞金革命遗址　CFP

进行了全面维修，恢复了原来的面貌。2005年，又再次进行了整修、布展。王平上将题写了馆名。旧址是一栋砖木结构、中西结合的建筑，由一进三栋五开间组成，分上下两层，占地7000平方米，建筑面积3600平方米。每栋二层，栋与栋之间由白玉石天井、台阶相连。内辟陈列室，陈列大批革命文物。现设有九个展室，存列有红军的遗物、武器、文件、袖章等80余件。

红三军团建军旧址是湖北省重点文物保护单位，其中红三军团建军纪念馆是国家级重点文物保护单位。

✹ 长汀县福建省苏维埃旧址

长汀县福建省苏维埃旧址位于福建省长汀县汀州镇兆征路41号，1932年3月18日，福建省第一次工农兵代表大会在这里召开，成立了福建苏维埃政府。

该址宋代为汀州禁军署地，元代为汀州卫署址，明、清两代辟为试院，是汀属八县

⊛ 长汀县福建省苏维埃旧址 CFP

八邑科举应试秀才的场所，是古代汀州作为闽西八县文化中心的代表性建筑，是汀州历史极具象征意义的一处历史古迹。旧址对面就是长汀县古城门（城墙）汀州三元阁，院内有唐代双柏树、龙山书院、朱子祠等。旧址为庭院式土木结构厢房，占地面积11370平方米。依次为大门、草坪、大厅、天井和后厅。草坪左右两栋厢房相对称，左栋是监狱，右栋是警卫班住房。大厅中间为讲台，是"省苏"工农兵代表大会召开的礼堂；大厅与后厅之间有4间平房系各部委办公室；后厅为干部招待所，后厅左侧杨柳院是妇女洗衣队住房，右侧龙山书院是裁判部及工作人员住房。

1978年国家文物局和省文化厅拨款维修复原，1988年国务院公布为第三批全国重点文物保护单位，今辟为长汀客家博物馆和长汀革命历史博物馆，内设福建苏区首府——长汀历史陈列馆、汀州客家历史陈列馆、中央苏区红色小上海陈列馆、共和国闽籍将军馆等基本陈列。1996年被国家文物局授予全国优秀爱国主义教育基地。

⊛ 长汀县革命委员会旧址

长汀县革命委员会旧址——云骧阁，位于长汀县城关，坐西朝东，原名清阴阁、集景阁，为长汀八景之一——"云骧风月"。建于宋代，清道光十八年（1838年）重建，改为厅式两层楼房，土木结构，楼房为重檐歇山顶式，占地面积852平方米。内有门坊、空坪、乌石小山、楼房和空坪。1929年3月，红四军首次入闽在汀期间，在云骧阁召开了工农兵代表大会，选举产生了赣南、闽西第一个县级红色政权——长汀县革命委员会。革委会下设军事、宣传、财政、土地、妇女、内务等部。委员9人，其中民众代表6人、红军代表3人，主席丘潮保。

1988年，旧址被国务院公布为第三批全国重点文物保护单位。

⊛ 漳州市毛主席率领红军攻克漳州陈列馆及中共闽粤边区特委旧址

毛主席率领红军攻克漳州纪念馆位于漳州市芗城区胜利路118号市委大院（又称芝山红楼）内。这里原来是美国教会学校寻源中学，红楼是寻源中学的校长楼。1932年4月，中国工农红军东路军在毛泽东率领下，一举攻克漳州，取得重大胜利。这不但对巩固闽西根据地，发展闽南游击战争，支援东江红军有帮助，且对整个时局有很大影响。毛泽东就住在红楼里，为中国革命写下了光辉的一页。1957年，漳州市将毛泽东居住过的芝山红楼辟为闽南革命纪念馆，1971年改名为"毛主席率领红军攻克漳州纪念馆"。

该纪念馆馆藏丰富，既有闽南地区革命活动的大量党史资料，又有红军攻克漳州的图、表、文告和人物肖像、遗址照片。馆里共设四个展室，其中，毛泽东工作室是根据当年同住该楼的邓子恢、罗明、曾志、吴洁清（毛泽东的警卫员）等老同志的回忆和指点，按原样摆设的。展品中还有珍贵的"毛泽东致电周恩来"三封电报原文抄件、"林彪、聂荣臻在飞机前合影"等历史照片。

芝山红楼先后被公布为省级文物保护单位、福建省爱国主义教育基地。

❀ 福安市中共闽东特委旧址

中共闽东特委和闽东苏维埃政府旧址位于福建省福安市溪柄镇斗面村特委路2号。1934年6月，中共闽东特委在此成立。

中共闽东特委、闽东苏维埃政府、共青团闽东特委、闽东妇女联合会等旧址，均为斗面村的民房。建于清代末期，土木结构，穿斗式，悬山顶。旧址室内墙壁上保存着当年的革命标语、文告等。

❀ 武夷山赤石、大安红色旅游景区

大安位于闽赣边界分水关下，地势险峻，易守难攻，历史上是兵家必争之地。这里距离南平市区西北27公里，福分公路由此穿街而过，交通十分方便。

闽北苏维埃时期，闽北分区党政军和群团机关设在大安主街，闽北分区的党校、军校、学校、医院、工厂等分布在大安附近的村庄，这里以闽北苏区首府名闻闽浙赣边区。在大安街路的两旁有中共闽北分区委、闽北军分区司令部、银行、国民经济部、共青团、闽北分区妇女联合会、机关遗（旧）址等红色见证。大安街周围村庄分布着制造和生产农具、硝盐、被服以及印刷、制革等工厂旧（遗）址，体现遍地开花的苏区工业。

大安革命斗争历史陈列室设在闽北苏维埃政府旧址内，坐落在大安街的公路边，是一栋清末民初的民居，建筑面积400多平方米。陈列室分前言、展室、书法室三个部分，记述着1928年至1935年大安人民在中国共产党领导下群起闹革命，建立党组织，成立苏维埃政府的火红历史；展示了1931年9月至1935年1

月，大安作为闽北苏区政治、军事、经济、文化中心的辉煌历史业绩和众多历史文献。

⊛ 汉中市川陕革命纪念馆

　　川陕革命根据地是1932年12月徐向前率领的红四方面军主力在川陕边党组织和川东游击队配合下创建的，是中华苏维埃共和国的第二个大区域。

　　1979年中共陕西省委决定建立川陕革命根据地南郑纪念馆，也是川陕革命根据在陕南唯一的纪念馆；2006年迁至南郑县红寺湖风景区。纪念馆占地10公顷，建筑面积5240平方米。纪念馆主展馆陈列区占地4200平方米，包括红星庭院铜雕1组、浮雕2组、红军石刻文物200余件、复制文物200件、布展文物及图片1544件，分别展出了川陕革命根据地陕南苏区革命活动的部分实物和图片。纪念馆内陈列了红四方面军创建川陕革命根据地过程中的著名战役，红色交通线创建的活动情况；红25军、红29军、红二方面军、359旅、巴山游击队等在汉中的战斗情况；为中国新民主主义革命做出重大贡献的汉中籍人物、事件、遗物；20世纪20年代至汉中解放在汉中境内的各地方革命武装开展斗争的事件情况介绍、重要人物生平事迹等。

⊛ 铜川市陕甘边照金革命根据地旧址

　　陕甘边照金革命根据地旧址位于铜川市耀州区照金镇。

　　照金革命根据地是1933年刘志丹、谢子长、习仲勋等革命前辈创建的西北地区第一个山区革命根据地。如今战火的硝烟已经散尽，满山的灌木丛林，陡峭石崖，奇特秀美的山川风景让人留恋，成为集风景名胜、革命教育为一体的综合游览区。

　　根据地旧址红色旅游景区分为薛家寨景区、纪念馆景区两大部分。陕甘边照金革命根据地纪念馆占地6900平方米，收藏革命文物、文献资料120余件，详细介绍了根据地创立、发展、壮大的全过程，是广大游客缅怀革命先烈、接受爱国主义教育的理想场所。

　　作为西北第一个革命根据地，陕甘边照金革命根据地在中国革命史上具有重要地位和意义。1992年4月20日，照金革命旧址被陕西省人民政府公布为重点文物保护单位。1995年照金革命根据地被陕西省省委、省政府定为青少年爱国主义教育基地，是陕西省政府命名的国防教育基地，后又被中宣部公布为全国第四批爱国主义教育基地。

⊛ 达州市万源市万源保卫战战史陈列馆

万源保卫战是关系川陕革命根据地生死存亡的一次决战。1934年夏季，坚守在万源主战场的红四方面军进行了两个多月的浴血奋战，粉碎了国民党军的围攻，取得红四方面军战史上"时间最长、规模最大、战斗最艰苦、战绩最辉煌"的胜利，成为红四方面军反"六路围攻"中具有决定性的关键。

万源保卫战战史陈列馆位于四川省达州市万源市驮山公园内，1986年3月建成开放。馆址位于万源城郊驮山公园左侧，占地0.8公顷，馆舍建筑面积2340平方米，共设4个展室、7大单元，展线长170米。主要陈列万源保卫战中红军遗存的各类文献资料、武器弹药、石刻标语等珍贵文物和辅助陈列品1000余件；并通过沙盘展示、灯箱布景、摄影绘画、图表统计、文字解说等艺术组合，再现了徐向前、李先念、许世友等8万红军将士与刘湘20余万国民党川军血战万源的历史场景。

万源战史陈列馆1995年被四川省委、省人民政府命名为省爱国主义教育基地，同时也是全国爱国主义教育示范基地。

⊛ 酉阳南腰界革命根据地

南腰界位于重庆市酉阳土家族苗族自治县南部，距县城105公里，东接贵州松桃县，东北面与秀山接壤，西与贵州沿河县毗邻，为渝黔边区一省一市五县结合部。这里山清水秀，民族文化底蕴厚重，民俗独特，是重庆市唯一建立省级苏维埃政权的革命根据地。1934年6月10日，贺龙、关向应、夏曦率红三军经贵州省沿河县进入酉阳县境，司令部设在南腰界场上的余家桶子里，建立了黔东特区革命根据地。

南腰界是重庆市唯一的革命老根据地，至今仍完好保存有数十处红军战斗遗址遗迹，有红二、红六军团会师大会会址、八一军民会址、大坝场祠堂红军政治部旧址；有红军大学、红军医院、十大政纲等56处文物景点。其中红三军司令部旧址（余家桶子）先后被四川省、重庆市命名为省、市级重点文物保护单位和青少年教育基地；大坝祠堂战斗遗址于2009年被命名为重庆市重点文物保护单位。

1986年，县政府拨款修复了中国工农红军第三军司令部遗址和红二、红六军团会师纪念亭。时任全国人大常委会副委员长、曾跟随贺龙一起创建南腰界革命根据地的廖汉生将军为南腰界纪念馆题写了"中国工农红军第三军司令部旧址"的馆名，萧克将军也为会师纪念亭题了字。

☀ 新县鄂豫皖苏区首府革命博物馆　新华社记者 朱祥 摄

☀ 新县鄂豫皖苏区首府革命博物馆

鄂豫皖苏区首府革命博物馆坐落在河南省信阳市新县县城东南的凤凰山、英雄山脚下，是河南省规模最大的县级革命博物馆，主体为徽式风格。

博物馆由英雄广场、"红旗飘飘"主题雕塑、兵器园、主展馆、将帅馆五部分组成。英雄广场是新县县委、县政府于2001年和2002年投资建成的综合性娱乐广场，占地面积6000平方米。"红旗飘飘"主题雕塑通高21米，喻示着1926年新县第一个党小组诞生至1947年成立新县人民政府这21年间鄂豫皖革命根据地斗争连绵不断，火种不灭，红旗不倒。兵器园位于英雄广场北侧，主要陈展有飞机、坦克、大炮等兵器。主展馆有8个展厅，包括基本陈列"风云大别山"和专题陈列"将军摇篮"、"千里跃进大别"、"今日新县"等，反映了鄂豫皖革命根据地经历创建与统一、巩固与发展、坚持与保卫等几个阶段，一直到迎来全国革命胜利的历史。将帅馆是全国唯一一座集中反映鄂豫皖苏区开国将帅的展馆。整个展览分为序厅、元帅厅、大将厅、上将厅、中将厅、少将厅，全方位、多角度地展示了在鄂豫皖苏区工作和战斗过的将帅的丰功伟绩。

鄂豫皖苏区首府革命博物馆是全国爱国主义教育示范基地，国家AAAA级旅游景区，于2008年3月正式向社会免费开放。

☀ 茶陵县工农兵政府旧址

1927年11月，工农革命军第二次攻克湖南茶陵县城后，根据毛泽东的指示，在此创建了中国历史上第一个县级红色政权——茶陵县工农兵政府，1928年毁于战火。2005年以来，茶陵县按照还原历史的原则，对工农兵政府旧址进行了全面修复，并丰富了展馆陈列内容。

茶陵县工农兵政府旧址位于茶陵县城关镇前进村三角坪，原系南宋至清代的州（县）署衙门，始建于南宋中叶之末，占地面积18000余平方米，建筑面积4975平方米。内有头门、仪门、牌坊、大堂、二堂、三堂、廨舍、内宅、后花园等。两厢房舍一一对应，内设吏、户、礼、兵、刑、工六部。青砖灰瓦，圆柱方檩，画栋飞檐，高耸马头墙，属于徽派建筑风格。

2008年12月，茶陵县工农兵政府旧址被认定为国家AAA级旅游景

区。2010年7月，被列为湖南省爱国主义教育基地。

⊛ 汕尾市海丰县红宫红场旧址

　　汕尾市海丰县红宫红场旧址位于广东省汕尾市海丰县海城镇人民南路13号。红宫原为建于明代的海丰学宫，1927年11月18日至21日以彭湃为首的共产党人领导海陆丰人民在这里召开县工农兵苏维埃代表大会，建立了苏维埃政权。

　　会场四周和街道墙壁都刷成红色，会场内用红布覆盖墙壁，因此，把学宫改称"红宫"。 此后，革命政权的许多重要会议都在这里召开。红宫东侧的红场旧址，原为东仓埔，占地22000多平方米。海丰苏维埃政权成立后，彭湃号召在此地兴建红场大门和司令台。整个大门上装潢浮凸线花条图案，大门门额上浮塑"红场"，两边浮塑"铲除封建势力，实行土地革命"的对联，红场中央设有传声台。

　　红场中央彭湃的铜像于1986年塑建。铜像坐北向南，垫座由花岗石制成，正面中间碑板铸塑徐向前的题字，铜像高3.2米、重2吨。

　　1961年国务院颁布"红宫红场"为全国重点文物保护单位。

◉ 定安县母瑞山革命根据地纪念园　新华社记者 赵叶苹 摄

斗的革命精神，保存了革命火种和力量，为全国革命的胜利和海南的解放立下了不朽的功勋。为缅怀先烈，启迪后人，加快革命老区的发展，更好地发挥母瑞山作为爱国主义教育基地的作用，海南省政府投资改建了海南定安塔岭到这里的公路。现在，母瑞山革命根据地纪念园是海南省青少年革命历史教育基地、全国爱国主义教育基地、海南省革命纪念建筑物保护单位。

◉ 定安县母瑞山革命根据地纪念园

　　1928年3月国民党蔡廷锴率军进入海南岛，大肆"围剿"苏区，琼崖军民奋起反击，因敌强我弱，反"围剿"受挫。是年冬，琼崖苏维埃政府主席王文明率部转移到母瑞山，开辟革命根据地，从而保存了革命火种。

　　母瑞山革命根据地纪念园位于定安县南部山区，于1996年8月1日建成。纪念园是由定安县中瑞农场一座小山岗上的原红军操场司令台遗址建成，占地1.3公顷。园中建有冯白驹将军和琼崖革命奠基人王文明主席两人3.5米高的铜像。另外建有陈列馆、接待室、题词亭、湖中亭、假山等建筑。主体建筑是两层楼的陈列馆，陈列海南在整个新民主主义革命时期四个阶段的革命斗争史史料及珍贵文物。其内容十分丰富，展示了琼崖特委、琼崖苏维埃政府和红军独立师三大机关领导海南人民长期进行革命斗争的光辉历程，是琼崖革命23年红旗不倒的摇篮。

　　在两次国内革命战争时期，琼崖将士发扬艰苦奋

△ 红四军司令部旧址（福建省龙岩市）
新华社记者 张国俊 摄

△ 琼海市红色娘子军纪念园（海南省）
新华社记者 陈小鹰 摄

———————————

△ 其他相关景点

1）松阳县安岱后苏维埃旧址（浙江省丽水市）

2）龙泉市披云山苏维埃旧址（浙江省）

3）温州市永嘉县中国工农红军第十三军旧址群（浙江省）

4）霍山县诸佛庵镇革命遗址（安徽省六安市）

5）裕安区苏家埠战役纪念园（安徽省六安市）

6）红四军司令部、政治部旧址（福建省龙岩市长汀县）

7）中共福建省委旧址（福建省龙岩市长汀县）

8）福建省职工联合总工会旧址（福建省龙岩市长汀县）

9）红四军司令部、政治部旧址（福建省龙岩市）

10）武平县红四军前敌委员会旧址（福建省龙岩市）

11）宁化县红军医院旧址（福建省三明市）

12）泰宁县红军街（福建省三明市）

13）清流县红军标语遗址（福建省三明市）

14）坑口革命遗址（福建省南平市）

15）邵武市中共苏区闽赣省委旧址（福建省南平市）

16）东方县委旧址（福建省南平市）

17）蕉城区中国工农红军闽东独立师旧址（福建省宁德市）

18）宜春市万载县湘鄂赣革命根据地旧址（江西省）

19）新余市罗坊会议纪念地（江西省）

20）乐平市红十军建军旧址（江西省）

21）鄂豫皖苏区革命烈士陵园（河南省信阳市）

22）首府路和航空路革命旧址（河南省信阳市新县）

23）荆州市洪湖市湘鄂西革命根据地旧址群（湖北省）

24）鄂州市梁子湖区湘鄂赣军区司令部旧址（湖北省）

25）崇左市龙州县红八军军部旧址（广西壮族自治区）

26）琼海市红色娘子军纪念园（海南省）

27）川陕苏区城口县苏维埃政权遗址（重庆市）

28）巴中市通江县红四方面军总指挥部旧址纪念馆（四川省）

29）川陕苏区红军烈士陵园（四川省巴中市）

30）旺苍县红军街（四川省广元市）

31）西乡县红二十九军军部旧址及红四方面军总后医院旧址（陕西省汉中市）

32）庆阳市华池县陕甘边区苏维埃政府旧址（甘肃省）

△ 宁化县红军医院旧址（福建省三明市）
新华社记者 姜克红 摄

△ 荆州市洪湖市湘鄂西革命根据地旧址群（湖北省）*新华社记者 龙启云 摄*

△ 庆阳市华池县陕甘边区苏维埃政府旧址，纪念塔（甘肃省）*新华社提供*

第二篇
漫漫长征

① 共产国际（第三国际）是1919年3月由列宁领导创建的世界各国共产党和共产主义团体的国际联合组织，总部位于莫斯科。1922年7月，中国共产党第二次全国代表大会决定，中国共产党加入第三国际，并成为它的支部。在中国革命进程中，第三国际曾给予过帮助和支持；同时也因策略和指示的严重偏差，给中国革命带来了不良后果。共产国际的实际领导人为斯大林。第二次世界大战爆发后，为了有效地组织反法西斯的斗争，经各国共产党同意，共产国际于1943年6月宣告解散。

② 原为四川一部分。1928年9月国民党中央全会决议西康特别区正式建为行省。1935年7月成立西康建省委员会。1939年1月正式成立西康省。

◉ 中国共产党在初创时期，受到共产国际 ① 政治、经济和军事上的直接支持和实际控制。红军的各次反"围剿"，许多都是在共产国际的军事顾问的指挥或影响下进行的。1934年9月，中国工农红军在江西、福建等根据地遭受国民党军的严酷"围剿"压力下，预备从各根据地向陕北革命根据地进行战略大转移，这一计划得到了共产国际的批准。9月30日，共产国际正式复电同意中央红军战略转移建议。1934年10月17日中共中央和中央红军从江西瑞金出发实施转移，至1936年10月22日红二、红一方面军在甘肃静宁县将台堡（今属宁夏）会师结束，中央红军长征经历了长达两年零五天的艰苦征途。长征途中一个重大的变化是在遵义会议期间中国共产党学会了相对独立地研究决定自己的发展道路，做出与共产国际并不一致的正确决策，标志着中国共产党从幼年期逐步转向相对的成熟。

按长征时的行政区划和习惯称谓，红军长征经过的省有14个：江西、福建、广东、湖南、广西、贵州、云南、四川、西康 ②、青海、河南、湖北、甘肃、陕西。按现在行政区划则还涉及重庆市和宁夏回族自治区。各路红军长征总里程约为65000余里。翻过了五岭山地的越城岭，云贵高原的苗岭、大娄山、乌蒙山，横断山脉东部的大雪山、夹金山、邛崃山，以及岷山、六盘山等18座大山。渡过了江西的章水、贡水、信丰水，湖南的潇水、湘水，贵州的乌江、赤水河，云南的金沙江，四川的大渡河、小金川，甘肃的渭水等24条大河。

红军长征实际上是由红一方面军、红四方面军、红二方面军不同的路线共同构成的一幅历史画卷。

1934年10月，中央红军（红一方面军）离开中央苏区，实行战略转移开始长征。在历时一年的长征中，中央红军途经江西、福建、广东、湖南、广西、贵州、云南、四川、西康、甘肃、陕西11省，行程二万五千里，于1935年10月19日胜利到达陕北吴起镇。

1935年5月初，红四方面军放弃川陕根据地，由彰明、中坝、青川、平武等地出发开始长征。在历时一年多的长征中，途经四川、西康、青海、甘肃4省，行程一万余里，于1936年10月到达甘肃会宁，与红一方面军会师。

红二、红六军团1935年11月从湖南桑植出发开始长征。次年6月底抵达四川甘孜与红四方面军会师，后红二、红六军团合组为红二方面军。1936年10月，红二方面军到达甘肃静宁县将台堡（今属宁夏），与红一方面军会师。在历时近一年的长征中，途经湖南、贵州、云南、西康、四川、青海、甘肃、陕西8省，行程近两万里。

中国工农红军长征的胜利是中国革命史上的奇迹，是世界军事史上的伟大壮举。红军历经曲折，战胜了重重艰难险阻，保存和锻炼了革命的基干力量，将中国革命的大本营转移到了西北，为开展抗日战争和发展中国革命事业创造了条件。长征在人类历史上前所未有，是一部不朽的英雄史诗。毛泽东说，"长征是历史记录上的第一次。长征是宣言书，长征是宣传队，长征是播种机。"它向全中国和全世界宣告，中国共产党及其领导的红军，是一支具有顽强生命力、巨大凝聚力和远大成长力，必将给中国和世界带来巨大影响的力量。

01　被迫长征

● 20世纪30年代，面对西方帝国主义在中国的殖民统治和日本侵华战争的不断升级，以蒋介石为代表的国民党右派力量占据统治地位的民国政府，坚持独裁统治，拒绝共产党等反对党的存在，置民族危亡于不顾，继续推行"攘外必先安内"的方针，一心企图消灭共产党及其领导的红军。从1930年起，国民党军队开始对共产党建立的根据地进行多次"围剿"。1933年9月，又发起重点针对中央革命根据地的第五次"围剿"，并决定采取持久战和"堡垒主义"的新战略，同时对苏区实行经济和交通封锁，企图逐步压缩并摧毁苏区。中共临时中央领导人博古和共产国际军事顾问李德等人采取冒险主义的错误路线和军事战略，致使第五次反"围剿"失败，红军被迫放弃中央革命根据地，进行战略转移。

红军长征开始后，国民党军队在红军的必经之路构筑了层层封锁线，红军在突破前三道封锁线时尚属顺利，但在突破第四道湘江封锁线之时，由于错误的战略指导，却付出了巨大代价。为此，中央红军在通道县境召开了非常重要的通道会议，"实际上开始了毛泽东在军事上的领导"。通道会议是中央红军在危机时刻召开的一次紧急会议，不仅从危机中挽救了中央红军，而且还为黎平会议和遵义会议的召开奠定了基础。

1-1 第五次反"围剿"的失败

◉　从1933年9月25日开始，国民党军队对中央革命根据地进行大规模"围剿"。此次"围剿"，持续1年之久，为保卫苏区，中央苏区军民全力以赴，进行了艰苦卓绝的斗争，虽给国民党军队大量杀伤，自己更付出了巨大的代价。又由于作战指挥的错误，使这次反"围剿"作战始终处于被动，以致红军遭到严重削弱，被迫进行长征。1934年10月，中央红军从江西瑞金、于都与福建的长汀、宁化等多个根据地集结出发，举世闻名的漫漫长征由此拉开序幕。

✹ 毛泽东才溪乡调查纪念馆

　　1933年11月下旬，毛泽东第三次来到福建省上杭县才溪乡进行广泛的社会调查。此次到才溪，是处在第五次反"围剿"、反封锁斗争的时候。当时，党内王明"左"倾错误路线给共产党的革命事业造成越来越大的损失，革命处于紧要关头。面对危局，毛泽东长途跋涉，从江西瑞金来到才溪作深入的社会调查，了解中央苏区有名的才溪乡是怎样把落后的农村建设成为先进的革命根据地，总结才溪人民在进行行政建设、经济建设、文化教育、扩大红军、优待红军家属等方面的经验，写下了著名的《才溪乡调查》。

　　毛泽东才溪乡调查纪念馆，坐落在福建省龙岩市上杭县北部，距205国道200米。该馆是陈列宣传毛泽东在才溪重要革命实践活动的专题纪念馆。通过陈列大量珍贵文物、资料、照片，介绍了毛泽东才溪乡调查情况，以及才溪人民在革命战争时期的历史和才溪乡被评为福建省第一模范区、中央苏区模范区、模范乡的光荣史实。全馆占地面积18750平方米，其中建筑面积7300平方米，有"九军十八师"展览馆、

✹ 毛泽东才溪乡调查
纪念馆
新华社记者 沈汝发摄

才溪英雄烈士馆、"今日才溪"馆、光荣亭等史迹。

才溪光荣亭是1933年春，由福建省苏维埃政府为表彰才溪人民的光荣业绩拨专款建造的。1955年毛泽东亲笔题写了"光荣亭"三个大字。毛泽东为亭题字全国唯有两处，另一处是湖南的爱晚亭。

❂ 红军长征集结出发地（中复村）旧址 新华社记者 周科 摄

❂ 宁都县中央苏区反"围剿"旧址及纪念馆

江西省宁都县是中央苏区前期的政治、军事中心，是中央苏区反"围剿"的红军集结地、决策地、指挥中心和主战场之一。在中央苏区反"围剿"期间，宁都诞生过中共苏区中央局、中华苏维埃共和国中央革命军事委员会（简称"中革军委"）、红五军团、红军第一支无线电通讯队，爆发过震惊中外的宁都起义，召开过一系列做出重要决策的会议。中央苏区反"围剿"纪念馆规划实际用地约73000平方米，总建筑面积约5500平方米，广场面积约15000平方米，是一个集纪念性、博览性和景观性于一体的标志性建筑。

❂ 长征集结出发地

红军长征出发集结地纪念广场，位于福建省三明市宁化县城南端，占地面积约8000平方米。广场分为南北两部分，南部为以纪念红军长征出发地为主题的雕塑广场，北部为以休闲、娱乐为主的文化广场，是宁化县纪念红军长征的一座标志性建筑。该广场先后成功举办了CCTV新闻频道《我的长征》大型电视活动宁化出征仪式、纪念红军长征胜利70周年"长征从这里出发"大型慰问演出及纪念邮票"出发"首发式等重大活动。

❂ 红军长征出发地（中复村）旧址

钟屋村（今中复村）隶属福建省龙岩市长汀县南山镇，位于长汀县与连城县的交界处，是中央红军长征第一个出发地，被誉为"红军长征第一村"。1934年9月30日，共产国际正式复电同意中央红军实施战略大转移之日，中央红九军团在该村观寿公祠举行誓师大会，奉命从长汀钟屋村观寿公祠起步实施战略转移，迈出红军万里长征第一步。

目前，长汀中复村保存了大量革命遗址、遗迹，有松毛岭战斗指挥部旧址（毛泽东、朱德旧居）——观寿公祠；红军长征誓师大会旧址、红一军团军团部旧址、红军松毛岭战斗战地医院旧址（聂荣臻、罗荣桓、左权、罗瑞卿等旧居）——超坊围龙屋；红军征兵处旧址——中复风雨桥；松毛岭阻击战遗址；抗日宣传漫画群旧址、红屋区苏维埃旧址——水角哩九厅十八井；红军街旧址等，以及大量的红军标语。

☀ 罗山县铁铺乡红二十五军长征出发地

1934年11月16日，红二十五军按照中共中央指示，从河南罗山县何家冲开始西移。次年7月，为策应中央红军北上，红二十五军决定西征。9月到达陕西延川永坪镇，与陕甘红军会师，成为红军长征先期到达陕北的第一支队伍。在历时10个月的长征中，途经河南、湖北、甘肃、陕西4省，行程近万里。

红二十五军军部旧址——何氏祠，始建于明代，原为何氏宗族祠堂，占地面积约2700平方米。

红二十五军长征出发地标志——白果树，距今有800多年的历史。就是这棵古老的银杏树见证了当年3000将士那慷慨与悲壮的一幕。

红二十五军军部医院旧址——何大湾，始建于明代，占地面积约6700平方米，现存房屋50余间。1932年底，红四方面军主力离开鄂豫皖苏区后，留下了大批的伤病员，为救治伤病员，在军民的共同努力下，建立了红二十五军军部医院，直到1934年11月红二十五军长征出发时停止。

1997年，何家冲被河南省委宣传部等6家单位联合命名为省级爱国

☀ 红二十五军军部会议室内景　林胜利 提供

主义教育基地。

☀ 刘家坪红二方面军长征出发地

湖南省桑植县刘家坪是中国工农红军红二方面军的长征出发地。为让人们更多了解红二方面军的情况，当地于1986年建成红二方面军长征纪念馆。

纪念馆位于桑植县城东20公里的刘家坪村的干田坝，占地1300平方米。纪念馆为中西合璧园林式砖石建筑，呈曲尺形，由全国人大原副委员长廖汉生题写馆名。馆内陈列了红二方面军从1934年10月至1936年10月，创建革命根据地、长征胜利的光辉历程，是省级爱国主义、革命传统教育基地，是张家界市红色旅游的重要组成部分。

△ 其他相关景点

1）衢州市开化县中共浙皖特委旧址、中共闽浙赣省委旧址（浙江省）

2）三明市明溪县红军战地医院遗址（福建省）

3）三明市建宁县红一方面军总司令部、总前委、总政治部旧址（福建省）

4）湘鄂赣革命根据地旧址群（包括修水、铜鼓、万载、平江、浏阳、阳新、通山、大冶等20余县）

5）岳阳市华容县湘鄂西革命根据地（湖南省）

6）湘西土家族苗族自治州永顺县湘鄂川黔革命根据地旧址（湖南省）

△ 衢州市开化县中共浙皖特委旧址、中共闽浙赣省委旧址 CFP

⊛ 兴安县界首镇红军长征突破湘江烈士纪念碑园
王缤钰 摄

1-2 血染湘江

⊙ 长征初期，中央红军的既定战略方针是去湘西与红二、红六军团会合，以期建立新的革命根据地。1934年11月中旬，突围的中央红军跨越敌军的三道封锁线，进入湘南。这时，蒋介石真正搞清了红军战略转移的目的地。对此，蒋介石配置重兵，构筑碉堡，设置了第四道封锁线。

1934年11月27日，中央红军的先头部队抢在国民党军队到达之前渡过了湘江，控制了界首到脚山堡30公里之间的一段渡河口，同时在湘江上架设了五座浮桥。由于时任中共中央临时总负责人的秦邦宪（博古）、共产国际军事顾问李德实行消极避战逃跑主义，采取大搬家的方式，行动非常缓慢，给敌方提供了战机。国民党军队迅速赶往湘江，拦截红军。渡过江的先头部队为了保卫中央党政机关组成的中央纵队、军委纵队和主力过江，在湘江两岸和国民党进行了激烈的血战，最后虽成功突破湘江，红军也伤亡惨重，担任阻击任务的红军主力团伤亡过半。中央红军和中央机关人员由出发时的8.6万人锐减到3万多人。血的事实宣告了"左"倾军事路线的彻底破产，使广大红军指战员要求改变军事领导人的情绪达到了顶点。

⊛ 兴安县界首镇红军长征突破湘江烈士纪念碑园

为了纪念红军突破湘江这一具有转折意义的战斗，经聂荣臻提议，国务院批准，界首镇修建了红军长征突破湘江烈士纪念碑园。

纪念碑园位于广西壮族自治区桂林市兴安县城南1公里处的狮子山，占地8公顷，1995年建成。园内三座山丘，青松挺拔，四季翠绿，构建布设雄伟壮观，气势恢宏。碑园分为群雕、主碑、纪念馆三大部分。大型群雕用灰白花岗石雕凿而成，生动地表现了红军突破湘江战斗前后的历史画面。主碑建在海拔248.6米的狮子山顶，碑体高31米，由三支直插蓝天的步枪构成。纪念馆设在狮子山的东北山脚下，陈列着湘江战役红军将领的照片、湘江战役军事模型图和红军长征路过广西的路线示意图。

1996年6月，国家教委等六部委共同确定碑园为全国中小学爱国主义教育基地；1997年中央宣传部将其列为首批"全国百家爱国主义教育示范基地"之一，成为全国重要的革命传统教育基地和旅游观光区。

1-3 通道会议

◉　红军渡过湘江以后，军委决定在西延地域休整一两天，以便集结部队，继续前进。之后于1930年12月11日占领湖南通道县城。12日，中共中央负责人临时决定在这里召开紧急会议，会议的中心议题是研究解决处于危机情况下的红军行军路线和战略方针等问题。在会上，李德坚持要红军按照原定的战略方针，立即北出湘西与红二、红六军团会合。毛泽东则坚决反对，提出了红军必须西进贵州，避实就虚，寻求战机，在川黔边创建新根据地的主张。他的意见第一次得到了中央多数领导人的赞同。毛泽东在瑞金时期因屡遭党内王明等人批评并暂时被剥夺了领导权，短促的通道会议，是第五次反"围剿"以来，毛泽东第一次在中央恢复了发言权。通道会议虽然没有就战略方针的转变问题取得一致意见，但促进了这个问题的解决，从而为尔后黎平会议决策红军战略计划转变做了必要的准备。

◉ 怀化市红军长征通道会议旧址

通道会议旧址原为恭城书院，位于湖南省通道侗族自治县县溪镇。书院原名为罗山书院，清康熙二十三年（1684年）由知县殷道正所建，位于学宫左侧，后被大火烧毁。乾隆五十七年（1792年）迁至城南半里的龟形山，咸丰五年（1855年）改为恭城书院。民国2年（1913年）以后改名为县立民国中心小学，在湘、桂、黔三省交界一带享有很高的名气。前来求学的青年学子不仅来自省内的绥宁、城步、靖州、会同，连广西的三江、龙胜，贵州的黎平、锦屏等地的有志青年也纷纷前来就读。

书院主体建筑为纯木结构，具有典型的湘西地方特色和浓厚的民族建筑风格，占地总面积2830平方米。

◉ 怀化市红军长征通道会议旧址　林胜利 提供

1996年12月26日，中共通道县委、县政府在毛泽东诞辰103周年之际，在恭城书院举行了隆重庆祝大会暨"通道转兵"会议旧址开放剪彩仪式。恭城书院被湖南省政府列为省级文物保护单位，成为湖南省青少年爱国主义教育基地。

02　转战贵州

◉ 贵州是红军长征历时最长、发生重大事件最多的省份，也是红军再度发展壮大之地。中央红军从1934年12月转战贵州，到1935年4月底离开贵州，活动时间4个多月，占中央红军长征时间的三分之一；红二、红六军团1936年1月至4月在贵州转战，活动时间3个多月，占红二方面军长征时间的四分之一多。中央红军和红二、红六军团在贵州转战足迹遍及50多个县，踏遍贵黔大地三分之二面积。正如"长征是播种机"所云，红军所经之处，组建革命政权、开展武装斗争，成立了大小政权组织50个，组建了四支较大的游击队。

2-1 黎平会议

◉ 为了摆脱围追和堵截的国民党军队，毛泽东建议中央红军放弃去湘西同红二、红六军团会合的计划，改向敌军力量较为薄弱的贵州挺进并被中央接受。1934年12月13日，中央红军转兵贵州，暂时脱离了险境。12月15日中央红军突破黔军防线，攻占黎平和老锦屏。黎平位于黔、桂、湘三省交界，隶属于今贵州省黔东南苗族侗族自治州。这里地形复杂，交通不便，有利于红军隐蔽集结，而不利于敌军的重兵运动。

　　通道会议后，党内并未达成一致的战略主张，为了改变博古、李德原定的战略方针，12月18日，中共中央召开了红军长征途中的第一次政治局会议，即黎平会议。经过激烈的争论，政治局就下一步红军的进军方向问题，采纳了毛泽东向贵州腹地进军的主张。会议作出了《中央政治局关于在川黔边建立新的根据地的决议》，解决了中央红军的进军方向问题。这是自宁都会议毛泽东被撤去红军总政委职务之后，党中央在重大战略决策问题上第一次接受毛泽东的正确意见。黎平会议为遵义会议纠正"左"倾冒险主义在军事上的错误打下了基础。

⊛ 黔东南州黎平县黎平会议旧址

黎平会议旧址坐落在贵州省黎平县城德凤镇二郎坡52号，原为胡荣顺店铺，建于清嘉庆年间，占地800平方米，建筑面积634平方米，砖木结构平房。外有高约20米的封火墙围绕，古雅幽静。

黎平会议旧址分三进五间，前低后高，上盖小青瓦。大门悬挂陈云手书的"黎平会议会址"黑底金字横匾，内辟政治局会议室、周恩来住室、朱德住室、红军文物等七个展室，陈列文物、图表、题字等360余件，藏品120余件。会址大门是两扇石臼合门，临街铺面，商店字号。由大门进入第二进正屋的天井，墙上有一屏风，塑有狮、鸟、鱼类，左右为扇式书房；正堂门面塑二龙戏珠；楼上走廊四周是卷板方格栏杆，窗棂精雕细刻；左间摆设八张太师椅和两张八仙桌。房后有小天井，墙壁上有八仙过海、太白醉酒等壁画，壁间开有一石臼合门进入后院。

旧址1982年被贵州省人民政府公布为省级重点文物保护单位；2005年11月被命名为第三批"全国爱国主义教育示范基地"；2006年被国务院批准列入第六批全国重点文物保护单位名录。

⊛ 黔东南州黎平县黎平会议旧址　新华社记者 欧东衢 摄

2-2 占领娄山关

⊛ 1935年1月初，中央红军由南向北分三路突破乌江天险。1月6日，红军先头部队进入遵义城，1月7日占领遵义。

为了稳固对黔北的控制权，红军需要占领遵义之北的桐梓县，而娄山关则成为县城南面的一道易守难攻的屏障。娄山关处于遵义、桐梓两地的交界处，是两地的要冲，遵义的北大门。娄山关又名娄关、太平关，关隘建于大娄山脉的主峰，海拔1576米。娄山关上千峰万仞，重岩叠嶂，峭壁绝立，若斧似戟，直刺苍穹，川黔公路盘旋而过，人称黔北第一险要，素有"一夫当关，万夫莫开"之说，自古被称为黔北第一险隘，历来为兵家必争之地。

1月9日，红军向娄山关国民党守军发起进攻，红军战士奋不顾身地向山顶冲击。国民党军队利用地形上的优势，拼命反抗。在山顶，红军战士与国民党军队展开一场壮烈的白刃战，经过一个多小时的激战，红军攻克了娄山关。然后乘敌溃退之势，一鼓作气向桐梓方向追击守敌，于当天上午攻占了桐梓城。至此，中央红军控制了以遵义为中心的黔北的广大地区，从而为遵义会议的召开创造了有利条件。

⊛ 汇川区、桐梓县娄山关景区　余青 摄

⊛ 娄山关纪念碑　余青 摄

⊛ 汇川区、桐梓县娄山关景区

　　娄山关红军战斗遗址位于贵州省遵义市北部大娄山山峰之间，距市区50公里。当年，毛泽东在娄山关上感慨万端，吟出了长征中最为悲壮的著名诗句《忆秦娥·娄山关》："西风烈，长空雁叫霜晨月。霜晨月，马蹄声碎，喇叭声咽。雄关漫道真如铁，而今迈步从头越。从头越，苍山如海，残阳如血。"这首悲壮的诗句以草体放大镌刻在关口东侧山崖的石碑上，关口西侧山崖建有娄山关红军战斗纪念碑。关口南侧公路边，有行书"娄山关"石碑一道。

　　娄山关红军战斗遗址景区还有娄山关陈列馆，面积160平方米。纪念馆以文物和照片、战斗沙盘及多媒体等展陈方式，展示了红军在娄山关战斗的历史画卷。红军战斗遗址还有娄山关人行天桥、古代军事要塞城堡建筑和红军战斗纪念碑等。

　　1982年娄山关红军战斗遗址被列为贵州省重点文物保护单位。

2-3 遵义会议

◉ 黔北重镇遵义北依大娄山，南临乌江，古为梁州之城，是川黔之间地面交通的咽喉。遵义是红军长征以来所经过的第一座较大的中等城市。红军总部进入遵义之后，根据中央政治局黎平会议和猴场会议关于建立以遵义为中心的川黔边新根据地的决议，积极开展建立根据地的各项工作。

　　1935年1月15日至17日，中央政治局在遵义召开了政治局扩大会议。会议的主要议题是总结第五次反"围剿"的经验教训。会议经过激烈的争论，在统一思想的基础上，通过了《中央关于反对敌人五次"围剿"的总结的决议》。决议否定了博古关于第五次反"围剿"的总结报告，提出了中国共产党的中心任务是战胜川、滇、黔的国民党军队，在那里建立新的革命根据地。决议肯定了毛泽东关于红军作战的基本原则。会议增选毛泽东为政治局常委，取消博古、李德的最高军事指挥权，仍由中革军委主要负责人周恩来、朱德指挥军事。常委的分工是由张闻天负总责，周恩来负责军事，毛泽东作为周恩来的助手协助工作。会议后的行军途中，又成立了由周恩来、毛泽东、王稼祥组成的三人军事指挥小组，负责长征中的军事指挥工作。

遵义会议在中国共产党政治和军事史、中国革命史，乃至于20世纪的世界历史中，都具有令人瞩目的重大意义。遵义会议结束了"左"倾教条主义对中国共产党的统治，恢复了毛泽东的正确的领导地位，从此为中国工农红军在长征途中最终胜利抵达陕北；为毛泽东军事指挥才华的淋漓尽致的发挥；为抵达延安之后毛泽东思想的形成；为共产党在抗日战争时期的积极抗战和最终胜利奠定了基础。遵义会议第一次证明了中国共产党已经具备不受共产国际遥控、完全具有独立自主解决自己内部复杂问题的能力，是中国共产党从幼年走向成熟的标志。

⊛ 遵义市遵义会议纪念馆

遵义市子尹路96号的一栋砖木结构的中西合璧的两层建筑，是遵义会议会址所在地，今天已经建为遵义会议纪念馆。纪念馆原为国民党军第二十五军第二师师长柏辉章的私邸。1935年1月中央红军长征到达遵义后，红军总司令部就驻在这座宅院内。位于老城杨柳街的红军总政治部旧址，新城幸福巷的遵义会议期间毛泽东、张闻天、王稼祥的住处，均属于遵义会议会址的组成部分。

遵义会议纪念馆1953年筹建，1955年对外开放。1964年，毛泽东为纪念馆手书"遵义会议会址"。纪念馆以复原陈列为主，馆藏

⊛ 遵义市遵义会议纪念馆　吴必虎 摄

文物1551件，其中原物726件，复制品667件，仿制品158件。先后复原展出了会议室，军委总司令部一局（作战）办公室，毛泽东、朱德、周恩来、张闻天、王稼祥、刘少奇、刘伯承、彭德怀、杨尚昆、李卓然等住处。

1984年，恢复了红军总政治部旧址全貌，邓小平题写了"红军总政治部旧址"的匾额。以此址开设了遵义会议辅助陈列室。新的遵义会议陈列馆于2005年1月14日正式对外开放，作为献给遵义会议召开70周年的特殊礼物。陈列馆以红军长征为主线，以遵义会议和四渡赤水为重点，全面、真实地展示了20世纪中国革命伟大转折的史迹和内涵。整个布展面积达2600平方米，展线长2000米，分为战略转移、遵义会议、四渡赤水、胜利会师、永放光芒五个部分。

遵义会议会址为首批全国重点文物保护单位，国家AAAA级旅游区。1993年被国务院公布为"全国第一批十个优秀社会教育基地"；1997年中宣部又授予"百个爱国主义

教育示范基地"。

❀ 红花岗区红军山烈士陵园

红军烈士陵园位于遵义市红花岗区境内，坐落在国家级森林公园——凤凰山森林公园的小龙山丛林中，是为纪念长征时期在遵义牺牲的红军烈士修建的。整个陵园坐北朝南，前临湘江河，后靠葱茏翠绿的凤凰山，与当年红军鏖战的红花岗、老鸦山遥遥相望。

❀ 红花岗区红军山烈士陵园，红军烈士纪念碑 *吴必虎 摄*

新中国成立后，在当年战场遗址找到了77位红军烈士的坟墓，1953年，遵义市政府确定在小龙山上修建红军烈士公墓，将烈士遗骸陆续集中迁至山上，同时把早已远近闻名的"红军坟"也移到小龙山，因此小龙山也被当地居民称为"红军山"。经过40年来的维修整理，现已建成颇具规模的红军烈士陵园。

走进陵园大门，沿石阶而上，在陵园顶端的平台上，首先映入眼帘的是气势雄伟磅礴、造型设计新颖的红军烈士纪念碑。碑的正面，是1984年邓小平题写的"红军烈士永垂不朽"八个大字。整个碑高30米；碑的顶端是5米高的镰刀锤子标志。碑的外围是一个直径20米、高2.7米、离地面2米的大圆环。圆环外壁镶嵌着28颗闪光的星形，象征着中国共产党经过28年艰苦奋斗，取得了全国政权。圆环内壁是4组汉白玉石浮雕，内容是"强渡乌江"、"遵义人民迎红军"、"娄山关大捷"、"四渡赤水"。大圆环还由4个5米高的红军头像托着，头像用紫色花岗石雕凿而成，东南侧为老红军形象，西南侧是一个青年红军形象，东北侧是赤卫队员形象，西北侧是女红军形象，寓意着红军威震四方。

纪念碑的北面小山坡上，是"邓萍烈士之墓"。1984年，为修建红军烈士纪念碑，邓萍墓移至碑的北面。

❀ 曲靖市会泽县水城红军扩军旧址

会泽水城红军扩军旧址位于云南省曲靖市会泽县县城近郊。遵义会议后，1935年5月1日，中国工农红军第一方面军第九军团在罗炳辉军团长、何长工政委的率领下，完成了迷惑牵制敌人，掩护主力渡过乌江的任务后，迂回穿插，进入会泽者海。红军没收土豪财物分给群众，散发积谷，当地群众纷纷要求参加红军，掀起了扩红热潮，几天时间扩红1300余人，成为红九军团扩红史上的一个壮举，为中央红军顺利到达陕北提供了兵员保障，水城扩军旧址也因此而载入史册。

2002年，当地政府在红军扩军旧址基础上开发红色旅游主题公园，并正式向游客开放。景区占地面积30万平方米，有上百年树龄的古梨树3500余棵。公园集红色文化、彝族文化为一体，文化积淀厚重，自然景观秀美。分为红色文化教育区、史迹陈列区、农家乐活动区、梨园花果区、古墓历史科考区。

△ 其他相关景点

1）习水县黄皮涧战斗遗址（贵州省遵义市）

2）赤水市丙安红一军团纪念馆（贵州省）

3）黔南州瓮安县、遵义市余庆县、遵义县和贵阳市息烽县乌江景区（贵州省）

△ 赤水市丙安红一军团纪念馆（陈列馆）吴必虎 摄

△ 遵义红色之旅

遵义北依大娄山，南临乌江，古为梁州之城，是由川入黔的咽喉，是为黔北重镇。"遵义"其名出自《尚书》："无偏无陂，遵王之义"。遵义处于贵州省会贵阳市和重庆市之间，西北部与四川接壤，是中国西部的重镇之一，属于国家规划的长江中上游综合开发和黔中经济区建设的主要区域。这里气候宜人，风景优美，文化底蕴深厚，拥有丰富的历史文化资源，是贵州北线旅游的中心，也是国务院首批公布的全国24个历史文化名城之一。

A. 遵义旅游资源

A1. 自然旅游资源

遵义市处于云贵高原向湖南丘陵和四川盆地过渡的斜坡地带，在云贵高原的东北部，地形起伏大，地貌类型复杂。大娄山山脉自西南向东北横亘其间，成为天然屏障，是市内南北水系的分水岭，在地貌上明显地把遵义市划分为两大片：山南是贵州高原的主体之一，以低中山丘陵和宽谷盆地为主，山北以中山峡谷为主。遵义地区地貌分为三大类型，即丹霞地貌、喀斯特地貌和常态地貌。其中喀斯特地貌分布最广，约占全市土地面积的75%。遵义利用这些地貌资源发展相对应的森林公园、地质公园和自然保护区旅游。多样的地形地貌造就了遵义复杂多变的生态环境和风光独特的奇山秀水，尤以山、水、林、洞为主要特色。如被誉为"生物活化石"的桫椤大面积生长于赤水桫椤国家级自然保护区、被称为"西南古代雕刻艺术宝库"的杨粲墓，以及被誉为"丹霞第一瀑"的赤水十丈洞瀑布，其中"中国丹霞地貌和赤水丹霞景区"已于2010年被列为世界自然遗产。

A2. 文化旅游资源

遵义文化旅游资源非常丰富，文化内涵上可分成十大类：一是红色文化，以遵义古城区与遵义会议会址为代表，解救共产党于危难之际的"遵义会议"见证了遵义的红色历史；二是酒文化，其中名满天下的茅台酒便产于此；三是夜郎文化，中国历史上所称的夜郎便是以今遵义桐梓县为中心；四是民俗文化，尤其以仡佬族文化为主，全国60%的仡佬族生活于此，并保留下来许多古老的遗俗；五是茶文化，以湄潭和凤岗的优质茶叶为主；六是沙滩文化，清朝三大文豪郑珍、莫友芝、黎庶昌在遵义城江面沙洲上开辟了晚清兴盛百年的沙滩文化①。此外还有土司文化、佛教文化、绥阳诗乡文化和赤水竹文化。以红色文化、酒文化和民俗文化为主线的文化旅游资源，蕴含着巴蜀文化睿智休闲的灵气和本土少数民族质朴骁勇的锐气。

B. 遵义旅游产品及线路

遵义旅游资源丰富、特色鲜明，主要包括：出奇出彩的自然生态旅游产品，彪炳史册的红色旅游产品，厚重独特的国酒文化旅游产品，"中国富锌富硒有机茶之乡、中国西部茶海之心"的茶文化旅游产品，传承数千年的以"和合"为核心理念的仡佬民俗旅游产品等。

众多的旅游产品造就了丰富多彩的旅游线路，我们推荐以下几条线路：

线路1. 自然生态旅游

主题：醉美之旅

----

① 在晚清近百年间，遵义郑、莫、黎三家涌现了几十位诗文家和学者，人各有集。这种地域文化现象，后来被称作"沙滩文化"。

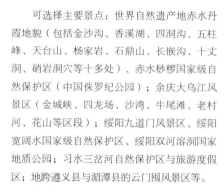

△ 遵义仁怀茅台镇中国酒文化城 《中国风景名胜区游览手册》（卷6）（中国建筑工业出版社出版）

△ 赤水风景名胜区，佛光岩 《中国风景名胜区游览手册》（卷6）（中国建筑工业出版社出版）

可选择主要景点：世界自然遗产地赤水丹霞地貌（包括金沙沟、香溪湖、四洞沟、五柱峰、天台山、杨家岩、石鼎山、长嵌沟、十丈洞、硝岩洞穴等十多处）、赤水桫椤国家级自然保护区（中国侏罗纪公园）；余庆大乌江风景区（金城峡、四龙场、沙湾、牛尾滩、老村河、花山等区段）；绥阳九道门风景区、绥阳宽阔水国家级自然保护区、绥阳双河溶洞国家地质公园；习水三岔河自然保护区与旅游度假区；地跨遵义县与湄潭县的云门囤风景区等。

线路2. 红色旅游

主题：触摸红色遵义

可选择主要景点：遵义会议纪念馆、娄山关红军战斗纪念碑、四渡赤水纪念馆、遵义红军烈士陵园、中国红色旅游第一街——红军街、毛泽东旧居、红军遵义警备司令部旧址、苟坝会议会址、中华苏维埃国家银行旧址、博古（秦邦宪）旧居、娄山关摩崖石刻等。

线路3. 国酒文化旅游

主题：品味国酒

主要景点：中国酒文化城、贵州酒文化博物馆。

线路4. 茶乡文化旅游

主题：茶林翻绿浪，茶香沁心脾

主要景点：茶海之心旅游景区等。

线路5. 仡佬民族文化旅游产品

主题：中国的务川道真，世界的仡佬民族

主要景点及活动：仡佬丹砂古寨文化景区，"中国·贵州仡佬文化旅游节"、"民族体育运动会"等。

C. 遵义周边景区景点

遵义所在的黔北旅游线包括现在的遵义市区、遵义县、仁怀市、赤水市、余庆县等地区，是一条自然与人文相得益彰的旅游线。周边的自然景区主要有：赤水风景名胜区、大乌江风景名胜区、仁怀茅台风景名胜区等。文化景区主要有：贵州酒文化博物馆，国酒文化城，丙安古镇，遵义市红花岗区深溪镇坪桥村沙坝组杨粲墓等。

赤水风景名胜区以丹霞地貌为特色，已列为世界自然遗产。赤水市境内有十丈洞、四洞沟、天台山、九角洞、丙安古镇、月亮湖、九曲湖、长嵌沟8大景区和18个独立景点。其中四洞沟瀑布群景区、十丈洞瀑布公园、野竹坪竹海国家森林公园、金沙沟桫椤自然保护科考观光区、月亮湖度假休闲观光区、友仁溪周末休闲观光区等比较成熟。景观以瀑布、竹海、桫椤、丹霞地貌、原始森林为主要特色，兼有红军长征、历史文化古迹等人文胜迹，是集生态、科普、考古、观光、休闲、度假、保健为一体的胜地。景区内千姿百态、神韵各异的瀑布举目皆是，丹霞绝壁、奇峰怪石、深山幽谷、竹海绿波、古树巨藤、奇花异卉目不暇接。

贵州酒文化博物馆位于遵义市中华南路178号。贵州山川秀丽，气候宜人，水质优良，多出佳酿，是我国最重要的酿酒基地之一，享有酒乡之美誉。在展示贵州酒史、贵州名酒的同时，也展示多姿多彩的酒礼酒俗。博物馆为砖混结构楼房，建于20世纪60年代中期，建筑面积770平方米。博物馆的固定展览有三部分：第一部分为"贵州酿酒史"，系统展示了自然酒、人工榨酒、蒸馏酒产生与发展的历史，重点介绍贵州茅台酒"回沙工艺"、董酒"串香工艺"的形成时间、工艺特点和技术进步的历史；第二部分为"贵州酒礼酒俗"，展示贵州汉、苗、彝、水、布衣、仡佬等民族的酿酒、饮酒习惯；第三部分为"贵州名酒"，集各种名酒50余种、系列产品1000余种，显示贵州酒在全国乃至世界酒林中的重要地位。同时从知识性角度介绍中国白酒的五个分类香型、贵州名酒生产分布情况和酒质特点。作为博物馆常年交替开放的专题展览，有"贵州酒文化现代书画展"、"贵州名酒获奖奖品展"、"贵州酒文化文献资料展"等。

2-4 四渡赤水

◎ 赤水市位于黔西北，总面积1801平方公里，东南与贵州习水县接壤，西北分别与四川古蔺、叙永、合江三县交界，赤水河、习水河横贯南北，北注长江，素有"川黔锁钥"、"黔北门户"之称。

1935年1月19日，中央红军由遵义北进，预定夺取川黔边界的土城镇（今属习水县）和赤水县城，择机从四川的泸州和宜宾之间北渡长江。蒋介石急调重兵布防于川黔边境，封锁长江。1月28日，红军在土城战斗中因国民党军队不断增援，再战不利，于是奉命撤出战斗，1月29日凌晨红军从元厚、土城地区**一渡赤水河**，挥师西向进至川滇边界的扎西（今云南昭通威信县城）集中。国民党军队很快又从南北两面向扎西逼近。这时红军决定暂缓执行北渡长江的计划，突然掉头东进，摆脱敌军，于2月18日至21日**二渡赤水**，重入贵州，奇袭娄山关，再占遵义城。在遵义战役中，红军取得长征以来最大的一次胜利，在国民党军队气焰正盛、红军左奔右突的困境之中，对于两军的战事格局作出了一次关键性扭转。

国民党军在打了败仗之后，调整部署，指挥多路军队向遵义、鸭溪一带合围，企图咬住红军予以歼灭。但红军迅速跳出合围圈，再次转兵西进，于3月16日至17日**三渡赤水**，重入川南。蒋介石以为红军又要北渡长江，急忙调动重兵围堵。红军突然又挥师东进，折返贵州，于3月21日晚至22日**四渡赤水**。随即南渡乌江，佯攻贵阳，分兵黔东，诱出滇军来援。当国民党各路军队纷纷向贵阳以东开进时，红军出其不意地以每天120里的速度向国民党兵力空虚的云南疾进，在昆明附近虚晃一枪，接着红军主力神速地向西北方向前进，于5月初渡过谷深水急的金沙江。至此，中央红军摆脱优势敌军的追堵拦截，粉碎了蒋介石围歼红军于川、黔、滇边境的计划，取得了战略转移中具有决定意义的胜利。

四渡赤水战役，是毛泽东根据战况变化，指挥中央红军巧妙穿插于国民党军队重兵集团之间，为红军赢得时机、创造战机，并在运动中歼灭一部分国民党军队，从而牢牢掌握了战场主动权的战役，这是中国战史上以少胜多、变被动为主动的典型战例。毛泽东曾说，四渡赤水是他一生中的"得意之笔"。四渡赤水也是世界近代军事史上的一个战争奇迹。有史家断言：如果不是遵义会议启用靠边站的毛泽东，如果不是毛泽东在赤水神算几招，这支队伍很可能全军覆灭，中国历史将是另一种写法。

❈ 习水县、赤水市、仁怀市风溪渡口红军四渡赤水纪念地

持续近4个月的四渡赤水战役为战役发生地习水县、赤水市、仁怀市留下了众多革命遗迹，这些遗迹如今已成为该地区红色旅游的重要景点。

习水县的四渡赤水纪念地

遵义会议后，中央红军兵分三路进入习水县。一渡赤水后，向川南前进；二渡赤水时，重进贵州习水；三渡赤水进入川南；之后红军又挥师东进，折返贵州习水，第四次渡过赤水河，离开习水。因此，习水县是红军四渡赤水的重要纪念地。现有重要革命历史遗存十余处，主要有：一渡赤水渡口——土城浑溪口，二、四渡赤水渡口——二郎滩渡口、青杠坡战斗遗址、土城革命遗址、梅溪河战斗遗址等。

赤水市四渡赤水纪念地

1935年1月，红一方面军四渡赤水，红一军团红二师搭浮桥一渡赤水河进军赤水，后在复兴场遭到国民党

⊛ 仁怀市四渡赤水纪念地，红军四渡赤水纪念塔 《中国风景名胜区游览手册》（卷6）（中国建筑工业出版社出版）优国钰 摄

军队堵截，沿赤水河而上，又在风溪渡二渡赤水河插入四川古蔺，摆脱了国民党十万大军的围追堵截。

风溪渡口地处赤水市复兴镇赤水河畔，是赤水河与风溪河的交会之处，这里不仅是古盐道商贾云集之处，更是红军四渡赤水的遗迹之一。风溪渡景点是赤水风景名胜区各景点往来的中心枢纽点。景点方圆20公里以内几乎涵盖了赤水所有的旅游景区。

元厚镇的红军渡口位于赤水市东南，赤水河自南向北纵贯全境。镇内现有红军一渡渡口遗址，是红军四渡赤水一渡的主要渡口。朱德元帅曾从此渡江，20世纪70年代建有渡口纪念碑一座，上书毛泽东题字"红军渡"。

仁怀市四渡赤水纪念地

仁怀不仅有国酒茅台这一世界知名品牌，还是"四渡赤水"的发生地。仁怀红军四渡赤水纪念地的主要景点有红军四渡赤水纪念塔和茅台渡口纪念碑。

为纪念四渡赤水这一重要历史事件，1995年红军长征胜利60周年之际，仁怀市政府在当年红军三渡赤水河的茅台渡口朱砂堡的山顶上修建了红军四渡赤水纪念塔。塔高二万五千毫米，寓意二万五千里长征；塔身由四片风帆形浪柱错位重叠而成，象征红军四渡赤水、一往无前的英雄气概；塔座为船形，塔身正面下端是江泽民题写的塔名。纪念塔北侧有四幅浮雕，再现当年红军四渡赤水时的风采。1997年被列为贵州省爱国主义教育基地。

茅台渡口纪念碑为纪念1935年3月16日至18日红军在茅台镇搭浮桥渡赤水而修建。1980年3月，仁怀县人民政府在下渡口西岸的朱沙堡下，修建了11.7米高的茅台渡口纪念碑，临河而立。1982年2月被列为贵州省级文物保护单位。

⊛ 赤水市赤水红军烈士陵园

赤水红军烈士陵园位于赤水市城区南郊杉树坝，是纪念四渡赤水战役中牺牲的红军烈士而修建的陵园，完整、真实地展现了四渡赤水的长征文化。杨尚昆、聂荣臻、张震等都为陵园书写了题词。

整个陵园建筑依山就势，环境优美，由主体陵园、百竹园、香樟古树园三部组成，有大理石碑记绘中央红军四渡赤水战役经过示意图一幅。在陵园陈列馆内有60幅图片，内容包括四渡赤水战役、领导人题词、红军标语及红军用过的武器弹药、赤水革命老区的历史等。

赤水红军烈士陵园2000年被共青团中央命名为"全国青少年教育基地"；2002年又被确定为"国防大学

教学教育基地"。

☀ 泸州市古蔺县红军四渡赤水太平渡陈列馆

　　红军四渡赤水期间曾三次进出四川省泸州市古蔺县境。今古蔺县太平镇长征街上建有红军四渡赤水太平渡陈列馆。

　　太平渡是"四渡赤水"的轴心地区和

☀ 泸州市古蔺县红军四渡赤水太平渡陈列馆　CFP

重要渡口，第二和第四次渡过赤水河就发生在这里，进行大小战役近十余次。陈列馆600多平方米的展厅里陈列着200多件当年红军留下的弹药武器和日常生活用具，展示着当年金戈铁马的历史。其中一件展品是红军司号长谢金成保存下来的号谱。四渡赤水时谢金成不幸负伤掉队，号谱来不及交给上级，他就秘密保存下来，直到新中国成立后才将由密码和五线谱号码组成的号谱上交给当地政府。现在它的原件保存在中国军事博物馆。

△ 其他相关景点：昭通市威信县扎西会议纪念馆（云南省）

新华社记者 秦晴 摄

2-5 巧渡金沙江

◉ 中央红军通过四渡赤水的"得意之笔"摆脱了数十万国民党军队的围追堵截后，于1935年4月下旬进入云南，新的军事三人组周恩来、毛泽东、王稼祥形成决定，于4月29日发布速渡金沙江的命令，干部团先头部队于5月1日凌晨抢占皎平渡口，随后红一、红三、红五军团和军委纵队2万余人凭七只小船，经过9天9夜的艰苦奋战，胜利渡过了金沙江，真正跳出了敌人的包围圈，粉碎了蒋介石围歼红军于川、黔、滇地区的计划，实现了渡江北上的战略方针。巧渡金沙江是红军长征中声东击西、避实击虚的又一次精彩军事行动。

☀ 昆明市禄劝县皎平渡

　　皎平渡位于云南省昆明市禄劝彝族苗族自治县皎西乡，距昆明市区200多公里的金沙江边，在会理县的东南方47公里处。皎平渡口两岸崇山峻岭，悬崖峭壁，是云南与四川之间的主要渡口之一，1935年5月1日至5月9日，中央红军在此巧渡金沙江。皎平渡口的南岸有一块巨石，刘伯承元帅当年就站

⊛ 昆明市禄劝县皎平渡，红军渡江纪念碑 *新华社记者 蔺以光 摄*

在这块巨石上指挥红军渡江。为了纪念此事件，后来把这块
"龙头石"改名"将军石"。1992年云南省政府投资在皎平渡
建造了红军渡江纪念碑和红军渡江纪念馆。

　　为开发皎平渡红色旅游，这里先后建成了皎西至皎平渡
42公里的公路及皎平渡大桥。2002年，规划了占地1万余平方
米的集红色旅游与休闲娱乐为一体的皎平渡旅游小镇，以渡江
纪念馆及渡江广场为中心，建有红军路和渡江路，街道两旁还
建起了旅游商店、宾馆、饭店。

⊛ 楚雄州元谋县龙街红军横渡金沙江渡口
　　红军另一处横渡金沙江的渡口位于今云南省楚雄彝族自
治州元谋县龙街，距元谋县城32公里，1935年5月4日至5月6
日，红军在龙街渡佯装渡江，巧妙牵制围追堵截的国民党军
队，使红军主力得以从皎平渡顺利渡过了天险金沙江，取得了
北上战略转移的胜利。龙街渡口于1981年3月被楚雄州人民政
府列入州级文物保护单位。

△ 其他相关景点
1）凉山州会理县皎平渡红军渡江
　遗址（四川省）
2）寻甸县红军长征柯渡纪念馆
　（云南省昆明市）
3）丽江市玉龙县石鼓红军渡口
　（云南省）

△ 寻甸县红军长征柯渡纪念馆 CFP

03　川西奔突

◎ 在四川境内的红军长征是整个长征史诗中具有更加波澜壮阔的篇章，是长征经过的14个省中自然环境最险恶、战斗最惨烈、共产党内政治斗争最激烈的省份，因而也为后人留下了更多值得关注、令人回味的故事。其中，会理会议、彝海结盟、强渡大渡河、飞夺泸定桥等事件尤为值得一说。

中央红军渡过金沙江便进入四川地区（当时包括西康）。由于一部分干部战士对毛泽东实行的机动灵活战略战术的不理解，红军内部出现了一股反对毛泽东继续承担军事领导的思潮。为此，中共中央在会理召开了政治局扩大会议，经过激烈的讨论，会议最终肯定了毛泽东的战略战术思想，以及这一思想在遵义会议以来指导红军所取得的胜利，巩固了毛泽东在党中央和红军中的领导地位。

蒋介石发现中央红军到达会理地区后，即令国民党军队继续围歼中央红军。按照会理会议的决定，红军决定放弃围攻会理城，沿会理至西昌的官道迅速北进，通过彝族聚居区，强渡大渡河，以击破蒋介石企图围歼红军于大渡河的计划。

3-1 会理会议

◎ 中央红军北渡金沙江后，三人军事小组决定，以红三军团与干部团围攻会理，其他部队在会理地区进行短期休整。

会理县地处四川凉山彝族自治州南端，金沙江北岸，为川滇交通要邑，战略位置十分重要。当红军到达会理时，许多红军指战员们已是衣衫褴褛，疲惫不堪。当时的中央红军主要由来自江西、湖南二省的官兵组成，他们从江西走到四川的边远山区，觉得周围一切都很陌生，茫然不知所措。最为关切的问题是：到底要到哪里去？有什么计划和打算？由于部队连续作战，非常疲劳，而且有些战斗也没有打好，这就引起红军战士们出现某些怨言。而且这种情绪在中央和红军领导层中也有所反映，部队出现了不稳定情绪。

针对这种消极情绪，1935年5月12日，中央政治局在会理县城郊铁厂举行了扩大会议。会议总结了遵义会议以来在川滇黔边实行大规模运动战的经验，讨论了渡江后的行动计划，决定立即北进，抢渡大渡河，向放弃了川陕根据地之后转向川西松潘地区以便接应中央红军而

⊛ 会理会议遗址

林胜利 提供

集结在茂县一带的红四方面军靠拢。会理会议统一了认识，巩固了毛泽东在中央红军的领导地位，延续了遵义会议的成果。

⊛ 会理会议遗址

    会理位于四川省最南端，是古西南丝绸之路必经重镇，现仍保存着600多年前的明代古城楼。会理是全凉山州除西昌市外经济最发达的县。会理会议遗址位于县城的东北面，周围是一片绿荫葱葱的松树林，遗址下面的不远处有个水库叫"红军湖"。会理会议遗址就在水库中央的小岛上，上面有一块会理会议纪念碑。另外，在会理县城还建有红军长征纪念馆，陈列红军遗物数百件。

3-2 彝海结盟

⊙ 会理会议后，红军主力在从会理向凉山、松潘地区北进过程中，必须经过大凉山彝族地区。彝族是中国西南地区主要少数民族之一，当时因长期遭受汉族为主的国民党政府、地方军阀以及彝族土司的统治，彝汉之间存在一定程度的民族隔阂和矛盾，加之国民党统治者下发反共规定，散布谣言，使彝族人民对红军产生了很深的敌意。红军要从这里过路，困难不小。

1935年5月，红军经过冕宁彝族地区时，先头部队被彝族居民围住，不准红军进入他们的地区。军委总参谋长刘伯承与彝族果基部落首领果基约丹（小叶丹）相约彝海边，杀鸡饮血，以水当酒，结为兄弟。最终取得了彝族人民的信任和拥护，使得红军顺利通过了彝族地区。在通过彝区的过程中，中国工农红军提出了"中国工农红军，解放弱小民族；一切夷汉平民，都是兄弟骨肉"、"设立夷人政府，夷族管理夷族"等主张，为革命胜利后制定民族政策和民族区域自治制度进行了一次实验尝试。

◉ 冕宁县彝海结盟遗址

彝海结盟遗址在四川省冕宁县拖乌区，距县城28公里。彝海在阳洛雪山西麓，是一个海拔2500米的高山林间湖泊，面积约5公顷，四周山峦环抱，林木葱茏。

在彝海边上，当年刘伯承与彝族首领小叶丹结盟处，当年的三个锅庄石，至今仍保留着原来的样子。当年红军还赠送彝族人一些枪支，帮助他们组建彝民红军队伍，赠送给当地头人一面绣着一颗五角星的队旗。新中国成立后，小叶丹家属将其珍藏的这面"中国彝民红军沽鸡支队"红旗，献给了中国革命博物馆。1985年兴建了"彝海结盟纪念碑"。

◉ 冕宁县彝海结盟遗址

新华社记者 任勇 摄

3-3 强渡大渡河

◉ 1935年5月，红军通过冕宁彝民区后，来到了今雅安市石棉县安顺场（当时属西康省），准备强渡大渡河。安顺场一带大渡河宽100多米，水深流急，两侧高山耸立，中间河谷无回旋余地，地势险要，清末太平天国翼王石达开1863年5月就在大渡河畔兵败而亡。在红军到达之前，国民党川军抢占了这一地区，构筑工事，企图凭借天险，围歼红军于大渡河以南，妄图使红军成为"石达开第二"。当时，红军确实面临十分困难之绝境，前有数万敌军布防大渡河北岸，后有"剿匪"总司令薛岳带十万大军追击，仅有2万人左右的中央红军如不能尽快渡河，确有全军覆灭之危险。事涉红军生死存亡，刘伯承、聂荣臻亲临前沿阵地指挥渡河。25日晨，红一军团一师一团一营营长孙继先从第二连挑选了17名勇士组成突击队，在红军火力掩护下，迎着大渡河的惊涛骇浪，冲破了敌人的重重火网，终于登上了对岸，控制了渡口；在后续部队及时增援下，一举击溃了川军一个营，巩固了渡河点。随后，红一军团第一师和干部团由此渡过了被国民党军队视为不可逾越的天险大渡河，使蒋介石希望历史悲剧重演的梦想因此破灭。

◉ 石棉县红军强渡大渡河纪念地

今天的安顺场已经成为一处知名的红色旅游地。纪念地由以红军头像为标志的纪念碑、展陈革命文物的纪念馆、大渡河红军渡口、红军炮台、红军机枪阵地遗址、红军强渡成功登岸的安靖坝桃子湾、红军书写的标语、保存完好的红军指挥楼等部分组成，其中的主体建筑，红军强渡大渡河纪念馆建筑面积2200平方米，江泽民亲自为纪念馆题名。展厅分为长征、大渡河

◉ 石棉县红军强渡大渡河纪念地 *新华社记者 海明威摄*

战役、红军长征过雅安、翼王悲歌、历史评述五个部分。纪念馆建筑采用唐式风格、对称布局和院落形式；纪念馆正前方修建了面积达5000余平方米的红军广场，广场上矗立着一座红军强渡大渡河纪念碑；配套工程包括入口广场、纪念广场、雕塑广场、红军渡口、红军宣誓场。拥有馆藏文物228件，包括中国工农红军第一方面军军旗，以及红军强渡成功后1935年5月26日出版的一份油印小报等珍贵文物；一艘仿制的红军渡河小船停在当年红军强渡大渡河的码头。纪念馆还采用声、光、电等多种现代化手段，展示了石达开和红军遭遇的两段截然不同的历史史实。

2001年6月，安顺场红军强渡大渡河纪念地被中宣部命名为"全国第二批百个爱国主义教育示范基地"。

3-4 飞夺泸定桥

◉ 红一团虽然成功强渡大渡河，控制了东渡的安顺场渡口，但是大渡河水流湍急，河面太宽，不能架桥，要用仅有的几只小船将两三万红军渡过河去，最快也要1个月的时间。而此时国民党追军紧盯不舍，形势十分严峻。为迅速渡过大渡河，中革军委决定沿大渡河西岸继续向北至甘孜藏族自治州的泸定县（当时属西康省），争取并控制泸定桥渡河点。然而当时百余米的泸定桥已被国民党军队拆去了约80余米的桥板，只剩下几根铁索悬在空中；国民党军还以机枪、炮兵各一连于东桥头高地组成密集火力，严密地封锁着泸定桥桥面。1935年5月25日，红四团组织了22名战士组成的夺桥突击队，冒着枪林弹雨，爬着悬空的、光溜溜的铁索链向东桥头猛扑。整个战斗仅用了两个小时，红军便奇绝惊险地夺取了泸定桥。

控制了泸定桥，中央红军顺利越过大渡河，向北开进至阿坝藏族自治州的懋功一带与张国焘领导的红四方面军会合。泸定桥的成功占领和红军顺利东渡，给整个红军高层留下了普遍深刻的记忆，揭示了这一军事要地对于长征胜利具有的关键意义，新中国十大开国元帅中就有7位元帅在长征时经过了泸定桥。毛泽东为此写下了"大渡桥横铁索寒"的壮丽诗句；刘伯承曾感慨万千地说："泸定桥，泸定桥，我们为你花了多少精力，费了多少心血！"朱德写下了"万里长江犹忆泸关险"的诗句，都充分说明了飞夺泸定桥的艰险与壮烈。

◉ 甘孜州泸定县泸定桥革命文物纪念馆

泸定桥位于四川省泸定县城西之大渡河上，修建于清康熙四十四年(1705年)，康熙皇帝取"泸水"（即大渡河旧称）、"平定"（平定西藏准噶尔之乱）之意，御笔亲书"泸定桥"（泸定县也因此而得名）的御碑如今屹立在西桥头。泸定桥自建成后一直是军事要塞和藏汉交流的重要通道，被誉为"东环泸水三千里，西出盐关第一桥"。

泸定桥结构特殊、造型别致。桥身共由13根铁链组成，其中底链9根，扶手4根。每根铁链由862至977节铁环相扣，均由熟铁锻造，每根铁链重1300—1800公斤。泸定桥全长近104米，宽3米。桥东西两端各有桥台一座，全用条石砌就，下设落井，并有生铁铸成的地龙桩与卧龙桩，用以锚固铁链。落井之上建有桥亭，飞檐翘角、古朴大方。西端观音阁下有康熙题写之"泸定桥"石碑，桥东有《御制泸定桥碑记》。

泸定桥革命文物纪念馆1980年建成，建筑面积为886平方米，位于泸定桥东头。馆内分5个展室，系统地展出了红军从江西瑞金出发直至飞夺泸定桥以及后在岚安建立苏维埃政权的情况，保存了红军长征时留下的物品约150件，还展示

⊛ 甘孜州泸定县泸定桥 《神州揽胜》（中国建筑工业出版社出版）

着具体的文献、材料与图片。

红军飞夺泸定桥纪念碑于1984年筹建，1986年10月落成。1985年3月邓小平为纪念碑题写了碑名。1985年9月27日，胡耀邦视察泸定桥时，挥毫题写了"飞身可夺天堑，健步定攀高峰"楹联，现镌刻在东桥头大门两侧。

1961年，国务院批准泸定铁索桥（包括附属建筑）为全国首批重点文物保护单位；2001年被中宣部定为全国爱国主义教育示范基地。

04 红四方面军西进

◎ 在中央红军（红一方面军）从闽西赣南开始长征大约半年之后，红四方面军也从1935年3月起从强渡嘉陵江西进开始长征，3个月后与红一方面军在川西北懋功会师。红四方面军长征的第一阶段，主要是向西由川陕边界挺进川西北，以便与正在一路向北转移的中央红军实现战略上的呼应。

4-1 强渡嘉陵江

◎ 红四方面军踏上长征之路略晚于中央红军。1935年3月，红四方面军为配合中央红军北上战略，奉命向四川、甘肃边境推进，配合中央红军在川、黔、滇边境地区的作战行动，决定发起嘉陵江战役。嘉陵江，是四川省的四大河流之一，起源于陕西凤县的嘉陵谷，由北至南，自广元起汇合白龙江，一泻千里，直下长江。两岸山峦耸立，江面宽阔坦荡，中上游出没于高山峡谷之间，奔流湍急，确实是一道难以逾越的天堑。

国民党在长达200公里的江防线上重兵把守，严密布防，妄图凭借天堑伺机围攻红四方面军。为粉碎国民党的阴谋，红四方面军以苍溪城南塔子山为主渡口，强渡嘉陵江，向国民党川军展开猛烈攻击。大军西进，势如破竹，国民党惨淡经营的布防，一夜之间土崩瓦解。嘉陵江战役历时24天，攻克县城8座，控制了东起嘉陵江、西迄北川、南起梓潼、北抵川甘边界纵横100余公里的广大新区，红四方面军发展到8万多人，为红军向川甘边发展创造了有利条件。

⊛ 苍溪县红军渡江纪念地

苍溪县红军渡江纪念地在距四川省广元市苍溪县城3公里处的塔子山下，国道212线从渡口之上贯穿而过。红军渡景区紧临苍溪县城，占地200多公顷，由红军文化旅游区、西武当山景区、嘉陵江杜里坝水上游乐区三大景区以及红军渡纪念园、武当山森林公园、中华百家姓氏追踪园、相思文化园、乡土树种园五个主题园区组成，是一个以"红土地、绿山水、梨乡情"为主题，集红色旅游、绿色生态旅游和梨乡民俗风情为一体的综合性旅游区。

景区有红军渡标志性铜塑、红军渡口遗址、将帅台、红军石刻标语碑廊、红四方面军长征出发地纪念馆、纪念林、红军街、渡江指挥部、功勋馆、苏维

⊛ 苍溪县红军渡江纪念地 CFP

埃政权建设展览馆、将军陵等主要景观。1987年8月，一座在嘉陵江边新落成的红军渡江塑像为峥嵘古渡增加了一道新的景观。

红军渡江纪念地已开发成了红军渡景区，作为全国爱国主义教育示范基地、全国百个红色旅游经典景区之一，已成为川陕渝红色旅游线、四川旅游北环线和嘉陵江黄金旅游线上的重要节点，是国家AAA级旅游景区。

4-2 夺取剑门关

⊙　红四方面军渡过嘉陵江之后，从东、西、南三面包围了剑门关。剑门关横亘剑阁、昭化之间的剑门山上，扼川陕大道。剑门关素有"打下剑门关，犹如得四川"之说。据《寰宇记》记载："诸葛亮相蜀，凿石驾空为飞梁阁道，以通行旅，于此立剑门关。"唐代诗人李白感叹其雄险，留下"剑阁峥嵘而崔嵬"的诗句。所谓"蜀道之难难于上青天"、"畏途巉岩不可攀"即指此地。三国时期魏军镇西将军钟会率10万精兵径逼剑门关欲取蜀国，蜀军大将军姜维领3万兵马退守剑门关，拒10万魏军于关外。"一夫当关，万夫莫开"，关隘之险要犹见一斑。由于它地势险要，又处战略要冲，故自古以来就是兵家必争之地。

剑门关北面水流平稳，南面水深流急，驻守在此的国民党军队试图凭借剑门关的险要地势，将红军堵截在雄关之下。红四方面军偏偏从剑门关以南渡江，并一举突破敌沿江防御工事，使国民党军队苦心布置的以剑门关为中心的面北防御彻底落空。

1935年3月，红三十军和红三十一军先后到达剑门关地区，对国民党军队形成三面包围之势。4月2日展开全面攻击，国民党拼命反扑，几度拉锯。国民党军队依托其坚固的工事，将所有轻重火力汇成一股股炮风弹雨，向红军不停倾泻。红军在火力有限情况下，集中使用迫击炮和机枪，掩护突击队向敌方各个集团工事逐点攻击。至黄昏，红军全歼国民党军队3个团，一举占领了敌人所谓"插翅难飞"的剑门关，打通了进军川西的道路，嘉陵江西岸敌军江防被全部摧毁，嘉陵江西岸约200公里的地区均控制在红军手中。

强渡嘉陵江、勇夺剑门关之后，红四方面军于1935年6月中旬，占领了茂县、理番（今理县）为中心的藏羌聚居区。红四方面军的西进部队于1935年6月8日攻克懋功（今小金）。接着，以一部前出至懋功东南的达维镇。6月12日，中央红军先头部队在北进达维途中，同红四方面军一部胜利会师。

⊛广元市剑阁县红军血战剑门关遗址

红军血战剑门关遗址即红星广场于2009年落成，包括红军攻克剑门关纪念碑、红军攻克剑门关纪念馆、将帅雕塑和石刻标语。

纪念碑造型呈四面体，碑高19.35米，碑座高4.2米。主碑正前面镌刻着徐向前题写的"红军攻克剑门关纪念碑"；题词下方有一组形象逼真、士气高昂的红军战士铜像；碑座四周嵌有红军强渡嘉陵江、浴血火烧寺、剑门女红军、血战剑门关、军民鱼水情、剑门关大捷、剑阁会议、苏维埃政权等八面汉白玉浮雕；在八面浮雕下，刻有为创建剑阁苏区、牺牲疆场的红军英烈1200多人的名字。

纪念馆位于纪念碑左侧，是长26米、宽8米的长方形馆，建筑面积300多平方米，分为多媒体室、大厅、展厅三部分，采用声、光、电等现代科技手段，向人们展示红四方面军血战剑门时的战斗史实。纪念馆大门右侧，展示的是剑门战斗大捷的艺术墙，艺术墙前面是红四方面军长征路线图。纪念馆分为两个部分，第一部分主要展示红军在剑阁进行的革命活动和所留下的文物，其中《中华苏维埃宪法大纲》为国家一级文物。第二部分展示红军攻克剑门关的战斗立体场景，该馆采用国际上先进的玻璃屏幕背投和投影仪多屏融合技术，通过多媒体生动地模拟出红军浴血剑门关的历史场景。

　　红军血战剑门关遗址是全国爱国主义教育基地。

◉ 广元市剑阁县红军血战剑门关遗址　CFP

△ 其他相关景点

1）红二十五军军政机构旧址（安徽省六安市金寨县）

2）汉中市洋县华阳红二十五军司令部旧址（陕西省）

05 红二方面军踏上征途

◉　红军长征实际上由中央红军（红一方面军）、红四方面军和红二方面军由三大片根据地分头出发组成了相互呼应但又时间空间各有不同的路线和经历。红二方面军在甘孜会师前是以红二军团、红六军团编制存在的。

　　1935年9月，国民党军集中兵力对湘鄂川黔根据地发动新的"围剿"，形势非常严峻。11月19日，红二、红六军团为争取主动，在任弼时、贺龙等领导下，1.7万余人由湖南桑植的刘家坪地区出发，开始战略转移。

5-1 木黄会师

◉ 早在中央红军开始长征的1934年10月，作为中央红军先遣队的红六军团就已开进贵州东部铜仁一带活动，10月24日，与黔东革命根据地的红三军（后恢复原来红二军团番号）胜利会师。它把来自不同战略区域的两支红军组成了一股强大的革命力量，为开辟湘鄂川黔革命根据地奠定了基础，有力地策应了中央红军的战略转移，孕育了红二方面军的诞生。

⊛ 印江县木黄会师纪念地

　　木黄会师纪念地位于贵州省铜仁市印江土家族苗族自治县木黄镇，距印江县城41公里，素有印江东大门之称。

　　红三军创建的黔东革命根据地和红六军团木黄胜利会师在黔东大地上留下了许多红色遗址。主要有印江木黄红军军部旧址、红三军政治部旧址、会师柏、会师泉、贺龙钓鱼台、毛坝红三军司令部旧址、旧寨坝苏维埃政府旧址、红二、红六军团会师纪念碑等。

　　1984年印江县委、县政府举办了红二、红六军团木黄会师50周年纪念活动，萧克将军亲临大会，并题写了馆名。贵州省委、省政府将会师纪念地和木黄纪念馆命名为"贵州省爱国主义教育基地"。

⊛ 印江县木黄会师纪念地
新华社提供

5-2 乌蒙回旋

◉ 1936年2月下旬，为粉碎国民党军队在毕节地区歼灭红二方面军的企图，面对国民党10余个师的尾追与侧击，红二、红六军团深入乌蒙山区，并决定以赫章为中心，在威宁、镇雄、昭通、彝良一带乌蒙山区，与国民党军队展开回旋战。3月8日，红四师、红十七师在贺龙率领下在以则河一带伏击国民党军队先头部队。3月12日，红军在镇雄以南哲庄坝一带设防伏击国民党军队。其后突破重重封锁，进入奎香地区。在突出重围后，红二、红六军团立即挥戈南下。28日，进占盘县县城。30日，红二、红六军团领导人在盘县"九间楼"召开会议（即盘县会议）。会后，红二、红六军团奉令北渡金沙江，与红四方面军胜利会师。

⊛ 乌蒙回旋战旧址

　　乌蒙山位于川滇黔边境，气候恶劣，条件艰苦。红二、红六军团乌蒙山回旋战旧址包括七星关战斗遗址、江南村苏维埃政权旧址、平山堡战斗遗址、野马川会议会址、以则河战斗遗址、哲庄坝战斗遗址和盘县会议会址7部分。

旧址附近还有罗炳辉将军故居。

乌蒙山回旋战是长征途中红二、红六军团在云贵高原乌蒙山区与国民党军队进行的一场著名运动战，红军在乌蒙山同敌人进行千余里迂回，成功保存了有生力量，摆脱了强敌围攻，书写了红军长征史上的又一精彩篇章。

06 松潘风雨

◉ 红军长征最艰苦的阶段就是爬雪山（翻越夹金山）、过草地（趟过松潘湿地草原）。这里所说的艰苦，不仅是指地理环境上的严酷考验，还有毛泽东、张国焘军事指挥上的激烈冲突。

1935年6月2日，中央红军通过泸定桥后，在泸定城附近召开了政治局常委扩大会议，主要讨论渡过大渡河后的形势与任务。会议决定中央红军避开人烟稠密地区向北走雪山草地一线进入陕甘边区创建新的根据地。

6月12日红一、红四方面军会师前后，在红四方面军工作的中央代表张国焘对当时政治形势的认识就与党中央存在着分歧。党中央认为两方面军的会合为开创红军和革命发展的新局面创造了十分有利的条件，因此，"总的方针应是占领川陕甘三省，建立三省苏维埃政权"，张国焘却主张向西康发展，建立"川康政府"，实现其所谓"川康计划"。从1935年的6月中旬至8月初，双方一再交锋论战，经历了两河口会议、芦花会议、毛儿盖会议、巴西会议、俄界会议等多次会议讨论，较长一段时间内一方面军北上、四方面军南进局面基本形成。直到1936年7月红二方面军从黔西南赶到甘孜与红四方面军会师后，张国焘才在中央继续争取及在红二方面军官兵压力下重新北上。

经过反复的有理、有利、有节的斗争，中共中央成功地挫败了张国焘的分裂阴谋，为红军长征的最终胜利提供了最有力的保障。

6-1 翻越夹金山

◉ 泸定会议后，中央红军于1935年6月8日突破敌人芦山、宝兴防线，随后进抵夹金山麓。夹金山是中国工农红军万里长征徒步翻越的第一座大雪山。夹金山又名"甲金山"，藏语称为"甲几"，"夹金"为译音，意为"很高很陡"。位于小金县东南，属邛崃山脉，海拔4124米。这里地势陡险，山岭连绵，重峦叠嶂，空气稀薄，天气变化无常，常人难以攀越。为了迅速翻越夹金山，同红四方面军会师，中革军委把先遣任务交给红一军团。军团长林彪、政治委员聂荣臻决定由第二师第四团为先遣队，先行翻越夹金山。

红四团在长征途中，多次承担开路先锋的艰巨任务。这次，他们又承担了翻越终年积雪的夹金山的先遣任务。1935年6月12日从大跷碛地区出发，在"征服夹金山，创造行军奇迹"的口号鼓舞下，红四团开始向夹金山进军。

数月来连续奔突，红军粮食不足，人也筋疲力尽。攀越过程中疲累极了也不敢休息，因为一坐下来就有再也站不起来的危险。凭着英雄气概与坚忍毅力，红四团终于把这座人迹罕至的大雪山踩在了脚下。先头部队翻越夹金山后，中央红军主力也于6月17日翻越夹金山，另一支小部队——红一军团第一师也于18日翻越了夹金山。

中央红军越过夹金山后，抵达松潘草原。张闻天、毛泽东率领的中央红军与张国焘率领的红四方面军先头部队于懋功（今四川阿坝藏族羌族自治州小金县）胜利会师。1935年6月18日，中共中央、中革军委和中央红军主力到达懋功地区；21日晚，中央红军和红四方面军的部队举行联欢会，庆祝会师。懋功会师后，中央红军改称红一方面军。

⊛ 雅安市宝兴县红军长征翻越夹金山纪念馆

红军长征翻越夹金山纪念馆位于四川省雅安市宝兴县县城西侧的青衣江畔，占地面积约4500平方米，整个纪念馆由红军广场、主题雕塑和红军长征翻越夹金山连环画护栏三部分组成。红军广场占地3300平方米，主要是园林绿化和休闲广场。绿化部分由圆形、矩形、不规则的花台组成了一个火炬形的图案，寓意革命精神如火炬点燃中国的希望。

广场中央是主题雕塑，雕塑主体是夹金山红军纪念碑。碑宽6米，厚2.5米，高8.5米，碑身以圆雕的手法刻画了三个人物：一个藏族向导、一个红军军官、一个红军战士，反映的是红军将士在当地藏族同胞的带领下，翻上夹金山顶那一瞬间的情景。碑身下沿四周以浮雕的形式描绘了红军翻越夹金山途中四个经典场面。碑身的南面左侧和北面均以仿青铜浮雕的表现手法，各塑造了一组红军群像，生动地再现了红军当年翻越夹金山的艰辛与红军将士的团结互助。整个主题雕塑远远看去像一面招展的红旗，又像一座巍巍的雪山，同时也像一座丰碑。

红军广场西侧外沿是连环画护栏。护栏共由110块深浮雕板构成，内容分为三个部分：红军长征翻越夹金山连环画；老革命家关于长征和翻越夹金山的回忆录及手书；红军在宝兴遗留的文物雕刻。

红军纪念馆位于广场北端，面积1200多平方米，分为红军长征翻越夹金山展厅和陈云出川展厅。纪念馆的外观独特而别具一格，设计上融合了川西民居和藏族民居的风格，充分体现了宝兴由于地处民族走廊地带所具有的特殊的地理环境和民族风情。纪念馆从外到内色调都以红军军装"灰"色为基调色，烘托出一种凝重、庄严的气氛。

6-2 两河口会议与芦花会议

⦿ 懋功（今小金县）会师之际，中央红军（红一方面军）因为一路长途跋涉屡经战斗，伤亡、劳累、沿途滞留，减员十分严重，人马不足3万，而红四方面军所受损失不大，兵强马壮，人马8万。但此时中央红军与红四方面军领导人对政治形势的判断、中央组织形式与权力分配、红军战略转移具体方案等方面存在较大分歧。

为了统一战略思想，中共中央政治局于1935年6月26日在懋功北部的两河口举行会议。会议一致通过了周恩来的报告提出的战略方针，关键是应首先迅速攻打松潘，进占甘南建立革命根据地。报告还强调，统一组织与指挥两个方面军对实现战略方针的重要性与迫切性。两河口会议后，张国焘口头表示拥护支持，但行动上却借口所谓"组织问题"没解决，按兵不动。为了顾全大局和增进两大主力红军的团结，中革军委于7月18日任命张国焘为红军总政委。

芦花会议（又称黑水芦花会议）是红军长征途中，中央政治局继两河口会议之后召开的又一次重要会议。为了增强红一、红四方面军的团结和信任，进一步统一两大主力红军的行动，中央政治局于1935年7月21日至22日在芦花（今黑水县城）举行会议。会议的中心议题是总结红四方

面军从鄂豫皖根据地到川陕根据地这段历史的经验教训。

⊛ 小金县两河口会议旧址

位于四川省阿坝州藏族羌族自治州小金县两河乡境内的"两河口会议"旧址原是供奉"汉寿亭侯"关羽的关帝庙，现主体建筑已毁无存，仅余后部马房。两河口会议会址处，有一尊由当地村民自发捐款建起来的高4米的毛泽东塑像。

2008年5月，两河口会议旧址在汶川地震中损毁严重。灾后重建中，对会址硬件设施进行全面改造提升，重建两河口会议纪念馆、纪念广场。纪念馆占地面积约5400平方米，建筑面积2140平方米。纪念馆以"胜利会师、决策北上"为主题，按照红一、红四方面军在小金县的战斗生活历

⊛ 小金县两河口会议旧址　新华社记者 李明放 摄

程为脉络，依据纪念馆的建筑结构，合理规划参观路线，将展厅规划为序厅、会师同乐厅、政权建立厅和两河北上厅。利用声光电场景还原、多媒体展示、原雕、浮雕、油画、实物、图片、文献资料等艺术形式进行展陈，增强了趣味性和教育性。

1980年，该旧址被四川省人民政府确定为省级文物保护单位；2006年5月被评为全国第六批重点文物保护单位。

◉ 黑水县芦花会议旧址

芦花会议旧址位于四川省阿坝州藏族羌族自治州黑水县芦花镇中芦花村，距县城2公里处，交通十分便利。会址为石木结构的三层藏式民居建筑，硬山式屋顶，抬梁式架，通高8.5米，面宽14.9米，进深13.3米。现有中央红军部分领导用过的日常用品在室内展出。为青少年爱国主义教育基地和省级文物保护单位。

◉ 黑水县芦花会议旧址 *新华社提供 郭泽 摄*

6-3 三过草地

◉ 左、右路军从毛儿盖、马塘等地出发北上陕甘边境必须穿越沼泽湿地松潘草原。

川西北草地，历史上一直为松潘所辖，故有松潘草地之称。草地位于青藏高原与四川盆地的过渡地带，纵长500余里，横宽300余里，面积约15200平方公里，海拔在3500米以上。草地区域河道迂回摆荡，水流滞缓，汊河、曲流横生，形成大片沼泽，水草盘根错节，结络而成片片草甸，覆于沼泽之上，气候变幻无常，人迹罕至。每年的5月至9月为草地雨季，本已滞水泥泞的沼泽更成漫漫泽国。红军正是在这个季节经过草地的。

经过两河口会议和芦花会议统一思想和对红一、红四方面军的统一调度，1935年8月下旬，红一、红四两方面军统一编成右路军和左路军。右路军由红一方面军的第一、第三军团、中央直属队及红四方面军的第四、第三十军组成，徐向前任总指挥，陈昌浩任政委，叶剑英任参谋长。中共中央及毛泽东、周恩来等领导人随右路军行动。左路军由红四方面军为主，编入了红一方面军第五、第九军团，由张国焘和朱德领导。

1935年8月20日，中央政治局在毛儿盖召开会议，决定部队北上占取洮河东岸地区，建立陕甘根据地。次日，右路军在毛泽东、周恩来等率领下，从毛儿盖出发，绕过松潘穿过草地向班佑前进。红军过草地异常艰难，军队需要克服行军、饥饿、御寒和宿营等重重困难，经过七天的艰苦努力，终于走出了人迹罕至、气候无常的茫茫草地，于8月27日到达草地尽头的班佑地区。

左路军在张国焘、朱德等率领下，由马塘、卓克基出发，过草地向阿坝地区前进。红四方面军的第四军、第三十军共同攻下包座，为红军北上打开了道路。然而这时张国焘又突然反悔，要求全军南下。在这种形势下，红四方面军，包括那支跟随右路军已经到达班佑的红四方面军第四、第三十军，以及原红一方面军的第五、第九军团被要求掉头南下，再次越过草地，"南下赤化四川"向南退却到天全、芦山、大小金川（今金川县、小金县）等地。红四方面军的战士大多数是四川人，这也是张国焘企图加以利用并实现其南下的一个条件。

就在红一方面军坚持北上、红四方面军另立中央的时候，1936年3月30日红二、红六军团进入贵州西南的盘县地区。在党中央指挥下，两个军团又北渡金沙江，同红四方面军会师。7月2日，两军在甘孜地区会师。1936年7月甘孜会师后，经过红二方面军领导人以及广大指战员的强烈要求，张国焘被迫接受了中共中央的战略方针，红四方面军同红二方面军一同北上，第三次越过草地，进入了甘肃南部。

这次联军北上，对于过草地，红四方面军是第三次。有前两次经验，指战员们做了充分的物资准备。红二方面军是第一次，有红四方面军帮助，在心理和物资方面的准备都还充分。但进入草地后，严寒和饥饿仍是两大威胁。红军凭着必胜信念和乐观精神，克服各种困难，走出了广袤荒芜的松潘草原。

⊛ 红原县红原瓦切红军长征纪念遗址

四川省阿坝州红原县是红军长征经过地之一，1960年建县，由周恩来亲自命名为"红原"。红原地处青藏高原东缘，阿坝藏族羌族自治州中部，南距成都450公里，北距兰州640公里，境域分属长江、黄河两大水系。平均海拔在3600米以上，年平均气温仅1.1℃，极端最低气温零下36.2℃，年降雨量为753毫米，藏族占总人口的74%，是阿坝州唯一以藏族聚居为主的纯牧业县。

红原是红军走过的松潘草原的腹地，深印着红军的足迹，刻下了中国革命史上那段最为艰难最为悲壮的征程。20世纪30年代红军过草地时这里曾是一片沼泽，现在这里正在大力发展经济以及红色旅游，如瓦切日干乔红军过草地观赏区、体验区、野营区，瓦切红军过草地纪念遗址，红军过草地大型浮雕群，日干乔湿地观赏区、红军餐厅、红军旅馆、游人服务中心等，并与旅行社联动推出"红色草原之旅"，红原大草原激情穿越等红色旅游项目。

红原县的红色旅游还与阿坝州两处世界自然文化遗产"童话世界"九寨沟、"人间瑶池"黄龙寺等风景区交相辉映，成为大九寨旅游环线上的一组重要目的地群。

⊛ 松潘县红军长征纪念碑碑园

松潘县红军长征纪念碑碑园位于四川省松潘县川主寺镇元宝山，是前往九寨沟、黄龙世界遗产地的必经之地，现为四川省级文物保护单位。碑园奠基于1988年6月，1990年8月落成。邓小平亲自题写碑园名"红军长征纪念碑碑园"。它不同于其他地区修建的纪念红军长征某一事件或某一战斗的纪念建筑，而是红军长征总纪念碑。碑园占地面积近20公顷，由主碑、大型花岗石群雕、陈列室三大部分组成。主

⊛ 松潘县红军长征纪念碑碑园
《神州揽胜》（中国建筑工业出版社出版）

碑高41.30米，耸立于元宝山顶，由红军战士铜像、碑体、基座组成。红军战士铜像高14.80米，双手高举成"V"字形，象征胜利；一手持步枪，一手执花束。碑体高24米，三角柱顶，象征三大主力红军。汉白玉基座高2.5米，墨绿色磨石地面。

主碑背靠雪山，面向草地，气势恢宏，当夕阳西下时，金光四射，尤为壮观，被誉为"中华第一金碑"。大型花岗石群雕高12.5米，长72米，宽8米，用1160立方米计1440块花岗石精雕细刻组合而成。刻画的人物共9组，分别为开路先锋、勇往直前、团结北上、山间小憩、草地情深、征途葬礼、前仆后继、回顾思考、英灵会聚，艺术地再现了红军长征的战斗历程，是我国规模空前的现代艺术群雕。

陈列室别具风格，门厅两边悬挂着10余块中央领导和红军老前辈题词的楠木匾额，室内展品则反映了红一、红二、红四方面军和红二十五军的征战历程及各地修建的长征纪念建筑照片。

⊛ 成都邛崃市红军长征纪念馆

邛崃市红军长征纪念馆位于四川省邛崃市区西南45公里的高何镇。纪念馆占地面积1.67公顷，包括石塔寺区苏维埃政府旧址和新建陈列馆两大部分。

石塔寺区苏维埃政府旧址是1935年11月，红四方面军之一部在邛崃西部山区战斗生活、建立地方政权的遗迹。石塔寺原为南宋乾道八年（1172年）所建，现存大殿为明正统重修，左右厢房和山门分别为清代和民国重修，是红军、地方武装、地方政权开会、办公的地方。红军碑亭陈列红军石刻标语23块（条），由张爱萍将军题写"红军亭"三字。

新建陈列馆占地0.3公顷，由陈列大厅、附属建筑和升旗广场组成。建筑为砖木混合仿古式样，白墙红瓦，掩映于苍松翠柏之中。红砂石砌大门，门墙上镌刻着由徐向前元帅题写的"红军长征纪念馆"七个大字。一组题为"悲歌与壮举"的红砂石浮雕，表现了红军在邛崃艰苦的战斗历程。陈列大厅用300多幅照片、200多件文物和大量文字、图表介绍了邛崃地下党、抗捐军、红四方面军以及川康边人民游击队的近代中国风起云涌的社会变革画面。

纪念馆后院的石塔寺石塔为南宋遗物，红砂石质，雕刻精美，造型独特。

成都市邛崃市红军长征纪念馆被成都市委、市政府命名为"成都市爱国主义教育基地"；石塔寺石塔被国务院列为全国重点文物保护单位。

6-4 巴西会议

◉ 1935年8月底，中央率右路军跨过草地到达班佑、巴西一带后，等待与左路军会合。但张国焘率左路军到达阿坝后，违抗中央命令，拒不与右路军会合，并要挟右路军和党中央南下。针对这种情况，中共中央于1935年9月2日至9日在班佑寺内连续召开政治局会议研究对策。

　　1935年9月9日张国焘密电陈昌浩率右路军立即南下，企图兵谏中央政治局。叶剑英立即报告了毛泽东。毛泽东、张闻天、博古随即赶到了三军团驻地巴西，连夜召开了政治局紧急会议。会议决定采取果断措施，立即率军北上，向甘南前进。1935年9月10日凌晨党中央率直属纵队离开四川巴西地区向甘肃俄界进发，同时发布《为执行北上方针告同志书》。10月5日，张国焘在卓木碉召开组建第二党的高级干部会议，公开另立中央、分裂红军。

　　巴西会议又一次将红军从危机中解救了出来，是决定共产党和红军前途命运的一次关键会议。

◉ 阿坝州若尔盖县巴西会议会址

　　若尔盖县位于青藏高原东部边缘地带，地处阿坝州北部。巴西会议会址距若尔盖县城以东32公里，原为喇嘛教寺院班佑寺，始建于清康熙十八年（1679年）。会址原貌为四合院布局，山门为重檐歇山式，正殿（大雄宝殿）为藏式平顶式建筑，皆木质梁柱。会址现存大雄宝殿墙垣，大殿面阔27.70米、进深33.7米；后殿面阔14.50米、进深6.22米，整个平面呈"凸"字形。殿墙用黄土版筑夯成，底宽上窄，墙基厚1.40米，残高8.92米。

　　1978年，巴西会址确认，并被四川省人民政府公布为省级重点文物保护单位。目前，刻有"四川省文物保护单位"水泥碑记的"巴西会议会址"，被立在当年的这座班佑寺院前。

◉ 阿坝州若尔盖县巴西会议会址　林胜利 提供

△ 其他相关景点

1）迪庆州香格里拉县独克宗古城红军长征纪念馆（云南省）

2）马尔康县卓克基会议旧址（四川省阿坝州）

07 红一方面军长征告成

◉ 中央红军由川入甘后，以迅雷不及掩耳之势连克腊子口、哈达铺和六盘山之关隘和风雪，于1935年10月19日抵达吴起镇，标志着红一方面军长征战略任务的顺利完成。长征告成后，中央红军立即投入陕甘根据地的巩固与扩张工作。为贯彻"准备直接对日作战的力量"，"迅速扩大红军"这一战略方针，红一方面军将行动部署放在打通抗日路线和巩固扩大现有苏区这两个任务上。1936年2月至8月，红一方面军先后进行东征西略，在壮大中央红军的同时，也为迎接红二、红四方面军北上做积极准备。

7-1 腊子口战役

◉ 1935年9月12日，毛泽东、周恩来率领红一方面军到达腊子口。

　　腊子口是川西北进入甘肃的唯一通道，是甘川古道之咽喉。整个隘口长约30米，宽仅8米，两边是百丈悬崖陡壁，周围是崇山峻岭，抬头只见一线青天。水流湍急的腊子河由北向南穿越隘口，地势十分险要，易守难攻，自古就有"天险门户"之称。

　　夺取腊子口，是突破敌人封锁，进入甘南的关键性一仗。而此时，甘肃国民党守军以腊子口为其防守重点，在桥头和两侧山腰均构筑了碉堡，并在山坡上修筑大量防御工事和军需仓库，企图凭借天险把红军扼阻在腊子口以南峡谷中。红军如不能很快突破腊子口，就会面临被敌人三面合围的危险。是时，毛泽东毅然决定立即夺取腊子口，打通红军北上通道。红军将士通过正面强攻与攀登悬崖峭壁迂回包抄的战术，经过两天激烈的浴血战斗，9月17日凌晨全面攻克腊子口天险，使国民党希望阻挡红军北上的企图破产。

✱ 甘南州迭部县腊子口战役遗址

　　腊子口战役遗址位于甘肃省迭部县东北部，腊子乡政府驻地北7公里处的腊子口村，是红军长征途中由川入甘的必经门户。"腊子"一词是藏语的音译，有"山坡、陡峭"之意。腊子口由藏语"腊子库"演变而来，意为"山脚谷"。腊子口系迭山的一个隘口，两侧为耸立的悬崖峭壁，中间为水流湍急的

⊛ 甘南州迭部县腊子口战役遗址　林胜利 提供

腊子河，河面上架有一座1米多宽的小木桥，与东侧崖壁下的栈道相通，若要走出腊子口，必经此隘口，别无他路。

腊子口景区内地势西北高，东南低，平均海拔2900米。这里有风景十分秀丽的山、水、湖、瀑自然奇景，分布在牛路沟、美路沟、老龙沟、龙爪沟、久里才沟、朱立沟等沟内。如今，当年的天险已大道畅通，柏油铺面，省道南北纵横，天险变通途，腊子口成为追怀往事、凭吊先烈、进行爱国主义教育的基地。甘肃省人民政府于1980年在腊子口战役遗址上修建了纪念碑。

7-2 吴起大捷

⊛　红一方面军在攻占腊子口后，继续越过岷山，1935年9月18日占领哈达铺，并在此进行短暂休整。9月27日，中共中央在甘肃省通渭县榜罗镇召开政治局常委会议，决定把中央红军的落脚点放在陕北，"在陕北保卫和扩大苏区"。榜罗镇会议之后，红一方面军振奋精神，突破了国民党军最后一道封锁线，挥师向陇东高原东进，10月7日，翻越六盘山，10月19日胜利到达陕北吴起镇。随后又同活动在陕北的红十五军团胜利会师。至此，中央红军胜利地完成了历时一年、纵横11个省、行程二万五千里的长征，胜利地实现了历史性的战略转移。

⊛ 吴起镇革命旧址

吴起镇地处陕北延安市吴起县中部，为全县政治、经济、交通、文化中心。吴起相传为魏国大将吴起（约公元前400年）在此屯兵驻守而得名。

吴起镇城内砚洼山南麓存有吴起镇革命旧址。1935年10月19日，中央红军长征初到陕北，中央领导人就住在这里。中共中央到达这里后，毛泽东指挥红军打胜了吴起镇"切尾巴"战斗。10月22日上午，中央政治局在此召开会议，毛泽东在会上提出了建立西北苏区的任务。旧址包括毛泽东旧居、张闻天旧居等，分为南北两院，南院为毛泽东旧居，5孔土窑洞列成一排。两院之间，有石砌过洞相连。当年毛泽东指挥"切尾巴"战斗指挥所在的平台山已

⊛ 吴起镇（今吴旗镇）的红军墙　林胜利 提供

改称为胜利山。山之东麓建有革命烈士陵园和烈士纪念塔各一座。1966年和1985年，当地政府对旧址进行了大规模维修，现有窑洞18孔、马棚3间、平房9间。

吴起镇革命旧址现为陕西省重点文物保护单位。

⊛ 固原市隆德县六盘山长征纪念亭

六盘山不仅是一处风景优美的旅游区，也是中国革命史上的一座丰碑。六盘山位于宁夏回族自治区固原市境内，是中央红军长征途中翻越的最后一座大山。1935年10月7日，毛泽东登临六盘山主峰，心潮逐浪，畅吟一阕《长征谣》："天高云淡，望断南归雁，不到长城非好汉！同志们，屈指行程已二万！同志们，屈指行程已二万！六盘山呀山高峰，赤旗漫卷西风。今日得着长缨，同志们，何时缚住苍龙？同志们，何时缚住苍龙？"这首气势磅礴的词章后经毛泽东8次修改，成为他诗词中的得意之作《清平乐·六盘山》。

为纪念中国工农红军长征胜利50周年，当地政府于1986年在六盘山顶峰修建了红军长征纪念亭。纪念亭整体建筑由台阶、花坛、碑亭三部分组成。台阶159级，高42米；花坛呈椭圆形，东西宽12米，南北长15米，植松柏花卉；碑亭建于八角形台基上，台墀边长96米，面积约700平方米。正前方为毛泽东率工农红军翻越六盘山时的大型浮雕壁画，长10米，高7.5米。纪念亭中心为正方形，边长15米，大理石磨制地面，汉白玉护栏；亭子顶端为茶绿色琉璃瓦，由12根灰白色花岗石柱擎托；亭檐镶嵌着胡耀邦题"长征纪念亭"汉白玉匾额；亭中矗立着一块大青石碑，正面镌刻着毛泽东《清平乐·六盘山》词手迹长卷，背面镌刻着宁夏回族自治区区委、区政府署名的碑文。

六盘山2005年被中宣部确定为第三批全国爱国主义教育示范基地；2007年被国家旅游局评为AAAA级国家旅游景区。

⊛ 泾源县老龙潭革命烈士纪念亭

红军在长征经过六盘山时，红军十六团的一个连被打散后，在宁夏泾源县冶家村遇到了国民党化平县保安团的敌人的围追堵截，为了纪念在这场激战中牺牲的5位回族烈士，在老龙潭景区修建了烈士纪念亭。烈士纪念亭挺立在重山之间，依山形而建，四面环山绕水，山下有清泉相伴。纪念亭由长2.4米、宽1米的纪念碑及5座烈士墓组成。

老龙潭景区在泾源县城南20公里，为泾水的源头。老龙潭流出的泾水清澈不污，故有"泾渭分明"的成语。老龙潭景观险要，格局清新，有斩龙台、猛虎洞、伏龙洞、高峡平湖、烈士纪念亭等人文景观及四潭、泾水八渡、又一村等自然景观。

7-3 东征三晋

◎ 中央红军东征是1936年2月20日开始的。红一方面军冲破国民党阎锡山部队的防线，渡过黄河。3月31日，陕北根据地刘志丹领导的红二十八军也渡河参战。红军的东征行动，遭到阎锡山部队的抵抗。蒋介石急忙增援阎锡山，同时命令黄河以西的国民党军队与之配合，企图消灭红军，摧毁陕甘根据地。

为了避免内战，促进抗日民族统一战线的形成，5月初，中共中央决定红军撤回河西，结束东征。5月5日，毛泽东、朱德以中华苏维埃人民共和国中央政府主席和中国人民红军革命军事委员会主席的名义，向南京政府及其海陆空军队发出《停战议和一致抗日通电》。

经过两个多月的东征，红军的力量有所扩大，并建立起一些抗日游击队和游击区，为后来开辟抗日根据地打下了基础。红军在山西的10多个县开展群众工作，宣传党的抗日主张，扩大了共产党和红军的政治影响。在东征作战中，

红二十八军军长刘志丹不幸牺牲。

✪ 吕梁市石楼县红军东征纪念馆

位于山西省吕梁市石楼县城东郊的岔沟村的红军东征纪念馆是为纪念红军东征而建立，整体建筑形如一艘前进中的帆船。纪念馆依山而建，占地面积1.1公顷，主体建筑面积1100平方米，分展厅与纪念碑两部分。纪念馆内存有大量翔实珍贵的历史文物、照片、资料。

纪念馆院中央，一个小红军战士的大理石雕像耸立当中。展厅的正中悬挂着江泽民亲笔题写的"红军东征纪念馆"牌匾，展厅内由序厅和四个展室组成，分别陈列有革命文物75件、史料70余份、历史图片190多张，完整地再现了当年红军东征的历史。展厅中一幅巨大的红军东征电动沙盘模型，运用声、光、电科技手段直观地再现了红军东征战斗的全过程。左右两厅陈列有老领导、老红军的题词30余幅。

红军东征纪念馆1996年5月正式对外开馆。2009年，石楼县红军东征纪念馆被列为第四批全国爱国主义教育示范基地。

7-4 西略陕甘宁

◎ 中央红军东征回师以后，蒋介石仍坚持"剿共"政策。在陕甘根据地周围的国民党军队中，只有东北军和第十七路军与共产党秘密建立了初步的统战关系，不愿再同红军作战。如果红军不采取必要的对策，仍有被困死在陕甘地区的危险。根据这种形势，中共中央决定向陕甘宁三省边界国民党军事力量薄弱的地区西征，以巩固发展陕甘根据地，扩大红军，争取西北抗日力量的联合。1936年5月，中

革军委决定以红一方面军的红一、红十五军团和红八十一师、骑兵团等1.3万余人，组成西方野战军西征，彭德怀任司令员兼政治委员。

西征部队一路高歌猛进，开辟了纵横400余里的新根据地，并与陕甘老根据地连成一片。红军和地方武装都得到发展。从8月开始，西方野战军在巩固新区的同时，继续发展胜利，并为迎接红二、红四方面军北上做积极准备。

⊛ 陕甘宁省豫海县回民自治政府旧址

陕甘宁省豫海县回民自治政府旧址位于宁夏同心县旧城同心清真大寺，始建于元末明初，清代两次重修，新中国成立以来又进行两次整修，现由礼拜大殿、门院、沐浴堂三部分构成。1936年10月20日，红军西征在此建立陕甘宁省豫海县回民自治政府。

同心清真大寺是中国现存的十大古老清真寺之一，建筑风格集中国古典宫殿楼阁艺术与伊斯兰文化为一体，造型古朴典雅，规模雄伟壮观。1988年被国务院确定为全国重点文物保护单位，是中宣部等六部委命名的"全国百个青少年爱国主义教育示范基地"之一。

⊛ 红军西征纪念园

同心清真大寺和红军西征纪念馆，是红军西征纪念园区的两个重要景点。红军西征纪念园坐落在同心清真大寺旁，占地21.53公顷，建成于2006年10月，纪念红军长征胜利暨陕甘宁省豫海县回民自治政府成立70周年之际。

园内主体建筑有原中央军委副主席刘华清题写馆名的红军西征纪念馆；有世界名著《西行漫记》和世界经典图片"红军小号手"的大型雕塑；有高7米多、重达84吨的奇石，正反两面镌刻萧克将军"红军长征陕甘宁、三军会聚同心城"和国际主义战士马海德"同心同德、同建同心"的题词；有以70级石阶连

⊛ 红军西征纪念园 *新华社提供*

为一体的有着600多年历史和光荣革命传统的同心清真大寺；还有红军井、红军电台遗址、朱德为傅连璋夫妇主婚遗址、豫海县政府招待三军首长羊肉宴遗址、马和福英勇就义遗址和三军会师联欢大会遗址等景点。旗杆式的大门高19.36米，寓意1936年红军西征时开创的革命根据地。纪念园展示了中央红军和红二十五军长征到达陕北后，与陕北红军一道为扩大和巩固陕甘宁革命根据地，迎接长征中的红二、红四方面军，挥戈西征的那段波澜壮阔的历史。

△ 其他相关景点：豫旺堡西征红军总指挥部旧址（宁夏回族自治区吴忠市同心县）

08　会师会宁

◉ 1936年7月，红二方面军与红四方面军在甘孜会师后共同北上，走出草地到达哈达铺后，又分两路向陕甘挺进。

　　红二、红六军团到甘孜后，为了加强统一领导，中革军委命令将红二、红六军团整编为红二方面军，将红二方面军置于中共中央的直接领导之下，有利于对张国焘和红四方面军开展工作，动员其放弃异见共同北上。红二、红四方面军甘孜会师后，两军领导人于7月初举行联席会议，讨论北上问题，在共产国际干预下，张国焘终于放弃另立中央的行动计划，从7月上旬开始，红二、红四两个方面军继续北上，踏上了新一阶段的长征之路。红四方面军北上期间，张国焘停止使用临时中央称号，被中央任命为中共中央西北局的书记。

　　1936年8月初，红四方面军进入甘肃境内；9月初，红二方面军进入甘肃，到达哈达铺一带。10月份，红一方面军与红四方面军、红二方面军分别在甘肃会宁和将台堡会师，标志着中国工农红军长征胜利结束。

　　万里长征的胜利，实现了中共中央、中革军委的重大战略转移。长征的胜利，成为中国红色革命转危为安的关键。长征出发时，红一方面军8.6万余人，红二方面军1.7万余人，红四方面军约10万人，三军会师时仅剩3万余人。然而正是这些保留下来的红色种子，改变了中国革命的命运。

8-1 岷州会议

◉ 1936年8月8日，中国工农红军总司令部（西北局）率领红二、红四方面军，爬雪山过草地，突破天险腊子口抵达岷县，司令部机关就设在这里。9月13日，党中央制定了《静会战役计划》，决定集中一、二、四三大主力红军在静宁、会宁地区打击胡宗南部，巩固和扩大西北革命根据地。但张国焘却借故推诿，拒不执行。针对张国焘对党中央方针动摇、迟疑的态度，为了统一思想、达成共识，1936年9月16日至18日，中共中央西北局在此召开了"岷州会议"。会议最后说服了张国焘，接受了中央方针，制定了实施党中央《静会战役计划》的《通庄静会战役计划》。

⊛ 定西市岷县"岷州会议"纪念馆

岷县位于甘肃省南部，定西市西南部，洮河中游，地处青藏高原东麓与西秦岭陇南山地接壤区，海拔2040—3872米，面积3500多平方公里，有"西控青海、南通巴蜀、东去三秦"之说，历来是兵家必争之地。红军长征途中两批部队途经岷县，在岷县作战、休整近两个月，在这里留下了诸多革命遗迹。"岷州会议"纪念馆位于岷县十里镇三十里铺村，于1997年维修建成，由原中共中央副主席李德生题名。纪念馆2004年被甘肃省委宣传部命名为"全省爱国主义教育基地"。

8-2 三军大会师

⊛ 为了迎接一度分裂的红四方面军的回归，1936年10月2日，红一方面军十五军团攻克会宁县城。两天后，红一军团也赶来击溃周边敌军。为了欢迎红四方面军的到来，毛泽东亲自为会师选址为会宁，并说"会宁，好地名，好地名啊！红军会师，中国安宁！"10月9日，红四方面军指挥部到达会宁，与红一方面军胜利会师。10月22日和23日，红二方面军分别在将台堡（今属宁夏西吉）、兴隆镇同红一方面军会师，受到了为接应红二、红四方面军而先期到达的红一方面军的热烈欢迎。

红一、红二、红四方面军在甘肃会宁地区胜利会师，大大增强了中国工农红军的战斗力，标志着长期处于被分割状态的红军主力开始会聚在了中共中央的直接领导下，为以后的中国革命发展创造了有利的条件。

⊛ 陇南市宕昌县哈达铺红军长征纪念馆

中国工农红军一、二、四方面军三大主力长征，都经过哈达铺。

哈达铺红军长征纪念馆筹建于1978年，是红军长征在甘肃留存下来的保护规模最大、最完整的一处重点革命纪念地。纪念馆占地总面积5720平方米，现存最重要的旅游资源为哈达铺红军长征旧址，由被誉为"中国工农红军长征第一街"的1000多米长保护完整的明清旧街道、毛泽东与张闻天住过的义和昌药铺、红一方面军司令部及周恩来住过的小院同善社、红一方面军团以上干部会议会址关帝庙、红二方面军总指挥部及贺龙与任弼时住过的张家大院、原哈达铺邮政代办所6处旧址组成。另有哈达铺苏维埃政府、苏维埃哈达铺游击队司令部两处遗址。

纪念馆2001年被中央宣传部命名为全国爱国主义教育示范基地；2001年被国务院公布为全国重点文物保护单位。

⊛ 白银市会宁县红军长征会师旧址

会宁红军长征会师旧址位于甘肃省会宁县会师镇，是为纪念中国工农红军第一、二、四方面军胜利会师而扩建的革命遗址。旧址包括会师楼、会师纪念塔、会师联欢会旧址、徐向前题写的"革命文物陈列馆"、张震揭幕的将帅碑林等建筑。其主要建筑会师楼始建于明代，是三军会宁会师的物证，也是会宁古城的象征。红军会师革命文物陈列馆陈列着红军会师期间留下的马灯、铜壶等大量文物。建于明代的文庙大成殿，是当年红军会师的地方。1986年为纪念三大主力红军会宁会师50周年，修建了会师纪念塔，塔上雕刻着邓小平题写的"中国工农红军第一、二、四方面军会师纪念塔"。同时，还在会宁县大墩梁、慢牛坡修建了红军烈士陵园。1996年修建了"红军会师将帅碑林"。

1996年11月，会宁红军长征会师旧址被国务院列为全国重点文物保护单位；1997年被中宣部确定为全国首批百个爱国主义教育示范基地之一。

⊛ 西吉县将台堡一、二方面军会师纪念碑

红军长征将台堡会师纪念碑位于宁夏回族自治区固原市西吉县城东南30公里的将台乡，是为纪念1936年10月22日红军长征三大主力军在将台堡胜利会师，于1996年10月在纪念长征胜利60周年之际而修建的。纪念碑坐西朝东，由基座、碑身、碑顶三部分组成，碑高19.36米，表示1936年；台基分三个方向通向碑座，象征红军三大主力在此会师；台基的台阶60个，表示纪念碑建于三大主力会师60周年。碑的正面镌刻着江泽民题写的"中国工农红军长征将台堡会师纪念碑"；背面是西吉县委、西吉县人民政府撰写的碑文；碑的顶部雕有三尊红军头像，象征红军三大主力胜利会师；碑身下部的8组浮雕刻有代表中国革命胜利的图案。

⊛ 西吉县将台堡一、二方面军会师纪念碑　新华社提供

△ 其他相关景点
1）平凉市界石铺红军长征纪念园（甘肃省）
2）通渭县榜罗镇革命遗址（甘肃省定西市）
3）兴隆镇单家集红军长征遗址（宁夏回族自治区西吉县）

8-3 山城堡战役

◉ 1936年10月，中国工农红军三大主力在会宁胜利会师，基本上解除了国民党军对红军的军事"围剿"。但是蒋介石不顾日本侵略的民族危机，坚持反共政策，调集260个团的兵力，分四路向红军进击。毛泽东、朱德、张国焘、周恩来、彭德怀、贺龙、任弼时联名签发了《关于粉碎蒋介石进攻的决战动员令》，决定在山城堡一带击溃国民党军队，经过4天的战斗，红军取得了山城堡战役的胜利。

　　山城堡战役的胜利宣告了蒋介石"攘外必先安内"政策的失败，巩固扩大了陕甘宁抗日根据地，促进了国共两党重新合作和抗日民族统一战线的形成。

⊛ 甘肃庆阳市环县山城堡战役遗址

　　1963年，山城堡战役遗址被定为甘肃省级文物保护单位。2005年，甘肃省委宣传部命名山城堡战役遗址为甘肃省爱国主义教育基地。2008年环县决定在山城乡政府东国道211线旁凯旋岭修建山城堡战役纪念园。纪念园占地面积9.1公顷，修建入口牌楼、纪念碑、纪念广场、陈列馆、祝捷大会会馆、得胜楼、将帅台、观战厅等景点。2009年建成了原军委副主席张万年题写的"山城堡战役纪念碑"，纪念碑由代表红一、红二、红四方面军的三个碑体组成，汉白玉浮雕装饰，高28米。

悲怆西路军

◉ 红一、红二、红四方面军在会宁会师后，遵照中共中央之命令，红四方面军组成西路军于1936年10月24日起西渡黄河，在西路军军政委员会领导下西进拓展。蒋介石看到红军雄峙西北的战略态势，急命统治甘、青两省的军阀马步芳对西路红军进行防堵、"围剿"。西路军刚渡黄河，就与马步芳部3万多正规军以及10多万民团，展开了一场惊天地、泣鬼神的殊死拼搏。11月9日，西路军分左右两翼向古浪挺进，与国民党马步芳军队浴血奋战，伤亡惨烈。在永昌、凉州一带西路军陷入困守不毛之地，陷于民族不同、文化不通的危险境地。经在河西走廊进行大规模的惨烈战斗，西路军严重损耗，由21000余人锐减至15000余人，渐渐陷入绝境。但此时毛泽东电令"坚决反对退入新疆"，西路军领导人陈昌浩因急于与张国焘割断，服从了毛泽东的指令。虽然西路军与马步芳军浴血奋战过程中发生了"西安事变"，但马步芳却更加严厉地加强了对西路军的攻击。西路军最终经过血战高台、倪家营等地，在没有救兵、没有供给，弹尽粮绝的情况下，导致西路军全军覆亡，仅余400多人的西路军指战员溃至新疆，组成"新兵营"（西路军总支队）。1946年，中共中央采取营救措施，身陷囹圄的西路军总支队指战员才从新疆军阀盛世才的统治下集体返回延安。

9-1 古浪战役

◉ 1936年10月，中国工农红军一、二、四方面军在会宁会师后，红四方面军第五军、第九军、第三十军及总部直属部队共21800多名将士，于是年10月24日起西渡黄河后组成西路军。11月9日，西路军分左右两翼向古浪挺进。作为右翼的第五军、第三十军攻占土门后，与凉州马步青谈判，希望借道西进，过武威向永昌开拔。作为左翼的九军，在干柴洼（今干城乡）与国民党马元海、马彪旅激战两天，突出重围，于11月14日进驻古浪县城。国民党马步芳、马步青部为夺回古浪，与红军展开拼死战斗，双方浴血奋战四昼夜，各有重大伤亡。红军终因寡不敌众、缺乏群众基础，于18日撤离古浪县城。

◉ 武威市古浪县红军西路军古浪战役遗址

　　红军西路军古浪战役遗址地处甘肃省古浪县城西南，占地面积5公顷，为

1936年红四方面军（西路军）九军古浪战役战场遗址。西路军转战河西走廊时，有2400多名将士长眠于此。一大批革命先烈和先辈，徐向前、陈昌浩、李先念、李卓然、王树声、陈海松、孙玉清等都曾在古浪留下了战斗足迹。

1936年，古浪战役结束后，当地群众将西路军将士遗体集中掩埋并堆起坟墓；新中国成立后，历届县委、县政府不断对陵墓进行修整维护；1991年，古浪县委、县政府和解放军联合修建了"中国工农红军九军烈士墓"；2011年古浪战役遗址被国家发改委、中宣部等14部委列入"全国红色旅游经典景区第二期名录"。

9-2 高台战役

◉ 1937年1月1日，西路军五军攻占高台县城。1月9日起，国民党甘肃军阀及民团将西路军分割包围，并集中4万兵力进攻高台城。1月20日五军将士坚守高台城，经9天8夜激战，终因寡不敌众而陷落。军长董振堂、政治部主任杨克明及以下官兵2000多人，除少数突围外，红五军几乎全军覆没。

◉ 张掖市高台县高台烈士陵园（西路军纪念馆） 新华社记者 赵建伟 摄

◉ 张掖市高台县高台烈士陵园（西路军纪念馆）

高台县烈士陵园位于甘肃省高台县城东，坐东向西，总面积6公顷。陵园正门上方镌刻着朱德题写的"高台烈士陵园"。通过由松柏、花圃夹道的百米水泥通道直通庄严肃穆的"烈士纪念堂"，堂额"烈士纪念堂"是洪学智将军亲笔所题。堂前几幅油画再现了红军战士在枪林弹雨中同马步芳军浴血奋战的场面；堂内东西墙壁上，是一组花岗石"血战高台"群雕；堂内南北两侧，坐落着红五军军长董振堂、政治部主任杨克明两位烈士的汉白玉半身雕像。两座三檐双层五角纪念亭分别是董振堂烈士纪念亭和杨克明烈士纪念亭。亭四周的板壁上是烈士诗抄、长征组画等屏幅。纪念堂后面是红四方面军第五军阵亡烈士公墓。陈列馆在陵园内北侧，馆内大厅正面为毛泽东手书"共产主义是不可抗御的，星星之火可以燎原，死难烈士万岁"；东西两侧有朱德、李先念、徐向前等老革命家的亲笔题词。整个馆室由"红军西征展室"和"血战高台展室"两部分组成，内有烈士用过的手雷、螺号、子弹、皮衣等实物。

高台烈士陵园1989年经国务院批准被列为全国重点烈士纪念建筑物保护单位；2001年被中宣部命名为全国爱国主义教育示范基地；2009年高台县烈士陵园改建完毕，更名为"中国工农红军西路军纪念馆"。

9-3 西宁烈士

◎ 西路军西进时期，蒋介石任命马步芳为西北剿匪第二防区司令兼第五纵队司令官，统辖青海的新二军和马步青的骑五师，配合从宁夏南下的军阀马鸿逵、马鸿宾部，和由兰州西上的胡宗南部，围剿红西路军。马家军在河西围剿中，约有八九千红军指战员，在弹尽粮绝、负伤等情况下被俘。除在甘州（今张掖）杀害、活埋数千名被俘人员外，还有5600人左右，被马步芳部押送到青海西宁。这些被俘红军将士许多人横遭马家军大规模杀害，其中包括血腥的秘密活埋，遭活埋的红军俘虏总计达1300多人。红九军军长孙玉清被押到西宁后，坚贞不屈，绝不投降，于1937年4月被秘密杀害。除孙军长外，还有69名红军被俘干部先后被秘密杀害。

◎ 西宁市中国工农红军西路军纪念馆

　　青海省西宁市南川东路上的西宁市烈士陵园始建于1954年7月，园内安葬着1776位烈士遗骨，其中包括西路军第九军军长孙玉清在内的840位红军烈士。烈士陵园门前有中国工农红军西路军烈士群雕塑像，其基座上镌刻着李先念的题词："红军西路军烈士永远活在我们心中"。1987年青海省在西宁市修建了中国工农红军西路军纪念馆，2005年进行了重建，2010年新馆对外开放。纪念馆建筑面积3000多平方米，其中有560平方米的半景画馆和375平方米的行军路线沙盘，是全国最大的西路军纪念馆。纪念馆陈列着各类历史照片、油画、电文以及西路军将士用过的武器、弹药、衣物等珍贵文物1000余件，馆内以大量照片、油画等形式，运用现代声光电等科技手段，真实地再现了5600多名中国工农红军西路军烈士的事迹。党和国家领导人朱德、李先念、徐向前等先后为纪念馆题词。纪念馆是青海省省级文物保护单位，被国家六部委命名为百家爱国主义教育基地。

◎ 西宁市中国工农红军西路军纪念馆　*新华社记者 韩传号 摄*

9-4 余部入疆

◎ 高台战役后，红九军、红三十军和红五军突围战士与7万多马家军经过近一个月的殊死恶战，弹尽粮绝，红三十军两个团全部壮烈牺牲，红九军几乎全军覆没，军政委陈海松牺牲，军长孙玉清被俘。仅余2000余名战士，摆脱敌人尾追，进入祁连山中石窝一带。

在祁连山中度过43天的冰天雪地后，李先念带着历经千难万险、千辛万苦之后剩下的400余将士走过当年唐玄奘走过的那条艰苦卓绝的通道——安西至哈密的800里沙碛，于1937年4月26日到达了星星峡——新疆的入口、哈密的大门。5月1日，西路军左支队420余人，同共产党驻疆代表陈云、滕代远和新疆盛世才驻军会师星星峡，当天乘车被接往迪化（今乌鲁木齐）。

⊛ 哈密市红军西路军进疆纪念园

红军西路军进疆纪念园位于新疆维吾尔自治区哈密市建国北路铁路桥北和红星西路的交叉口处。纪念园占地约1公顷，于1997年8月21日竣工，王恩茂及其夫人骆岚、李先念夫人林佳楣、陈云夫人于若木参加了竣工剪彩仪式。

纪念园采用仿古园林建筑格局，红墙绿瓦，牌楼大门，整体结构严谨。一进大门，是一组建筑群，有工作间、接待室、纪念馆等。走入正门，正中是西路军纪念馆，陈云、李先念紫铜像居纪念馆中央，衬以星星峡山谷油画；馆内四壁展出红军西路军征战河西、会合星星峡、返回延安的大量珍贵历史图片和部分实物。

纪念园的"红军西路军进疆纪念碑"是一尊高6.2米、重5吨的铜像。铜像造型为一红军战士，铜像基座高3米，宽4米，用晚霞红大理石饰面。基座正面铭刻着汉文碑文，背面为维吾尔语碑文。主碑前方是一块12米长、1.5米高、倾斜面2米，用黑色大理石饰面的题字碑，上面是陈云题写的"红军西路军进疆纪念碑"碑名。铜像、主碑之后，两侧各有一块12米长、3米高的石雕。四组浮雕相对独立，又有机地融为一体，构成了一幅西路军英勇悲壮的历史画卷，包含着整个西路军的战斗足迹，是西路军艰苦卓绝的象征。

⊛ 哈密市红军西路军进
疆纪念园　CFP

10   南方游击

◉ 1934年至1937年期间，中国共产党领导的红军除整体上先后实行战略转移向陕北集中外，南方八省14个地区仍然留有若干小规模的游击队坚持在当地同国民党的清剿进行殊死的抗争，后被称为三年游击战争。三年游击战中，各游击区尽管情况各异，但大体上都经历了以下三个阶段：

1934年秋至1935年春，为实现由正规战向游击战、由苏区斗争方式向游击区斗争方式的战略转变阶段。在这个阶段，原中央苏区和闽浙赣、闽北、闽东、湘鄂赣、湘赣和鄂豫皖等苏区，均先后变成了游击区，其所属红军和游击队在国民党军的重兵"围剿"下，遭受到严重损失，但经过艰苦曲折的斗争，最终都坚持了下来。

1935年春至1936年冬，是以分散的游击战与优势的国民党军的清剿相对抗的最艰苦的阶段。在这个阶段，各游击区遭到严重摧残，但游击队在当地中共党组织的领导下，依托高山密林，与国民党军和地方当局实行的军事清剿、政治清剿、经济清剿进行斗争，度过了种种难关，使红军游击队得以保存，并有所发展。

1936年冬至1937年冬，为各游击区的党组织和红军游击队执行中共中央抗日民族统一战线新政策，实现由国内战争向抗日民族战争的战略转变阶段。在这个阶段，红军游击队一方面和国民党推行的"北和南剿"作斗争，不断粉碎国民党军和保安团队的清剿，一方面又以民族利益为重，同当地国民党军政当局进行停止内战共同抗日的和平谈判。

南方各游击区在主力红军离开南方后，在极艰苦的条件下，长期坚持了英勇的游击战争，为抗日战争的展开和解放战争的胜利，保留和准备了重要的基础力量。

⊛ 南江县巴山游击队纪念馆

1935年，红四方面军撤离川陕革命根据地后，巴山游击队一直坚持战斗在川陕边的大巴山，建立了以南江桃园为中心的根据地和游击区，时间长达五年之久。

巴山游击队纪念馆是全国爱国主义教育基地和革命传统教育基地，也是"5·12"灾后重建项目，2010年10月主体工程完工，2011年底完成布展。巴山游击队纪念馆由旧馆和新馆两部分组成。

　　旧馆位于四川省巴中市南江县光雾山中心景区桃园的铁炉坝，距南江县城80公里，是2003年在原巴山游击队指挥部旧址基础上改建而成的。占地1200平方米，展陈面积552平方米，由巴山游击队指挥部旧址、史迹陈列室、南江古文化和革命史陈列橱窗、赵明恩墓、红军纪念林、环境石刻雕塑、广场等组成。2003年12月被巴中市人民政府公布为"近现代重要史迹"类文物保护单位，是光雾山重要的旅游景点。

　　新馆位于南江县城朝阳新区，是四合院式仿古建筑，展陈面积3100平方米，其中主体建筑"巴山游击队指挥部旧址"230多平方米，保存"指挥部原貌"和"民俗旧貌"，展出文物118件；史迹陈列室110多平方米，陈列"红四方面军主要领导人和活动区域"、"巴山游击队战斗史及主要领导人"、"桃园新貌"。主题雕塑"忠魂"耸立于2100多平方米的广场中央，经修葺的"赵明恩烈士墓"坐落在广场东边，4200多平方米的绿化带环抱着整个巴山游击队纪念馆。

✹ 温州市泰顺县中共浙闽边临时省委成立旧址

　　1935年10月5日红军挺进师主力部队与叶飞率领的闽东红军独立师一部会合，成立了中共闽浙边临时省委，统一领导浙闽两省边界地区的革命斗争。

　　中共闽浙边临时省委成立旧址位于浙江省温州泰顺县九峰乡白柯湾村东面小山岗上的小宫庙。整座建筑为木结构，进深7.1米、宽5.2米、屋架高3.9米，庙门外有堵防护墙。1987年，泰顺县政府对白柯湾小宫庙进行了修缮。1991年7月1日，在小宫庙后的小山峦上，建立了中共闽浙边临时省委成立纪念碑。纪念碑高3米、宽1米，正面刻有"中共闽浙边临时省委成立旧址纪念碑"，背面刻有详细碑文；碑座竖立在面积15平方米的平台上，四周有石砌围栏。白柯湾村一座有百年历史的木结构古民居，是当年中共闽浙边临时省委成立时，刘英、粟裕等红军指战员的住所。

　　中共浙闽边临时省委成立旧址是温州市文物保护单位，2010年7月被浙江省委宣传部公布为浙江省爱国主义教育基地。

✹ 温州市泰顺县中共浙闽边临时省委成立旧址
《中国风景名胜区游览手册》（卷5）（中国建筑工业出版社出版）

△ 其他相关景点
1）遂昌县王村口苏维埃旧址（浙江省丽水市）
2）岳西县及金寨县红二十八军军部及重建旧址（安徽省）
3）光泽县大洲国共谈判旧址（福建省南平市）
4）大余县南方红军三年游击战旧址及纪念馆（江西省赣州市）
5）商城县金刚台红军洞群等（河南省信阳市）
6）红二十八军红军医院旧址等（湖北省黄冈市英山县）

第三篇
红都延安

⊙ 延安位于陕西省北部，地处黄河中游，延河南岸，东与山西省相望，西以子午岭为界，与甘肃省接壤；北靠本省榆林地区；南接渭南、铜川、咸阳三市。

延安是中华民族五千年文明史的发祥地之一、轩辕黄帝的陵寝就安卧在延安境内的桥山之巅，被炎黄子孙尊称为"人文初祖"。在漫漫的历史长河中，有"塞上咽喉"、"军事重镇"之称，吴起、蒙恬、范仲淹、沈括等许多中国古代名将在此大展文韬武略，上演了一幕幕金戈铁马的悲壮史剧。

延安在现代中国引起中外极大关注，与其曾经作为中国共产党中央委员会的长期驻地并影响了整个世界的辉煌历史紧密相关。作为中国革命的圣地，从1935年到1948年，延安因为作为中共中央的所在地，而使整个中共党史都被称为"延安时代"。 延安也因此以红都、革命圣地、革命大本营的美名享誉世界。13年峥嵘岁月里，延安成为了中国革命斗争的指挥中心和主要后方，经历了抗日战争和整风运动、大生产运动、中共七大与解放战争等一系列影响和改变中国历史进程的重大事件。延安时代在中国革命史上的地位，毛泽东曾经作过评价，他指出，陕北有两点：一是落脚点，二是出发点。具体说，延安是红军长征的"落脚点"和抗日战争的"出发点"，是中国革命走向全国胜利的"转折点"。

巍巍宝塔山，滚滚延河水。延安在革命战争年代作为中国共产党的指挥中枢和战略后方，毛泽东、周恩来、刘少奇、朱德等共产党核心领导人在这里运筹帷幄，作出了关系中国革命前途命运的一系列重大决策，为夺取全国政权奠定了坚实基础。在十多年风云激荡之中，延安这片土地还为共产党孕育了著名的"延安精神"。

延安精神内涵丰富，包括自力更生、艰苦奋斗的创业精神；全心全意为人民服务的精神；理论联系实际、不断开拓创新的精神，以及实事求是的思想路线。这种精神，在现代仍然有着突出的现实意义。

01　长征的落脚点

◉ 这一时期是从1935年10月到1936年12月。

　　1934年10月，中央红军从江西瑞金出发，历经千难万险，行程两万余里，于1935年10月19日到达陕北吴起镇（今吴旗县）。10月22日，中共中央在这里召开了政治局扩大会议，集中讨论了红军长征到达陕北后的行动方针，作出了把陕北作为全国革命大本营的战略决策。11月20日至24日，中央红军在富县直罗镇赢得了著名的直罗镇战役，为党中央把全国革命大本营放在西北，举行了一个奠基礼。

　　1936年6月，国民党军袭击瓦窑堡，中共中央决定撤离瓦窑堡，并于7月3日抵达保安（今志丹县），保安成为陕甘边革命根据地的红色堡垒。

　　1936年12月12日，爆发了震惊中外的"西安事变"。事变发生后，中共中央在保安作出了和平解决西安事变的策略，并派周恩来、博古、叶剑英去西安，协助张学良和杨虎城将军和平解决了西安事变，促成了国共两党的第二次合作，全国抗日民族统一战线初步形成，中国由此实现了国内战争到全面抗战的重大转变。

⊛ 志丹县保安革命旧址

　　保安革命旧址位于今陕西省志丹县城北炮楼山麓。保安革命旧址纪念馆自1966年1月建馆以来，对外开放了毛泽东、周恩来等主要领导人旧居和中央军委会议室、中央政治局会议室、中国抗日红军大学旧址。现保存有旧址石窑洞和房屋24孔（间），占地2362平方米，馆藏等级文物24件，1997年又建起了"红都保安"陈列室，丰富了展览内容。

　　毛泽东旧居系一排5孔石窑，依山开凿，坐东面西，毛泽东办公室为南起第2孔石窑。毛泽东在此签署发布《中华苏维埃政府对哥老会宣言》，并多次会见采访西北苏区的美国记者埃德加·斯诺。在此还撰写了《中国革命战争的战略问题》、《关于蒋介石声明的声明》等重要著作，并同其他中央领导一起，制定和平解决西安事变的方针，促进第二次国共合作的实现。

　　1992年由陕西省人民政府公布为省级文物保护单位。2006年保安革命旧址被国务院批准列入第六批全国重点文物保护单位名单。

02 凤凰山时期

◉ 这一时期是从1937年1月到1938年11月。

　　1937年1月，中共中央进驻延安，从此，延安成为抗日战争和解放战争的指挥中心和战略总后方。中共中央进驻延安后，凤凰山麓成为中央机关和毛泽东的第一个驻地，这也是毛泽东住过的最潮湿的窑洞。

　　凤凰山因其顶峰向南北方向伸展着两条陡峭的山梁，犹如金凤展翅凌空飞翔而得名。毛泽东于1937年1月到1938年11月间就居住在凤凰山麓的窑洞里。在此期间，建立了抗日民族统一战线，实现国共两党第二次合作；将中国工农红军改名为国民革命军第八路军，将陕甘宁苏维埃政府改为陕甘宁边区政府，实现了土地革命战争向抗日战争的战略转变；制定了《抗日救国十大纲领》和持久战的战略方针；召开了政治局扩大会议、全国代表大会、扩大的六届六中全会等重要会议。

　　毛泽东在此居住期间，写下了《实践论》、《矛盾论》、《抗日游击战争的战略问题》、《论持久战》、《反对自由主义》、《国共合作成立后的迫切任务》、《陕甘宁边区政府、第八路军后方留守处布告》、《中国共产党在民族战争中的地位》、《统一战线中的独立自主问题》、《战争与战略问题》等著作，收入《毛泽东选集》的就有16篇。

　　中共中央在这里居住期间，正是土地革命向抗日战争的战略转变时期，并度过了抗日战争的第一个阶段——战略防御阶段。中共中央正确地把握历史机遇，审时度势，作出了一系列重大决策，实现了与当时建都南京的国民党中央政府的合作，建立抗日统一战线，为迎接中国革命新的历史时期，从政治上、组织上作了积极准备，实现了重大的战略转变。

⊛ 凤凰山旧址

　　凤凰山位于延安城中心，是延安"四大名山"（清凉山、宝塔山、万花山、凤凰山）之一，古往今来堪称延安一大名胜之地。凤凰山最高处海拔1132米，为延安城四周群山之冠，也是延安城的主要依托。1937年1月13日，毛泽东率领中国工农红军进驻延安城后，第一个住地便是凤凰山。

　　凤凰山旧址位于凤凰山麓，占地1.08公顷，1959年开放参观，有毛泽东、周恩来、朱德等领导人的旧居及红军参谋部旧址，展出文物85件。

　　旧址北边的院子分前后两院，后院是毛泽东旧居，院内有一明两暗3孔石窑，左边的一孔为毛泽东寝室，右边的一孔为办公室和书房。毛泽东旧居南面是朱德旧居。院内有3孔窑洞。东边一孔是办公室，中间是会客室，西边一孔是朱德的卧室，也是周恩来回延安时的住所。毛泽东旧

⊛ 凤凰山旧址　吴必虎 摄

居与朱德旧居之间有一个小四合院。院内有3孔坐西朝东的石窑和14间瓦房，这是红军总参谋部旧址。院内有一座坐北朝南、宽敞、气派的大瓦房，系作战研究室。

　　凤凰山旧址，不仅是一处革命纪念地，其保存完好的建筑设施，还充分体现了陕北民居的特征，特别是窑院结合的四合院建筑布局，为典型的富庶人家住宅形式。窑为主室，瓦房为厢房，窑前有高台石阶、青砖门廊，门前有照壁，院内有石碾、石磨，门窗镂花，具有鲜明的陕北民居风情。凤凰山旧址是国家AAA级景区。

2-1 抗战的出发点

◉ 瓦窑堡会议

　　1935年12月17日至25日，中国共产党在陕北瓦窑堡召开了政治局扩大会议。这次会议是在全国抗日民主运动日益高涨的形势下召开的。会议主要分析了华北事变后国内阶级关系的新变化，讨论了关于建立抗日民族统一战线、建立抗日联军和国防政府等问题，批判了党内长期存在着的那种认为不可能争取民族资产阶级与中国工人、农民联合抗日的"左"倾关门主义的观点，决定了建立抗日民族统一战线的策略。会后，毛泽东根据瓦窑堡会议决议的精神，于12月27日在陕北瓦窑堡党的活动分子会议上作了《论反对日本帝国主义的策略》的报告。进一步从理论上和实践上，系统地阐明了党的抗日民族统一战线的策略方针。

　　瓦窑堡会议是从土地革命战争到抗日战争历史转折时期，党召开的一次极为重要的会议。它总结了两次国内革命战争时期政治策略方面的基本经验，制

定了抗日民族统一战线的路线。这次会议是遵义会议的继续：遵义会议只对当时最迫切的军事问题和组织问题作出决议，而瓦窑堡会议则解决了政治路线问题。

⊛ 子长县瓦窑堡会议旧址

瓦窑堡会议旧址位于陕西省延安城北的子长县城。现在这里供参观的有瓦窑堡会议旧址以及西北革命军事委员会旧址、中国人民抗日红军大学旧址和毛泽东、周恩来、张闻天旧居等。

瓦窑堡会议旧址在城内中山街南侧下河滩田家院。院内有砖窑5孔，坐西面东。左起第二孔是张闻天旧居，第三孔是会议旧址。会议窑洞不大，放着两张八仙桌和六个木条凳，小炕上还放着一张小炕桌。西北革命军事委员会旧址在城内下河滩一处小院，院内有砖窑12孔，上院有砖窑6孔，5孔坐东面西，周恩来曾住在南起第四和第五孔窑内，另外一孔坐北面南的大窑洞为军委会议室；下院也有6孔窑洞，均坐东面西。毛泽东旧居有两处，一处在城内中山街西侧中盛店院后排4孔窑内，是1935年12月至1936年1月毛泽东的住处；一处位于城内下河滩，院内共有砖窑5孔，是1936年5月至6月毛泽东的住处。

1936年6月1日，抗日红军大学开学时的校址就设在瓦窑堡。1936年6月21日后，红大迁往保安。当时红大分3个科，一科和二科住瓦窑堡。旧址现有砖窑5孔，分为两个教室。

1988年国务院将瓦窑堡革命旧址公布为第三批全国重点文物保护单位。

⊛ 子长县瓦窑堡会议旧址 新华社提供

◉ 洛川会议

　　1937年8月22日至25日，中共中央在洛川县冯家村召开了政治局扩大会议，即洛川会议。毛泽东代表中央政治局作了关于军事问题和国共两党关系问题的报告。会议通过了《关于目前形势与党的任务的决定》、《抗日救国十大纲领》和毛泽东为此起草的宣传鼓动提纲《为动员一切力量争取抗战胜利而斗争》。会议决定在敌后放手发动独立自主的游击战争，建立敌后抗日根据地。会议进一步健全了中央军委，毛泽东为军委主席，朱德、周恩来为军委副主席。洛川会议是在抗日战争刚刚爆发的历史转折关头召开的一次重要会议。它制定了一条与国民党单方面抗战路线不同的全面抗战路线，规定了共产党在抗日时期的政治纲领、基本任务和各项政策，为实现共产党对抗日战争的影响力和争取抗日战争的胜利奠定了政治思想基础。

　　面对日本侵略者大举侵华的危局，西安事变后国共两党重新达成合作协议，共产党承认国民党的中央政府领导地位，红军纳入国家军队体系，蒋介石同意将红军改编为国民革命军第八路军，并任命朱德、彭德怀为正、副总指挥。长征前留在南方八省14个地区的红军和游击队改编为国民革命军陆军新编第四军。9月22日，国民党中央通讯社发表了《中共中央为公布国共合作宣言》。23日，蒋介石发表谈话，实际上承认了共产党的合法地位。至此，抗日民族统一战线正式形成，第二次国共合作开始。

⊛ 洛川县洛川会议纪念馆

　　洛川会议纪念馆位于陕西省洛川县城以北210国道10公里处的永乡乡冯家村。北距革命圣地延安120公里，南距古城西安220公里。纪念馆现存对外开放的旧址旧居有洛川会议旧址、警卫队、机要室、总务处四处旧址及毛泽东、张闻天、周恩来、朱德、彭德怀、徐向前、肖劲光七位领导人旧居24孔窑洞，16间瓦房，总占地面积约20000平方米。

　　洛川会议旧址现存小院一座，内有坐北朝南砖砌窑洞两孔。左侧窑洞为当时的会议室，右侧窑洞为毛泽东旧居。旧址现藏等级文物20件，一般文物290件。会议旧址及毛泽东旧居悬挂出席会议的领导人照片、会议原物如八仙桌、马鞍凳、条桌、太师椅等，再现当时开会的历史场景。洛川会议史实陈列全面展示洛川会议及会议前后的重要史实。展出的文献图片、革命文物等突出表现了其力图达成全民族抗战的重要意义和历史地位。

　　洛川会议纪念馆现为全国重点文物保护单位，全国爱国主义教育示范基地，国家AAA级景区，2008年被国家纳入陕西省首批免费开放的五个博物馆纪念馆之一。

⊛ 洛川县洛川会议纪念馆　*新华社记者 张喆峰 摄*

◉ 六届六中全会

　　1938年9月29日至11月6日，共产党史上具有重要意义的扩大的六届六中全会在延安桥儿沟天主堂召开。参加这次全会的有中央委员17人，中央各部门和全国各地区负责人38人，这是1928年中国共产党六大以来到会人数最多的一次中央全会。

　　全会的主要任务是总结抗战以来的经验教训，确定共产党在抗战新阶段的基本方针和任务，解决党内一度出现的右倾错误，统一全党的认识和步调。会上，毛泽东代表中央政治局作了题为《论新阶段》的政治报告和会议结论。全会通过了《中共扩大的六中全会政治决议案》，批准了以毛泽东为代表的中央政治局的基本路线。全会正确地分析了抗日战争的形势，确定了共产党在抗战新阶段的任务，为实现党对抗日战争的影响力进行了全面的战略规划，从政治上、思想上、组织上保证了中共中央基本路线的贯彻执行。全会基本上克服了以王明为代表的右倾错误，统一了全党思想，进一步确定了毛泽东在全党的领导地位，为保持共产党在抗日战争中的自主性奠定了路线基础，具有重大的理论意义和历史意义。

　　毛泽东在回忆民主革命时期共产党的历史时曾说："中国党在历史上有两个重要会议。一次是1935年遵义会议，一次是1938年的六中全会。""六中全会是决定中国之命运的"。

⊛ 六届六中全会会址

　　中国共产党六届六中全会会址位于陕西省延安城东桥儿沟。全会在一座天主教堂内召开。教堂始建于1930年，1934年竣工。由西班牙传教士主持修建。教堂面阔16米，高25米，进深33米。教堂正面立有3个塔楼，呈笔架形，内部并列两排立柱，为三通廊式。教堂西侧还有50余孔石砌窑洞，先后建于1929年至1934年。

　　六届六中全会召开期间，与会的中央委员、候补委员和中央各部门、各地区领导干部就住在教堂西侧的石窑洞里。

　　1996年11月20日，国务院决定将该旧址归入于1961年3月4日公布的第一批全国重点文物保护单位延安革命遗址之中。

2-2 陕甘宁边区政府建设

◉ 陕甘宁边区政府沿革

　　1937年9月6日，根据国共协议，中国共产党接受国民党中央政府的领导，将中华苏维埃共和国中央政府西北办事处正式改为陕甘宁边区政府，边区政府辖陕西、宁夏、甘肃的23个县，首府延安。11月国民政府将陕甘宁政府改称陕甘宁特区政府。特区政府在中共中央的直接领导下，执行中共中央提出的"五一施政纲领"，领导陕甘宁特区人民进行了政权、经济和文化建设，开展了大生产运动，成为全国红色根据地的模范。

1947年3月，蒋介石指令胡宗南率大军进占延安，边区政府随军转移。1948年4月，延安光复，边区政府返回延安仍驻此地。随着战争形势的发展，于1949年3月南下迁往西安。

⊛ 陕甘宁边区政府旧址

陕甘宁边区政府旧址位于陕西省延安市南关市政府办公楼北侧。起先边区政府在山上土窑洞里办公，后来迁至现址。正面有5孔窑洞，中间窑洞是边区政府会议室，上书"办公厅"。左右两边各有13孔石窑洞，临街一侧有20间小青瓦房。山坡上有林伯渠的旧居。陕甘宁边区政府大礼堂现已成为市民和访客文化休闲、观光游览的好去处。这里树木茂密，风景优美，每年重阳，红枣满树，桃李压枝。

陕甘宁边区政府旧址1961年被列为全国重点文物保护单位。

⊛ 陕甘宁边区政府旧址 *新华社提供*

◉ 红色人才摇篮

抗日战争期间，国共合作为大量青年较为自由地进入延安创造了条件。作为中国共产党培训干部的总基地，延安创办了许多培养红色人才的各类学校。当时，许多接受进步思想影响的革命青年，乃至海外华侨中的一些青年，相信中国共产党是民族未来的希望，纷纷涌向陕北古城延安。中共中央及时制定了积极争取知识分子的决策，并在延安开办了中央党校、抗日军政大学、华北公学、女子大学等学校吸收前来延安的知识青年。仅抗战前三年就有4万余名知识青年进入延安各个学校。他们经过学习和训练，又分赴敌后各根据地，为中国共产党进行政治斗争、军事斗争提供了最主要的干部来源。

1936年4月，中共中央决定将1933年11月7日在江西瑞金成立的"中国红军大学"继续办下去。"红大"在长征时为陈赓、宋任穷率领的干部团，长征到达陕北后，干部团改为红军学校。1936年6月1日，在陕北安定县瓦窑堡中梁山上间家大院创办了"中华苏维埃共和国西北抗日红军大学"，林彪任校长，毛泽东兼任政治委员，罗瑞卿任教育长。后改名为"中国抗日红军军政大学"，简称"红大"。1937年1月20日改名为中国人民抗日军事政治大学（简称"抗大"），校址迁到延安。抗大先后为共产党培养了20多万军政干部，其中有身经百战、统率千军万马的八路军、新四军将领和各级指挥员，也有深入敌后带领群众开展斗争的各级干部。这一大批干部对于解放军的发展壮大，对于取得抗日战争、解放战争的胜利，都作出了重大的贡献。

1938年4月10日，鲁迅艺术学院在延安正式成立，毛泽东出席成立大会并讲话，为鲁艺题写了校训："紧张、严肃、刻苦、虚心"，并题词"抗日的现实主义、革命的浪漫主义"。鲁艺成为学习、研究、实践马克思主义文艺思想和贯彻中国共产党文艺方针的一个重要基地，培养了一大批党的抗战文艺干部和文艺工作者，对中国现代文化艺术产生了深远的历史影响。1943年4月鲁艺并入延安大学，1945年抗战胜利后，鲁艺迁往东北。1996年，延安大学恢复重建鲁迅艺术学院。

☉ 中国人民抗日红军大学旧址

抗大及其前身红大校舍旧址分别位于今陕西省子长县瓦窑堡镇和延安市区内。1937年抗大迁到延安后的校址，位于今延安城内二道街。旧址原建筑已不存在，1964年在原址修建了抗大校史展览室，1966年对外开放。

☉ 桥儿沟革命旧址

桥儿沟革命旧址位于延安城东北5公里处，是中共六届六中全会会址和延安鲁迅艺术学院院址，中共中央党校一度也曾设在这里。现有教堂一座，鲁艺音乐系、戏剧系、美术系及工作人员住过的石窑52孔（含两个过洞），平房13间。桥儿沟天主教堂始建于1930年，1934年竣工，高25米，宽16米，是一座典型的哥特式建筑。1937年至1939年2月被辟为中央党校礼堂；1938年9月29日至11月6日，中国共产党扩大的六届六中全会在此召开；1939年8月至1945年10月，这里成为鲁艺的礼堂。1988年至1990年，国家文物局投资，对教堂进行了全面维修。

☉ 桥儿沟革命旧址 CFP

桥儿沟革命旧址1961年即被国务院公布为首批全国重点文物保护单位。

◉ 新闻通讯事业摇篮

延安清凉山，也是共产党领导下的中国新闻出版事业的摇篮。

20世纪三四十年代中共中央在延安时期，清凉山曾是中央党报委员会、新华通讯社、解放日报社、延安新华广播电台、中央印刷厂、新华书店等众多新闻出版单位的所在地。当年，在中共中央的直接领导下，这些新闻机构在传播马列主义、毛泽东思想，宣传共产党的路线、方针、政策方面，做出了巨大努力，为中国革命的胜利作出了重要的贡献。

☉ 清凉山旧址

清凉山，又名太和山，位于陕西省延安市城东北延河对岸，隔河与凤凰山、宝塔山三足鼎立、遥遥相望。清凉山自古就是佛教圣地，有"金仙胜境"的美称。山下有著名的万佛洞，佛洞宽17米，深14米，高6.7米，因洞内四周石壁上刻有1万余尊佛像浮雕而得名。洞内佛像全着汉服、神态各异，刻工细腻，充分

⊛ 清凉山旧址 CFP

体现了华丽纤巧的宋代石刻风格。万佛洞西侧山坡上有卢毗崖、三世佛洞、弥勒佛洞等景致。

清凉山是革命圣地延安的象征之一，常年吸引众多的中外游客来此游览观赏，成为革命圣地延安的主要旅游风景区之一。陈毅《赴延安留别华中诸同志》诗云："众星何灿烂，北斗驻延安。大海有波涛，飞上清凉山。"今天，留下了许多革命旧址的清凉山，已经成为进行爱国主义、革命传统和延安精神三大教育的生动课堂。

清凉山作为新中国新闻广播、出版事业的发祥地，建有我国第一座新闻出版专业性纪念馆——延安清凉山新闻出版革命纪念馆。纪念馆位于清凉山南麓，由中宣部、广电总局、新华社、人民日报社、新闻出版署等机构共同筹资修建而成，是全国唯一的新闻事业专题纪念馆。展馆总建筑面积3000平方米，其中陈列面积1580平方米。馆的外形呈窑洞形，陈列共分五个单元，分别在四个展厅展出。展馆内置一石碑，上镌毛泽东"深入群众，不尚空谈"的题词。共展出文物180余件，珍贵历史照片、文献等各类图表资料400余件，陈列大量运用场景复原、景象合成等形式，并配合以声、光、电等现代科技展示手段，生动地再现了延安时期新闻出版事业的发展历程和辉煌业绩。

03 杨家岭时期

◉ 中共中央从1938年11月至1943年初，移驻延安杨家岭。

　　毛泽东1938年11月至1943年5月在杨家岭居住，1940年秋，因修建中央大礼堂搬到枣园居住，1942年又搬回杨家岭。1943年，毛泽东等领导人又从这里陆续搬往枣园。杨家岭是毛泽东等中共领导人在延安居住时间最长的驻地。

　　1943年毛泽东、刘少奇、周恩来、张闻天、朱德等中央领导迁往枣园办公后，中央办公厅、组织部、宣传部、统战部等中央机关一直在杨家岭，直到1947年3月18日撤离延安。

　　杨家岭时期，中共中央继续指挥抗日战争敌后战场并领导了解放战争，领导了大生产运动和整风运动，召开了党的七大和延安文艺座谈会。毛泽东在此期间，写下了《五四运动》、《青年运动的方向》、《被敌人反对是好事而不是坏事》、《纪念白求恩》、《中国革命和中国共产党》、《新民主主义论》、《抗日根据地的政权问题》、《目前抗日统一战线中的策略问题》、《改造我们的学习》、《整顿党的作风》、《反对党八股》、《经济问题与财政问题》等一系列重要著作。

3-1 抗日战争敌后战场

◉ 1937年11月，国民党控制的太原失守后，华北地区中国军队与日本侵略者的正面战场作战基本结束，华北大部地区成为日占区。中国共产党领导的敌后游击战争的重要性不断提升。根据中共中央和毛泽东的指示，八路军总部迅速作出了分兵发动群众，开展独立自主的敌后游击战争的部署，开启了创建敌后抗日根据地的道路。至1938年10月，八路军在华北地区建立了晋察冀、晋绥、晋冀豫、晋西南和山东等多块抗日根据地，部队发展到15万余人，成为华北抗战的主力军。其中的陕甘宁抗日根据地是共产党中央所在地，成为全国抗日战争的指导中心和总后方。这是共产党全面抗战路线和独立自主地开展游击战争的战略方针的重大胜利，在战略上有力地配合了国民党中央政府正面战场的作战，对维持中国持久抗战的局面创造了有利条件。

敌后战场最具代表性的战役莫过于1940年8月至12月的百团大战。百团大战是八路军与日军在华北地区发生的一次规模最大、持续时间最长的战役。八路军的晋察冀军区、第一二九师、第一二〇师在总部统一指挥下，发动了以破袭正太铁路（石家庄至太原）为重点的战役。战役发起第3天，八路军参战部队已达105个团，故称此为"百团大战"。百团大战是抗战时期八路军主动出击日军的一次最大规模的战役，它打出了敌后抗日军民的声威，振奋了全国人民争取抗战胜利的信心，在战略上有力地支持了国民党正面战场。

3-2 整风运动

◉ 为了克服抗战时期经济困难，提高共产党的凝聚力和战斗力，加强战胜困难的精神力量，提高全党的马克思列宁主义水平，纠正党内的各种错误思想，在1942年前后，中国共产党开展了全党范围的整风运动。这是一次在中国历史上具有重大意义的思想革命运动，是中国共产党历史上第一次大规模的整风运动。

延安整风运动中，毛泽东于1941年5月和1942年2月，分别作了《改造我们的学习》、《整顿党的作风》和《反对党八股》的报告，号召全党反对主观主义以整顿学风、反对宗派主义以整顿党风、反对党八股以整顿文风。通过整风运动，提高了共产党员的马列主义理论水平，全党达到空前的团结和统一，为夺取抗日战争和民主革命的胜利奠定了思想基础。

在共产党整风的同时，根据地的文艺界也展开了整风运动。1942年5月中共中央在延安召开文艺座谈会，毛泽东主持会议并发表了《在延安文艺座谈会上的讲话》。此后各抗日根据地全面展开了文艺整风运动，这次座谈会对新文学的发展产生了重大深远的影响。

3-3 大生产运动

◉ 1941年前后，由于日寇的残酷"扫荡"和国民党的消极供给、扣发军饷和封锁政策，以及自然灾害的侵袭，使陕甘宁边区的财政、经济遭到了极为严重的困难。为了战胜困难，坚持抗战，1942年底，中共中央提出了"发展经济、保障供给"的方针，号召解放区军民自力更生，克服困难，开展大规模的生产运动。边区军民开展了南泥湾、槐树庄、大风川等地的屯田大生产运动。王震率领的三五九旅在1941年开进野草丛生、野狼成群的南泥湾，不到3年，便把这里变成了"陕北江南"；解放区抗日民主政府办了许多自给工

业。敌后军民在频繁的反"扫荡"中，实现劳武结合，一面战斗，一面生产。大生产运动克服了严重的物质困难，积累了经济建设经验，为争取抗战胜利奠定了物质基础。

⊛ 南泥湾革命旧址

南泥湾位于延安城东南45公里处，是延安的南大门。历史上，这里人烟稠密、土地肥沃，生产和经济都十分繁荣。到了明清时代，由于回汉民族纷争，相互残杀，这里变成了一个人迹稀少、野草丛生、野兽出没的荒凉之地。1941年3月，八路军三五九旅在旅长王震的率领下在南泥湾开展了著名的大生产运动，在缺乏生产资金和生产工具的极端困难情况下，把南泥湾变成了"陕北好江南"，成为大生产运动的模范。全旅吃、穿、用完全自给，并每年向政府交纳1万石公粮。从此南泥湾成了中国共产党军垦事业的发祥地，也是"自力更生、奋发图强"的南泥湾精神的诞生地。现在，在这里能看到当年开垦的大片梯田、南泥湾大生产运动展览馆、毛泽东视察南泥湾时的旧居、三五九旅旅部旧址等。其中，南泥湾大生产运动展览馆通过实物、图片详细介绍了当年南泥湾大生产运动的经过。

⊛ 杨家岭旧址

杨家岭旧址位于陕西省延安市西北约3公里的杨家岭村。

杨家岭的北边山坡上散落着一排窑洞，是毛泽东、朱德、周恩来、刘少奇等领导人当年的住处。沿着黄土小路，穿行在白杨林间，可以看见一座雄伟建筑耸立在苍松翠柏之间。这是1942年为了召开共产党第七次代表大会而兴建的中央大礼堂，大礼堂由延安自然科学院的杨作材设计，中央机关的干部士兵自己动手兴建的，可容1000人开会。中央大礼堂外形吸收了苏联的建筑风格，内部为陕北窑洞的拱形结构，是典型的中西合璧的产物。正门上方有一个五角星图案的圆窗和"1940"的字样，下面是"中央大礼堂"五个金黄大字题额。该建筑建成至今已逾70年，但仍保持着"七大"会议时的风貌。主席台正中是毛泽东、朱德的巨幅画像，两边各有3面党旗，意为已经召开了6次代表大会。上方的横幅标语是"在毛泽东的旗帜下胜利前进！"标语两侧挂有马、恩、列、斯四位革命导师的头像。

礼堂后面的楼房，是中央办公厅旧址。楼房共分三层，底层南面的一间是1942年5月延安文艺座谈会会址，二层为办公室，三层为政治局会议室。旧址现为国家AAA级风景旅游区。

04 枣园与王家坪时期

4-1 枣园时期

⦿ 1943年5月至1947年3月，中共中央书记处由杨家岭迁驻枣园。书记处在此居住期间，组织领导八路军、新四军、各根据地军民抗击了日寇的侵华战争，打退了国民党顽固派掀起的三次反共高潮，继续领导整风运动和大生产运动，筹备和召开了党的七大，决定了毛泽东赴重庆谈判和建立东北根据地以及粉碎国民党的军事进攻等重大事件。

1945年8月15日，日本正式宣布无条件投降，历时八年的中国人民抗日战争胜利结束。抗日战争的胜利，是中国人民在国共两党共同努力下，一百多年来第一次取得反对外来侵略斗争的完全胜利。中国的抗日战争是世界反法西斯战争的重要组成部分，中国人民的抗战，对世界反法西斯战争的胜利作出了重大贡献。中国的国际地位提高，为新民主主义革命的胜利奠定了坚实的基础。

抗战胜利后，国共双方就中国未来走向问题政见不同、随时都有爆发内战的可能。国民党坚持一党专政，共产党要求建立民主联合政府。从1945年8月29日至10月10日，国共双方领袖在重庆举行多轮谈判，形成双方签字的《双十协定》。但《双十协定》不久便成虚文，国共内战一触即发。

1946年6月26日，蒋介石撕毁停战协定，发动了对解放区的全面进攻。战争初期，国共两党实力对比悬殊，情况危急。为了粉碎国民党的全面进攻，毛泽东为共产党军队制定了十分高明的政治方针和军事原则。政治方针就是建立最广泛的革命统一战线；军事原则就是集中优势兵力，采取运动战的形式，以歼灭敌人的有生力量为主要目标。人民解放军仅用8个月时间，就粉碎了国民党军来势汹汹的全面进攻。

为了统一全党对形势的认识，做好与国民党全面内战的军事准备和政策准备，中共中央于1947年2月1日在枣园召开了政治局扩大会议（简称"二月会议"）。会议讨论了军事问题、土地问题等，讨论和通过了毛泽东为中共中央起草的《迎接中国革命的新高潮》的党内指示。这次会议对取得解放战争的胜利具有重要的意义。

毛泽东在枣园居住期间，写下了《开展根据地的减租、生产和拥政爱民运动》、《两三年内完成学习经济工作》、《论联合政府》、《抗日战争胜利后的时局和我们的方针》、《关于重庆谈判》、《建立巩固的东北根据地》等许多指导中国革命的重要文章，发表了《为人民服务》的重要讲话，此间完成的著作仅收入《毛泽东选集》的就有28篇。

◉ 枣园旧址，书记处礼堂　吴必虎摄

4-2 中共七大

◉ 1945年4月23日至6月11日中国共产党第七次全国代表大会在延安杨家岭中央大礼堂召开。由于长期紧张的战争环境，中共全国代表大会已经相隔多年未能组织召开。直到1945年4月，在世界反法西斯战争和中国的抗日战争即将取得胜利的前夜，在中国面临着两种前途、两种命运斗争的关键时刻，为了团结全党全国人民，争取光明的前途，彻底打败日本侵略者，建立独立、自由、民主、统一与富强的新中国，中国共产党召开了第七次全国代表大会。这次大会的主要任务是组织和保障全中国人民取得抗战的最后胜利，建立一个新民主主义的中国。

在七大正式会议上，毛泽东《论联合政府》的政治报告是中心议题。报告科学地分析了国际国内形势，郑重地提出了中国人民强烈希望建立民主联合政府、打败日本侵略者、建设新中国的基本要求，报告提出"废止国民党一党专政，建立民主的联合政府"。中共七大另一项对中国革命和整个国家产生深远影响的决议是正式在党章中确立毛泽东思想为中国共产党的指导思想，使全党在马克思列宁主义、毛泽东思想的旗帜下，实现了思想上、政治上和组织上的空前团结和统一，它在总结了中国民主革命20多年曲折发展的历史经验的基础上，制定了正确的纲领和策略，为争取抗日战争的胜利和新民主主义革命在全国的胜利提供了最可靠的保证。

◉ 枣园毛泽东旧居
程素荣 摄

◉ 枣园刘少奇旧居室内
韩宗林 摄

◉ 枣园旧址

　　枣园是1943年5月至1947年3月期间中共中央书记处所在地，位于陕西省延安城西北8公里处的枣园村。这里原是一家地主的庄园，中共中央进驻延安后，成为中央社会部驻地，遂改名为"延园"。现旧址大门石柱两侧尚有康生所书"延园"二字。

　　1947年中共中央撤离延安后，国民党军队对延安进行了毁灭性破坏，枣园也遭到严重损坏。1953年后，人民政府开始陆续依照原貌维修。现枣园旧址有中央书记处小礼堂、毛泽东、朱德、刘少奇、周恩来、任弼时、张闻天、彭德怀旧居，中央医务所，幸福渠等景点。《为人民服务》讲话台在枣园后沟口，是1944年9月8日毛泽东在中共中央直属机关为追悼张思德烈士召集的会议上，发表《为人民服务》讲话的地方。

　　枣园是一个园林式的革命纪念地，终年游客不断。1996年，第五届全国大学生运动会"世纪之火"火炬传递活动采集"革命之火"火种的仪式在枣园隆重举行。枣园已成为全国革命传统教育的重要基地之一，是国家AAAA级景区。

⊛ 中共西北局革命旧址

中共西北局是中共中央在西北地区的代表机关，在抗日战争时期、解放战争时期和中华人民共和国成立后前期均设置过。

中共西北局革命旧址位于陕西省延安市城区南，南川河西的花石砭。1941年5月13日中共中央西北局成立于枣园张崖村。1942年9月迁此。高岗、彭德怀、习仲勋先后任书记。1947年3月迁离。旧址现存石窑洞17孔及土窑洞数十孔。

中共中央西北局为贯彻执行党中央的路线、方针、政策，将陕甘宁边区建设成为模范的抗日民主根据地作出了巨大的贡献。

2006年5月，国务院将该旧址归入于1961年公布的第一批全国重点文物保护单位延安革命遗址之中。

⊛ 王家坪旧址

王家坪位于陕西省延安市宝塔区西北约4公里处。1937年1月至1947年3月，这里是中共中央革命军事委员会（简称中央军委）和八路军总司令部（后改为中国人民解放军总司令部）的所在地，也是毛泽东、朱德、彭德怀、叶剑英、王稼祥等中共领导人和中央军委及八路军总部所属机关负责人居住过的地方。中央军委、八路军总部在这里领导根据地军民坚持了八年抗战，粉碎了国民党对根据地的"全面进攻"，并为战胜其"重点进攻"作了充分的准备。

朱德从1941年5月至1945年8月一直住在这里，毛泽东、周恩来在撤离延安前，也曾在王家坪住过。1945年9月，朱德在军委会议室会见了苏军贝鲁诺索夫中校，并进行了会谈，之后中共中央决定成立东北局，建立东北根据地，这次会谈也就成为中国现代史上一件鲜为人知的重大事件。

王家坪旧址现为南、北两院，南院是政治部，北院是司令部。这里有军委大礼堂旧址，军委作战研究室旧址，毛泽东、朱德、彭德怀、叶剑英、王稼祥等人旧居。军委礼堂位于王家坪旧址入口处，是七间高大宽敞、四角翘起的大瓦房，可容纳近千人。礼堂是军委和总部的工作人员自己动手修建的，于1943年建成，当年军委和总部的一些大型会议、晚会等集体活动都在这里举行。军委礼堂东侧的两间平房是毛泽东的会客室，在会客室东面的土坡下，有两孔石窑洞，是毛泽东的办公室和寝室。军委礼堂的西侧参谋部前后院分别为彭德怀、朱德的旧居。旧址现为国家AAA级景区。

⊛ 王家坪旧址 CFP

⊛ "四八"烈士陵园 *新华社记者 陶明 摄*

⊛ "四八"烈士陵园

　　"四八"烈士陵园位于陕西省延安市宝塔区，是全国第一批重点烈士纪念建筑物保护单位。陵园背枕青山，松柏环绕，面对延河，庄严肃穆。

　　1946年4月8日，参加重庆国共和谈的中共代表王若飞、秦邦宪等乘坐美式运输机由重庆飞返延安。因云雾蔽日，飞机迷失方向，误撞山西兴县黑茶山，包括4名美军机组人员在内的17人全部遇难，史称"四八"烈士。当时，烈士们被安葬于延安东关飞机场西北角。1947年，国民党胡宗南部队进犯延安，对陵园进行了严重破坏。次年，延安光复，边区政府修复了陵园。1957年，中共中央决定重建"四八"烈士陵园，并将张浩、关向应等人员安葬，陵址迁往王家坪，"文化大革命"中，陵园又遭劫难。1971年烈士遗骨被迁往城北李家现址。1992年经过扩建整修，陵园宏伟壮观，面貌焕然一新。

　　陵园占地36000平方米，一座汉白玉纪念塔在墓园中间，塔高19.46米，寓意1946年；塔身后部呈4层阶梯式，塔下有8级台阶，象征4月8日；塔尖上有象征中国共产党的镰刀斧头图案；塔顶最高一层四面嵌着四颗镏金五角星，代表中国人民的事业；塔身正面嵌着毛泽东手书的"为人民而死虽死犹荣"的镏金大字；正面塔座上雕砌着一只汉白玉花环，塔座右侧勒记"四八烈士遇难碑记"。陵园最高处是烈士墓台，台分三层。王若飞烈士墓居陵园中轴线顶端，处于陵园的核心地位。然后依次为"四八"遇难烈士和在延安时期牺牲的重要领导人和知名人士，如秦邦宪、关向应、叶挺、张浩、邓发、黄齐生、杨松、张思德、张寒晖等。黄土有幸埋忠魂，"四八"烈士陵园是中国共产党最早的一座高规格的烈士陵寝地。

05　离开延安

⦿ 1947年3月，蒋介石大举向陕甘宁边区发动重点进攻，其目的是攻占延安，摧毁中国共产党的领导中枢。3月18日中共中央主动撤离延安，踏上转战陕北的征途。在一年时间里，中共中央转战陕北先后经过延安、延川、清涧、子长、子州、靖边、安塞、横山、绥德、米脂、佳县、吴堡等12个县的30多个村庄，行程1000余公里。

1947年3月，中共中央机关到达子长县的任家山。在这里毛泽东批准了关于青化砭战役的计划，3月25日，青化砭战役取得胜利。1947年4月，中共中央前委到达安塞县王家湾，部署了羊马河战役和蟠龙战役。到5月底，解放军取得了陕北三战三捷、豫北攻势、正太战役、孟良崮战役、燕北夏季攻势的胜利；国统区反饥饿、反内战、反迫害的第二条战线逐步形成。8月，中共中央到达梁家岔，部署指挥了沙家店战役；8月20日，沙家店战役取得胜利。沙家店战役的胜利，标志着蒋介石对陕甘宁解放区的"重点进攻"彻底失败和西北野战军反攻的开始。11月，毛泽东率中央机关到达米脂县杨家沟。为了夺取解放战争的完全胜利，中共中央于12月7日至28日，在这里举行了重要会议，就是著名的"十二月会议"。在会上，毛泽东作了《目前形势和我们的任务》的报告，会议讨论通过了毛泽东的这个报告和毛泽东1946年4月起草的《关于目前国际形势的几点估计》以及其他重要决定。十二月会议为共产党领导中国人民夺取新民主主义革命在全国的胜利，在思想上、政治上和一系列政策上作了充分的准备。

1948年3月21日，中共中央撤离杨家沟；23日到吴堡县川口渡过黄河，离开陕北进入华北。同年5月到达河北平山县西柏坡。至此，中共中央及毛泽东在陕北13年的战斗历程结束了。中共中央在西柏坡指挥了全国人民的解放战争，取得了辽沈、平津、淮海三大战役以及渡江战役的胜利，最终赢得了全国的解放、中华人民共和国的成立，使新民主主义革命时期的延安时代载入了史册。

◉ 延安革命纪念馆

　　延安革命纪念馆位于陕西省延安市宝塔区西北延河东岸，距城1公里处，建于1950年1月。原馆址在南关交际处，是中华人民共和国成立后最早建立的革命纪念馆之一；1954年迁往杨家岭，原中共中央机关旧址定名为"延安博物馆"。1955年迁至城内凤凰山麓革命旧址院内，改名为"延安革命纪念馆"；1973年6月迁往王家坪现址。展馆正门上方悬挂着红色匾牌，上有郭沫若题写的馆名。

　　纪念馆建筑面积5500平方米，其中陈列馆由6个面积相等的展厅组成，展厅内部高大宽敞，采光性能良好。整个纪念馆外观朴素大方，结构紧凑，高大宏伟，具有传统的民族风格。延安革命纪念馆展出的大量珍贵革命文物、文献和照片，按历史顺序分列11个单元，400多米长的展览大厅，以及1000多幅历史照片和800多件革命文物，主要介绍中共中央和毛泽东主席在延安和陕甘宁边区领导中国人民英勇斗争的光辉历史，同时介绍了毛泽东、朱德、刘少奇、周恩来等老一辈革命家的丰功伟绩和毛泽东思想，对研究中国革命史和陕西地区陕甘宁边区革命史，提供了极其珍贵的资料。1973年周恩来在该馆参观时指出："一个党史陈列，就是一部党史教科书"。1989年，江泽民来视察时，也认真参观了该馆全部展览内容。

纪念馆前是一大型广场，广场正中巍然耸立的是名为"高瞻远瞩"的毛泽东铜像，毛泽东身着中山装，双手叉腰目视远方，浩气凌霄。铜像于1997年1月13日，在中共中央、毛泽东进驻延安60周年纪念日落成揭幕，高5米、重约3吨，连基座通高8.15米，基座上镌刻着江泽民手书的"毛泽东在延安"。铜像两侧有由柏树组成的"延安精神，永放光芒"8个大字。

延安革命纪念馆是中共中央在延安最为生动的教材，是中国20世纪一个辉煌的聚光点。1996年纪念馆被中宣部定为全国爱国主义教育示范基地，是全国AAAA级景区。

❀ 宝塔山景区

宝塔山古称丰林山，宋时改名嘉岭山，位于延安市区中心，是革命圣地延安的标志。宝塔山占地36000平方米，山上林木茂盛，空气清新，夏季平均气温比市内低3—4℃，是消夏避暑的好地方。宝塔山海拔1135.5米，为周围群山之冠。登临宝塔山，圣地景色尽收眼底，高原风光一览无余。宝塔山作为圣地延安的标志性建筑，中外宾客无不登山凭眺，"只有登上宝塔山，才算真正到了延安"。宝塔山上，历史文物和现代革命文物星罗棋布，交相辉映，满山绿树成荫，生态良好。

位于宝塔山上的延安宝塔始建于唐，现为明代建筑。为八角九级楼阁式砖塔，高约44米，塔基周长36.8米。中共中央进驻延安后，这座古塔成为革命圣地的标志和象征。新中国成立后，国务院将延安宝塔归入第一批全国重点文物保护单位延安革命旧址之中。在塔旁边有一口明代铸造的铁钟，中共中央在延安时，曾用它来报时和报警。山上还有长达260米的摩崖石刻群和碑林，石刻岸面整齐，岸石完整，是难得的石刻艺术。除此之外，山上还有范公井、烽火台、摘星楼、日本工农学校旧址、嘉岭书院遗址等文物古迹，以及古今名人诗词碑、纪念林等景观。

宝塔山现已建成为公园，林木葱郁，环境优美。山上装饰了大量的泛光和霓虹灯具，一到夜间，宝塔、摘星楼、烽火台、上山道满山绿树相映在各色灯影中，恍若仙境，映照得山城延安更加秀美壮丽。新中国成立后，特别是改革开放30余年来，随着延安成为革命传统教育的基地和旅游胜地，宝塔山也成为中外游客到延安旅游的必游之地。现为国家AAAA级景区。

❀ 宝塔山景区　董苏华 摄

△ 延安旅游

中国共产党中央委员会在延安13年的居住和活动历史，加上这座城市本身积累的悠久的古代文化和黄土高原淳朴浓厚的乡土民俗，共同构筑了延安作为著名旅游目的地城市的雄厚基础。延安古称延州，是国务院首批公布的全国24座历史文化名城之一，历来是陕北地区政治、经济、文化和军事中心。城区处于宝塔山、清凉山、凤凰山三山鼎峙，延河、汾川河二水交汇之处的位置，成为兵家必争之地，被誉为"三秦锁钥，五路襟喉"。

A. 延安旅游资源

延安市位于陕西黄土高原丘陵沟壑区，旷达的黄土高原风光极具魅力。宜川县的黄河壶口处，雄浑、奔腾而下的黄河水所形成的瀑布使人心生活力；洛川塬的典型黄土地貌又凸显了大自然的鬼斧神工；迷人的万花山则拥有千亩野生牡丹，争芳斗艳、姹紫嫣红，甚是美观。丰厚的自然旅游资源为延安旅游发展增添了一抹自然的雄浑和灵动。

作为首批中国历史文化名城之一，延安是多元文化的交融区，以黄土高原特有的景色为基质，文化底蕴深厚。文化旅游资源中除了前述突出的红色文化旅游资源外，历史文化旅游资源和民俗文化旅游资源同样卓尔不群。

延安全市境内的革命旧址多达407处，仅市区就有150多处。这些纪念地中，现已列为全国重点文物保护单位的就有凤凰山旧址、杨家岭旧址、枣园旧址、王家坪旧址；列为省级重点文物保护单位的有王家湾革命旧址、东征会议旧址、青化砭战役遗址、蟠龙战役遗址等；此外，还有吴起镇革命旧址、志丹县毛泽东旧居、陕甘宁边区政府礼堂旧址、延安南区合作社纪念馆、刘志丹烈士陵园等遗址遗迹。称延安为"中国革命博物馆城"确实当之无愧。

△ 延安安塞腰鼓（西河口）　吴必虎摄

延安在历史上一直是陕北地区的政治、经济、文化和军事中心，是中华民族的发祥地之一，几千年历史的演变、经久不衰，留下了珍贵的历史文化遗产。目前共发现各类文物遗址5800多处，其中国家级文物4处，省级文物26处，县市级文物183处。最为著名的有黄帝陵、桥山山麓的轩辕庙、子长钟山寺石窟、清凉山、宝塔山、秦直道等。

延安的黄土风情文化艺术底蕴深厚、丰富多彩，主要有民间社火、灯会、闹秧歌、转九曲、信天游等。规模较大的民间文化景观有**安塞腰鼓**、洛川蹩鼓、宜川胸鼓，还有陕北农民画、布堆画、毛绣、刺绣、窑洞窗花、民间剪纸艺术等。

B. 延安的旅游产品

延安的旅游产品主要有自然生态旅游产品、文化旅游产品和城市休闲旅游产品三大类。

自然生态旅游产品包括延安市区及所辖各县的自然旅游景点。延安国家森林公园（宝塔山、清凉山、万花山、凤凰山、摩崖石刻、杜公祠等）具备开展自然生态旅游的条件。

文化旅游产品中最重要的当然是其红色旅游产品。红色旅游既可当成教育旅游产品，也可当成观光旅游产品。红色教育游以延安精神为主要内容，以革命旧址为载体，了解中共中央在延安期间的革命事迹，回味与体验当初延安的生活场景，参观重大的革命事迹发生地，深入了解"革命圣地延安"的深刻含义。红色教育游值得推荐的地点包括枣园革命旧址、中央党校延安干部学院、"四八"烈士陵园、杨家岭革命旧址、延安革命纪念馆、王家坪革命旧址、清凉山、宝塔山等。

红色观光游以延安红色旧址为主要载体，近距离游览重大革命历史事件发生地和伟人的故居，欣赏红色旧址窑洞建筑群，以及红色遗址的建筑风貌。主要景点包括陕甘宁边区礼堂旧址、市场沟一条街、宝塔山、清凉山、王家坪革命旧址、延安红街、中央大礼堂、杨家岭革命旧址、枣园革命旧址等。

历史文化旅游产品主要是追寻先祖遗迹，

领略民族精神、了解延安历史、感悟延安古代边塞风貌，从不同角度体验、游览各个朝代的遗址遗迹。主要景点包括凤凰山（"吹箫引凤"遗址、文昌阁遗址、古城墙遗址和六郎寨）、**宝塔山**（延安宝塔、烽火台、范公井、摩崖石刻、明代铁制洪钟、摘星楼、古城墙、嘉岭书院）、清凉山（万佛洞、真武祖师庙、范庞公祠、诗湾碑刻）等。

民俗旅游产品主要是参观窑洞民居，游览民俗文化博物馆，了解民俗文化、观看延安各类鼓艺表演、剪纸表演、陕北民歌欣赏、陕北说书、观赏民间社火表演、品尝陕北小吃等。民俗旅游产品主要是指延安各黄土风情表演场地。

延安的城市风貌为旅游者提供了丰富的城市休闲旅游产品，旅游者可以在城市里对比了解延安现代化的建设成就，了解并亲身体验普通延安市民的日常生活，游览延安城市夜景、城市街景、延河水景等。延安的休闲旅游景点包括延河滨水休闲带、圣地中心、红色主题街区、边区礼堂、市场沟一条街等。

C. 延安周边景区景点

延安作为一个地级城市，下辖宝塔区、延川、延长、子长、安塞、志丹、吴旗、甘泉、富县、洛川、宜川、黄龙、黄陵等1区12县。延安地处黄土高原腹地，以雄浑粗犷的黄土高原和雄奇壮丽的晋陕黄河峡谷为基调，经过千百年的历史积淀，形成了形象鲜明、风格独特的旅游资源。延安周边的自然类景区景点主要有：黄河壶口瀑布景区、龙虎山风景区、胜利山、隋炀帝赐名的"美水泉"、我国唯一的"国家黄土地质公园"黑木沟黄土地质遗址、延川县蛇曲国家地质公园乾坤湾、安塞腰鼓山景区等。文化类景区景点主要有：黄帝陵，南泥湾景区，护寺湾石窟，商代村落遗址，瓦窑堡革命旧址，安塞县文化文物馆，吴起县长城遗址，吴起镇革命旧址，秦直道等，以及安塞腰鼓、剪纸、农民画、民歌等民俗风情旅游产品。

△ 延河大桥与宝塔山　韩宗林 摄

△ 黄河壶口瀑布　何玮珂 摄

△ 黄帝陵 张钦楠摄

　　黄河壶口瀑布距延安市178公里。它是世界上唯一的金色大瀑布，是国家级风景名胜区，被评为"中国旅游胜地四十佳"之一。该处黄河水面从400余米的宽度突然缩窄为40米，河水在壶口处骤然下跌30米左右，飞流直下，猛跌深槽，如壶注水，故曰"壶口"。黄河壶口瀑布气贯长虹，四季晨昏晴雨变化无穷，瀑布与十里龙槽河心的右岛——孟门山、黄河大桥等景点组成了黄河中游最具特色、最富魅力的黄河系列自然景观。雄奇壮美的壶口瀑布，象征着中华民族自强不息、勇往直前的民族精神。

　　中华民族历史悠久，光辉灿烂，有五千年的文明史。这五千年的文明史主要从黄帝开国算起。孙中山的祭黄帝陵词开首就是"中华开国五千年，神州轩辕自古传，创造指南车，平定置尤乱、世界文明，唯有我先"。延安黄陵县城北桥山的**黄帝陵**1961年被国务院公布为全国第一批重点文物保护单位，编为"古墓葬第一号"，号称"天下第一陵"。黄帝陵古称"桥陵"，为中国历代帝王和著名人士祭祀黄帝的场所。据记载，最早举行祭祀黄帝始于公元前442年。自唐大历五年（770年）建庙祀典以来，黄帝陵一直是历代王朝举行国家大祭的场所。

　　人文初祖轩辕黄帝葬于此，陵前立明朝"桥山龙驭"碑和郭沫若题"黄帝陵"碑；轩辕庙建于北宋年间，庙中保存了历代的各种碑文石刻50余块。庙内有一株"黄帝手植柏"相传为黄帝亲自种植，距今有5000年的历史，高19米、树围10米，被称为"群柏之冠"，更被外国学者誉为"世界柏树之父"。后世人都尊称轩辕黄帝是"人文初祖"、"文明之祖"。为此，延安又被称为中华民族的发祥地。

第四篇
抗日战争

⊙ 近代中国百年史，纠缠着中日两个邻国强弱关系完全颠倒的历史。唐宋时代中国文化成为日本学习的蓝本，中国文明景观至今在日本仍然历历在目。但是工业革命之后，日本采取明治维新改革开放战略，国力逐渐强大；中国统治者清朝政府面对世界进步潮流却仍然闭关自守、盲目自大，国力已趋衰弱。随着帝国主义列强用武力侵占中国沿海沿边口岸、掠夺中国资源、向中国市场倾销他们的工业产品，日本军国主义绑架的政府利用距离上的便利和文化上的了解，对中国的侵略步步为营，逐渐加大，到了第二次世界大战期间，更是达到了丧心病狂、蟒蛇吞象的地步。

　　1894年中日甲午海战中国战败，被迫签署了《马关条约》，日本利用这个条约从中国夺得了2.3亿两白银赔款，并用其中的80%来发展其军事，从此开始加强对中国的侵略。1900年，发生"庚子事变"，日本作为八国联军的主力之一，占领天津、北京，并利用《辛丑条约》在京、津一带驻屯重兵。1904年到1905年，日本通过日俄战争，从俄国手中夺取了在中国东北的特权。1910年日本以朝鲜作为跳板，侵略中国。1914年，第一次世界大战爆发，日本入侵胶州湾。1915年，日本通过与袁世凯签订"二十一条"，彻底取代德国在山东的特权。1928年，日本试图阻止国民革命军北伐，以保护侨民为名，炮轰济南，与中国北伐军发生交战，造成"济南惨案"。这一系列不平等条约的签订及日军对中国领土的步步蚕食，使得日本的侵华野心昭然天下。

　　1931年，日本悍然发动"九一八"事变，入侵东北，迫使中国人民拉开了抗日战争的大幕。抗战初期由于国民政府的不抵抗政策，东北人民自发成立的抗日联盟也难以抵挡武器精良、训练有素的日军，东北很快全面陷落。由于东北地方军阀张作霖及其继承人张学良由亲日转向承认南京的蒋介石中央政府，日本通过扶持溥仪为"皇帝"实施了成立伪满洲国政权的计划，企图实现对中国东北的实际控制。

随后日军进一步加快了全面入侵中国的步伐。1936年12月12日，张学良和杨虎城发动了西安事变，在西安扣留了蒋介石，迫使其"停止内战，联共抗日"，蒋介石被迫接受。日本军队于1937年7月7日在北京制造卢沟桥事件（"七七"事变），导致抗日战争全面爆发。

最初，中日之间在正面战场展开激烈战斗，中国军民虽然顽强抵抗，但是日军依旧屡屡得逞。北平、上海、南京、徐州、武汉等地先后沦陷。在攻陷了当时的首都南京之后，日军对南京城进行了惨绝人寰的大屠杀。由于节节胜利，日军甚至叫嚣"三个月内灭亡中国"。国民党领导的中国军队在正面战场浴血奋战，虽多以战败告终，但依然大幅削弱日军兵力，使其失去了全面攻占中国领土的实力。共产党领导的军队虽然人数少、力量单薄，但仍坚持在敌后开展游击战争、牵制日军，减轻国民党军队正面战场的压力。随之，战争进入战略相持阶段。1940年3月30日，日本在南京扶持成立汪精卫为首的伪国民政府。此时，日军的主要精力从正面战场转为敌后战场，在日占区进行了疯狂的扫荡，制造大片无人区，中国军民在各地分别展开抵抗、反击。

相持阶段后期，国民党顽固派开始积极反共，消极抗日，国共两党之间的矛盾更加尖锐化，皖南事变由此而起，但此时总的基调仍然是抗日。由于中国军民的不懈努力，以及世界反法西斯力量对日本的共同作战，1945年8月15日，日本无条件投降；9月2日，日本代表在"密苏里"号战列舰上签署投降书；9日，日本派遣军总司令冈村宁次在对华投降书上签字，中国抗日战争暨世界反法西斯战争至此以中国人民和世界人民的胜利而结束。

01　血色东三省

1-1 "九一八"事变与东北沦陷

◉ 1931年6月，日军参谋部大尉中村震太郎到中国东北从事间谍活动，被中国军队拘捕并以间谍罪处死。1931年9月18日夜，日本关东军在奉天（现沈阳）北面约7.5公里处的柳条湖南满铁路段上引爆小型炸药，炸毁铁路的一段，并诬陷是中国军队所为，举兵炮轰沈阳城，制造了"九一八"事变，日本迈出了入侵中国的第一步。

事变发生时，东北军受令采取不抵抗战略，致使日军很快于9月19日占领沈阳，后又分兵进占辽阳、海城、营口、盖平、复县、开原、昌图、公主岭、长春、抚顺、本溪、凤城、安东等地。9月21日东进吉林省，占领省会吉林市，进而占领吉长、吉敦两铁路。22日占领辽源及四洮路。五天之内，日军占领了辽宁、吉林两省的千里河山。11月又占领黑龙江，1932年1月占领锦州。不到三个月时间，日军抢夺了东北三省80万平方公里土地、3000余万人民、4000多公里铁路和无尽的宝藏。

占领东北后，日本以复兴清朝为诱惑，说服原清朝逊位的末代皇帝爱新觉罗·溥仪建立"满洲国"，1932年3月1日，伪"满洲国"正式成立，该傀儡政权完全处于日本政府与军队的控制之下。至此，东北三省彻底沦为日本帝国主义奴役下的殖民地。

✹ "九一八"历史博物馆

为了让华夏子孙永世不忘日本帝国主义给中国人民带来的苦难和耻辱，1991年沈阳市人民政府在大东区望花南街"柳条湖事件"发生地南200米处建起了"九一八"事变历史博物馆，江泽民挥笔写下了"勿忘'九一八'"的题词。1997年开始扩建，1999年9月18日，新馆正式落成并对外开放，现已辟为国家级爱国主义教育基地。

"九一八"事变历史博物馆占地面积3.1公顷，建筑面积12600平方米，展览面积9180平方米。由"九一八"事变残历碑、警世钟亭、陈列馆、胜利纪念碑等构成独具风格的建筑群体。主建筑——陈列馆是一个巨型的雕塑建筑，同时也是一座两页翻开的日历本造型纪念碑，可谓匠心独运。纪念碑为砖石水泥筑成的空心体，正面碑文为1931年9月18日日历。馆内陈列展线510米，展出珍贵历史照片800多幅，文物资料500多件，大小场景19个，是一幅全面反映东北人民惨遭日本军国主义侵略，继而奋起抗争，最终取得胜利的历史画卷，不仅展示了日本帝国

⊛ "九一八"历史博物馆
《中国现代美术全集·建筑艺术》（卷5）（中国建筑工业出版社出版）

主义如何策划、发动"九一八"事变，对我国东北地区进行残酷的殖民统治，还记录了东北人民和全国人民不屈不挠、浴血奋战，最终取得抗日战争伟大胜利的历史。陈列馆配备有分区广播、电子阅览室、多媒体电脑系统及互联网等高科技设施。

510米陈列展线的设计别有一番寓意。"从这一天起，日本帝国主义制造了一件件灭绝人寰的惨案，创下了一个个令整个人类至今毛骨悚然的罪恶记录。从这一天起，华夏儿女经受了5000多个只有仇恨没有眼泪的日日夜夜，整个中华大地遭受了史无前例的凌辱。"在博物馆序厅的长明灯周边，用中、英、俄、日4种文字铭刻着这样一段文字，整个设计宛如一座坟墓，埋葬着一段滔天的罪行。从东北的沦陷到日本禽兽对中国人的屠杀和细菌试验，整个展道呈下坡设计，越走越阴暗；然后从东北抗联抗日，直至日本战犯被审判，展道呈上坡设计，越走越明亮。博物馆附近还矗立着"九一八"事变炸弹碑，此碑最初是日本帝国主义为炫耀和庆祝"九一八"事变而建立，现在依然保留，成为日军侵华

的累累铁证之一。

"九一八"历史博物馆以其独特的艺术造型和深邃的思想内涵，向全国人民昭示"勿忘国耻、振兴中华"的永恒主题。昭示我们：灾难和耻辱并不可怕，可怕的是不能从灾难和耻辱中获取教训。我们绝不能忘记当年国土沦陷的惨痛历史，绝不能忘记国家落后、分裂和对侵略者妥协退让的沉痛教训。强调牢记历史，并不是要延续仇恨，而是要以史为鉴、面向未来。

⊛ 平顶山惨案遗址纪念馆

平顶山惨案遗址位于辽宁省抚顺市区南部平顶山下，这是侵华日军1932年9月16日残杀平顶山村3000多无辜同胞的现场。系全国重点文物保护单位。

为悼念殉难同胞，抚顺人民于1951年修建了纪念碑，1970年在惨案遗址进行局部发掘，就地修建了遗骨馆，同时重修纪念碑。

屹立在平顶山上的纪念碑占地面积3160平方米。纪念碑正面镌刻着记录惨案史实的碑文。经山上环形路下行75级台阶，坐落着在屠杀现场建立的"平顶山殉难同胞遗骨馆"，其建筑面积1430平方米。经前廊进入正厅，中间是平顶山村原貌示意沙盘，正面屏风上镶着"向平顶山殉难同胞致哀"立体大字和

花环。两侧展壁上陈列着惨案的历史图片数据。展览大厅里，是长80米、宽5米的遗骨池，池内800多具殉难同胞的遗骨，纵横叠压，惨不忍睹。其中不乏老人、残疾人、妇女、儿童、婴儿和孕妇的遗骨。骨池周围陈列着殉难同胞的烟嘴、剪刀、梳子、小手镯、长命锁、炭化果壳月饼和矿工用的饭票，以及刽子手屠杀用的子弹头、弹壳和焚尸以销毁罪证用的汽油桶等。累累白骨、件件遗物，是日军屠杀无辜人民的铁证，揭露了日本军国主义者的血腥罪行。

☀ 长春市东北沦陷史陈列馆

东北沦陷史陈列馆位于伪满洲国皇宫东部。伪满洲国皇宫（位于吉林省长春市光复路北侧）是中国现存的三大宫廷建筑之一，主体建筑是一组黄色琉璃瓦覆顶的两层小楼，溥仪1932年到1945年间曾在这里居住。伪满皇宫博物院是建立其上的宫廷遗址博物馆，该馆成立于1962年，占地面积12公顷。

东北沦陷史陈列馆建于伪满皇宫博物院内，于2006年9月开馆，展厅面积3200多平方米。展馆分为地下1层、地上3层，陈列了1200多张照片、大量原始音像资料、实物和毒气室等场景，展馆的一角还安放着抗日歌曲点播台。这个三维立体式的陈列真实再现了东北沦陷的屈辱、日军的野蛮残暴、东北百姓当年遭受的巨大灾难。

为收集展馆资料，长春伪满皇宫博物院曾两次派出工作人员组成采访取证团，远赴日本征集日军侵华罪证，馆内的展品中，超过三分之一的佐证文物征集自日本。

☀ 侵华日军第七三一部队罪证陈列馆

侵华日军第七三一部队是由当年日本最高统治者敕令组建的一支特种部队。该部队于1935年在中国哈尔滨市平房地区筹建了生物武器研究、试验和生产基地，并成为迄今为止世界上最大规模生物战的指挥中心。从1939年至1945年，至少有3000名中国人被当做试验材料惨遭杀害，而在侵华日军发动的生物战中，遭到屠杀和残害的中国人民达30万。日本战败投降前夕，七三一部队溃逃时，对这一日本最高核心机密的设施进行了大规模的销毁和破坏。目前，尚有重点保护罪证遗址23处。

侵华日军第七三一部队罪证陈列馆位于黑龙江省哈尔滨市平房区新疆大街25号，即原第七三一部队本部大楼。陈列馆总面积1500平方米，分15个展厅，以大量的图证、物证、实证，控诉了七三一部队的血腥罪行。

◉ 鸡西市侵华日军虎头要塞遗址 CFP

◉ 鸡西市侵华日军虎头要塞遗址

侵华日军虎头要塞遗址位于黑龙江省虎林市虎头镇西北的群山中，要塞工程浩大，设施完备，易守难攻，是我国迄今为止发现的第二次世界大战期间修筑的最坚固、保持最完整的军事要塞。该要塞规模庞大、结构复杂、设备齐全，分地上、地下两部分。地上军事设施现存遗址主要有火石山列车炮阵地，40厘米口径火炮阵地，加农炮、榴弹炮、野战炮阵地，作战掩体，以及蜿蜒曲折10余公里，用于沟通各要塞工事的交通壕等。地下军事设施保存遗迹有指挥所、发电所、弹药库、粮秣库、燃料库、兵营、将校营、医院、炊事房、浴池、厕所、上下水道及水井。从地下设施通向地面设有观测哨所、地堡、竖井、反击口、烟囱及通风口，出入通道的要隘处设有陷阱、射击孔。1945年，苏联红军对侵华日军宣战，虎头要塞被彻底摧毁。

为保存日军侵华罪证，铭记历史、教育后人，我国各级政府清理虎头要塞主阵地——猛虎山段地下设施，并在遗址上建成了占地2.8万平方米的侵华日军虎头地下要塞遗址博物馆。该馆先后被列入黑龙江省级重点文物保护单位、省级爱国主义教育基地、国家重点文物保护单位，并成为黑龙江省红色旅游线路的重要组成部分。虎头要塞遗址东侧的乌苏里江畔，建有公园和纪念碑，以纪念那段痛苦的战争历史。

◉ 牡丹江市侵华日军东宁要塞遗址

侵华日军东宁要塞遗址位于黑龙江省绥芬河市东宁镇。它北起绥阳镇北阎王殿，南至甘河子，正面宽110多公里，纵深达50多公里。有飞机场11个，永久性工事400多处，野战炮阵地45处。现已发现的地下军事要塞有勋山、朝日山、胜洪山、母鹿山、409高地、麻达山、三角山、甘河子、阎王殿、北天山等。目前开放的勋山要塞是东宁要塞中的一个中型要塞，它占地5公顷，与俄罗斯仅一河之隔。高1.8米，宽1.5米的隧道纵横交错，上下连通，最深处可达地表下15米，隧道中建有指挥所、医疗所、无线电室、铁车库房、升降井、排水沟、蓄水沟、暖气管道、贮备仓库、弹药库、电机房、兵舍、火力发射点、防毒气的双层隔离门等设施。要塞全部由钢筋混凝土构筑。

同时，东宁要塞是日本在中国的最大集中埋葬遇害中国劳工的场所。第二次世界大战时期，日本关东军在中国共抓了17万劳工修筑东宁要塞，这些劳工只有极少生还，绝大多数都被残害致死集中埋葬。劳工坟遗址位于东宁大肚川镇老城子沟村北1.5公里的山岗上，占地约2公顷，共有8000余名中国劳工的尸骨埋在这里，像这样的劳工坟在东宁还有十几处。

侵华日军东宁要塞陈列馆内以大量的实物和照片向人们揭示了当年侵华日军的罪行，利用最真实、最生动的实物教育国人，勿忘国耻，激发国人爱国热情。

☉ 战犯管理所旧址陈列馆，谢罪碑　CFP

改为抚顺战犯管理所。正式接收由苏联政府移交给我国的在侵华战争中犯有破坏和平罪、战争罪、违反人道罪的日本战犯和以溥仪为首的伪满战犯，之后又陆续收押在国内解放战争中犯有战争罪的战犯。

☉ 战犯管理所旧址

战犯管理所位于辽宁省抚顺市高尔山下，浑河北岸，占地约3公顷，建筑面积9954平方米。该建筑始建于1936年，当时是日本军国主义者在侵华战争中，为镇压中国抗日志士和爱国主义者而修建的一所监狱，史称"抚顺典狱"。日本战败投降后，由国民党占据，期间曾改名为"辽宁第四监狱"。1948年11月20日，抚顺解放后，东北人民政府在此设立"辽东省第三监狱"。1950年，根据毛泽东和周恩来的指示，将"辽东省第三监狱"

☉ 辽源市日军辽源高级战俘营旧址

日军辽源高级战俘营旧址位于吉林辽源市（原西安县）人民大街887号，现军分区（原北大营）院里，是第二次世界大战时期日军秘密设立的，专门用来关押美、英等国高级将领和高级文职官员的场所，也是目前国内唯一一所具有地下建筑的战俘营。战俘营是日本法西斯侵略罪行的铁证，也是中国军队和盟国军队并肩作战共同抗击法西斯的见证。

△ 其他相关景点：白城市中共辽吉省委辽北省政府办公室旧址和侵华日军机场遗址群（吉林省）

1-2 东北抗日联军的战斗

◉ 1931年"九一八"事变后，面对日本军国主义的侵略，东北军民出于民族义愤，拒绝国民政府当局的"不抵抗"命令，奋勇抗战。日军向黑龙江进攻时，黑龙江省代主席、省防军司令马占山在今齐齐哈尔市泰来县江桥镇率部奋起抵抗，毙伤敌军千余人，使敌遭受重大打击，但马占山部队终因寡不敌众而失败。"江桥抗战"虽然失败了，但这是"九一八"以来中国军民发起的首次大规模战斗，不仅使日军遭受第一次沉重的打击，更激起了全国人民的救亡呼声，此后全国掀起了"抗日援马"运动的高潮。在东北大地上，迅速涌现出义勇军、游击队、红枪会、大刀会、山林队等各种抗日武装。到1932年夏天，东北义勇军人数达30万以上。1936年2月，为了扩大抗日统一战线，东北军民积极筹组东北抗日联军。中国共产党决定将其领导的东北抗日部队一律改为抗联。东北抗联在日本侵略者的大后方艰苦斗争14年，牵制了数十万日伪正规军，有力地支援了全国的抗日战争。虽然由于缺乏统一领导和指挥、军需供给短缺等各种原因，东北抗联最终失利，但其英勇抗击外敌入侵的精神永垂不朽。

⊛ 东北烈士纪念馆

　　东北烈士纪念馆位于黑龙江省哈尔滨市南岗区一曼街，总建筑面积16000多平方米，馆舍是欧洲古典主义建筑风格的3层楼房，建成于1931年。这里曾经是日本侵略者镇压中国人民的罪恶场所，抗日民族女英雄赵一曼就是在这里遭受酷刑并走上刑场的。

　　纪念馆于1948年10月10日开馆，目前馆藏文物5000余件，图书、档案、文献、照片共30000余件，还运用大屏幕显示等现代化手段，立体地再现了一部史诗般的东北抗日斗争。

◉ 东北烈士纪念馆　新华社记者 胡伟 摄

⊛ 东北抗联博物馆

　　东北抗联博物馆也位于黑龙江省哈尔滨市南岗区一曼街，是在黑龙江省革命博物馆的基础上进行改建和扩建的。黑龙江省革命博物馆始建于1948年，原馆总建筑面积3600平方米，陈列面积2440平方米。新馆扩建后展厅面积达6000余平方米，展品也进行了扩充，与紧邻的东北烈士纪念馆形成一个完整的抗联展览体系，用影视、三维成像、激光、雕塑、绘画等多种艺术手法与实物相结合的手段，构成一个三维立体式的陈列系统，形象生动、全面地展现抗联英雄的事迹。

⊛ 齐齐哈尔市江桥抗战纪念地

　　江桥抗战纪念地位于黑龙江省齐齐哈尔市泰来县江桥镇，即"洮昂铁路"中段嫩江桥南端。现存江桥抗战时期嫩江哈尔葛大桥(木桥)桥墩遗址、伪满建设的嫩江大桥(铁桥)桥墩、桥头碉堡遗址、日本占领时期江桥铁道守备队遗址、关东军驻江桥守备队大营碉堡、地下工事遗址、未探明的日军地下仓库等。

　　2001年江桥镇政府建成占地3公顷的江桥抗战纪念公园，园内有江桥抗战纪念碑、马占山将军铜像、反满抗日爱国志士伊作衡纪念碑、抗日爱国将领苏炳文将军纪念碑、江桥抗战纪念墙、江桥抗战纪念馆等，其中馆内有珍贵图片240张，文物90件。2010年2月江桥抗战纪念地被评为"黑龙江100个最值得去的地方"。

⊛ 本溪市东北抗联史实陈列馆

　　本溪市东北抗联史实陈列馆位于辽宁省本溪市本溪满族自治县，是全国抗联史实陈列专题中规模最大、史料最全的东北抗联史实陈列馆，也是辽宁省第一个东北抗日联军纪念馆。馆区面积0.3公顷，共分序厅、主展厅、英烈厅三个部分。陈列布展以"林海雪原，抗联英雄"为主题，以东北抗联重要历史事件、历史人物、历史战役为线索，系统、生动地再现了东北抗日联军14年的艰苦斗争历程。

⊛ 牡丹江市八女投江革命烈士陵园

　　1938年10月下旬，东北抗联四、五军西征妇女团的女战士们为掩护大部队转移，英勇抗击日军，在弹尽粮绝的情况下宁死不屈，背着负伤的战友，投入林口县境内凶猛暴烈、冰冷刺骨的乌斯浑河，为国捐躯。

　　为了缅怀八位女烈士，牡丹江市委、市政府于1988年8月1日在牡丹江畔修建了八女投江纪念馆，后搬迁至铁岭河革命烈士陵园内，重建后于2001年开馆。展馆位于黑龙江省牡丹江市太平路156号，展出面积1200平方米、展线约560米、展出实物500余件、照片（画像）400余幅。展出内容为六部分：日寇铁蹄下的牡丹江、牡丹江的抗日烽火、中朝人民并肩抗日、八女英烈壮歌、抗战的最后胜利、英烈千秋。

　　为了宣传、弘扬八女投江的可歌可泣的壮举，以抗联女战士的英雄事迹为原型，拍摄了《中华儿女》、《八女投江》的电影，让她们的故事激励更多的中国人勿忘国耻、实现强国梦。

△ 其他相关景点：白山市东北抗日联军纪念园（吉林省）

⊛ 牡丹江市八女投江革命
烈士陵园中的雕塑　CFP

国破山河在

◉ 1931年日本全面攻占东北后，又积极准备开展全面侵华战争。最初，日军在长城沿线不停地制造事端，随后逐步蚕食华北地区。在此期间，虽然中国军队中涌现出冯玉祥、吉鸿昌等民族英雄，但是依旧难以抵抗日军的进攻。中国政府被迫先后签订了《塘沽协定》、《秦土协定》和《何梅协定》，从而使华北成立了自治政府。此时国民党政府依旧不顾大局，坚持"攘外必先安内"，将主要精力放在消灭共产党上，对共产党进行多次"围剿"，并将共产党逼上长征之路。

在中华民族生死攸关的危急关头，中国共产党通过《八一宣言》、"瓦窑堡会议"等向包括国民党在内的全国同胞发出"全民族结成广泛的抗日统一战线，准备全面抗战"的号召，确定了建立"抗日民族统一战线"的抗日政策。在中国共产党的宣传和领导下，"抗日救亡"的革命团体不断在全国各界涌现，掀起了救亡运动的高潮。1935年12月9日，在中国共产党的宣传和领导下，上万名北平学生爆发了轰轰烈烈的抗日救亡游行示威活动（即著名的"一二九"学生运动），提出"停止内战，联合抗日"口号。1936年12月12日"西安事变"发生，第二次国共合作的统一战线形成。

1937年7月7日，日本侵略军发动"七七事变"，全面侵华战争机器正式启动。对此国共双方都做出了积极准备，号召各方进行全国抗战。在全面抗日战争的初期，日军将主要力量投入正面战场，中国军队虽然拼死抵抗，但是依旧难以阻挡日军。几个月之后，"淞沪会战"和"太原会战"都以中国失败告终；同时，在北方，国民党军队只能退守到黄河沿线，国民政府也迁至陪都重庆。1937年12月，日军攻克南京，制造了"南京大屠杀"。随后中日双方又展开了"徐州会战"和"武汉会战"。此时期，中国军队在装备全面落后的情况下，顽强作战，在平型关和台儿庄分别取得了胜利，鼓舞了全国人民的斗志。

2-1 华北事变

◉ 1933年1月，日本军队开进长城一线。首先在山海关制造事端，炮击临榆县城，中国守军还击，著名的"长城抗战"爆发。1月3日，山海关沦陷。日军随即进攻热河，省会承德遭到袭击，仅10余天即告陷落。同年5月，日军向察哈尔进攻，并一度占领察北重镇多伦，冯玉祥和吉鸿昌发起组织的察哈尔民众抗日同盟军经过5天的激烈战斗，夺回多伦。最终中国军队不敌装备精良的日军和伪"满洲国"部队，长城抗战以中方失败告终。1933年5月，中日签署《塘沽协定》，国民党军退出热河和冀东，日本打开了通往华北的大门。

签订《塘沽协定》之后，日本暂时将对中国的侵略从野蛮"掠夺"方式转变为"蚕食"方式，使用"华北分离"的政策侵占华北地区。首先于1935年6月逼签《秦土协定》，"割让"察东6县予"满洲"；随后制造河北事件，1935年7月逼签《何梅协定》，迫使国民党党部和中央军完全撤出河北、平津。后又以军事讹诈为后盾，开展河北、山东、山西、察哈尔、绥远"华北五省自治"运动。南京政府力争保留主权，在北平成立了半独立性质的"冀察政务委员会"，除了名义上隶属南京政府，实质已经成为变相的自治。以上一系列事件统称"华北事变"。华北平津地区包括了中国北方大片地区，北平是中国的历史古都，当时也是全国的文化中心。华北事变的发生，使中华民族面临着生死攸关的亡国危机。

◉ 承德市宽城县喜峰口长城抗战遗址

喜峰口长城抗战遗址位于河北省承德市宽城满族自治县和迁西县的交界处。喜峰口是万里长城重要的军事关隘。1933年3月，日本侵略军进逼长城，平津危急，宽城县成为长城抗战的主要战场。爱国将领宋哲元、张自忠、赵登禹等国民党军曾在此与日军展开殊死搏斗，给予侵华日军以沉重打击。唱响全国的《大刀进行曲》就诞生于此。

◉ 承德市宽城县喜峰口长城抗战遗址，纪念碑
CFP

喜峰口长城抗战遗址拥有美丽的湖光山色（潘家口水库）与抗战人文景观，也是万里长城上唯一一处红色旅游项目和全国唯一一处反映长城抗战题材的红色旅游景点。经过多年的保护与开发，已成为河北省级爱国主义教育基地，并被列入"全国第二批红色经典景区名录"。占地面积约6000余公顷的遗址基地主要包括喜峰口长城抗战遗址、王厂沟冀东军分区司令部抗战遗址、蟠龙洞抗战医院遗址等红色景点。另外，迁西县境内还建立了喜峰口长城抗战纪念碑。

⊛ 察哈尔抗日同盟军收复多伦指挥部、同盟军收复多伦战斗遗址

察哈尔抗日纪念地多伦红色旅游景区位于内蒙古自治区锡林郭勒盟多伦县，占地面积达220公顷。景区主要由察哈尔抗日同盟军收复多伦指挥部（察哈尔抗日纪念馆）、吉鸿昌将军演讲台、苏蒙联军光复多伦指挥所、同盟军收复多伦战斗旧址、群众抗日集会旧址、革命烈士陵园等景点组成。

多伦革命烈士陵园始建于1959年，建有烈士纪念碑、革命烈士纪念馆、革命烈士墓；2006年进行重修，改建了革命烈士纪念馆，树立了吉鸿昌将军汉白玉雕像。这里陈列展出了从抗日战争至中华人民共和国成立这一历史时期多伦县的重要历史事件资料及重要革命历史人物介绍。**原苏蒙联军作战指挥所**（汇宗寺），是漠南地区的藏传佛教中心和文化胜地，2001年被列入全国重点文物保护单位。**群众抗日集会场所**（山西会馆）内陈列了察哈尔抗日同盟军收复多伦期间的史实资料和部分文物，2006年被列为国家级文物保护单位，现已发展为红色旅游文化中心。

近年来，多伦县政府对察哈尔抗日纪念地进行了修复、完善，形成了红色文化和历史文化完美结合的经典景区。

⊛ 玉山县中国工农红军北上抗日先遣队纪念馆

1935年1月，方志敏率领中国工农红军北上抗日先遣队，深入闽浙赣诸省国民党统治地区宣传中国共产党的抗日主张。历时6个多月，行程2500余公里，最后在怀玉山遭遇国民党围攻，他们在弹尽粮绝的情况下浴血奋战20多天，不畏困难、不怕牺牲、英勇善战，近千名红军战士血沃怀玉山。

2007年，玉山县（江西省上饶市）在怀玉山国家级森林公园境内兴建"中国工农红军北上抗日先遣队纪念馆（碑）"。纪念碑总占地面积0.201公顷，建设规模2000平方米，碑身长39.8米，宽15米，高12.75米。纪念馆主要陈列展示内容包括先遣队的战斗场面、行军路线图、先遣队将士使用过的物品如枪支、望远镜、铜茶壶、衣物等；人物介绍主要展示了方志敏等烈士殊死战斗的事迹等。

△ 其他相关景点

1）乌兰察布市绥蒙革命纪念馆及田家镇惨案遗址（内蒙古自治区）

2）吉鸿昌将军讲演地（内蒙古自治区锡林郭勒盟多伦县）

3）新安旅行团革命历史陈列馆（江苏省）

2-2 西安事变

◉　面对日侵时期的危局，蒋介石仍然坚持"攘外必先安内"，对中共多次实施剿灭行动。1935年12月中国共产党召开瓦窑堡会议，呼吁"停止内战、一致对外"，倡导建立"抗日民族统一战线"，得到国民党东北军、西北军领导人张学良和杨虎城的响应，二人于1936年12月12日对到西安督战的蒋介石实施"兵谏"，发生了震惊中外的"西安事变"，又称"双十二事变"。事变发生后，周恩来会见蒋介石，并与之协商，迫于国内抗日救亡运动高涨和共产国际出面协调的压力，蒋介石最终接受"停止剿共，一致抗日"的主张，促成了第二次国共合作。

国共两党经进一步协商，对军队问题也达成一致：将西北红军改编为国民革命军第八路军（后改为第十八集团军，但习惯统称"八路军"）；南方八省的红军游击队改编为新编陆军第四军（习惯称"新四军"）；后又组建"新四军华南游击（支）队"。1937年9月初，八路军挺进华北战场；1938年4月，新四军挺进华中，开辟敌后抗日根据地；同时，华南游击队广泛开展游击作战。全国军队形成合力，共同抵御外敌。

至此，以国共两党合作为中心，中国各族人民、各民主党派、各爱国军队、各阶层爱国人士以及海外华侨的抗日民族统一战线终于建立起来。第二次国共合作促成了全国人民空前的大团结，为抗日战争的胜利，创造了有利的条件，也为中国共产党力量的发展和壮大提供了很好的契机，同时也显示出了中华民族的伟大力量，给日本侵略者以巨大的压力和沉重的打击。

✸ 西安事变纪念馆

西安事变旧址位于陕西省西安市临潼区骊山北麓的华清池景区内，是以西安事变发生地——张学良公馆、杨虎城止园别墅为基础而建的遗址性博物馆。纪念馆设在张学良公馆，1986年12月，在纪念西安事变50周年之际正式对外开放。

骊山是临潼旅游的窗口，也是中国悠久历史文化的缩影。华清池也叫华清宫，是我国著名的温泉胜地，是以温泉汤池著称的中国古代离宫，周、秦、汉、隋、唐历代统治者，都视这块风水宝地为他们游宴享乐的行宫别苑。1982年，华清池被列为全国第一批重点风景名胜区；2007年5月8日，华清池景区被批准为国家AAAAA级旅游景区。

张学良公馆位于西安市建国路69号，占地面积约0.8公顷，四周有青砖围墙。院内东西排列着三座3层砖木结构的西式楼房，还有20余间平房。从1935年9月到1936年12月25日，张学良及其夫人和随从人员在这里居住。西安事变的酝酿、策划、发生、和平解决也都在这里进行。处理西安事变期间，周恩来、叶剑英等中国共产党代表抵达西安后，也住在张公馆的东楼，在中楼与张学良、杨虎城会谈，并和二人一起与南京政府代表宋子文等谈判。目前西安事变纪念馆举办有"西安事变史实陈列"、"千古功臣——张学良将军生平陈列"和张学良旧居复原陈列。

止园又称杨虎城公馆，位于西安市青年路的止园饭店西侧，占地面积0.23公顷，始建于1933年，主楼为传统宫殿式飞檐砖木建筑，庭院内还有平房10余间。西安事变前夕，张、杨在这里密商发动兵谏。事变发生后，周恩来曾亲临止园商谈，促成西安事变和平解决。这座别墅现已辟为杨虎城将军纪念馆，内部陈设杨虎城将军的遗物和西安事变的部分文件。

西安事变纪念馆附近还分布着五间厅、兵谏亭、黄楼、高桂滋公馆和西京招待所等景点。西安事变期间，蒋介石居住在五间厅。12月12日凌晨，张学良的卫队进抵蒋介石驻地临潼华清池，与蒋介石的卫队交火。蒋介石在五间厅寝室听见枪声，从后窗仓皇出走，越后墙而过，跃入深沟，碰伤脊背，由侍卫搀扶上山，匿身"兵谏亭"，被张学良的卫队搜索发现后捕获，扶掖下山，住进了高桂滋公馆，翌日送往西安新城黄楼。五间厅的玻璃窗、墙壁上，迄今还保留有激战时的弹痕。

五间厅是西安华清池古环园中的主要建筑物，因由五个单间厅房相连而得名。为了更真实地展现那段历史岁月，各房间都被恢复成当年的旧貌，游人可透过开启的窗户看见室内的陈设。五间厅的主体为一座砖木结构的厅房，初建于清朝末年。1900年八国联军进攻北京，慈禧西逃时曾驻跸于此。1934年曾加以修葺，成为高级官员游览休憩的场所。

兵谏亭高4米，宽2.5米，建于1946年3月，名曰"正气亭"。新中国成立后，该亭更名为"捉蒋亭"。1986年12月在纪念"西安事变"50周年前夕，为了促进两岸友好关系，再次易名为"兵谏亭"。

高桂滋公馆位于今西安市建国路71号，房舍依旧完好。黄楼今在陕西省政府院内，是张、杨二将军设立联合指挥部的绥靖公署所在地。西京招待所位于今西安市解放路和西四路交叉口，是一座两层楼房，为20世纪30年代初，杨虎城为招待国民党高级大员所建，名之"西京招待所"，现为陕西省外事办公室的办公地。

2004年，西安事变旧址管委会在西安骊山投资建成"西安事变浮雕"。浮雕总长60米，高3.6米，由12组内容构成，成功塑造了张学良、杨虎城等典型历史人物120个。建成后的浮雕与兵谏亭、兵谏园共同形成一个集旅游观光、爱国主义教育、艺术鉴赏于一体的新景观。

1982年，西安事变旧址被国务院命名为第二批全国重点文物保护单位；1997年6月被中宣部命名为首批"全国百个爱国主义教育示范基地"。如今，杨虎城公馆（止园）、黄楼、张学良公馆（金家巷）、高桂滋公馆，也均成为国家重点文物保护单位。

⊛ 铅山县石塘镇新四军整编旧址

1937年国共两党第二次合作期间，将南方八省的红军游击队改编为"新四军"。闽赣省边区一带的红军游击队600余人根据上级指示，陆续下山在江西省景德镇市铅山县石塘镇集中整编。时任中共闽赣省委书记的黄道在石塘召开了群众大会，动员群众报名参军；又组织工作组到附近各县进行抗日救国、国共合作的宣传，使赣东北各县掀起了参军的热潮，新四军部队迅速扩大到1500多人。1938年2月，在石塘集结的闽赣边区红军游击队被改编为"国民革命军新编第四军第三支队第五团"，团部设在石塘坑背的抚州会馆，下设三个营和一个机炮连。整编后，部队军事训练更加正规化。1938年3月25日，五团将士携带装备，在石塘镇操场列队举行抗日誓师大会，从此踏上英勇的抗日征程。

新四军整编旧址位于今江西省景德镇市铅山县石塘镇的一栋古建筑内，这里原来是石塘著名的抚州会馆，1994年，由一名香港商人捐资，改建成了现在的石塘小学，墙壁上至今仍留有当年红军的标语"青年学生同胞们，努力学习救国知识，反对读死书，死读书"。

⊛ 南昌新四军军部旧址

新四军是由在南方八省14个地区内坚持游击战争的红军游击队改编组成。1938年1月6日，新四军军部在南昌正式成立。叶挺为军长，项英为副军长，张云逸为参谋长。新四军的成立，是抗日战争初期的重大事件，标志着中国共产党的抗日武装日益发展壮大。

南昌新四军军部旧址位于江西省南昌市友竹巷。原为建于1915年的北洋军阀张勋的公馆。1938年1月6日，国民革命军陆军新编第四军军部从汉口迁驻于此，开始正式办公。相继设在这里的还有中共中央东南分局和新四军驻赣办事处。叶挺、项英、曾山、黄道等曾在此居住、办公。

新四军军部在南昌期间，除了组织改编南方八省红军、游击队为新四军，指挥各部队开赴皖南集结外，还广泛开展抗日民族统一战线和抗日救亡活动，恢复和发展中共党的基层组织，输送大批青年奔赴抗日前线，使沉寂的南昌变成了南方的延安。1938年4月4日，军部离开南昌开赴抗日前线。新四军驻赣办事处从东书院街移驻张勋公馆，与留在南昌的中共中央东南分局一同坚持工作，直到1939年3月26日南昌沦陷前夕。

⊛ 国共合作遗址群及抗日民族统一战线遗址群

国共合作遗址群位于湖南省衡山市南岳衡山的集贤峰白龙潭，1938年11月，蒋介石在衡阳市南岳区召开最高军事会议，中共代表周恩来、叶剑英、郭沫若应邀参加。在这次会议上，蒋介石确定接受中共中央建议，两党共同创办南岳游击干部训练班。此处还是西南联大文学院校址所在，原为创建于20世纪初期、占地面积1公顷左右的圣经学校校舍。

这里曾是"国民政府军事委员会"的抗战大本营，蒋介石曾在此召开四次南岳军事会议，指挥正面战场的对日作战。在第一次南岳军事会议上，决定在圣经学校举办南岳游击干部训练班。第四次南岳军事会议，国民党在这里部署对日军实行战略反攻。周恩来、叶剑英也曾在此致力于发展壮大抗日民族统一战线。北平沦陷后，北大、清华、南开三校被迫迁往湖南，成立了国立长沙联合大学，其文学院独设在此。闻一多、朱自清、冯友兰、叶公超等著名教授，都先后来此讲学任教，宣传抗日救亡。

⊛ 八路军西安办事处纪念馆

八路军西安办事处纪念馆位于陕西省西安市北新街七贤庄，在1936—1946年间，中共中央曾在这里先后设立了秘密交通站、红军联络处和国民革命军第八路军驻陕办事处。

⊛ 八路军西安办事处纪念馆之一 CFP

1935年10月，红军长征到达陕北，医疗器械和药品十分缺乏，周恩来派遣在张学良身边工作的共产党代表在七贤庄的一号院组织建立起秘密交通站，负责为延安采买、转运医疗器械和通讯器材，以及转播红色中华社的新闻等工作。1936年西安事变和平解决后，"秘密交通站"改为半公开的"红军联络处"，由叶剑英主持发展东北军、西北军、红军三位一体的联络团结工作，促进抗日民族统一战线的建立。1937年卢沟桥事变后，红军改编为"国民革命军第八路军"，同年8月25日"红军联络处"改为"国民革命军第八路军驻陕办事处"。

中国共产党、八路军的主要领导人周恩来、朱德、刘少奇、彭德怀、叶剑英、邓小平、林伯渠、董必武等曾多次留驻办事处并指导工作，是全国成立最早、坚持时间最长、影响最大的驻国民党统治区的办事机构。

八路军西安办事处旧址包括七贤庄第一、三、四、七号院，始建于1936年。一号院是现在的纪念馆主馆所在，也是共产党驻西安机关的主要办公地点，南北长82米，东西宽17米，占地面积1300多平方米，由南北两个大小、结构相同的两进院落组成，建筑为砖木结构平房。如今复原并开放了接待室、办公室、会客厅、秘书室、救亡室、理发室、机要室、地下室和周恩来、朱德、叶剑英等住室，还复原了白求恩大夫等国际友人的住室，再现了八路军驻陕办事处的历史风貌。三号院和四号院为辅助性陈列室，展示了"八办"的历史背景、主要工作和历史地位，以及美国著名作家、社会活动家海伦·斯诺在中国的革命活动。

1995年纪念馆被国家文物局评为全国文物系统优秀爱国主义教育基地；1996年被国家六部委授予"全国中小学爱国主义教育基地"；1997年被中宣部命为"全国百家爱国主义教育示范基地"。

◉ 八路军西安办事处纪念馆之二　CFP

2-3 "七七"事变

◉ "七七"事变又称"卢沟桥事变"，发生在北平西南的宛平县（今北京市丰台区卢沟桥镇）。1937年7月7日夜，日军诬陷中方扣留其一名士兵，由于中国守军拒绝其入城搜查，日军枪炮猛轰卢沟桥，向宛平城内的中国守军进攻。国民党军队奋起还击，打响了抗战的第一枪，揭开了全国抗战的序幕。卢沟桥事变实际上是在日本法西斯集团已经做好充分准备，意欲将其前侵占中国东北的局部战争升级为全面侵华的全局战争的背景下，率先在世界的东方点燃了第二次世界大战的战火。

"七七"事变发生后，中国共产党两次发表宣言，指出"华北危急！平津危急！中华民族危急！"，号召全国放弃任何妥协立即实行抗战。国民政府则一面争取"和平"解决，一面做好了抗战准备，蒋介石在"庐山谈话"中表示，抗战的"最后关头"已经到来，全面战争一旦爆发，则"地无分南北，人无分老幼"，进行全国抗战。

　　事变发生后，日本帝国主义加紧侵略中国的行动不仅威胁到人民大众的生存，而且直接威胁到中华民族的生死存亡，国民党政府对日本残存的一点和平幻想彻底破灭，同时，迫于全国各界呼吁联合抗战，一致对外的压力，蒋介石对中国共产党提出的建立抗日民族统一战线的主张终于做出了积极反应，同意国共进行第二次合作。前所未有的抗日民族统一战线充分体现了"民族意识胜过一切"的思想，在大敌当前的紧急关头，中国人民显示出了巨大的民族凝聚力。卢沟桥畔的枪声引燃整个中华民族的抗日烽火，将中国推到了一个新的历史时期。

⊛ 卢沟桥、宛平城

　　卢沟桥位于北京市西南约15公里处，丰台区永定河之上，是北京市现存最古老的石造联拱桥，卢沟桥不仅见证了"七七"事变，而且历史悠久，造型精美，极具艺术价值。卢沟桥始建于金代（1189年），在清康熙年间经过重建，至今已有800多年历史。初名为"广利"桥。据《日下旧闻考》记载："桑干下流为卢沟，以其浊故乎浑河，以其黑故乎卢沟"。燕人以黑为卢，此桥因跨卢

⊛ 卢沟桥 郑建民 摄

沟河，故名"卢沟桥"。卢沟桥全长266.5米，宽9.30米，有10个桥墩，11个孔，桥拱采用框式纵连式砌拱法，呈弧形，关键部位均有银锭铁榫连接，异常坚固。卢沟桥是一座历史的桥，一座艺术的桥，更是一座英雄的桥。

当地民间有句歇后语说："卢沟桥的石狮子——数不清"。卢沟桥石刻十分精美，桥身的石雕护栏上共有281根高1.4米的望柱，柱头刻着莲座，座下是荷叶墩，柱顶刻有许多大小不等、形态各异的石狮。据统计，望柱上有大石狮281只，小石狮220只。卢沟桥东、西两端均有汉白玉石碑，东面有清乾隆御笔的"卢沟晓月"碑，"卢沟晓月"是著名的燕京八景之一，数百年来一直吸引着中外游人。西面有康熙视察永定河碑。另一座是乾隆时期重葺的卢沟桥碑。《马可·波罗行记》对卢沟桥作出的"世界上独一无二的桥"的赞誉，使其在西方也美名远扬，欧洲人甚至称其为马可·波罗桥。

1961年，卢沟桥被国务院批准列为全国重点文物保护单位。

宛平城位于卢沟桥东，是明崇祯十一年（1638年）为驻兵捍卫帝京而建。宛平城东西长640米，南北长320米，总面积20.8公顷。城池建筑别具特色，它没有一般县城的大街小巷，酒肆茶坊，钟鼓楼等，只开东、西两个城门，筑有城楼和瓮城，是我国华北地区唯一一座保存完整的两开门卫城。城墙四周外侧都有垛口，垛口上有盖板和望孔，下有射眼。城墙基础以砖石构成，厚实坚固。民间又称宛平城为"蝎子城"，因为这座城为长方形，正好像蝎子的肚子；城东门外左边和右边有两口井，像蝎子的眼睛；城西门外斜着的卢沟桥，就像蝎子的尾巴。1937年，"七七"事变爆发时，宛平城成为了中国军队抗击日本侵略军的坚强堡垒。今天的宛平城墙上，仍留有日

⊛ 宛平城抗日战争纪念碑 吴必虎 摄

军枪炮轰击的斑斑痕迹，它是中国人民八年抗战历史的实物铁证。

新中国成立后，宛平城历经多次修葺，1961年与卢沟桥一并被列为首批全国重点文物保护单位。2003年起，宛平城内复建了包括宛平县衙、卢沟驿、兴隆寺及拱极营等建筑，同时增加了戏楼等景观，作为老北京民俗文化展示平台。已复建完工的宛平大街形成一条古色古香的明清文化步行街。2005年7月4日，位于宛平城内南北大街与东西大街的交会处，抗日战争纪念馆前，占地约0.8公顷的宛平广场落成，象征国家富强、人民无畏的"醒狮"铜雕屹立于广场中央，广场建成后作为进行各种爱国主义教育、文化、休闲的枢纽中心场地。同年，宛平城被评为国家红色旅游经典景区。每年农历八月十五，卢沟桥、宛平城还举办集赏月、小吃、文娱活动为一体的"卢沟晓月"中秋庙会。

☀ 宛平城 郑建民 摄

☀ 西南联合大学旧址 CFP

☀ 西南联合大学旧址

西南联合大学旧址位于云南省昆明市。卢沟桥事变后，古城北京为日军侵占。为保存中华民族教育精华免遭毁灭，华北及沿海许多大城市的高等学校纷纷内迁。抗战八年间，迁入云南的高校有10余所，其中最著名的是国立西南联合大学。1937年，北京大学、清华大学、南开大学先迁至湖南长沙，组成"长沙临时大学"，1938年4月又西迁昆明，改称"国立西南联合大学"。西迁师生分陆路和水路两条路线前往昆明，其中陆路到昆明的这一路人马，被称为"中国教育史上的长征"。这帮人马完全靠步行，1938年2月20日由湖南出发，西行经贵州进抵昆明，历时68天，行程1500余公里。

昆明西南联大旧址主要集中在今云南师范大学校园内。云南师大正门东侧墙上镶嵌着两行金色大字："中国历史名校国立西南联合大学旧址"，落款为两院院士、全国政协副主席朱光亚题。迁至昆明后，联大共设有文学、法商、理科、工科、师范5个学院。联大刚到昆明时，所有的校舍全靠租赁解决，散布于昆明各个地方；一年后，学校在昆明城西北地台寺附近购得124亩荒地正式修建自己的校舍（即今云南师范大学校址）。1939年春夏之交，新校舍竣工，文、法、理三学院首先迁入新校舍上课。战时经费极其紧张，新校舍一律建成平房，没有任何一栋楼房，学生宿舍为土墙茅草顶，教室和办公室为铁皮顶。

抗战胜利后，西南联大于1946年5月4日结束在昆明的办学迁回北平和天津。三校北返之时，西南联大为报答三迤父老的养育之恩，经国民政府教育部批准，将西南联大师范学院留在昆明独立办学，更名为"昆明师范学院"。20世纪80年代更名为"云南师范大学"。

2006年5月25日，西南联合大学旧址被国务院批准列入第六批全国重点文物保护单位名单。

2-4 正面战场防御

◉ 1937年"七七"事变后，日本军国主义大举实施其全面侵占中国的军事行动。在武器精良、训练有素的日军猛烈攻势之下，中国国民政府军队虽经顽强抵抗，仍然连连失利，整体局势处于正面防御的被动局面。

1937年8月，日军向上海进攻，国民党军队顽强抵抗，爆发了著名的"淞沪抗战"，与日军血战三个月之后，国民党军队伤亡惨重，被迫撤退，上海自此沦陷。

1937年9月，日军为夺取丰富的煤炭资源，向山西省展开进攻。国民党军队进行抵抗，爆发了"太原会战"，八路军从陕北赶来协助作战。太原会战历时2个月，经历了天镇战役、平型关战役、忻口战役、娘子关战役、太原保卫战等著名战役。"平型关伏击战"打破了"日军不可战胜"的神话；"忻口会战"牵制了日军沿平汉铁路（北平－汉口）南下；唯有"娘子关战役"防范疏漏，被日军乘虚而入，攻破省会太原。

1937年10月下旬，经过三个多月的浴血抗战，国民政府军在北方相继丢失河北、察哈尔、绥远和山西、河南北部地区，退向黄河沿岸。蒋介石决定将国民政府迁移重庆，将军事作战中心先迁往武汉，直到武汉会战后再迁往陪都重庆。此后直至抗战胜利，陪都重庆成为抗日战争的大后方。

1937年12月日军攻陷了中华民国政府首都南京，制造了震惊中外的"南京大屠杀"惨案，南京陷落。

侵占南京后，日军北渡长江，进至济宁、蒙阴、青岛一线。为呼应华北战场，实现对中国军队的南北夹击，日军企图首先攻占华东战略要地徐州，然后沿陇海铁路（宝鸡－连云港）西取郑州，再沿平汉铁路（北平－汉口）南夺武汉。中国军队在以徐州为中心的津浦（天津－浦口）、陇海铁路地区进行大规模的防御战役，以保卫徐州，爆发了著名的"徐州会战"。徐州会战中的"台儿庄战役"尤为引人关注，中日激战近一个月，在共产党军队协助下，国民政府军获得大捷，歼灭日军万余人。1938年5月19日，中国军队终于不敌日本侵略军，徐州失陷；6月6日河南省会开封沦陷；6月9日，蒋介石命令在河南花园口炸开黄河南岸大坝，暂时阻挡了日军南下，国民政府军分路撤退，粉碎了日军的合围企图，徐州会战结束。

1938年6月，日军继续进攻长江南北岸的大城市，爆发了"武汉会战"，战场横跨安徽、河南、江西及湖北四省，战事行动持续了四个半月之久。1938年10月，日军趁粤军被抽调去参加武汉会战之机，在广州大亚湾登陆成功，广州于21日沦陷。广州一失，粤汉铁路被切断，武汉便不值得重兵防守，国民政府决定迅速放弃武汉。10月25日，日军占领汉口，次日占领武昌，27日占领汉阳，"武汉会战"至此结束。

1939年5月1日，日军为了解除中国军队对平汉线交通和武汉的威胁，向湖北随县（今随

◉ 灵丘县平型关战役遗址　中国建筑工业出版社提供

⊛ 平型关大捷纪念馆　平型关大捷纪念馆景区提供

州）、枣阳地区发动进攻，中国军队与之展开为期20余天的"枣随会战"。24日，中国军队收复枣阳、桐柏等地，日军除占领随县县城外均撤退，恢复战前态势，会战至此结束。

　　1940年5月1日，日军兵分三路先后攻占湖北明港、桐柏、唐河、枣阳等地；10日会师于唐白河畔。中国军队将敌反包围于襄东平原，收复明港、桐柏，一度克复枣阳。5月31日，日军强渡襄河；6月14日攻占宜昌。16日中国军队全面反攻，与日军对峙。6月底，"枣阳"会战以日军占领宜昌而告终。

⊛ 灵丘县平型关战役遗址

　　平型关位于与灵丘县相邻的山西省忻州市繁峙县城东北65公里处，是明代修建的内长城的一处有名的关隘，它东通冀北，西抵雁门关，北连恒山余脉，南接五台山脉，处于一个天然沟壑，两边高山陡崖如削，地势十分险要，自古以来就是兵家必争之地。

　　平型关战役遗址位于平型关东北5公里的大同市灵丘县小寨、关沟一带，沟谷全长7公里左右。1937年9月中旬，日军占领大同后，兵分两路向雁门关、平型关一线进攻，企图进逼太原。为了配合友军作战，阻挡日军的攻势，八路军抵达平型关地区集结待机。待日军部队全部进入设伏地域，八路军预伏部队居高临下，迅速向敌发起猛烈攻击，顿时打乱了日军的指挥系统，敌军的车辆自相碰撞，人仰马翻，乱成一团。八路军乘胜对敌实行分割围歼。经过一天的激战，八路军取得了平型关战役的胜利。著名的抗战歌曲《大刀向鬼子头上砍去》就是为歌颂此战而作。

　　平型关战役遗址主景区包括平型关关口、战役纪念馆、主战场关沟、老爷庙、邓峰寺5个主要景点。其中，老爷庙位于公路西侧，坐西朝东，依山而建，前低后高，是沟壑的制高点，也是平型关战役中争夺最激烈的地方，战后全师聚在庙前举行祝捷大会。老爷庙对面是"平型关大捷纪念馆"。

☀ 大同煤矿遇害矿工"万人坑"展览馆

1937年10月，日军占领山西大同煤矿后，野蛮地推行"以人换煤"的血腥政策，疯狂地掠夺大同的煤炭资源，以达到其"以战养战"的目的。他们从山东、江苏、河南、河北、北平、天津、安徽等地抓、骗众多劳工，逼迫他们在闷热、潮湿、煤尘弥漫的矿井里每天干十几个小时的重活，生活条件极差。大批外地劳工因水土不服等原因，相继患上了痢疾、伤寒等传染病症。日军将患病劳工关进隔离所，到奄奄一息时，再扔到荒郊野外、河滩山谷、山洞和旧煤窑中。日积月累便形成了一个个白骨累累的"万人坑"。大同矿区较大的"万人坑"就有20多处。

大同煤矿遇害矿工"万人坑"展览馆位于山西大同市矿区煤峪口南沟，是目前国内现存最大、最完整的一个"万人坑"，在这里可以亲眼目睹遭受侵华日军残害而死亡的中国劳工的尸骸。展览馆分上、下两个洞，上洞宽5米多，深40余米，系一自然山洞；下洞宽4米左右，深70余米，为旧时小煤窑的坑道。两个洞内层层叠叠堆满了矿工的尸体。

☀ 台儿庄大战遗址

台儿庄大战遗址位于山东省枣庄市台儿庄区，是由台儿庄大战最为激烈的几处战斗场所组成，包括清真古寺、中正门、火车站等。

1938年3月，在周恩来的建议下，中国军队一部诱敌深入，一部固守台儿庄，待机破敌。3月23日，日军由枣庄南下，在台儿庄北侧的康庄、泥沟地区与守军接战。激战至4月3日，中国守军获得大捷，歼灭日军万余人。台儿庄战役的胜利沉重地打击了日本侵略者的凶焰，鼓舞了全国军民坚持抗战的斗志。

"清真古寺" 又称北大寺，清乾隆七年（1742年）在原基础上重建，是回民做礼拜的场所，其中望月楼在"文化大革命"期间被毁。现在的清真古寺建筑面积800多平方米，有北、西讲堂8间、水房5间、门楼3间。台儿庄大战时，清真古寺为中国军队的

☀ 大同煤矿遇害矿工"万人坑"展览馆内景
新华社记者 武敌 摄

指挥所，是中日双方争夺的焦点，曾进行了七天七夜的拉锯战。现在我们还能看见门墙上的累累弹痕。院内四棵松柏经过战火的洗劫只留下两棵，树干上的弹孔仍旧清晰可见。

"中正门" 始建于清顺治四年（1647年），在台儿庄大战后残破不全，于1945年被拆除。1985年拍摄电影《血战台儿庄》时，才得以重建。当时日军首先进攻的就是中正门，飞机、大炮、坦克狂轰滥炸，我军奋勇抵抗，击退日军，并用日军的尸体堵住城墙的缺口。1938年4月7日，我军全面围剿城内日军，一举歼灭入侵之敌。

1912年，枣庄修建了台枣支线铁路，连接陇海线，俗称"小陇海"，在台儿庄设有南北两站，现遗址为**北站**。台儿庄大战时，北站是我国军队后勤物资的主要装卸站，成为日军攻击的目标，战争异常惨烈。4月8日战役胜利后，李宗仁将军到此留影，成为台儿庄大捷的永恒纪念。原火车站在台儿庄战役中变成一片废墟，1995年在原址上复建了站房楼，并设立李宗仁史料馆。

⊛ 丰润区潘家峪惨案纪念馆

潘家峪惨案纪念馆位于河北省唐山市丰润区火石营镇潘家峪村中部。1941年1月25日，灭绝人性的侵华日军包围了潘家峪，对1230名手无寸铁的村民进行了惨绝人寰的大屠杀，制造了震惊中外的"潘家峪惨案"。为纪念惨案中的死难同胞，唐山市政府于1999年建成纪念馆，此馆如今已为全国爱国主义教育示范基地。

纪念馆占地面积0.45公顷，主建筑为一座灰白色的二层楼房，设有四个展厅，通过原始照片、实物和影像资料，向世人展示了惨案发生的历史背景、事件经过以及潘家峪人民不屈不挠的反抗精神。惨案留下的西大坑、老槐树、小铁门、南岩子、杀人场潘家大院、殉难同胞的葬墓等遗址，是日本侵略者侵华罪恶的铁证，时刻警示后人"警钟长鸣，勿忘国耻"。

2-5 南京保卫战

◉ 1937年11月12日，日军在付出死伤6万余众的代价后，占领上海，进而直逼南京。国民党军队在南京外围与日军多次进行激战，但未能阻挡日军的多路攻击。1937年12月日军进攻南京，4天后的12月13日攻陷了南京，随后制造了震惊中外的"南京大屠杀"。日军的先头部队到达挹江门，发现挹江门外有成千上万的中国军人和难民挤在一起试图渡江，于是向他们开火，造成血染长江的大惨案。之后的40多天，日军又在全城进行了持续数月之久的血腥屠杀，使用集体枪杀、活埋、刀劈、火烧等惨绝人寰的方法，杀害中国平民和被俘军人，导致约30万无辜的中国人被日本军队残暴地杀害。

在日军进入南京后的一个月中，全城发生2万起强奸、轮奸事件，无论少女或老妇，都难以幸免。许多妇女在被强奸之后又遭枪杀、毁尸，惨不忍睹。与此同时，日军遇屋即烧，从中华门到内桥，从太平路到新街口以及夫子庙一带繁华区域，大火连天，几天不息。全市约有三分之一的建筑物和财产化为灰烬。无数住宅、商店、机关、仓库被抢劫一空，劫后的南京，满目荒凉。《远东国际法庭判决书》中写道："日本兵完全像一群被放纵的野蛮人似的来污辱这个城市"，他们"单独的或者二三人为一小集团在全市游荡，实行杀人、强奸、抢劫、放火"，终致在大街小巷都横陈被害者的尸体。"江边流水尽为之赤，城内外所有河渠、沟壑无不填满尸体"。

中华民族在经历这场血泪劫难的同时，中国文化珍品也遭到了大掠夺。据查，日本侵略者占领南京以后，从1938年3月起，花费一个月的时间，每天搬走图书文献十几卡车，共抢去图书文献88万册，超过当时日本最大的图书馆"东京上野帝国图书馆"的藏书总量。

抗日战争胜利后，指挥南京大屠

⊛ 侵华日军南京大屠杀遇难同胞纪念馆 《中国现代美术全集·建筑艺术》（卷5）（中国建筑工业出版社出版）

杀的刽子手松井石根被远东国际军事法庭处以绞刑，谷寿夫被引渡给中国政府处死。

⊛ 侵华日军南京大屠杀遇难同胞纪念馆

侵华日军南京大屠杀遇难同胞纪念馆坐落于江苏省南京市江东门街418号，这里就是当年日军集体屠杀和埋尸的"万人坑"遗址。南京沦陷后，日军囚禁一万多已被解除武装的中国士兵和平民，后将他们押至江东门，点燃民房，并用轻重机枪向人群猛烈扫射，受害者众声哀号，相继倒在血泊之中。遇难者尸横遍野，堵塞了通道，覆盖了整个江东河面，十分惨烈。直到几个月之后尸体才由南京的慈善团体将上万具遇难者遗体就地掩埋在两个水塘和一条壕沟内，也就是现在的"万人坑"遗址。男女老幼遗体呈阶梯状交错重叠7层，有的严重扭曲变形，有的伴有弹穿刀刺痕迹。这是日军灭绝人性的南京大屠杀恶行的铁证。

纪念馆整体造型为巨大的"和平之舟"：东部船头是陈列馆，中部船身是"万人坑"遗址悼念区，西部船尾是树木葱茏的和平公园。展馆建筑造型为一把折断的军刀，"军刀"象征日军曾经犯下的滔天罪行，而将其"折断"暗指正义终将战胜邪恶。整个展馆共三层，其中地面一层，地下两层，呈平顶墓室形。主要展品包括屠杀现场照片、历史档案资料，1000多位幸存者的名册、证言、证词和实物，参与屠杀的日军军官和士兵的日记、供词，慈善团体掩埋尸体的照片、统计表、臂章、证词以及远东国际军事法庭和中国军事法庭审判南京大屠杀主犯的照片、判决书等。地下二层是遇难者"遗骸"的复位展出。此外，纪念馆还建有祭场、冥思厅等供人们祭奠亡灵、铭记历史。

2-6 百团大战

◉ 日本侵略者占领华北广大地区后，随着国民政府军正面战场的撤出，共产党领导的敌后抗日根据地的武装便成为对日军的一个威胁。1939年夏季，日军集中了分散在长城、华北、东北的部分军队，以铁路、公路等交通线为依托，对华北地区的抗日力量连续发动大规模扫荡，企图以"囚笼政策"分割和封锁各抗日根据地。为打破日军封锁，共产党领导的八路军制定了一个反击计划。1940年8月，彭德怀指挥八路军发动了反抗战争，参战部队达105个团，故称"百团大战"。八路军的进攻首先在正太铁路发起，并把战斗对象转移到铁路交通线两侧的日本守军。处于劣势的日军开始将各地的机动兵力集结于华北地区，先后对太行山地区、太岳地区、晋察冀边区、晋西北等地的抗日根据地进行报复性"扫荡"，迫使八路军退出华北交通线，八路军则展开运动战、游击战和麻雀战进行反击。1940年12月5日，历时3个月15天的百团大战以中方胜利而告结束。

百团大战整个战役作战地区囊括冀察全境、晋绥大部及热南大部，配合作战的地区，战线延及山东、皖东、豫东、苏北，成为抗日战争时期八路军与日军在中国华北地区发生的一次规模最大、持续时间最长的战役。共产党所控制的华北抗日根据地随百团大战的胜利大幅扩展。百团大战不仅破坏和制止了日军对"大后方"进行军事进攻的战略企图，也粉碎了日本对国民党政府的政治诱降阴谋，稳定了中国抗日统一战线。另外，百团大战推迟了日本的南进步伐，给反法西斯战场上的英美及东南亚各国带来了巨大的战略利益。

◉武乡县王家峪八路军总部旧址景区

王家峪八路军总部旧址位于山西省长治市武乡县东35公里处的丘陵山区，其主体建筑由东、中、西三个农家院落、14孔窑洞、15间土瓦房组成。这里完好地保留了朱德、彭德怀、左权等人的旧居，参谋部、政治部、中共中央北方局等旧址，还有朱德耕种的菜园，指战员们体育活动的篮球场，干部战士修建的水井等。

1939年11月11日，八路军总部和中共北方局进驻王家峪。1940年4月，中共中央首长在这里共议百团大战方案。

⊛ 武乡县"百团大战"砖壁指挥部旧址

    "百团大战"砖壁指挥部旧址位于距山西省长治市武乡县城47公里的东部山区，三面临崖，一面靠山，地势险要，易守难攻。1937年至1942年间，八路军总部和中共北方局曾三次进驻砖壁村，村东的古寺庙群就是当时八路军总部的驻扎地。古寺庙群由玉皇庙、佛爷庙、武家祠堂、娘娘庙组成，占地1公顷多。

    1939年7月，日军对晋东南抗日根据地发起第二次九路围攻，八路军总部由潞城北村迁至砖壁村。在粉碎日军对晋东南的围攻和"扫荡"后，八路军总部又于10月11日迁至西南10公里外的王家峪。1940年6月，敌军攻占段村后，八路军总部于6月27日又迁回砖壁。8月，彭德怀和左权在此指挥了震惊中外的"百团大战"和"武乡关家垴歼灭战"、"砖壁保卫战"。11月4日，八路军总部转移至辽县（今左权县）的武军寺。1942年5月反"扫荡"后，彭德怀又率领总部机关第三次进驻砖壁村，并在此召开了左权烈士追悼会。

⊛ 武乡县百团大战砖壁指挥部旧址　百团大战砖壁指挥部旧址景区提供

⊛ 狮脑山百团大战遗址

    狮脑山百团大战遗址位于山西省阳泉市区西南5公里的狮脑山主峰，海拔1160米。1940年8月20日，晋察冀军区在正太路（现称石太路）旁预先埋伏，待敌军进入伏击范围，一举占领狮脑山，卡住了正太铁路的咽喉。占领狮脑山后，八路军开始向驻守在阳泉的日军司令部兵营猛攻。次日，千余名敌兵在炮火掩护下，向狮脑山猛攻。卧在泥水里的八路军战士沉着应战，凭借有利的

⊛ 阳泉市狮脑山百团大战纪念馆 CFP

⊛ 阳泉市狮脑山百团大战纪念碑 CFP

地形，用排子枪和集束手榴弹连挫敌军。处于劣势的敌军又轮番轰炸狮脑山，整个山头烟尘弥漫，碎石飞溅，阵地上的工事多处被毁。敌军涌上山头后，我军500多名战士以刺刀与敌军展开了七天七夜的肉搏。一场惊天地、泣鬼神的厮杀过后，狮脑山阵地始终牢牢地固守在我军手中。此役拉开了"百团大战"的帷幕。

狮脑山百团大战遗址是一座以百团大战为主题的纪念性森林公园，分为山顶平台、北风垴、刀刃梁、将军垴四部分。公园中还建有百团大战纪念碑和百团大战纪念馆。

纪念碑是由主碑、副碑、圆雕、题字碑、烽火台、"长城"等组成的建筑群。主碑与三座副碑组成一个巨大的箭头，指向石太铁路，寓意百团大战以破击正太（石太）铁路拉开序幕。主碑高40米，形如一把锋利的刺刀，寓意百团大战发生于1940年。三座副碑，形如军旗，象征着参战八路军第一二九师、第一二〇师和晋察冀军区三支大军。三座副碑之间相距105米，寓意参加战役的105个团。东西两侧的4个烽火台与蜿蜒起伏的"长城"连接，意味着中国共产党领导的人民军队，是中华民族坚不可摧的钢铁长城。

纪念馆分上、下两个展厅，展览分"惊世壮举，辉煌战果"、"英雄史诗，宏伟工程"、"不朽精神，深刻教益"和纪念百团大战的书画四大部分，以100多幅珍贵照片、图片生动地再现了百团大战的英雄业绩。

03　亦友亦敌

◉ 抗日战争时期，蒋介石在组织抗日的同时，依然视共产党为心腹大患。在中日军事对抗由大规模正面战场冲突趋于平衡，双方进入相持阶段之后，中国军队内部长期以来存在的国共冲突时有抬头。国民党在五届五中全会以后，反共活动愈演愈烈，国共双方开始互不信任，在长江沿线摩擦不断。先后掀起三次对抗高潮。

1939年底到1940年春，国共之间出现第一次相互对抗，国民党出现抗战期间的第一次反共高潮。首先在1939年4月至11月间，山东、河北、湖南、湖北、河南等根据地就有八路军和新四军惨遭国民党杀害。国民党军队侵占了陕甘宁边区的宁县、镇原等县城；阎锡山发动了十二月事变，进攻决死队等山西新军；石友三、朱怀冰等部进攻冀南和太行抗日根据地的八路军。在日本政治诱降战略攻势下，民族败类汪精卫于1940年3月在南京成立另一个"国民政府"，以"和平反共建国"为号召，着手组织实施反共行动，于1940年秋季至1941年春季掀起第二次反共高潮。在这期间，国民党军队包围袭击了从皖南北移的新四军部队，制造了震惊中外的"黄桥战役"和"皖南事变"。第三次是从1943年春季至秋季，蒋介石发表了《中国之命运》一书，乘共产国际解散之机，指使特务假冒民众团体叫嚣"解散共产党"、"取消陕北特区"，调集大量河防部队准备闪击陕甘宁边区。

相持阶段的国民党消极抗日，积极组织实施反共行动，持续不断的摩擦冲突一步步将国共两党之间的合作关系销蚀殆尽。三次"围剿"给日后国民党挑起内战埋下了伏笔。在应对国民党顽固派的反共攻势的同时，共产党坚持将艰苦开辟的敌后根据地转变为抗日战争的主要战场，用自己的抗战行动向世界显示敌后根据地的军民也是一支重要的抗日力量。

3-1 黄桥战役

◉　战略相持阶段，新四军向苏北敌后发展，却遭到国民党鲁苏战区副总司令韩德勤的多次阻挠，新四军被迫自卫还击。1940年9月30日至10月30日，7000多名新四军战士在陈毅、粟裕的指挥下，在黄桥打垮了国民党顽军3万余人的进攻，歼灭顽军1.1万余人，取得了黄桥战役的完全胜利。黄桥战役，我军以少胜多，实现了新四军与八路军的胜利会师，奠定了苏北抗日民主根据地的基础，打开了华中抗战的新局面。陈毅战后难抑兴奋之情，即兴赋诗一首："十年征战几人回，又见同侪并马归。江淮河汉今谁属，红旗十月满天飞。"

✦ 黄桥战役纪念馆

　　黄桥战役纪念馆位于江苏省泰兴市黄桥镇，包括了通如靖泰临时行政委员会旧址（原丁家花园）、新四军苏北指挥部旧址（原黄桥中学工字楼）、新四军第三纵队指挥部旧址（原严复兴楼）及新四军黄桥战役革命烈士纪念塔。

　　丁家花园位于黄桥镇米巷10号，是纪念馆的主要馆舍，用于陈列"黄桥战役"纪念展。该花园是清代园林建筑，也是中国地质事业奠基人之一丁文江先生的故居。花园内雕梁画栋、檐牙飞空、回廊曲径，多竹堂、桂花厅、小淤舟、蝴蝶厅错落有致，假山、鱼池、修竹、乔木相映成趣。黄桥战役期间，陈毅、粟裕、陈丕显等新四军领导人曾在这里办公和居住，成立了江苏的第一个抗日民主政府——通如靖泰临时行政委员会。工字楼位于黄桥镇文明路164号，是仿德式建筑，砖木结构，上下两层，共22间。严复兴楼位于黄桥镇东进东路61号，是清代民间建筑，砖木结构，小巧别致，造型优美，上下两层，共6间。纪念塔位于黄桥镇东进东路与姜八线的交会处，塔高23.8米，汉白玉塔身，花岗石塔基，直径32米。

3-2 皖南事变

◉　随着新四军抗日力量的发展，共产党遭到国民党顽固派的仇视，发生了震惊中外的国民党顽固派企图消灭皖南新四军的大血案，即"皖南事变"，它遭到了全国人民的强烈不满和国际舆论的谴责。中国共产党毅然宣布重建新四军军部。

　　1940年10月19日，何应钦、白崇禧根据蒋介石的旨意，以国民政府军事委员会正副参谋长名义，给八路军朱德、彭德怀正副司令员，新四军叶挺军长发出"皓电"，诬蔑八路军、新四军不服从国民党中央政府命令、自由扩充军队、破坏抗战。强令华中以及长江以南的八路军、新四军在一个月以内撤到黄河以北地区。共产党据理驳斥了国民党的无理要求，但为顾全大局，仍答应将皖南新四军部队开赴长江以北。1941年1月4日，新四军军部及所属的支队9000多人由云岭出发北移；6日，行至皖南泾县茂林时，遭到国民党军8万多人的伏击；新四军奋战七昼夜，弹尽粮绝，除约2000人突围外，大部分被俘或牺牲；军长叶挺与国民党军队谈判时被扣押，副军长项英、参谋长周子昆被叛徒杀害。皖南事变发生后，周恩来在《新华日报》上愤然写下了"千古奇冤，江南一叶；同室操戈，相煎何急？！"的题词。皖南事变彻底破坏了两年来国共两党在抗日期间保持的合作关系，瓦解了抗日民族统一战线。

⊛ 泾县皖南事变烈士陵园及新四军军部旧址

皖南事变烈士陵园位于安徽省宣城市泾县城郊的水西山，由入口纪念碑、主题广场、主碑纪念广场、无名英雄烈士墓及皖南事变史料陈列室组成。陵园的入口利用两边的高岗形成了相对的两个"土阙"，成为陵园的天然门户。陵园建有四座7米高的石阙，四座寓意新四军，7米高寓意皖南事变持续激战七天七夜。转过一个不规则的小型广场，有一条50米长的神道，神道有90级台阶，分为三层，喻义当年9000名新四军将士成三路纵队东进北撤。

新四军军部旧址位于宣城市泾县城西25公里的云岭乡约15公里范围内的13个自然村里，主要有司令部旧址、政治部旧址、军礼大礼堂旧址、修械所旧址、战地服务团俱乐部旧址、叶挺桥等处。这些旧址都是明、清时代的徽派古典建筑，除了革命纪念意义，还具有极高的艺术价值和历史价值。新四军司令部旧址在云岭脚下的罗里村，村旁有叶子河通过，最初是"种墨园"和"大夫第"两处地主庄园，共有71间平房、一栋楼房、一座小花园，新四军的参谋处、秘书处、作战科、机要科等机构驻扎于其中，另外还有叶挺、项英、周子昆的办公室和旧居。如今，"种墨园"内建有新四军军部旧址纪念馆。新四军政治部旧址在汤村，这是一座三间两厢双进的套居民房。前进两厢为政治部秘书长黄诚的办公、居住区；后进的两厢分

⊛ 泾县新四军军部旧址纪念馆　新四军军部旧址纪念馆景区提供

⊛ 上饶集中营革命烈士纪念馆 *新华社记者 章武 摄*

别为袁国平、邓子恢的办公室兼居室。云岭村原来的陈氏祠堂是军部的军礼大礼堂所在地，军部的重要会议和文化娱乐活动大多在此进行。

新四军军部旧址纪念馆为全国重点文物保护单位。1962年纪念馆筹建。1985年9月，司令部、大会堂、修械所旧址复原陈列和设于大会堂后进的辅助陈列同时开放接待观众。1987年7月完成新四军政治部、战地服务团俱乐部及中共中央东南局三处旧址复原；1988年7月完成叶挺桥复原。该馆收藏各类文物资料2100种，计6200余件。

⊛ 上饶集中营革命烈士陵园

上饶集中营革命烈士陵园坐落在江西省上饶市南郊茅家岭，是为了纪念皖南事变后在集中营牺牲的200多名新四军、八路军烈士而建的。烈士陵园以革命烈士纪念碑为中心，东侧为烈士公墓，南侧为子芳亭、施奇烈士塑像，北侧为15名烈士被秘密杀害处，西南侧是集中营茅家岭监狱旧址及摆着各种刑具的审讯室。上饶集中营革命烈士纪念碑高28.5米，呈正方形，其中碑座高7米，长宽各20米，正面刻有周恩来题写的"革命烈士们永垂不朽"的镏金碑文。

皖南事变后，国民党于1941年3月在江西上饶周田、茅家岭、李村、七峰岩等地设立规模庞大的法西斯式人间地狱——上饶集中营。监狱中主要囚禁的是皖南事变中谈判被扣的新四军军长叶挺和弹尽粮绝被俘的新四军干部，另外还有在东南各省被捕的共产党员及其他爱国进步人士。这些爱国志士在狱中秘密党组织的领导下，仍继续展开同国民党不屈不挠的抗争。

⊛ 泰和县马家洲集中营

被称为"江西渣滓洞"的马家洲集中营（位于江西省吉安市东南部泰和县）与上饶集中营一样，均为当年国民党在江西设立的用于关押共产党人和进步人士的集中营。集中营由一栋祠堂和四栋民房以及"先烈古樟"构成，占地面积约5000平方米。1939年3月南昌失陷后，国民党江西省党部、省政府迁到吉安，随即移驻泰和县，并在此成立了党政军三位一体的反共特务机构。1940年3月至5月的"吉赣泰事变"中，国民党特务在赣州、泰和、吉安秘密逮捕了70多名在各机关、抗日群众团体和"工合"组织中积极从事抗日宣传的共产党员和进步青年，都关押在泰和县集中营。

⊛ 新四军重建纪念馆

皖南事变之后，国民党宣布取消新四军番号。中国共产党驳斥了国民党的无理要求，毅然在江苏盐城重建新四军军部，陇海路以南的新四军和八路军部队，分别改编为新四军第一至第七师和独立旅。

新四军重建纪念馆位于江苏省盐城市建军东路北侧，分群雕、碑林、展厅、园林四个景区。展览大厅是一座现代化的建筑，造型体现新四军的"四"字，正面上方两侧的花岗石阴雕画，艺术地再现了新四军与八路军在白驹狮子口胜利会师和皖南事变后新四军在盐城重建军部的历史场面。展览内容以新四军抗战史为经，以新四军各师和各个抗日根据地为纬分为"进军华中，开辟敌后抗日战场"、"重建军部，全面加强部队建设"、"坚持抗战，纵横驰骋江淮河汉"、"反攻作战，夺取抗战最后胜利"等四个部分。

△ 其他相关景点

安吉县反顽自卫战指挥部旧址（浙江省湖州市）

04 敌后天地宽

⊙ 1937年11月8日太原失陷后，共产党和八路军领导的山西新军依据中共中央的部署，在敌后实行战略展开，发动群众、武装群众，开展独立自主的敌后游击战争，建立抗日民主政权，开辟抗日根据地。1938年1月，敌后第一个由中国共产党领导建立的抗日民主政权——晋察冀边区临时行政委员会在冀西阜平成立。

1938年6月至10月武汉会战以后，日军兵力明显不足，侵华政策被迫转变：由以主要兵力进行正面战场的作战，改为转移兵力进行敌后战场的"治安"作战。此时共产党组织的敌后游击战争已发展成熟，抗日根据地范围广泛，广大农村地区均控制在以八路军、新四军为主的中国军队手中，日军在其占领区内只能控制主要交通线和一些大城市。就在八路军积极开展华北敌后根据地建设的同时，新四军也挺进大江南北，开赴苏南、皖南、皖中等地区，创建华中敌后抗日根据地，打开了华中抗战局面。华南抗日武装在广东建立了东江、琼崖、粤中、雷州半岛、潮汕等抗日根据地。至1940年底，八路军、新四军和华南抗日武装在华北、华中和华南敌后建立并扩大了拥有一亿人口的较大抗日根据地，主力部队发展到50余万人。

1941年至1942年，面对中国共产党八路军、新四军和华南抗日武装在日本侵略军控制薄弱的乡村地区的渗透发展，日本侵略军集中了大部分兵力和几乎全部伪军，使用其侵华兵力70%左右，约40余万人，对敌后各抗日根据地连续进行了残酷的"扫荡"和"清乡"，企图消灭八路军、新四军和华南抗日武装。中国共产党则针锋相对，领导根据地军民实行反"扫荡"斗争，打退了日伪军的进攻，并粉碎了国民党顽固派发动的第二次反共高潮。虽然敌后解放区人口减少二分之一，军队由50多万人缩小到30多万人，根据地也缩小了六分之一，但终于坚持了敌后抗日根据地。到1943年冬美英军在太平洋战场上对日军转入战略反攻时，敌后根据地牵制的侵华日军约35万人，占侵华日军的一半以上。

敌后抗日根据地的建设是敌后游击战争能够长期坚持下来的战略基地和大后方，它的存在不仅增强了中国人民抗战胜利的决心和信心，大力支持和配合了国民党军队正面战场的抗战，也为中国革命保存和扩大了力量，不仅为抗战胜利奠定了基础，更为后来的解放战争的最终胜利奠定了军事基础、政治基础，积累了必要的经济建设经验。

4-1 八路军开辟的华北敌后抗日根据地

◉ 1937年抗日战争全面爆发后，日寇占据了黄河以北的华北各省主要大城市和交通干道沿线据点。共产党领导的八路军在日军和国民党控制较为薄弱的山区、数省边界地区主动出击、建立抗日根据地，并取得重要成果。这些敌后根据地的建立和巩固，对盘踞于中心城市的日伪军事力量构成了极大的牵制作用，呼应、支持了国民党政府军的正面战场的抗日行动。

1937年9月华北日寇进攻山西占领太原，毛泽东命令八路军的三个师，分别控制吕梁、五台、太行诸山脉，作为开展华北游击战争、建立敌后抗日根据地，坚持长期斗争的战略基地。自此，八路军四处出击，积极配合，有力支援国民党军队作战，取得了诸如平型关大捷、夜袭阳明堡机场等重大胜利。毛泽东指示八路军"坚持华北游击战争，同日寇力争山西全省的大多数乡村，使之化为游击根据地"，从而"克服危机，实现全面抗战之新局面"。

自1937年八路军出师至1938年武汉会战结束，八路军领导的华北敌后根据地军民共作战1500余次，建立了晋察冀、晋冀鲁豫、晋绥、晋西南及山东等大片抗日根据地，形成了广阔的华北敌后战场，部队也由3.2万人发展到15万人，成为华北抗日的中坚力量。

1941年开始，日军对华北各抗日根据地集中进行野蛮的大"扫荡"，根据地军民随即展开反"扫荡"斗争，粉碎日寇的多次"扫荡"，同时击溃国民党军队的多次挑衅，在敌顽夹击下克服重重困难，逐渐恢复并发展了抗日根据地，由被动变为主动。以八路军为主体的华北敌后抗日根据地成为中华民族坚持长期抗战、夺取最后胜利的重要战略基地。

✦ 盘山烈士陵园

盘山烈士陵园位于天津市蓟县盘山东麓，是为纪念在冀东抗日战争中牺牲的革命烈士而兴建的，主要建筑物有烈士纪念碑、烈士墓区、烈士纪念馆和革命传统教育纪念馆。

盘山纪念碑用汉白玉石块砌成，碑基面积1177平方米，碑高27.5米。碑上有聂荣臻题写的"光荣烈士永垂不朽"8个大字。烈士墓区安葬有205名烈士，多数是抗日战争时期牺牲的老红军和八路军指战员，主墓长眠着冀东军分区副司令员包森和冀东西部地区分委书记田野。烈士纪念馆内有毛泽东的题词和烈士遗像、传略及烈士英名录。陵园附近还有展示当年冀东军民抗日事迹的在岩石上刻写的标语口号、会场、电台、报社等遗迹。

◉ 盘山烈士陵园，烈士纪念馆
新华社记者 宋佑民 摄

⊛ 晋冀鲁豫烈士陵园　新华社提供

⊛ 清苑县冉庄地道战纪念馆　CFP

⊛ 晋冀鲁豫烈士陵园

晋冀鲁豫烈士陵园位于河北省邯郸市陵园路60号，是为纪念八路军总部前方司令部、政治部、晋冀鲁豫军区及一二九师牺牲的烈士而修建的，也是我国建筑较早、规模较大、老一辈无产阶级革命家的题词和碑文较多的烈士陵园。

陵园分南北两院，总占地面积21.3公顷。采用我国传统的主轴线布局，园内主要建筑分布在南北、东西十字轴线上，主要纪念建筑物有：北院大门、烈士纪念塔、人民英雄纪念墓、陈列馆、"四八"烈士阁、左权将军墓及左权将军纪念馆、朱德桥、烈士纪念堂、南院烈士纪念碑等。

⊛ 清苑县冉庄地道战遗址

冉庄地道战遗址是电影《地道战》中"高家庄"的原型，位于河北省清苑县。抗日战争期间，勤劳智慧的冀中人民构建了近16公里长、巧夺天工的"地下长城"，同日本侵略者进行了艰苦卓绝的斗争。

冉庄地道战遗址保护区30万平方米，现仍保留着20世纪三四十年代冀中平原村落环境风貌，完整保留着高房工事、牲口槽、地平面、锅台、石头堡、面柜等各种作战工事，并对冉庄抗日村公所、抗日武装委员会等进行了复原陈列，使人如置身于战争岁月。地下完整保留着当年作战用的地道3000米，以及卡口、翻眼、囚笼、陷阱、地下兵工厂等地下作战设施。供游客参观的主要内容有：冀中冉庄地道战展厅、地道遗址及地下作战设施和地上遗址保护区。

⊛ 易县狼牙山风景区

狼牙山坐落在河北省保定市易县西部的太行山脉东麓，距县城45公里处，由五坨三十六峰组成，状如狼牙而得名。1941年，侵华日军对晋察冀根据地河北易县的狼牙山地区抗日根据地进行了连续的"扫荡"，制造了田岗、东娄山等多起惨绝人寰的惨案，妄图以凶残的"三光"政策，"蚕食"我抗日根据地，形势十分危急。为掩护主力部队转移，解救游击队员与当地百姓，杨成武司令员制定了"围魏救赵"的作战方案，邱蔚团长根据此作战方案将掩护部队转移的任务交给7连，激战中，7连战士大部分牺牲。为了拖住并吸引日伪军，让大部队能安全地转移，马宝玉带领葛振林、宋学义、胡德林、胡福才5名战士边打边向棋盘坨方向撤退，把日伪军引向悬崖绝路。掩护任务坚持了整整一天时间，大部队已安全转移时，战士们也到了狼牙山的顶峰，面对追敌，五位壮士毫不畏惧，纵身跳下悬崖。马宝玉、胡德林、胡福才三人壮烈牺牲，为国捐躯；副班长葛振林、战士宋学义被山崖上的树枝挂住，幸免于难。

　　狼牙山五壮士大无畏的牺牲精神和坚贞不屈的民族气节受到人们的尊敬和歌颂。新中国成立后，狼牙山五壮士英勇事迹被收录进小学课本，并被拍摄成电影、电视剧，深受广大读者和观众的崇敬。为了

⊛ 易县狼牙山风景区　*新华社提供*

⊛ 安新县白洋淀景区　郑建民 摄

纪念这五位革命英雄，易县人民政府在五勇士坚守的棋盘坨主峰建起了纪念塔。如今，这里不仅发展成了著名的爱国主义教育基地，加之风景秀丽，自然资源丰富，更成为集爱国主义教育，山岳、溶洞、森林观光为一体的旅游景区。

2011年新落成的狼牙山五勇士陈列馆建筑面积1300平方米。馆内有图片、历史资料、抗战文物、战斗场景雕塑等，生动地再现了我国人民抗击日寇、保家卫国的英雄业绩和悲壮历史。

⊛ 安新县白洋淀景区

安新县白洋淀，位于河北省中部京、津、石腹地，各距约150公里，是华北平原上最大的淡水湖泊。它的总面积366平方公里，被3700多条沟壕、1200公顷芦苇、500公顷荷花分割成143个大小不等的淀泊，其中，白洋淀面积最大，故以命名。白洋淀不仅风景秀丽，物产丰富，在抗日战争中也曾谱写了辉煌壮丽的诗篇。抗日将领朱德、聂荣臻、杨成武、吕正操等都曾在这里战斗、生活，并留下"爱民井"、"淀上野餐"等许多感人故事。

1937年"七七"事变后，日寇对白洋淀地区实行惨无人道的"三光"政策，制造了数起骇人听闻的惨案。白洋淀人民奋起反抗，共产党领导的除奸团、武工队、县大队、区小队等抗日武装纷纷建立，其中令日寇闻风丧胆的"雁翎队"就是当时活跃在白洋淀上的一支水上游击队。八年抗战中，他们利用芦荡遍布，沟河交错，便于隐蔽的有利地形，用大抬杆、火枪、渔叉等武器同日军展开了一场卓绝的游击战争，留下了许多可歌可泣的动人故事。

白洋淀景区是全国闻名的集自然景观与红色文化于一身的综合性景区。2005年安新县政府在原有的白洋淀文化苑、大观园、鸳鸯岛、白洋淀之窗等大型景点基础上，开辟近60公里的环淀观光游专线，充分展示大淀生态美景，再现当年抗日壮举。位于白洋淀文化苑内的雁翎队纪念馆于1990年8月开馆。杨成武、吕正操、姜殿武为纪念馆剪彩并题词。纪念馆占地面积为0.167公顷，有260多幅珍贵历史图片和100多件实物，是抗日战争时期，军民浴血奋战抗击敌人的见证。

白洋淀的发展受到了众多领

导人的关怀与呵护，在周恩来的关怀下安新县建成了当时河北省最长的公路桥——白洋淀大桥。1991年秋，江泽民视察了白洋淀，并题词"华北明珠白洋淀"。

⊛ 阜平县城南庄晋察冀军区司令部旧址

晋察冀边区是抗日战争时期中国共产党领导的敌后抗日根据地之一，是我党我军在华北敌后创建的第一块抗日根据地，曾被毛泽东誉为"抗日模范根据地"。由于地处华北敌人的心脏地带，战略地位十分重要。1937年11月18日，晋察冀军区从山西五台县迁到了河北省阜平。晋察冀抗日根据地的成立及活动对华北日军构成极大威胁。平型关战役后，八路军在聂荣臻率领下粉碎了日军第一次围攻，收复了晋东北12个县、冀西20个县、察东4个县。1938年1月10日在阜平成立了晋察冀边区临时行政委员会。以后，随着游击战争的开展，晋察冀边区进一步扩大：西起同蒲路，东至渤海；北起张家口、多伦、宁城、锦州一线，南至正太、德石路，包括山西、河北、察哈尔、热河、辽宁等五省之各一部，面积40万平方公里，成为华北敌后最大的抗日根据地。

阜平作为晋察冀根据地的政治军事中心，全县9万人民在共产党的领导下，同日本侵略者进行了艰苦卓绝的殊死斗争。为保卫晋察冀根据地的腹心地区，在阜平境内进行的战斗不下数百次并已载入八路军革命战争史册。

纪念馆位于河北省保定市阜平县，总占地面积10254平方米，分为南北两个院。北院为"军区司令部旧址及党中央、毛泽东在阜平陈列馆"，南院是晋察冀军区司令部旧址纪念馆，主要展出晋察冀边区党、政、军、民抗击日寇及边区各项事业的建设情况。

北院的后院即为**晋察冀军区司令部旧址**，也是毛泽东等中央领导同志在城南庄期间的居住和办公的地方。旧址占地2000平方米，其中包括毛泽东、周恩来、任弼时等中央领导人及随行人员在此居住期间使用过的电话室、办公室、会议室、作战室和200米长的防空洞。北院的前院是15间办公室和18间陈列室，占地面积0.53公顷。馆内藏有大量珍贵的原始照片、实物和有关专家创作的图片共247件，其中有毛泽东起草的《新解放区农村工作的策略问题》、《一九四八年的土地改革和整党工作》等重要文件的手稿和一些文件的手迹。

⊛ 晋中市左权县麻田八路军前方总部旧址

麻田镇地处晋、冀、豫三省要隘，东出邯郸，西达太原，北上阳泉，南下长治，易守难攻，有"晋疆锁钥，山西屏障"之称。1937年11月，八路军进驻辽县（今左权县）西河头村，麻田镇就成为根据地的前沿。1940年11月7日，八路军诸多机关移住麻田镇周围，使这里成为前方抗战的活动中心，被誉为太行山里的"小延安"。

麻田镇南端现有八路军前方总部旧址、总部机关旧址、邓小平旧居、左权旧居和杨尚昆旧居。前方总部旧址纪念馆内，有彭德怀、左权将军纪念陈列室，陈列着有关图片、实物、专题资料千余件。革命老前辈朱德、刘少奇、彭德怀、刘伯承、邓小平、徐向前、左权、滕代远、罗瑞卿、陆定一、杨尚昆、杨秀峰、薄一波等都在这里领导军民进行过抗日斗争和革命活动。

⊛ 晋绥边区革命纪念馆

晋绥边区是抗日战争时期共产党领导创建的敌后根据地之一，包括山西省西北部和绥远省东南部广大地区。边区领导机关长期驻于吕梁地区的兴县。1937年8月，八路军和地方武装组成大青山支队，挺进绥远北部，开辟了大青山抗日根据地。1937年10月，八路军进入晋西北，创立了晋西北根据地。1940年1月15日，正式建立晋西北民主政权；1943年11月改为晋绥边区行政公署。在共产党领导下，边区军民广泛开展游击战争，不仅粉碎了日寇多次"扫荡"，也击退了国民党反动派的进攻。

晋绥边区革命纪念馆馆址即原中共中央晋绥分局、晋绥边区政府、晋绥军区司令部旧址，位于山西省吕梁市兴县蔡家崖村。这里曾是晋绥开明绅士牛友兰先生的宅院和花园，当地人称"花园院"。1942年前后，蔡家崖成了晋绥政治、军事、文化中心，誉称"小延安"。晋绥党政军主要领导人贺龙、关向应等长期生活和战斗在这里，毛泽东、周恩来、朱德、刘少奇、任弼时等中央领导人也先后移居这里。

纪念馆由3个院子组成，其中工作人员办公大院为后来续建，旧址面积为4500平方米，保护范围为12200平方米，为一大一小两个院子的套院；建筑物主要是石拱窑洞、砖包大门、起脊瓦房、盖瓦歇厦等，充分体现了20世纪三四十年代晋西北地方民居特色。馆藏有4100余件革命文物和历史资料，包括毛泽东的笔砚，贺龙的文件包，边区军民用过的兵器、工具、衣物、粮票等。

⊛ 黎城黄崖洞景区

黄崖洞位于山西省长治市黎城县北45公里处的东崖底镇上赤峪村西。抗日

◉ 黎城县黄崖洞景区　CFP

战争时期，这里曾是华北敌后最大的兵工基地。八路军总部兵工厂——黄崖洞兵工厂就建于此地，这是抗战时期中国共产党在敌后根据地创建最早、规模最大的兵工厂，是八路军最重要的军火生产基地，为赢得抗战胜利和全国的解放，立下了不朽的功勋。兵工厂建成后，日军多次试图摧毁此生产基地。朱德、彭德怀、刘伯承、邓小平、左权等领导人曾长期在这里战斗生活，率领和指导军民在这里创造过以少胜多的辉煌战绩。

到黄崖洞，除了参观依旧保留的兵工厂旧址和黄崖洞保卫战的遗迹外，黄崖洞奇特的自然风光也是一道不可错过的风景。硬红石英砂岩和页岩层组成的山岳被切出道道峡谷，暗红峭壁连绵数十公里，拔地而起，直冲云霄。而且，这里的山体和地形以及岩石的质地都特别适合攀岩运动，据此黄崖洞已成为全国闻名的攀岩胜地。

◉ 一纵队司令部旧址

1936年5月，红军为顾全抗日大局倡议联合抗日。国民党将领阎锡山邀请共产党人薄一波等以抗日活动家的身份回家乡"共策保晋大业"，建立了统一战线形式组建的山西新军的第一支部队——山西青年抗敌决死队（以后编为决死一纵队第一总队）正式宣告成立。

决死一纵队司令部旧址位于山西省长治市郊区西白兔乡中村村东，该民居为典型的民国时期建筑，坐东向西，中轴线上现存窑洞三孔，两侧有北厢房三间，北房为砖木结构建筑，西南部辟门。

⊛ 顺义区焦庄户地道战遗址纪念馆

　　1942年日军对根据地进行大扫荡以后，斗争环境异常残酷，中国共产党根据几年来开展道沟地道战的经验，在广大平原地区领导军民全面开展了"地道战"。

　　1943年春，在距北京市区60公里的顺义县龙湾屯镇燕山余脉歪坨山下，一条蜿蜒交错的"地下长城"正在加紧修建，这就是有着"人民第一堡垒"美誉的焦庄户地道。仅有200户左右、800口人的小山村焦庄户村在战争年代隶属于冀东抗日根据地领导，是通往平西、平北根据地的必经之路。当时为了建成"能藏、能走、能防、能打"的"四能"地道，焦庄户男女老少齐动员：儿童团在村口站岗放哨，不让生人进村，保守地道的秘密。青壮年下地道挖土，老人妇女在地面装筐运土。民兵派出小分队，经常到据点骚扰敌人、掩护群众挖地道。在与敌人真枪实弹的战争实践中，焦庄户人民逐步将地道完善起来，他们把初期简单的隐蔽单口洞连接起来，在地道内设计和安装了单人掩体、会议室、水缸存放处、陷阱、翻板、碾盘射击孔、地道射击孔、猪圈射击孔等生活设施和战斗设施，到1946年，全村形成了户户相连、村村相通、四通八达、上下呼应，南到龙湾屯、唐洞，北到大北坞的长达26公里的地道网。在抗日战争和解放战争年代，从1943年至1948年，焦庄户人民利用地道、地雷同敌人共战斗150余次。由于战绩卓著，顺义县人民政府于1947年授予焦庄户"人民第一堡垒"称号。

　　地道战的广泛开展，对平原地区进行严酷的反"扫荡"斗争起了重大的作用。为了缅怀革命先烈，对人民进行爱国主义教育，自1987年以来，市、区两级政府致力于扩建道路、修复地道、新建展馆、恢复抗战民居等，目前已形成了占地近4.78公顷的纪念馆，分为3个参观区，即展馆参观区、地道参观区、抗战民居参观区。展室内以翔实的资料、珍贵的文物及真实的地道战遗址，再现了焦庄户同入侵之敌进行英雄斗争的历史画面。现在可供参观的地道遗址有650多米。景区还设置了吃抗战饭、住抗战民居、采摘瓜果等体验项目。

⊛ 烟台市海阳地雷战遗址

　　抗日战争时期，山东、山西、河北等敌后抗日根据地的游击队、民兵和当地居民，创造性地运用地雷武器开展伏击战，用"铁西瓜"炸得日寇心惊胆战。

　　1940年春，日军侵入山东海阳，疯狂实行"三光"政策，激起海阳人民的反抗。地雷战是海阳民兵最重要的作战方法之一，地雷是当时最重要的作战武器。起初，地雷战仅在靠近敌人据点的小纪、行村、大山等区开展，后来渐及全县，榆山、龙山、垒石、昌水、高家、徐家店等区一些村庄的民兵成功运用地雷反"扫荡"，沉重地打击了日本侵略者。地雷战期间中涌现出赵疃、文山后、小滩三个胶东特级模范爆炸村，不仅在海阳人民的革命斗争史上写下了光辉的一页，而且在胶东抗战史上涂上了浓重的一笔。

海阳地雷战遗址位于山东省烟台市海阳市朱吴镇，景区是根据战争年代海阳人民用地雷抗击日寇，以及红色经典影片《地雷战》等众多历史背景所创建，再现了当年地雷战烽火连天的战斗场面。景区主要由仿古建造的碉堡、古槐和世界上最大的地雷之一的巨型地雷组成。景区推出了集参与性、娱乐性、教育性为一体的《地雷战》实景演出。

◉ 枣庄市、济宁市铁道游击队红色旅游系列景区

铁道游击队，是抗日战争时期活跃在山东枣庄微山湖一带为主要区域的抗日武装。其传奇般的英勇事迹及影响，在全国及世界留下神秘篇章。该游击队成立于1940年1月25日，由八路军苏鲁支队命令成立，成立时称"鲁南铁道队"。人员最多时达300余人。铁道队挥戈于百里铁道线上与日伪展开殊死搏斗，令日伪惶惶不安。1945年10月，在枣庄和临城的1000多名日军向一支不足百人的抗日游击武装投降，这是有史以来军事受降中十分罕见的一幕。铁道队还成功护送刘少奇、陈毅、罗荣桓等领导人以及千余名抗日将士过境。铁道游击队的英勇抗日故事被广为流传，改编为同名小说，并拍摄成电影和电视剧，深受观众喜爱。

铁道游击队红色旅游系列景区位于今山东省枣庄市薛城区临山路东首，占地面积9公顷，以"铁道游击队纪念碑"为主体建筑，广场、甬道、碑廊、清风台、金山墓、八大亭等景观散布其中。铁道游击队纪念碑落成于1995年8月15日，高33米，游击队战士持枪冲杀的铸铜人物塑像矗立于纪念碑顶端。底座正面镌刻碑文，两侧为花岗石浮雕，再现了游击队员英勇杀敌的场面；碑前及两侧八级台阶，代表八年抗日战争，碑体正面为竖起路轨的造型，体现游击队员们活跃在铁路线上，浴血奋战的深刻含义，50根枕木象征着世界反法西斯战争和中国人民抗日战争胜利50周年。碑体中央"铁道游击队纪念碑"碑文由原国家主席杨尚昆亲笔题写。

△ 其他相关景点

1）武安市晋冀鲁豫中央局旧址（河北省邯郸市）

2）涉县一二九师司令部旧址（河北省邯郸市）

3）涞水县野三坡平西抗日根据地（河北省保定市）

4）邢台市邢台县前南峪村（河北省）

5）武乡县八路军太行纪念馆（山西省长治市）

6）沁源县太岳军区司令部旧址（山西省长治市）

7）五台县晋察冀军区司令部旧址纪念馆（山西省忻州市）

8）莒南县八路军115师司令部旧址（山东省临沂市）

9）武川县大青山抗日根据地旧址（内蒙古自治区呼和浩特市）

10）枣庄市八路军抱犊崮抗日根据地旧址（山东省）

11）河东区新四军军部旧址（山东省临沂市）

12）濮阳市清丰县单拐革命旧址（河南省）

13）八路军驻桂林办事处旧址（广西壮族自治区桂林市）

14）中共中央南方局暨八路军驻重庆办事处遗址（重庆市）

15）咸阳市旬邑县马栏革命旧址（陕西省）

16）咸阳市泾阳县安吴青年革命旧址（陕西省）

17）兰州市城关区八路军兰州办事处旧址（甘肃省兰州市）

18）乌鲁木齐市八路军驻新疆办事处纪念馆（新疆维吾尔自治区）

△ 涉县一二九师司令部旧址　CFP

△ 涞水县野三坡平西抗日战争纪念馆　CFP

△ 武乡县八路军太行纪念馆　*新华社记者 燕雁摄*

△ 乌鲁木齐市八路军驻新疆办事处纪念馆　CFP

△ 八路军兰州办事处纪念馆酒泉路新馆　CFP

△ 八路军桂林办事处纪念馆　CFP

4-2 新四军开辟的华中抗日根据地

◉　在八路军开辟华北抗日根据地的同时，新四军各支队相继挺进华中各个地区开展游击战，建立抗日根据地。与今天中国大区的划分范围有所不同，抗战时代的华中抗日根据地包括江苏绝大部分，安徽、湖北、河南、浙江和湖南的一部分。

1938年4月，粟裕率新四军先遣支队深入华中敌后，开展游击战争。5月，陈毅和张鼎丞分兵挺进苏南，在南京周围地区，发动群众开展游击战争，摧毁伪政权，初步形成了以茅山为中心的苏南抗日根据地。7月初，谭震林率兵开进皖南前线，活动于芜湖、宣城、青阳一带。先后防守青弋江阵地，担负铜陵、繁昌沿江地区的防御任务，并配合正面战场作战。11月，谭震林部队进至淮南铁路以东展开游击战争，和新编的新四军江北游击纵队配合，打开了皖中地区的抗日局面。6月，罗炳辉率兵挺进皖东，建立皖东根据地。10月，彭雪枫率兵进入豫东地区，初步打开了豫东抗日局面，为以后豫皖苏根据地的发展奠定了基础。1938年底，新四军在八路军配合下，开辟了皖东北和淮海区根据地。随着新四军抗日力量的发展，在开辟华中抗日根据地期间，国民党十分担忧共产党在其眼皮底下乘机抢占地盘、扩张势力，因此遭到国民党顽固派的仇视，对新四军发动"皖南事变"以图抑制，并在事变后撤销新四军番号，但共产党并未妥协，而是毅然宣布重建新四军军部。

从1941年开始，华中各根据地针对日伪军的大"扫荡"和"清乡"，进行了艰苦而又坚决的反"扫荡"斗争，坚持并发展了敌后游击战，牵制了华中的日伪军，支援了正面战场的作战，为扩大华中根据地、进一步发展游击战争创造了良好的条件。

◉ 常熟市沙家浜革命历史纪念馆 CFP

◉ 常熟市沙家浜革命历史纪念馆

抗日战争初期，位于阳澄湖畔的沙家浜成为苏、常、太地区的游击根据地。1939年9月22日，以新四军为主力的江南抗日义勇军与接受国民党指令的抗日力量"忠义救国军"在江阴市顾山南麓发生枪战。新四军离开苏常地区后，留下了三十六名伤病员，他们滞留在沙家浜一带的芦苇荡中，重建武装，坚持抗日斗争。这个事迹后来被崔左夫写成了纪实文学《血染着的姓名——三十六个伤病员的斗争纪实》，上海警备区副司令员刘飞也写下了回忆文章《阳澄湖畔》，"文化大革命"时期被改编为京剧《沙家浜》，一时唱响全国。

沙家浜革命历史纪念馆位于江苏省常熟市，占地67公顷，建筑面积2000平方米，陈列了400多幅民主革命时期沙家浜的革命历史图片和一批革命文物。纪念馆还采用了多媒体景箱、场景复原等现代化手段，形象逼真地再现了当年的抗日场景和军民鱼水深情。阿庆嫂、郭建光、沙奶奶……在沙家浜革命历史纪念馆里，怀旧的人们可以一一追寻到他们的足迹。

近年来，沙家浜利用革命传统教育、芦苇荡自然生态、江南水乡田园风光及地方民俗风情等资源优势，建成了以爱国主义和革命传统教育为特色，集教育、休闲、运动于一体的综合性风景旅游区。抗日传奇故事与当地的阳澄湖、芦苇荡、大闸蟹等地方特色，丰富了这个景区的文化内涵。

◉ 淮安市刘老庄八十二烈士陵园

1943年3月18日，在江苏省中部的淮安市淮阴区北乡刘老庄，新四军82位勇士为了挡住3000多日军对共产党淮海区党政机关的突然袭击，进行了浴血奋战，终因敌我兵力悬殊，82勇士全部壮烈殉国。但日寇妄图合围我淮海区党政机关的阴谋遭到了彻底的挫败。82烈士气壮山河的气概，激励了解放区的抗日军民。朱德总司令称赞82烈士是"英雄主义的最高表现"。陈毅评价这是"惊天地泣鬼神的壮举"。

❀ 上高县抗日会战遗址　上高县抗日会战遗址景区提供 付宜强 摄

　　待日军撤退，刘老庄的乡亲们趁春夜的黑幕，含着热泪收殓了烈士忠骸，堆起一座10米高的坟茔。抗日战争胜利后，苏皖边区政府又用砖石砌成陵墓，在墓碑上刻着："新四军三师七旅十九团四连八十二烈士公墓"。此外，还修建了一些纪念性建筑。淮阴解放后，人民政府于1955年拨专款重修了烈士公墓并兴建了烈士陵园。

　　陵园占地0.8公顷，中轴线偏北有壮志亭，内置李一氓撰写的"八十二烈士墓碑记"，中轴线左边的烈士纪念馆内陈列着烈士的生平事迹，烈士遗像、遗物，当年中共报刊所载有关刘老庄战斗的资料等。陵园建筑的主体是烈士纪念塔，塔身呈"主"字形，正反面都刻有缅怀先烈的碑文，塔前端坐一对石狮。

❀ 上高县抗日会战遗址

　　上高抗日会战是与台儿庄战役齐名的中国抗日战争史上十大战役之一。1941年3月15日，日军集结重兵，以赣西北的上高县为中心，发动了一次大规模扫荡战。国民党军队和共产党地下党组织共同合作，展开了对日寇军队的殊死抗击，中国军队及上高民众英勇抗击，演绎了"镜山阻击"、"下陂桥激战"、"官桥包围"、"泗溪追击"等惨烈而精彩的战斗，将日军包围于上高境内，历经26天的浴血奋战，战役结束时共毙伤日寇2万余人。上高抗日会战纪念地为江西省级爱国主义教育基地，现有抗日战争旧址12处、纪念设施1处、馆藏文物2200多件。上高抗日会战在中国革命斗争史和中国军事史上都具有极为重要的历史意义。

上高县抗日会战遗址位于江西省宜春市上高县，景点分布于上高县各个乡镇。1991年，上高县委、县政府在遗址上重修了上高抗日阵亡将士陵园，原国防部长张爱萍上将为陵园题写了"上高抗日阵亡将士陵园"10个大字。

2010年，上高县政府对景区组织重修，重修后的景区包括上高抗日会战镜山核心战场遗址、上高抗日会战阵亡将士陵园、上高会战遗址博物馆、上高会战中国军队总指挥部旧址、上高会战中国军队前线指挥部旧址、上高会战中国军队战时医院旧址、上高战时监狱旧址等。

⊛ 浙东（四明山）抗日根据地旧址

浙东敌后抗日根据地，是华中抗日根据地的八大要地之一，是华中抗日的东南前哨地，它包括四明、会稽、三北（余姚、慈溪、镇海三县以北地区）和浦东四个地区，拥有400万人口，1万余人的抗日武装。

皖南事变后，共产党决定开辟浙东、浙西两片根据地，从浦东南渡杭州湾到浙东三北地区，与浙东抗日自卫武装一起开展抗日斗争。1943年4月，共产党占领梁弄，以此为指挥中心，以四明山为根据地，经历大小战斗643次，浙东根据地取得重大进展，浙东大部分地区被纳入共产党掌握之中。

中共浙东区委旧址位于浙江省宁波余姚市梁弄镇南2公里处的横坎头村，内设浙东银行、浙东新报社。新中国成立后，为纪念抗日战争和解放战争时期浙东革命根据地人民的历史业绩，浙江省人民政府在原浙东区委旧址建立"浙东抗日革命根据地纪念馆"，原中共浙江省委书记王芳为纪念馆题写了馆名。镌刻有原国防部长张爱萍"中国共产党浙东区委会旧址"的题字。纪念馆为木结构清末民居，正楼坐东面西，七楼七底，左右厢房各两楼两底，中间为庭院。陈列展出的抗日战争和解放战争时期的革命文物和图片资料600多件。

⊛ 滁州市藕塘烈士纪念馆及中原局旧址

藕塘镇位于安徽省滁州市定远县东南30公里处，与滁州市南谯区接壤。定远是革命老区，抗日战争时期是皖东抗日根据地的创始地。以藕塘镇为中心的抗日根据地，是全国19个抗日革命根据地之一。中国共产党老一辈革命家刘少奇、张云逸、徐海东、罗炳辉等都曾在这里战斗和生活过。

滁州市藕塘烈士纪念馆位于藕塘烈士陵园内。纪念馆于1980年建成，占地面积360平方米，附属设施有荷花池塘、金鱼池塘等。馆内分一厅三室，陈展内容包括第二次国内革命战争时期，定远地区共产党组织发展和革命运动情况、抗日战争时期刘少奇等革命先辈在藕塘地区的活动、根据地军民对敌斗争情况，以及其他文物资料170余件。其中《烈士英名录》铭记着二千多位烈士英名。

⊛ 黄山市黄山岩寺新四军军部旧址

岩寺新四军军部旧址位于安徽省黄山市徽州区的岩寺镇，是南方八省红军游击队的集中地，也是新四军成军地，素有南方延安之称，"北有延安，南有岩寺"。1938年4月，叶挺、项英、陈毅、张云逸等新四军领导人率领新四军7000多官兵由南昌迁至岩寺，在这里完成了部队的整编，点燃了东进抗日的燎原之火。新四军在岩寺不仅发展壮大了革命队伍，提高了战斗力，而且对皖南地区的抗日救亡运动产生了深远的影响。革命先辈周恩来、叶挺、陈毅等也在这里留下了光辉足迹。

⊛ 藕塘抗日烈士纪念塔　CFP

⊛ 黄山市黄山岩寺新四军军部旧址纪念馆
新四军军部旧址纪念馆景区提供

△ 温州市浙南（平阳）抗日根据地旧址（浙江省）余青摄

△ 长兴县新四军苏浙军区旧址纪念馆，雕塑（浙江省湖州市）CFP

△ 其他相关景点

1）镇江市句容县茅山新四军纪念馆（江苏省）

2）常州市新四军江南指挥部纪念馆（江苏省）

3）黄花塘新四军军部旧址（江苏省淮安市）

4）温州市浙南（平阳）抗日根据地旧址（浙江省）

5）丽水市夏河村中共浙江省委机关旧址（浙江省）

6）长兴县新四军苏浙军区旧址（浙江省湖州市）

7）新四军苏浙学社（浙江省湖州市）

8）亳州市涡阳县新四军第四师纪念馆（安徽省）

9）宿州市皖东北革命历史纪念馆暨江上青烈士殉难地（安徽省）

10）滁州市来安县新四军二师师部旧址（安徽省）

11）新四军江北指挥部旧址（安徽省）

12）景德镇市浮梁县新四军瑶里改编及程家山旧址（江西省）

13）驻马店市确山县竹沟镇确山竹沟革命纪念馆（河南省）

14）新四军五师旧址（湖北省）

15）随州市曾都区新四军第五师旧址群（湖北省）

△ 亳州市涡阳县新四军第四师纪念馆（安徽省）CFP

4-3 华南抗日武装开辟的华南抗日根据地

◉ 在华南地区，虽然共产党未能要求国民政府承认八路军、新四军之外的第三支成建制的红色军事力量整编组织，但中共领导人仍然坚持在华南敌占区创建抗日根据地，其中最重要的两个根据地就是东江、琼崖抗日根据地，两地都成立了抗日民主政权。1938年日军侵占广州后，原在东江一带的红军游击队，在曾生等领导下，组成抗日游击队，建立东江根据地。1939年2月，日军侵入海南岛，原在当地的红军游击队和海南岛人民，在冯白驹等领导下，建立了琼崖根据地。

东江抗日根据地，地处珠江口、广（州）九（龙）铁路两侧，包括东莞、惠阳、宝安、增城、博罗等县。这里面向大海，背靠广州，是日军进攻广州、侵犯华南的交通要道，具有重要的战略地位。开辟、扩大根据地的同时，各地抗日民主政权也相继成立，到抗战后期，东江抗日根据地共建立了5个县级抗日民主政权，根据地和游击区人口达400万以上。

1938年12月初，长期战斗在海南岛的琼崖红军游击队，改编为广东省民众抗日自卫团第十四区独立队，1939年5月扩编为琼崖人民抗日自卫团独立总队，琼（山）文（昌）抗日游击根据地逐步建立，包括琼（山）文（昌）平原根据地、美合山区根据地和六连岭等小块游击根据地。1945年，根据地从最初东北部的琼（山）文（昌）区和澄迈地区，扩大到全岛的16个县境。琼崖纵队从300人发展到7700余人。华南抗日根据地广大军民与日伪军作战数千次，成为坚持华南敌后抗日的唯一力量。

⊛ 海口市琼山区工农红军琼崖纵队改编旧址

1937年"七七"事变后，中共琼崖特委按照"团结抗战"的指示，与国民党海南当局达成协议，于1938年12月在云龙将原在岛上的共产党游击队改编为广东省民众抗日自卫团第十四区独立队。

琼崖纵队云龙改编旧址位于海南省琼山市云龙墟东北面，拥有300余平方米的展厅，一座红军战士铜像、两座纪念亭、一面壁廊及其他完善的配套设施。挺立园地中央的红军战士铜像高4.6米，连同基座共高10米。基座正面刻着徐向前元帅的题词"琼崖抗日先锋"，背面镌刻着"琼崖红军改编简介"。1990年在铜像东侧修建了"荡寇亭"和"凯旋亭"两座纪念亭。铜像后的壁廊刻有中央领导人的题词。铜像西侧的展厅内陈列着众多的历史资料、图片和文物，生动地展现了海南各族人民的抗日和革命历程。

⊛ 万宁市六连岭革命遗址

六连岭位于海南省万宁县万城镇北面60公里处，因六峰相连，逶迤腾浪，故古时有"连峰耸翠"的美名，是万州八景之一。六连岭不仅以其高峻的山峰，美丽的森林而闻名，这里也是琼崖纵队开辟的根据地旧址。朱德在视察六连岭时，欣然赋诗《六连岭》："六连岭上彩云生，竖起红旗革命军。二十三年游击战，海南群众庆翻身。"

1932年底，琼崖红军第二次反"围剿"失败后，中共琼崖特委委员王白伦等在六连岭领导军民坚持英勇不屈的武装斗争。1939年8月，日军侵占万宁县后，万宁县军民在中共乐万县委领导下，成立万宁县抗日民主政府，组织人民开展以六连岭为抗日根据地的抗日救亡运动。1943年冬，琼崖东区军政委员会在六连岭根据地成立，对乐会、陵水、崖县、保亭四县实行统一领导，组织广大军民粉碎日军对东区各县的"蚕食"进攻。

05　厚积薄发

◉ 抗日战争从1942年5月中旬转入敌我相持阶段。至1944年5月上旬，我国滇西守军为扼制日军进犯攻势，及时炸毁滇缅公路惠通桥，阻敌于怒江之西，同时派部队深入云南腾冲、龙陵等地，组织沦陷区人民进行敌后游击战争，消耗敌人的有生力量。从1944年5月中旬至1945年1月下旬，为中美盟军大反攻时期。这期间中国政府为打破日军封锁，重开滇缅国际运输线，重组以卫立煌上将为首的20万中国远征军，利用国际反法西斯战争发生转折的有利时机，在美国盟军和滇西各族人民的全力支持下适时强渡怒江，向盘踞滇西的数万日寇发起全面反攻，经过8个多月的浴血奋战，取得了滇西抗战的最后胜利。

1945年8月，抗日战争进入了夺取最后胜利的阶段。8月9日，中共中央主席毛泽东发表了《对日寇的最后一战》的声明；8月10日，朱德总司令发布了抗日大反攻第一号命令；11日，朱德总司令又连续发出第二至第七号命令，命令解放区军民举行抗日反攻作战。八路军、新四军、华南游击队和解放区军民，在中共中央和八路军延安总部的统一指挥下，以迅猛之势在华北、华中、华南和东北全面展开了大反攻，收复了大片失地。东北抗日联军配合苏联红军从苏联境内打回东北，占领了被日伪军统治了14年的东北地区。在国共两党组织中国军民的大反攻下，日本侵略者缴械投降了。8月15日，日本政府向全国广播了天皇的《停战诏书》，宣布无条件投降。

抗日战争是一百多年来中国人民反对帝国主义侵略第一次取得完全胜利的民族解放战争。抗日战争成为中华民族由衰败到重新振兴的转折点。抗日战争是世界反法西斯战争的重要组成部分，中华民族在抗日战争期间付出了重大的民族牺牲，为世界反法西斯战争的胜利作出了重大贡献。

5-1 滇西、黔南抗战

◉ 1942年春夏之交，日军攻陷缅甸后，开始向我国云南西部进攻，妄图沿滇缅路长驱直入，攻占整个云南，进而威逼重庆。自此，地处西南边陲的保山市由抗战后方变为最前沿。在美国盟军和滇西各族人民的全力支持下，国民党领导的20万中国远征军强渡怒江，向盘踞滇西的日军发起全面反攻，经过8个多月的浴血奋战，先后攻克日军坚固防守的松山、腾冲、龙陵，收复西南失地。

滇西抗战是我国发起的首次战略性反攻，同时也是第二次世界大战亚洲抗日战场从失败走向胜利的转折性战役之一。中国远征军、美国盟军、爱国华侨和滇西各族人民团结一心，英勇奋战，谱写了一曲爱国主义和国际主义的伟大史诗。这场战争的胜利，彻底粉碎了日军对我国实施东西突击，最终称霸亚洲和太平洋地区的梦想。

1944年冬，日军在攻陷广西桂林、柳州后，沿黔桂铁路、公路交通线三路进犯贵州南部重镇——独山及周边的荔波、三都、丹寨诸县，矛头直指贵阳。日军所到之处，城镇一片焦土，死伤数万无辜百姓，这就是震惊中外的"黔南事变"。日军的残暴行径激起了黔南各族人民同仇敌忾，中国军队与黔南各族人民一起，给予日军迎头痛击，"黔南事变"终以中国人民的胜利而结束。

◉ 滇西抗战纪念馆

滇西抗战纪念馆，即国殇墓园，位于云南省保山市腾冲县城西

◉ 滇西抗战纪念馆（国殇墓园）　董苏华 摄

南来凤山下。国殇墓园始建于1945年7月7日（即卢沟桥事变8周年纪念日），是腾冲人民为纪念中国远征军第二十集团军的抗日阵亡将士及死难民众而修建的烈士陵园。它占地8000多平方米，主体建筑呈中轴对称、台阶递进形式，主要由大门、甬道、忠烈祠、烈士墓、陈列馆、纪念塔等组成。

忠烈祠为仿清祠建筑，悬挂有蒋介石、于右任题书的匾额及军事将领的题联。纪念塔呈方锥体，镌刻"远征军第二十集团军克复腾冲阵亡将士纪念塔"，正面刻"民族英雄"，其余三面刻有"腾冲会战概要"。烈士墓冢呈辐射状排列，埋葬着滇西抗战中为国捐躯的8000名烈士遗体，墓碑上刻有阵亡将士的姓名及军衔。主题展览——"极边第一城的血色记忆"分三个展厅、五个部分，以大量照片、图文和实物展出了远征军浴血奋战的抗日历程。

国殇墓园是抗战中全国最早建立、保存完整、规模最大的抗日烈士陵园，1996年被国务院列入"全国重点文物保护单位"。

⊛ 保山市滇西抗战松山战役遗址

　　保山市滇西抗战松山战役遗址位于云南省保山市龙陵县腊勐乡大松山，滇缅公路经惠通桥越过怒江后，在该山的悬崖峭壁间盘旋40余公里。松山战役主要集中在腊勐乡大垭口村东、西两侧的松山山顶一带，范围约6平方公里，是滇缅公路的咽喉要塞，被美国军事家称为"东方直布罗陀"。在大小松山、黄土坡等大小7个高地上，地堡、战壕、弹坑等随处可见。其重要的景点包括松山主阵地——我军坑道作业遗迹及大爆炸坑、滚龙坡、鹰蹲山等战场遗址，日军发电站、抽水站和慰安所遗址等。龙陵县还修复了抗日将士公墓，并建有标志说明碑、遗址说明碑和一条上山公路。

⊛ 黔南州独山县深河桥抗战遗址

　　在纪念抗日战争胜利65周年之际，黔南独山县深河桥抗战遗址被贵州省政府列为"爱国主义教育基地"。

　　整个园区分为两部分。第一部分，贵州抗战陈列馆陈列了自"九一八"事变到抗日战争胜利期间日军侵华、中国全民抗战全过程，及贵州各族人民抗击侵略者的民族精神。第二部分为实景部分，包括深河桥、黔南人民抗日纪念碑、黔桂公路等抗战遗址、国旗台、小石桥、烽火台等一批抗日文化景点。

5-2 伟大胜利

⊛ 1945年7月26日，中、美、英三国共同发表波茨坦公告，敦促日本无条件投降，否则将予日本以"最后之打击"。8月6日，美军在日本广岛投下第一枚原子弹，3天后又在长崎投下第二枚原子弹。苏联红军也根据《雅尔塔协定》，在8月8日对日宣战，发动八月风暴行动，并立刻于8月9日出兵中国东北，横扫日本关东军。在国际力量的支持下，抗日战争进入最后的全面大反攻阶段。国民党方面在美军空运、海运帮助下，迅速占领各大城市，接受日本投降。共产党军队将原本分散的抗日根据地一一连通，接收经营多年的中小城市、乡村地区，以及一个省会城市——张家口。

　　1945年9月2日，参加对日作战的同盟国代表接受日本投降签字仪式在停

⊛ 中国人民抗战胜利受降纪念馆　CFP

泊于日本东京湾的美军军舰"密苏里"号上举行。日本代表在无条件投降书上签字，中、美、英、苏等9国代表相继签字。至此，中国抗日战争胜利结束，世界反法西斯战争也落下帷幕。1951年8月13日，中华人民共和国中央人民政府政务院发出由周恩来总理签署的通告，确定9月3日为中国抗日战争胜利纪念日。

⊛ 怀化市芷江县中国人民抗日战争胜利芷江受降旧址

　　"烽火八年起卢沟，受降一日落芷江"。1945年8月15日，日本决定接受《波茨坦公告》，宣布无条件投降。8月21日至23日，侵华日军投降代表在湖南省怀化市芷江向中国人民无条件投降，并接受了关于日军投降的详细规定备忘录。"芷江受降"宣告了日本帝国主义灭亡中国的美梦彻底破产，写下了中国近现代史上洗雪百年国耻，抵御外敌入侵首次最光辉的一页，中国人民经过"八年抗战"，终于赢得了最后的胜利，"芷江受降"作为一个历史的坐标点，将永载史册。

　　为纪念"芷江受降"这一重大历史事件，1947年8月30日国民政府在芷江受降地修建代表中国抗战胜利的标志性建筑——受降纪念坊。该坊被称为"中国的凯旋门"，是中国人民抗日战争胜利和世界反法西斯战争胜利的伟大历史丰碑，为华夏大地上唯一纪念抗日战争胜利的标志性建筑物。

中国人民抗日战争胜利受降旧址位于湖南省芷江侗族自治县芷江镇七里桥村，距怀化市37公里，为增强人民的民族自信心和自豪感，芷江受降旧址于1985年正式对外开放，占地面积4公顷多。旧址主要包括抗日胜利受降纪念坊、中国战区总受降旧址（包括受降会场旧址、中国陆军总司令部旧址、何应钦办公室旧址）、萧毅肃陈列室、受降史料陈列展馆、兵器陈列馆、受降亭等纪念性构筑物和少量辅助建筑物。总受降旧址为3栋鱼鳞板木结构西式平房，是国内唯一保存完好的中美空军联队兵营。室内陈列有当年受降所用的会议桌、木靠椅、单双人竹木沙发等珍贵文物。

中国人民抗战胜利受降纪念馆是为纪念抗战胜利50周年而建，建成于1995年，建筑面积1500平方米，造型独特，气势磅礴，巨大的"血"字造型，警示中国人民牢记血的教训。馆内设有"日寇侵华，罪行累累"、"中国抗战，浴血疆场"、"芷江受降，载入史册"、"牢记历史，珍爱和平"四个主题展览，展出珍贵历史文物、资料照片、第二次世界大战时期兵器，被誉为国内首家"抗战胜利受降博览窗"。

中国人民抗日战争胜利受降旧址现为全国爱国主义教育基地、全国重点文物保护单位、国家AAAA级旅游景点、国家国防教育示范基地、国家红色旅游经典景区、海峡两岸交流基地。

⊛ 中国人民抗日战争纪念馆

中国人民抗日战争纪念馆坐落在北京市丰台区卢沟桥东面的宛平城内，距北京市中心15公里，建成于1987年7月6日。"七七"事变爆发50周年前夕，由邓小平题写馆名。纪念馆占地4公顷，建筑面积近2万平方米，展览面积6000平方米，整个台基有8级台阶象征全国人民八年抗战，二进台基有14级台阶象征东北人民14年的抗战。纪念馆基本陈列由3个综合馆、3个专题馆（日军暴行、人民战争、抗日英烈）和1个半景画馆组成，共有照片和资料3800件、文物5000件。

综合馆展示全国抗日战争全过程；日军暴行专题展示日本侵略者的滔天罪行，其中有"七三一"细菌部队和南京大屠杀的现场复原陈列；人民战争专题馆展示波澜壮阔的全民族抗日救亡运动和浴血奋战场景，其中有台儿庄、平型关、百团大战等著名战役的介绍；抗日英烈馆展示著名抗日英雄杨

⊛ 中国人民抗日战争纪念馆　中国人民抗日战争纪念馆提供

靖宇、赵一曼、左权、彭雪枫、张自忠、佟麟阁、赵登禹等人的英雄事迹；半景画馆采用声光电等现代手段模拟"七七"事变战场，形象生动。

纪念馆全面表现了在抗日民族统一战线旗帜下，以国共合作为基础，全国各族人民包括台港澳同胞、海外侨胞共同抵抗日本帝国主义侵略的历史，表现了中华民族为世界反法西斯战争的胜利付出的巨大民族牺牲及其重要贡献，深刻揭露了日本侵略者在侵华战争中犯下的滔天罪行。

⊛ 世界反法西斯战争海拉尔纪念园

世界反法西斯战争海拉尔纪念园位于内蒙古自治区海拉尔城区北部，是在原侵华日军海拉尔要塞遗址上建立的。园区分为地上、地下两部分，其中地面建有海拉尔要塞遗址博物馆、主题广场、地面战争遗迹、模拟战争场景等；地下复原了日军司令部、士兵宿舍、卫生室、通讯室等，通过大量文字、图片和实物展示，生动形象地证明了日本关东军在中国东北所犯下的滔天罪行，也表现了中华民族生生不息、英勇抗战的精神，整个园区恢宏大气、深沉凝重、发人深省。

海拉尔要塞由5个主阵地和4个辅助阵地组成，以敖包山和北山阵地为主体，占地22公顷。当年，日本关东军以"招工"的名义从中国内地抓来数万名

⊛ 世界反法西斯战争海拉尔纪念园　呼伦贝尔市旅游局提供

劳工为其修建要塞。在修建过程中，这些劳工累死、病死和被打死的不计其数。更令人发指的是，到1937年工程结束时，为了保密，日军竟残忍地将中国劳工集体枪杀甚至活埋。海拉尔要塞是中国劳工用生命筑成的，"万人坑"中的累累白骨，向世人控诉着侵华日军犯下的滔天暴行。

⊛ 邢台市邢台县中国人民抗日军事政治大学陈列馆

　　中国人民抗日军事政治大学，简称"抗大"，是在抗日战争时期，由中国共产党创办的培养军事和政治干部的学校。其前身是"中国抗日红军大学"，1937年初改为此名，校址在延安，敌后总校在河北省邢台县前南峪村。抗大是中国共产党培养抗日军事、政治干部的大学。毛泽东任抗大教育委员会主席，为抗大规定了"坚定正确的政抬方向，艰苦朴素的工作作风，灵活机动的战略战术"的教育方针和"团结、紧张、严肃、活泼"的校风。

　　中国人民抗日军事政治大学陈列馆建在河北省邢台市南峪村南山坡，群山环抱之中，是中国第一座反映这所大学校史的陈列馆。馆内由序厅、主题厅和西展厅三部分组成。主题展厅分为抗大在陕北的创建与前期发展、抗大在敌后太行的峥嵘岁月、抗大越抗越大（抗大分校及附属陆军中学等）、抗大精神光照千秋四部分，以大量的文物、照片、图表等再现了抗大当年的学习与战斗生活。

第五篇

解放战争

● 1946年至1949年发生在中国的规模巨大的战争是中国人民解放军在中国共产党的领导和根据地人民群众的支援下，为从国民党手中夺取政权、解放全中国而进行的国内战争。

1945年8月，中国历史翻过辉煌而凝重的一页。经过八年的浴血奋战，抗日战争最终取得胜利。这场胜利既给人们带来了欢乐，又给人们增添了新的忧愁。此时，内战的阴云已经开始在中国的上空聚积。为了争取和平建国，中国共产党代表团远赴重庆、南京与国民党进行谈判，签订了《双十协定》、《关于停止中原内战的协议》，可惜均未取得实质性成果。1946年6月，国民党在湖北宣化店打响了全面内战"第一枪"，并在各个战区向共产党军队发起进攻。共产党沉着应战，连续取得苏中七战七捷、莱芜战役胜利等战绩，挫败了国民党的全面进攻。

从1947年3月起，国民党由全面进攻改为重点进攻山东、陕北两个红色地区，而在其他战场转为守势。在山东战场上，陈毅、粟裕率领华东野战军在孟良崮战役中全歼国民党军主力。在陕北战场上，彭德怀率领西北野战军与国民党军周旋，掩护中共中央转战陕北，并取得了青化砭、羊马河、蟠龙镇三战三捷。

经过一年多的作战，战争局势发生了巨大的变化，共产党决定开始对国民党进行战略反攻，将战火烧到国统区去。刘（伯承）邓（小平）、陈（毅）粟（裕）、陈（赓）谢（富治）三路大军相继挺进中原。继续在内线作战的彭德怀率领西北野战军，谭震林、许世友率领的华东野战军东线兵团，聂荣臻率领的晋察冀野战军，徐向前率领的晋冀鲁豫野战军太岳兵团等，也渐次转入反攻。

1948年，战争进入到战略决战阶段。共产党抓住时机，以恢弘的气势连续发起了辽沈、淮海、平津三大战役，一举摧毁了国民党的主要军队，占领了长江中、下游以北的广大地区，与国民党之间仅剩下一道天险——长江。4月21日，共产党发起了最后的决战——渡江战役，直指国民党统治的政治中心——南京。23日，解放军占领南京总统府，宣告了统治中国22年的国民党政府在大陆统治的结束。

这场持续三年的战争以中国共产党的胜利而宣告结束。这场战争的胜利，使得占人类四分之一的中国人民实现了从根本上推翻帝国主义、封建主义和官僚资本主义在中国统治的政治理想：1949年10月1日，一个由共产党领导的中华人民共和国正式宣告成立。

01   内战爆发

● 抗日战争胜利后，两股强大的政治力量——中国共产党和国民党，又在为建什么国、怎么建国展开了激烈的斗争。是和还是战？中国面临着历史的选择。在国民党这一边，蒋介石在美国的支持下，以政府军的名义接受日本投降、占据抗日战争胜利果实；在共产党这一边，毛泽东在苏联支持下，在根据地和受苏联红军控制的东北地区接收了大片国土。双方在接收和控制更多地区、筹建新的国家方面剑拔弩张，内战一触即发。为了争取和平，毛泽东、周恩来、王若飞等人接受蒋介石的"邀请"，于1945年8月28日前赴重庆与国民党进行多轮艰难和谈，10月10日终于签订了意在维护和平的《双十协定》。然而，谈判的同时，战火仍旧不断。在东北战场上，东北民主联军与国民党军在吉林四平进行了四次战争，史称"四战四平"。在第三次四平保卫战中，由于敌强我弱，东北民主联军主动撤出四平。此战之后，周恩来等人又来到南京与国民党继续谈判，签订了《关于停止中原内战的协议》，推迟了内战爆发。

　　和谈并没能阻止内战的脚步。1946年6月26日，国民党在宣化店向共产党中原军区发起进攻，内战全面爆发。李先念率领中原部队开始分路突围。随后，国民党军在晋南、苏北、鲁西南、胶东、冀东、绥东、察南、热河、辽南等地，向红色地区展开大规模进攻。面对国民党军气势汹汹的全面进攻，共产党沉着应战。华中野战军主力在苏中地区七战七捷、华东野战军在山东莱芜战役大败国民党军，淮北、晋冀鲁豫、晋察冀、东北等战场捷报频传。至此，国民党军的全面进攻已经变成强弩之末，而蒋介石之前"3个月至5个月消灭共产党军队"的计划也化为了泡影。

1–1 国共谈判

● 抗战胜利后，国民党首先发动了和平攻势，连续三次电邀毛泽东到重庆谈判。共产党于1945年8月23日在延安召开政治局扩大会议，提出通过和平途径，建设一个独立、民主、和平的新中国，并派毛泽东、周恩来、王若飞为代表，飞赴重庆同国民党谈判。8月28日，毛泽东等人在美国驻华大使赫尔利、国民政府代表张治中的陪同下，从中共中央驻地延安乘专机赴重庆开启谈判之门。重庆会谈期间，蒋介石和毛泽东仅以主客身份相礼待，并未参加实质性会谈，具体谈判则是在国民政府代表王世杰和中共代表周恩来、王若飞之间进行，但毛泽东在重庆短暂居住为国共谈判创造了友好的气氛。经过43天的会谈，国共双方就军队、控制区等多个问题达成了一致意见，1945年10月10日，双方代表签订了《政府与中共代表会谈纪要》，即《双十协定》，双方协定"长期合作，坚决避免内战，建设独立、自由和富强的新中国"，还确定召开各党派代表及无党派人士参加的政治协商会议，共商和平建国大计。

1946年5月初，国民政府还都南京，国共谈判的中心也从重庆转移到南京，周恩来、董必武在这里与国民党进行了10个月零4天的南京谈判。南京谈判的主题是罢战议和。南京谈判虽然签订了《关于停止中原内战的协议》，推迟了中原内战爆发的时间。然而，蒋介石于11月15日召开了"一党包办"的国民大会，谈判由此破裂。

重庆和南京的两场谈判，戳穿了蒋介石假和平真内战的阴谋，彰显了共产党的气度，也使共产党得到了全国各界人士的支持，为解放全中国奠定了基础。

❋ 渝中区红岩革命纪念馆

红岩村位于嘉陵江畔、重庆市郊化龙桥附近的"大有农场"内，这里的地形酷似伸向嘉陵江边的山嘴，因此又叫红岩嘴。在抗日战争期间，红岩村曾是中共中央南方局和八路军驻重庆办事处所在地。重庆谈判期间，毛泽东在此居住，更使它闻名天下。旧址得到了很好的保存，现在的红岩革命纪念馆，包括

❋ 八路军驻重庆办事处旧址 红岩革命纪念馆提供

红岩村13号、曾家岩50号、桂园、《新华日报》旧址等，其中红岩村13号和曾家岩50号为全国重点文物保护单位。

红岩村13号是中共中央南方局和八路军驻重庆办事处旧址。1939年初，中共中央南方局和八路军驻重庆办事处在重庆成立时，由周恩来选址设立。八路军驻重庆办事处是公开设立的，而南方局则为秘密设立，最初在机房街70号。

1939年5月初，日本飞机大轰炸，机房街70号被炸毁，董必武、博古等率领南方局和办事处大部分人迁往红岩村，散住在农场工人宿舍和堆放柴草杂物的几处茅草房里。当年秋天，办事处又自己设计并修建了办公住宿大楼，南方局、八路军驻重庆办事处全部迁此办公。地方当局将这里的门牌号编为红岩嘴13号（1945年改为红岩村13号）。从此，红岩村这片红色的土地就成为了革命的象征。

中共中央南方局和八路军驻重庆办事处大楼坐落在"大有农场"西北坡上，是一栋外看二层、实际三层的青灰色大楼，占地800平方米。整栋楼房为土木穿斗结构，有大小房间54间。底层是公开机关八路军驻重庆办事处（皖南事变前新四军驻重庆办事处也在此办公）。二层是南方局机关和领导人的办公室兼卧室。周恩来的办公室兼卧室是南方局负责人常开会、作出重大决策的地方。二层最大的一间屋，是南方局和办事处的图书室。三层是南方局、办事处的机要科和秘密电台，主要负责与延安及各地有关电台的联系及机要文件的传送。

曾家岩50号又被称为周公馆。是中共代表团由武汉迁至重庆后，周恩来以个人名义租赁的房子，作为中共南方局在市内的一个主要办公地点。它是一栋3层楼房，右侧为国民党军统局局长戴笠的公馆，左侧是国民党警察局派出所。楼的二层有两个房间分别作为周恩来、董必武的办公室兼宿舍，底层和三层为南方局其他人使用。重庆谈判期间，毛泽东曾在底层会议室接见过中外人士。周恩来平时会见各界人士和中外记者时也常在这里。

从1938年至1943年，日军对中国当时的陪都重庆进行了长达5年半的"战略轰炸"，史称"重庆大轰炸"。这是世界战争史上第一次取消了前线与后方、交战人员与和平居民界线的"无区别轰炸"。曾家岩50号"周公馆"曾被日机炸毁。

桂园旧址是毛泽东在重庆谈判期间市内办公、会客的地方。它是一座砖楼小院，位于曾家岩50号右侧200米处，原是国民党谈判代表之一张治中的公馆，为了毛泽东的安全和方便而特意提供的。楼下会客厅是当年毛泽东、周恩来同国民党代表进行谈判和签订《双十协定》的地方，毛泽东曾在这里接见过各界民主人士和记者。在右边的餐厅里，毛泽东和周恩来曾宴请各国驻华使节和中外各界人士。二层是毛泽东和周恩来办公、休息的地方。现在这里陈列着他们在重庆期间活动的照片，以及《新华日报》、《解放日报》等

⊛ 红岩革命纪念馆　*红岩革命纪念馆提供*

登载的有关毛泽东在重庆活动的报道。重庆谈判期间，毛泽东曾在这里指挥了国共内战爆发前的一次军事冲突——上党战役。

红岩革命纪念馆位于重庆市红岩村52号，纪念馆规模宏大，外层呈赭红色，与"红岩"的名称相称。馆内现有馆藏文物874件，重要历史资料（含历史文献、档案资料）1500余份，《新华日报》、《群众》周刊等当年的报刊20余种844本，当年新华日报馆、三联书店等报馆、书店、出版社出版发行的进步书籍1119册，历史图片2600余幅，展示了重庆从民国初到新中国成立后几十年间的发展历程。

⊛ 梅园新村纪念馆

中共代表团梅园新村纪念馆，位于江苏省南京市长江路东端的梅园新村街道两侧，主要景点包括中共代表团办事处旧址、国共南京谈判史料陈列馆、周恩来铜像、周恩来图书馆、梅园新村30号、梅园新村35号、梅园新村17号。

中共代表团办事处旧址是由梅园新村30号、梅园新村35号和17号所组成，是南京谈判时以周恩来、董必武为首的中共代表团的机关驻地。

梅园新村30号是周恩来、邓颖超办公和居住的地方，有二层楼房3栋，共18间，占地面积约432平方米，建筑面积361平方米，主楼楼下有办公室、会客室、卧室、餐室等，楼上设有机要室。这间狭小的、密不透风的机要室是当年中共代表团与延安保持联络的中枢神经。整个院子依然保持着原来的风貌，院内的翠柏、石榴树、铁枝海棠树等都是当年中共代表团种下的。

梅园新村17号有砖木三层楼房1栋，二层楼房2栋，砖木平房2栋，共29间，占地约502平方米，建筑面积725平方米。其中，北边一栋楼房是中共代表团办事机构。楼下设有小会议室、新闻组、抄报室、八路军（第十八集团军）驻京办事处处长办公室；楼上设有电讯组、外事组、军事组、党派组和妇女组。南边楼房楼上是工作人员的宿舍，楼下是饭厅，中共代表团常在这里举行大型记者招待会。

梅园新村35号有砖木二层楼房1栋，砖木平房2座，共11间，占地面积155平方米，建筑面积192平方米。楼房楼下是董必武、廖承志办公和居住的地方；楼上是李维汉、钱瑛办公和居住的地方。

中共代表团的驻地距国民党总统府不足200米，四周布满了国民政府的监视站，为了安全和方便工作，中共代表团将35号与31号特务监视站相通的大门堵死，在35号东边开了一个小门和30号相通，并且在小院两边加盖了两座小平房，以此挡住31号特务的视线。

国共南京谈判史料陈列馆位于梅园新村街道西侧，占地面积2200平方米，陈列面积1000平方米。馆名由原国家主席杨尚昆题写。这是一座富有地方特色的现代建筑，采

⊛ 梅园新村周恩来纪念馆内景 《中国现代美术全集·建筑艺术》（卷5）（中国建筑工业出版社出版）

用传统的四合院格局，陈列室内运用现代化的陈列展示手段，通过300多幅（件）珍贵历史照片、文物和资料，反映了以周恩来为首的中共代表团，在南京与国民党政府进行针锋相对的谈判斗争的革命业绩。一层展厅为"梅园风云"部分，以记述历史事件为主；二层展厅为"梅园风范"部分，主要展示国共南京谈判相关文物资料。

周恩来图书馆位于陈列馆的北面，占地面积855平方米，建筑面积1280平方米，由民国初期四栋民居式小楼改建组合而成，分上下两层，内设展厅、阅览厅、音像资料厅、采编室、书库等。馆中主要收藏了周恩来的论著、文献、照片、音像资料以及介绍他的生平、思想的书刊、资料等，现藏书达10000多册。周恩来图书馆也是全国第一家周恩来图书资料研究中心。

位于露天庭院的正面墙前的**周恩来铜像**

人一同前往延安。途中由于气候恶劣，能见度极差，飞机与地面失去联系，误向晋绥边区方向飞去。下午2点左右，在兴县黑茶山，由于浓雾过大，飞机撞到了山峰上，机上人员全部罹难。

纪念馆的烈士事迹展厅中陈列着王若飞、叶挺等烈士的灵位、遗像、悼词、简历、记事碑等，展示着烈士生前革命活动史料和图片。

高3.2米，重900公斤，是以周恩来当年步出梅园新村30号大门的照片为原型。铜像背后是以中共代表团原址30号大门为原型设计的汉白玉拱门，在接近铜像处有一组铁花拱圈门头线，这种虚实结合的设计，让人仿佛看到周恩来在龙潭虎穴中，谈笑风生、出入梅园、紧张工作的情景。

◉ 兴县"四八"烈士纪念馆

位于山西省吕梁市兴县东南45公里的黑茶山脚下东会乡庄上村的"四八"烈士纪念馆，是为了纪念1946年4月8日出席国共谈判的中共代表王若飞、秦邦宪等烈士而建立的。

1946年3月，国民党召开了一党包办的国民参政会，公然彻底撕毁政治协商会议决议和《东北停战协议》。4月8日，出席重庆国共谈判与政治协商会议的中共代表王若飞、秦邦宪，因形势严峻，不得不冒恶劣天气，由重庆飞回延安向中共中央报告和请示工作，新四军军长叶挺、中共职工委员会书记邓发等

1-2 四战四平

◉ 四平市位于东北松辽平原中部，吉林省西南部，辽宁、吉林、内蒙古三省（区）交界处，东南邻辽源市，西北连内蒙古科尔沁草原，西南接东北重镇沈阳，东北与长春市毗连，堪称松辽平原的一颗明珠。四平原名"四平街"，因其地势平坦，距此地四个集镇均为20公里，故名"四平"。距市区50公里的二龙湖畔燕国古城遗址，是汉民族最早开发东北的见证。历史上的夫馀、高句丽、契丹、女真（满族）、蒙古族、朝鲜族等都在这里生活过，留下了诸如辽代韩州、金代信州、明代叶赫部落等文化古迹。加上钟灵毓秀的山川地貌，更为这块黑土地增添了迷人的色彩。

签订《双十协定》之后，国共冲突仍未停止。1946年3月至1948年3月，东北民主联军同国民党军队在吉林四平先

后发生了四次激战，包括1946年3月的四平解放战、1946年4月的四平保卫战、1947年6月的四平攻坚战和1948年3月的四平收复战，史称"四战四平"，其中以四平保卫战最为激烈，被誉为"东方马德里之战"。

1946年4月下旬，在飞机和炮火的掩护下，国民党新一军由南面，七十一军由西南侧翼，向四平发起轮番进攻。为配合国共谈判，促进东北和全国和平民主的实现，中共中央做出了坚决保卫战略要地，阻止国民党军进入四平的决定。东北民主联军总司令林彪调集14个师旅守备在四平长达百余里的防线上，顽强抗击着国民党精锐部队的进攻，使国民党军始终未能踏进四平半步。在国民党军不断增援，战场形势敌强我弱的情况下，民主联军于5月19日主动撤离四平，结束了长达一个月的四平保卫战。国民党军自以为赢得了四平战役，使国共议和难以继续，全面内战形势一触即发。

⊛ 梨树县东北民主联军四平保卫战指挥部旧址

四平战役留下来具有纪念意义的战争印痕的遗迹不多，而位于梨树县第四小学北侧的东北民主联军四平保卫战指挥部旧址，现存完整。1946年4月初至5月18日，四平保卫战期间，东北民主联军总司令林彪率前线指挥部工作人员在此处指挥四平保卫战。

四平保卫战指挥部旧址是一座完整的晚清四合院，这座大院原是清代黄河道尹的后裔张邵宇的住宅，建于明末清初。大院近1500平方米，有正房5间，东西厢房各3间。西厢房是当年警卫人员休息室，正房西屋是作战指挥室，中间屋是警卫，东屋是林彪休息室，整个指挥部住着30多人。现在旧址内陈列着林彪用过的办公桌、水缸、军用电台、地图等。

⊛ 四平战役纪念馆

为了纪念四平这四场激烈战役，后人还建立了四平战役纪念馆、四平烈士纪念塔和四平烈士陵园。

四平战役纪念馆位于吉林省四平市英雄大街60号，馆内设序言厅、战史厅、人民支前厅、英烈厅、半景画馆等展厅，展示文物、史料、图片约2000件。序言厅中迎面的是红色墙体上方的阴刻文字，是1946年四平保卫战期间毛泽东"化四平街为马德里"的电文手迹，红色墙体与下方黑色基石，意寓英勇的东北民主联军在四平之战中血沃东北黑土地；战史厅分为战前时局和战史风云两个部分，再现了四战四平的历史；人民支前厅则展现了后方根据地人民支援前线的场景。

◉ 四平烈士纪念塔 CFP

◉ 四平烈士纪念塔

四平烈士纪念塔，坐落在吉林省四平市英雄大街与新华大街交会处的广场中央，西与四平战役纪念馆相邻，是为纪念在四次四平战斗中英勇牺牲的将士而建。纪念塔整体建筑由纪念塔、塔园和牌坊三部分组成。纪念塔高23.25米，塔基为二级圆台，塔座上有八面体塔室，20根瓜棱石柱环绕塔室、支撑室顶，凌空托起20.76米的塔身。塔顶镶嵌着一颗闪闪发光的五角红星，象征着英烈的精神永放光芒。塔园为圆形，园内青松环绕，花草繁茂。距纪念塔前30米处建有牌坊。

◉ 四平革命烈士陵园

四平革命烈士陵园地处吉林省四平市北郊，由四平英烈事迹展览馆、烈士纪念碑、瞻仰区、游览区四部分组成。其中，瞻仰区正中是一座无名烈士墓，墓高4.8米，长11.93米，宽11.33米，安葬着四战四平期间英勇牺牲的1万余名烈士，是国内最大的烈士合葬墓之一。无名烈士墓四周是四个呈方队形的209座有名的单体烈士墓。瞻仰区的西侧是烈士英名录碑廊，与无名烈士墓成扇形分布；南侧是红军墓区，安葬着张世虎等9位老红军的遗骨。

1-3 开战江淮

◎ 国共内战在两党和谈期间就在江淮之间的湖北东北部和江苏江北地区相继展开。

内战第一枪首先在鄂东北大悟县打响。1946年5月，在国共两党进行南京谈判的同时，国民党以30万的兵力，将中共中原军区6万多人包围在鄂豫两省交界处的湖北省孝感市大悟县宣化店镇一带，全面内战一触即发。5月5日，由国民党代表张群、共产党代表周恩来和美国代表马歇尔组成的"三人军事小组"及其他成员的代表前往宣化店实地视察，并举行了宣化店谈判，三方代表最终在汉口签订了停止中原内战的《汉口协议》。然而，这次谈判并没能阻止战争的脚步，6月26日，全面内战的"第一枪"由国民党在宣化店打响，李先念的中原部队开始了艰苦的中原突围。

宣化店第一枪数十天之后，国共第二战又在苏中泰兴地区爆发。蒋介石在围攻中原红色地区的同时，把进攻的矛头也指向了苏中共产党控制区（苏中解放区）。苏中解放区位于整个中国红色地区的东南前哨，它西临大运河，东抵东海之滨，南濒长江，北靠两淮和盐城，与苏北解放区紧密相连，与国民党统治的心脏沪宁地区隔江相望。它的存在直接威胁着国民党政府的政治、经济中心南京、上海。因此，蒋介石将苏中、苏北列为夺取的首要目标，并向苏中解放区发起进攻。

1946年7月，国民党军集结了12万兵力，大举进犯苏中地区。在获悉国民党军将在三四天内向如皋、海安大举进攻的消息后，粟裕先发制人，于13日向守备较薄弱的宣家堡、泰兴国民党军山炮营发起突袭。在随后的一个半月内，进行了宣泰攻坚战、如南战斗、海安运动防御战、李堡战斗、丁堰林梓攻坚战、邵伯阵地防御战和如黄公路遭遇战等七次战斗，并取得了"七战七捷"。

苏中战役，华中野战军以3万多人对付国民党军12万多人，创造了战争史上以少胜多的奇迹。苏中七战七捷粉碎了国民党政府占领苏中地区的战略企图。

◎ 大悟县宣化店谈判旧址

宣化店谈判旧址位于湖北省大悟县宣化店镇竹竿河西岸，原为"湖北会馆"。1946年5月，周恩来、李先念与美蒋代表举行的著名的"宣化店谈判"就是在这里进行。会馆建于清道光元年（1821年），坐北朝南，二进五间，左右厢房三间，门窗均有工艺精细的雕花，古色古香。厅内陈列着当时三方谈判代表的席位及有关图片和文字资料；厢房内原样保存着周恩来睡过的门板及办公用过的桌、椅、油灯等文物。

◎ 南通市海安县苏中七战七捷纪念馆

江苏省南通市海安县长江中路68号的苏中七战七捷纪念馆景区占地约21000

⊛ 南通市海安县苏中七战七捷纪念馆　苏中七战七捷纪念馆提供

平方米，其中标志性建筑就是苏中七战七捷纪念碑，被称作"天下第一奇碑"。它的建筑风格与众不同，既不同于中国古代纪念碑由碑基、碑身、碑帽组成，也不像新中国成立后模仿前苏联建造的碑身顶端有五角星的革命纪念碑。它采用的是现代建筑风格，整个碑基结构复杂，不用碑顶，没有碑帽，碑身则为一把直耸云霄的刺刀，用古铜色天然花岗石拼接砌成，直刺青天，象征着当年华中野战军指战员驰骋江淮战场的那种英雄气概。整座纪念碑是紧扣着"苏中七战七捷"中的"7"字设计的，刺刀型纪念碑碑身，主体高27米，"2、7"寓意"七战七捷"；927平方米的草坪，427 平方米的喷沙地段，7个几何坑穴是华中野战军在七个战场上留下的足迹和他们走过的崎岖不平的征程。

　　苏中七战七捷陈列馆建于1986年，是在七战七捷指挥中心原址上建造的。陈列馆的正面是向天鸣响，庆祝胜利的7支枪，上面有原国防部长张爱萍题写的馆名。除纪念碑以外，还有陈列馆、国防园、广场等。陈列馆陈列着大量历史图片和数百件文物、史料，以"首战宣泰，先机制敌"、"二战如南，长途奔袭"、"三战海安，运动防御"、"四战李堡，乘隙奇袭"、"五战丁林，剑指敌腹"、"六战邵伯，阵地守卫"、"七战如黄路，预期遭遇"为线索，再现了苏中战役的战斗经过和胜利情景。苏中七战七捷纪念馆景区现在是全国爱国主义教育示范基地、全国百家红色旅游经典景区、国家AAA级旅游景区。

1-4 莱芜战役

⊛ 通过4个月的交战，国民党以损失30万人的代价攻取了105座城市。为了争取主动、巩固战果，蒋介石又制定了"鲁南会战"计划。1947年1月下旬，华东野战军主力正在山东临沂周围休整，蒋介石调集重兵从南北两面压来，企图夹击华东野战军主力于临沂附近。华东野战军根据战场情况，在陈毅、粟裕、谭震林的指挥下，准备放弃临沂，佯作决战态势，迷惑敌人，同时，将主要兵力秘密移动至莱芜地区。2月15日，国民党军占领临沂这座空城，大吹胜利。而华东野战军已经逐渐对莱芜地区的国民党军形成包围之势。20日晚，华东野战军向被围的国民党军发起总攻，经过三昼夜的激战，大败国民党军，收复县城13座，重镇数十处，使鲁中、胶东、渤海红色地区连成了一片。

　　莱芜战役共产党军队以临沂一座空城，换取歼灭国民党军1个"绥靖"区指挥部、2个军部、7个师的重大胜利。这场战役的胜利，夺取了华东战场的主动权，打乱了国民党的军事部署，使全国战局发生了重大变化。

⊛ 莱芜市莱芜战役纪念馆　*莱芜市莱芜战役纪念馆提供*

⊛ 莱芜市莱芜战役纪念馆

莱芜战役纪念馆坐落于山东省莱芜市中心的黄山上，是1997年在原革命烈士陵园的基础上改建而成的。2007年，为纪念莱芜战役胜利60周年，对莱芜战役纪念馆进行了全面改造，总建筑面积达到14000平方米。现在的莱芜战役纪念馆由革命烈士纪念塔、展览馆和全景画馆三大主体建筑构成，呈"品"字布局。

革命烈士纪念塔位于黄山之巅，总高19.8米，由泰山花岗石砌成，正面镶嵌着毛泽东亲笔题写的"革命烈士纪念塔"七个镏金大字，为全国100个重点纪念塔之一。莱芜战役展览馆位于纪念塔的左侧，为弧形二层楼房建筑，馆名为粟裕题写。展览馆内设有序厅、战前厅、战役厅、支前厅、英烈厅五个部分，设计理念新颖，展览面积共有700多平方米。

莱芜战役全景画馆为巨型圆形建筑，画面高达17米，周长120米，地面塑形面积1100平方米，馆内模拟战场音效及自然光，给人以身临其境和惊心动魄之感。馆中的大型全景画是由全国著名的八位画家实地考察了一年半，而后用8个月的时间精心绘制而成，上面的画面和下面的地面共塑人物5500个、战车240辆、战马360匹、飞机18架。整个画馆采用油画的表现力，加上严格的透视和局部的夸张，造成视觉上的逼真，生动形象地再现了1947年2月23日下午4点，莱芜战役城北围歼战的宏大战斗场面。站在馆中的电动旋转看台上，就仿佛置身于战争的炮火连天和滚滚硝烟中。目前，如此规模的全景画馆在国内仅有四座，分别是山东枣庄的台儿庄战役纪念馆、沈阳的辽沈战役纪念馆、丹东的抗美援朝战役纪念馆和此处的莱芜战役纪念馆。

△ 其他相关景点

1）临江市四保临江战役纪念馆及烈士陵园（吉林省）

2）白山市郊七道江遗址（吉林省）

02　鲁陕交锋

● 在对共产党解放区的全面进攻受挫后，从1947年3月起，国民党军改变全面进攻战略，采用"双矛攻势"重点进攻新战略。两支"矛头"，一支指向了山东，另一支指向陕北，目的在于截断解放区的左、右双臂，然后从东西夹击华北野战军主力，阻断华北野战军和东北野战军的联系，各个击破，最后全部占领东北。

1947年4月，国民党军开始对山东解放区进行重点进攻，在4个月内先后发动了三次攻势。面对国民党军的进攻，华东野战军在陈毅、粟裕指挥下，在新（泰）蒙（阴）战役与国民党军首战告捷。之后，华东野战军又抓住战机，诱敌深入，在孟良崮战役中全歼国民党军主力整编第七十四师，打乱了国民党军重点进攻山东的计划。国民党仍不死心，又调集军队向沂蒙山区发起全线进攻，华东野战军避开其正面绝对集中的兵力，在运动中歼灭敌军，经过一个月的激战，粉碎了国民党军的第三次攻势。至此，国民党军对山东的重点进攻被彻底粉碎。

在陕北，1947年3月，国民党胡宗南部队大举进攻陕甘宁红色地区，企图3天占领延安，3个月内聚歼共产党军队于延安及其以北地区。然而，彭德怀指挥西北野战部队节节抗击，采用"蘑菇"战术与国民党军周旋，45天内，相继取得青化砭、羊马河、蟠龙镇三战三捷，粉碎了国民党军对陕北的重点进攻。与此同时，中共中央和毛泽东也主动撤离延安，转战陕北，运筹帷幄，指挥全国各战场作战。中共中央机关坚持在陕北巧妙地与敌周旋，极大地鼓舞了解放区军民的战斗意志和胜利信心。

2-1 孟良崮战役

● 1947年5月，国民党"王牌师"整编第七十四师对山东发起重点进攻，孟良崮战役正式拉开序幕。拥有整齐的人员加上先进的美式武器装备的"王牌师"根本没有把只有土制步枪的解放军放在眼里，孤军深入，却被陈毅、粟裕指挥的华东野战军围困在孟良崮及其以北的狭小地区内。华东野战军从四面八方向张灵甫部队发起猛攻。在这山野丛林之地，张灵甫的火炮等新式武器统统失去了效用，经过两天三夜的激战，这支蒋介石最为宠爱的御林军，上至师长，下至马夫，32000人无一漏网，中将师长张灵甫阵亡。

孟良崮战役使国民党进攻山东的计划遭到严重挫折，对扭转华东战局起了重大作用。

⊛ 蒙阴县、沂南县沂蒙山孟良崮战役遗址

孟良崮位于山东省蒙阴县城东南的蒙阴、沂南两县交界处。沂蒙山有72崮，孟良崮是其中的一个。孟良崮属蒙山山系，主峰海拔572.2米，纵横面积约300平方公里。山峰顶处较平，四周陡峭的山称为崮，又相传北宋时期大将孟良曾在此扎寨，因此后人把此山叫做孟良崮。

⊛ 孟良崮战役纪念碑　余青摄

孟良崮山势峻峭，主峰与大崮顶、芦山大顶成鼎足之势，突兀于群山之上。1947年5月，华东野战军在山地运动围歼战中全歼蒋介石王牌军整编第七十四师，孟良崮因此名扬海内外。现在，孟良崮山上大树参天，林茂草密，孟良崮战役指挥所、防空洞、张灵甫阵亡处等旧址犹存。

张灵甫阵亡处是孟良崮战役时，张灵甫的指挥部。他在这里与华东野战军对抗了三天三夜。当年，张灵甫的尸体从这里抬下山，陈毅还令华东野战军给张灵甫买了一口上等的棺木，葬在沂南马牧池村的野地里，等到大军撤退后，还把埋葬张灵甫的地点，电告给南京国民党政府。国民党派人来此起走了张灵甫的灵柩，运往磁窑火车站，然后再运到南京安葬。

孟良崮还建有烈士陵园，包括孟良崮战役纪念碑、纪念馆和烈士墓地。纪念碑位于孟良崮主峰大崮顶。它建于1984年，碑高30米，由三块状如刺刀的灰色花岗石筑成，象征着野战军、地方军和民兵的武装力量。底座为边长20米，高1.6米的正三棱体，组成一个枪托，枪托的周围是红色围墙。碑正面镌刻着胡耀邦题写的"孟良崮战役纪念碑"8个镏金大字，东西两面分别镌刻着陈毅的《蒋军必败》诗词和粟裕的"英雄孟良崮"手迹。

孟良崮战役烈士纪念馆位于陵园中部，坐北朝南，共有5个展厅，分别为门厅、战役厅、支前厅、英烈厅和双拥厅。其中，战役厅以时间先后为序，展示了孟良崮战役惊天地、泣鬼神的激烈场面及华东野战军战斗序列表和参战部队的进攻、阻援情况；支前厅展示了沂蒙人民踊跃支前的情况。

　　纪念馆后面是烈士墓地，在青松翠柏的密林中，安葬着孟良崮战役中牺牲的2800多名烈士的遗骨。孟良崮战役的卓越指挥者粟裕大将逝世后，一部分骨灰也撒放安葬在墓地中央。

2-2 转战陕北

◉ 陕北是共产党在全国战场的指挥中心，加上延安是中共中央和红军（解放军）最高统帅部所在地，因此，蒋介石将第二个重点进攻的"矛头"指向了这里。1947年3月13日，胡宗南率领20余万精锐部队大举进犯陕北。当时，西北野战军在陕北的兵力只有2万多人，是胡宗南的兵力的十分之一。面对这样危急的形势，中共中央和毛泽东决定暂时撤离延安。

　　3月18日晚，毛泽东告别了居住了十余年的延安，开始了转战陕北的历程。一路上，中共中央途经安塞、靖边、榆林、佳县、米脂、吴堡、绥德、清涧、延川、子长等地，行程1000多公里，直到1948年3月23日，中共中央从吴堡县东渡黄河，到达晋绥解放区，再来到河北的西柏坡村。在这一年零五天的时间里，毛泽东、周恩来等在窑洞中运筹帷幄，以最小的司令部指挥了全国最大的战场，戏剧性地取得了一个又一个胜利。全国战局在悄然发生变化，共产党已经占有主动权，开始进入了战略进攻阶段。

✦ 佳县神泉堡革命纪念馆

　　陕西省榆林市佳县城西7.5公里处，有一个神奇的村庄——神泉堡，因村南山崖上两股日夜长流的泉水得名。1947年9月23日，中共中央转战陕北时，毛泽东、周恩来、任弼时等人曾在这里度过57天。驻地旧址建在半山腰，是大地主高继荣家的老宅，由上、中、下三院组成，上院都是封闭的四合院。正窑是明五孔、暗两孔，每孔宽4米，深8米，高4米，东西两侧是六厢房，东西各三孔，是当时陕北地区高等级的"明五暗二六厢房"式窑洞。正窑西边的暗窑是当时的仓库，用来藏放贵重物品；东边的暗窑设有暗道和密室，以便遇到紧急情况进行转移和躲藏。下院当时是中共中央办公厅。

　　神泉堡革命纪念馆由旧居和展览室两个部分组成。旧居建筑原貌原状保存完好，在这里可以看到当年毛泽东、周恩来、任弼时等人使用过的桌椅、床柜、煤油灯、电话机等。展览室则以大量的图片文字资料，分"扭转乾坤"、"运筹帷幄"、"鱼水情深"、"走向胜利"四个部分，展现了毛泽东等老一辈革命家率领中央机关转战陕北的光辉历程。

　　在神泉堡高家大院，毛泽东、周恩来、任弼时、汪东兴、江青住在"明五"，警卫和随从人员住"暗二"。在这里，毛泽东发表了著名的《中国人民解放军宣言》和《中国人民解放军总部关于重新颁布三大纪律八项注意的训令》等重要文件。也就在这里，中共中央批准的《中国土地法大纲》和《中共中央关于公布中国土地法大纲的决议》通过文件、广播、电报等迅速传遍全国，用土地改革的经济手段，唤起了广大农民对共产党军队的热烈拥护，从根本上动摇了国民党的战争机制。

⊛ 米脂县杨家沟革命旧址[1]

① 资料来源："神奇的杨家沟"，折雄才 撰，米脂县杨家沟革命旧址提供。

杨家沟位于陕西省榆林市米脂县城东南20公里处。这里是中共中央、毛泽东转战陕北时期的"小北京"、"中南海"，也是陕北最大的地主家族——杨家沟马氏地主家族庄园的所在地。神奇的杨家沟发生了两个奇迹：一个家族的命运在此得到改变，从而变得兴旺发达，是马氏地主的转运之地；一个民族的命运在这里得到根本性的改变，从战略防御转入战略进攻，从此走向全国胜利，成为中华民族命运的扭转乾坤之地！毛泽东离开杨家沟时，深情地对送行的当地村民说："杨家沟是个好地方。"

杨家沟马氏庄园以**"扶风寨"**为主，占据数十个山峁沟渠，规模宏大，气势雄伟，是全国最大的窑洞庄园，极具历史、艺术、学术研

⊛ 杨家沟革命纪念馆
米脂县杨家沟革命旧址提供
折雄才 摄

⊛ 杨家沟扶风寨全貌　米脂县杨家沟革命旧址提供 史飞 摄

究价值。整个庄园以窑洞为主，其建筑形式主要是陕北地区最高等级的"明五、暗四、六厢窑、倒座厅房"窑洞四合院。规划建设有龙眼（南北炮台）、龙角（观星台）、龙嘴（圪凹水井）。"新院"坐落在"九龙口"山峁上，暗喻九条龙，穿廊挑石明雕石龙八条，无独有偶，历史在这里巧合，"新院"成为毛泽东的居住地。"新院"在"扶风寨"所有建筑中是独领风骚的，为三面突出、两面缩进的格局。中间突出的是西方教堂式风格，寄托着主人对神的敬仰；左边缩进去的是日式风格，体现了主人留学日本的纪念；右边缩进去的是陕北窑洞建筑，意味着主人永不忘本的信念。"新院"将西方建筑风格和陕北窑洞建筑文化巧妙地融为一体，既体现了西方建筑风格之典雅，又反映出陕北窑洞建筑的雄浑，是世界窑洞建筑的瑰宝。"扶风寨"对外寨墙高耸，城门威严，严于防范；对内则民居古道、供水排水、讲堂祠堂、戏院广场，统一规划，依山造势，功能齐全，俨然如欲建万世之基的小社会。

　　1947年11月22日，毛泽东、周恩来、任弼时率领代号为"亚洲部"的中共中央机关和中国人民解放军总部来到杨家沟。在这里，召开了具有划时代意义

✦ "十二月会议"会场旧貌

米脂县杨家沟革命旧址提供 折雄才 摄

的"中共中央十二月会议",会议确定了中国革命从战略防御转入战略反攻的重大决策,研究讨论了政治、军事、经济、土改等一系列问题,制定了"十大军事原则"。在这里,中共中央领导和指挥了全国的解放战争和西北战场;在这里,开展了全国的土地改革运动,动员和鼓舞了广大农民士兵为共产党冲锋陷阵的激情。毛泽东在杨家沟为即将成立的新中国起草了一系列政治、军事、经济等纲领性文件,对其后的中国社会发展产生了史无前例的深刻影响。杨家沟是中共中央转战陕北取得光辉胜利的标志点,是离开陕北走向全国胜利的出发点,也是中国国家命运的转折点。

　　杨家沟革命旧址主要包括毛泽东、周恩来、任弼时等人的旧居、中共中央十二月会议、西北野战军高级干部会议、中央前委扩大会议、庆祝宜川大捷大会和东渡黄河动员大会旧址等。十二月会议旧址是一座清朝时期的窑洞四合院,明五、暗四、六厢窑、倒座待客厅,是陕北窑洞建筑的典型代表院落,东西对称的日、月门,象征着该院与日月同辉。建在"扶风寨"山顶上的马氏地主家族的讲堂和祠堂,现在是"毛主席转战陕北纪念馆"。展馆为一双套窑洞四合院,共分历史抉择、枣林沟会议、保卫边区、小区会议、沙家店战役、神泉号令、十二月会议、军民情深、历史丰碑等9个展室。

　　如今,杨家沟已成为马氏家族文化的象征,更成为革命旧址的重要标识,为"全国重点文物保护单位"、"全国爱国主义教育示范基地"、"国家国防教育示范基地"、"中国历史文化名村"。是人们感受红色革命家的丰功伟绩,体味博大精深的庄园文化,领略厚实豪放的黄土风情,观赏独树一帜的窑洞建筑艺术的理想之地。

03 挺进中原

⊙ 在中国的中部，由西到东横卧着一条黄色的巨龙，它就是黄河。解放战争的第一年，黄河成了战场的天然边界线。在黄河以北的红色地区，战争硝烟弥漫；在黄河以南的国统区，却几乎听不到一点枪炮声。但是到了1947年夏，这种情况开始发生了变化。

1947年6月30日，刘伯承、邓小平遵照中共中央在转战陕北时的战略构想，率领晋冀鲁豫野战军主力强渡黄河，一举突破国民党军的黄河防线，拉开了战略进攻的序幕。刘邓大军渡过黄河之后，蒋介石也忙调集兵力，企图逼迫刘邓大军北退或者背水一战。7月，刘邓大军发起鲁西南战役，经过28天激战，取得战役的胜利。接着，刘邓大军长驱南征，从国民党数十万军队的前堵后追中杀开一条血路，经过20多天的行军和战斗，在8月底胜利到达大别山区，完成了千里跃进的壮举。

与此同时，陈（赓）谢（富治）大军和陈（毅）粟（裕）大军分别进入豫陕鄂交界地区和豫皖苏平原。三路大军突出国民党军队的包围圈后，展开外线机动作战。在黄河以南、长江以北，西起汉水，东至海边的广大中原地区向国民党军队发起战略反攻。三路大军形呈"品"字形进攻阵势，直接威胁国民党统治核心区南京、武汉。

3-1 打响鲁西南

⊙ 1947年5月，刘邓大军到达河南安阳。6月22日，在安阳马氏庄园召开了"鲁西南作战会议"，详细部署了突破国民党军中央防线，南渡黄河，挺进大别山，威慑南京的作战任务。第二天，刘邓大军由安阳地区相继出发，隐蔽而迅速地向150公里外的鲁西南渡河地点开进。6月30日夜，刘邓大军四个纵队12万余人，在冀鲁豫军区的接应下，强渡黄河，打响了鲁西南战役。7月7日，刘邓大军首战郓城国民党守军第五十五师，并取得大捷，史称"郓城攻坚战"。见此情势，前来增援的国民党王敬久兵团犹豫不前，在金乡及其以北的羊山集、独山集和六营集地区形成一条断续50多公里的长蛇阵。刘邓大军抓住机会，对王敬久兵团发起进攻，并取得了胜利，从而也结束了鲁西南战役。

鲁西南战役，是刘邓大军外线出击、进军中原的首战。它打乱了蒋介石的战略部署，迫使国民党军从西北、山东和中原地区抽调17个旅驰援鲁西南，为刘邓大军下一步跃进大别山开辟了通道。

✺ 安阳马氏庄园（刘邓大军指挥部旧址）

马氏庄园位于河南省安阳县蒋村乡西蒋村，北倚寿安山，南临珠泉河，西近巍巍太行，东连华北平原，辉映于行山洹水间，是清末头品顶戴两广巡抚马丕瑶的故居。

庄园建于清光绪至民国初年，占地面积70000多平方米，其中建筑面积10000多平方米。主要由北、中、南三区组成，共有厅、堂、楼、廊、室等401间，共分六路，每路有四个庭院，九道大门，俗称"九门相照"。

北区位于中街路北，坐北朝南，前后两个四合院，后院之东西又各建了一座跨院，被称作"亚元扁宅"。北区多为硬山顶式的楼房，原为马丕瑶祖上旧宅。中区在三区中规模最大，约占整个庄园的三分之二。它坐落在南街的北面，也是坐北朝南，各类建筑计158间，由家庙一路和住宅三路组成，其中家庙在东面，住宅区在西面，四路建筑各自成体系，又互相呼应。住宅三路的建筑形式及格局大同小异，均南开正门，由四个四合院组成，前庭后堂，左右对称，由南向北，逐级抬高。中路大门高大宏伟，而东、西正门则均为洞券门，西路大门内又建有屏门。只有中路建有二门，内置屏门。后院又有不同：西路主房为平房五间，而中路、东路主房则各为楼房五间，东路东厢又为三间楼房。在建筑规格上，中路最高，东路次之，西路又次之。南区与中区隔街相望，原设计

为三路，其中东路建成于民国13年（1924年），而中、西二路仅将大门及临街房建成，后因时局变化，尚未建成。南区东路坐南向北，前后四个四合院。其中头进院和三进院较小，分别建二门、三门，门两侧各为两间廊房，东西厢房各为三间；二进院和四进院较大，其正房均为七间，东西厢房各为五间。南区的建筑规模和规格，都明显高于中、北二区，不仅建筑体量的增大，大门增多，而且大量使用了精美的石、砖和木雕建筑物件。究其原因，南区为民国时期所建，已不再受封建社会的种种规定和限制。此外，周围的附属建筑还有马氏义庄、庠庄、文昌阁、马厩、仓库、柴草库、马氏祠堂以及北、中、南三座花园等。

整座庄园全是砖木结构，灰瓦盖顶，布局严谨，古朴典雅，既有典型的北京四合院宽敞明亮的建筑风格，又有晋商大院深邃富丽的建筑艺术，还有中原地区青砖灰瓦五脊六兽挂走廊的建筑特色，被誉为"中原第一大宅"、"中州大地绝无仅有的大型封建官僚府第"，是全国重点文物保护单位，国家AAAA级旅游景区。

这里还见证着中国近代百年风云的历史，清末慈禧太后、光绪皇帝曾在这里下榻；解放战争时期，

刘邓大军曾在这里设临时司令部，并召开著名的"鲁西南作战会议"。当年，刘伯承和邓小平分别下榻于中区西路的第三进院东、西厢房，在这里我们还可以看到当时的会议室、办公室、粮仓和部分士兵的居住地。

⊛ 菏泽市郓城鲁西南战役指挥部旧址

鲁西南战役指挥部旧址位于山东省郓城县宋江河畔。在取得郓城攻坚战胜利后，晋冀鲁豫野战军（刘邓大军）司令部就移驻到这里。大军把攻城与野战、分割与围歼相结合，先后攻克巨野、定陶等县城。之后，他们还在这里指挥了著名的羊山集战斗。

鲁西南战役指挥部旧址由鲁西南战役主展区、革命烈士纪念区、碑廊区、中心广场区四个部分组成。鲁西南战役主展区包括主楼展厅和解放广场两部分。主楼展厅中94幅珍贵的历史照片和大量战时遗物，生动再现了鲁西南战场那炮火连天的战斗场景。主楼展厅前为解放广场，广场中设有武器展示区。革命烈士纪念区位于主楼展厅的正后方，这里安葬着三座著名烈士墓和256名烈士墓群。

⊛ 济宁市金乡县羊山鲁西南战役纪念馆

鲁西南战役纪念馆坐落在山东省金乡县羊山战斗的主峰上，气势恢弘，占地面积9.4公顷。馆内陈列着2000多件鲁西南战役时期的历史照片、电文、书信等革命文物，其中有毛泽东给刘伯承、邓小平的亲笔信；有当时晋冀鲁豫野战军司令部发布的"渡河命令"电文；有刘伯承、邓小平过黄河时的合影和挺进大别山途中的照片；有解放军包围羊山国民党军和生俘其整编六十六师中将师长宋瑞珂、少将参谋长郭雨林的照片；还有《人民日报》、《冀鲁豫报》、《大众日报》当时报导"鲁西南战役"和"羊山战斗"取得辉煌战果和胜利的消息等。

3-2 跃进大别山

⊛ 为贯彻中共中央关于进行战略反攻的作战意图，刘邓大军在短暂休整之后又开始了新的征程——跃进大别山。大别山区位于鄂（湖北）豫（河南）皖（安徽）三省交界地区，在国民党政府首都南京和长江中游重镇武汉之间，北临淮河，南靠长江，战略地位十分重要。这里的"进"，不是逐城逐地向前推进，而是长驱直入，一举进入国民党统治核心区附近的大别山，进可以攻击退可以隐藏，对国民政府首都南京、经济重镇上海、武汉造成极大压力。

1947年8月7日傍晚，刘邓12万大军乘各路国民党军合围将拢未拢之际，兵分三路，开始了千里跃进大别山的壮举。三路大军如三支离弦之箭，快速插向陇海路。国民党布下了重兵，企图围歼刘邓大军于黄泛区。面对遍地淤泥积水、荒无人烟的黄河泛滥区，刘邓大军克服重重险阻，冒着国民党空军战斗机、轰炸机的扫射轰炸，涉水而过。之后又巧妙地渡过了沙河、涡河等重重障碍。8月末，刘邓大军终于战胜了最后一个险阻——淮河，成功摆脱国民党军的围追堵截，进入了大别山地区。

刘邓大军面对20万国民党军队的轮番进攻，一举挺进大别山，建立了33个县的民主政权，很快在这些地区站稳了脚跟。人民解放战争的车轮，已经不可逆转地开到蒋介石统治区来了。

☀ 太湖县刘家畈高干会议旧址

刘家畈高干会议旧址位于安徽省安庆市太湖县刘畈乡的刘家畈胡氏新祠。祠是清代建筑，青砖小瓦木架结构。1947年10月，刘邓大军直属机关进驻刘家畈。11月9日至12日，刘伯承、邓小平等在胡氏新祠召开三纵队旅长以上干部和皖西工委、皖西人民自卫军支队长以上干部会议，出席会议的共有30多人。会议上，刘伯承、邓小平分别作了关于目前形势与任务的报告，强调贯彻《中国土地法大纲》，部署了土地改革工作，会议还宣布建立皖西区党委、皖西军区和皖西行署。刘家畈高干会议是刘邓大军从挺进大别山到走出大别山这一战略链中一个承上启下的重要会议，将军事斗争、政权建设和土地改革结合起来，为开创大别山红色地区、建立牢固的根据地、实行战略再展开打下了坚实基础。

————————

△ 其他相关景点
1）菏泽市冀鲁豫边区革命纪念馆（山东省）
2）武安市晋冀鲁豫中央局旧址（河北省）

04 三大战役与渡江战役

◉ 1946年夏，当蒋介石指挥百万大军向解放区进攻时，他曾扬言"5个月内在军事上解决整个中共"。然而，经过两年作战，到1948年夏，战场力量对比的形势发生了根本变化。这时候，毛泽东敏锐地察觉到历史已经跨入一个新的阶段，以宏大的革命气魄和高超的指挥艺术，发动了规模空前的战略大决战。

毛泽东正确把握战略决战的时机，并针对不同战场的特点制定作战方针，先后在东北打响了"关门打狗"的辽沈战役，在以徐州为中心的淮海地区发起了"猛虎掏心"的淮海战役，在北平、天津、张家口等地组织了"瓮中捉鳖"的平津战役。从1948年9月12日辽沈战役开始，至1949年1月31日平津战役结束，三大战役共进行了142天，歼灭国民党军主力和精锐师团共约154万余人，使国民党丧失了三大精锐战略集团，国民党的主要军事力量基本上已被消灭殆尽。长江中、下游以北的广大地区被共产党解放军占领，国民党的统治基础发生了根本动摇，为解放战争在全国胜利奠定了扎实的基础。

紧接着辽沈、淮海、平津三大战役，1949年4月21日，毛泽东、朱德又向解放军发布进军全国的命令，国共之间最后的决战——渡江战役也随即打响，百万雄师横渡长江。4月23日，人民解放军攻克南京城，占领总统府，宣告了国民党政权在中国大陆地区的统治的结束。渡江战役，是继三大战役后，解放军又一次大规模的战役行动。此役共歼国民党军43万多人，夺取了南京、杭州、上海、武汉等大城市和苏、浙、赣、皖、闽、鄂广大地区。随后，解放军各路大军犹如秋风扫落叶般地继续向中南、西北、西南各省举行胜利大进军。至此，历时三年的解放战争，以共产党的胜利而宣告结束。

4-1 决战序幕

◉ 济南是山东省省会，1948年，它牵动着国共双方的视线，成为他们共同关注的焦点。济南的重要在于它特殊的地理位置，它位于津浦、胶济两线的交会点，北靠黄河，南倚泰山，地形险要，易守难攻，在蒋介石眼里是仅次于南京、天津、徐州的战略要地。

当时，驻守济南的是国民党第二绥靖区王耀武部，此外，在徐州附近还有3个兵团，伺机北援。根据战局发展，华东野战军代司令员粟裕采取了"攻济打援"的作战方针，由许世友、王建安指挥攻城兵团，粟裕指挥打援兵团，准备发起济南战役。1948年9月16日，攻城兵团向济南国民党守军发起总攻，并迅速突破济南外围防线，经过八天八夜浴血奋战，于9月24日将胜利的红旗插上了济南城头。

济南战役以华东野战军的胜利而结束，国共决战的序幕悄然拉开。济南城的易帜，有力地证明中共野战军的城市攻坚作战能力已大大提高，蒋介石国民党以大城市为重点的防御体系开始崩溃。

⊛ 济南市解放阁

解放阁位于山东省济南市历下区黑虎泉西路，原济南旧城城墙东南角，隔护城河与黑虎泉相望，是济南的标志性建筑之一。1948年济南战役时，人民解

⊛ 济南市解放阁　吴必虎 摄

放军就是从这里攻入济南城。后旧城城墙因城市建设而拆除，取而代之的就是现在这座巍峨壮观的解放阁。

解放阁阁高24.1米，连台基通高34.1米，占地1637平方米，建筑面积617平方米。解放阁采用中国古典建筑形式，金黄琉璃瓦顶，花岗石墙。阁分为两层，下层为四周环廊，廊与阁由抱厦连接，廊阁绘有山水、花卉、鱼虫、飞禽、走兽等小品；上层是攒尖宝顶，翘角重檐，斗栱承托，吻兽飞动。整个建筑巍峨壮观，金碧辉煌。

阁名为当年的华东野战军司令员陈毅于1965年题写，镏金的"解放阁"三字石刻和牌匾，分别镶嵌在台基西、南两侧和高悬于阁的二层门额。台基东侧贴壁立有"解放济南战役革命烈士纪念碑"，镌刻着在济南战役中壮烈牺牲的3764位烈士的英名。

解放阁内首层为纪念大厅，外墙四周的汉白玉浮雕和厅正中的解放军攻城战士群雕，生动再现了从人民支援济南解放战争到战斗胜利的宏伟壮观场景。二层为观瞻厅，四周石墙齐腰，上部为具有民族风格的灯笼窗，镶大面积玻璃，在这里，既可以远眺郁郁葱葱的南山，也可以俯瞰阁下绿荫丛中的黑虎泉群，令人心旷神怡。

解放阁面前的黑虎泉是济南"七十二名泉"之一，居于"黑虎泉泉群"之首，位于泉城广场东边，在绿树掩映之下，与广场东边的古济南城的护城河相连，又与对面的解放阁相望。因泉水从南护城河东端南岸陡壁巨石下涌出，湍击巨石，发出粗犷的鸣响，再加半夜朔风吹入石隙裂缝，惊人的吼声回荡于洞中，酷似虎啸而得名。早在金代以前，黑虎泉就闻名于世。泉源处于悬崖下一深3米、高2米、宽1.7米的深邃天然洞穴中，水清澈见底，寒气袭人。黑虎泉最大涌量约每天4.1万立方米，仅次于趵突泉，在济南诸泉中居于第二位。泉水从洞穴中通过暗道由标高27.88米的石雕兽头口中喷出，形似瀑布，然后泻入长约13米、宽9米的石砌方池中。池口兽头在清末的时候仅有一个，民国20年（1931年）整治泉池时建为三个。黑虎泉在济南泉水中也是最有气势的，巨大的泉水从三个石雕兽头中喷射而出，在水池中激起层层雪白的水花，动人心魄，令观者无不惊叹，夜色中远远闻听更是声如虎吼。现在，盛水季节其气势如故。

⊛ 济南战役纪念馆

济南战役纪念馆位于济南市英雄山路革命烈士陵园东部，北临英雄山，背靠马鞍山、五里山，与烈士纪念塔和烈士墓分列南北。

纪念馆由陈列厅和全景画馆两大部分组成。陈列厅里展示着500多幅历史照片和400多件文物，内容包括历史的转折点、济南战役经过、胜利序幕、山东人民参战支前、隐蔽战线的斗争、英模功绩永垂青史、欢庆与缅怀和建设美好济南等8个部分。全景画馆为圆形穹顶，馆内《济南战役城区攻坚战》全景画使用国内幅宽最大的苎麻画布，高18米、周长128米，场地中间有1260平方米的战地实景复原造型区，有模拟战车、武器等127件，画面内容以1948年9月24日凌晨强攻

⊛ 济南战役纪念馆 CFP

济南内城为主要视点，生动再现了当年解放济南的宏大战斗场面。

济南战役纪念馆的西面是千佛山，它与趵突泉、大明湖并称为济南市的三大名胜，是国家AAAA级旅游景区。千佛山海拔 285米，东西嶂列如屏，风景秀丽，名胜众多。千佛山还是中国佛教名山之一，唐朝以前称为历山、舜耕山。到了晋朝，佛教逐渐渗入，每年举行"迁祓"仪式，意为"迁君高处，拔除不祥"，世人俗称"迁祓山"。隋开皇年间（581－601年），山东佛教盛行，随山势凿窟，镌佛像多尊，始称千佛山，并建千佛寺，从此千佛山就成了香火胜地。从元代开始，每年农历的九月初九，都要举行大型的山会活动。

兴国禅寺居于千佛山山腰，内有大雄宝殿、观音堂、弥勒殿、对华亭等建筑。南侧是千佛崖，存有隋开皇年间的佛像10余尊。山崖上，由西向东，依次有龙泉洞、极乐洞、黔娄洞、吕祖洞。在兴国禅寺东侧有历山院，是儒道佛三教合一的"大杂院"，里面有舜祠、鲁班祠、文昌阁、一览亭，保存着北魏、唐、宋时代的石刻造像。在山的东麓是辛亥革命烈士陵园；若由西麓盘路上山，可以看见"齐烟九点"的牌坊。牌坊名是借用唐代诗人李贺的诗句"遥望齐州九点烟，一泓海水杯中泻"。

4-2 辽沈战役

⊛ 1948年，国共首场决战在东北战场正式展开。当时，国民党在东北的兵力大都聚集在长春、沈阳、锦州这三个孤立地区。是同时打这三个地区，还是先打其中一个地区？又该从哪儿下手呢？毛泽东深思熟虑之后，果断地决定，先打锦州之战。锦州位于东北的南端，是山海关内外陆上交通的咽喉，攻下锦州就能形成"关门打狗"之势，使得东北地区长春、沈阳之敌，都处于孤立无援之境。

1948年9月12日，东北野战军在林彪、罗荣桓的指挥下开始向北宁线锦州外围展开攻势，发起了辽沈战役。为解锦州之危，蒋介石急忙从华北、山东紧急调军运往葫芦岛组成"东进兵团"，并以沈阳的廖耀湘兵团组成"西进兵团"，两路增援锦州，范汉杰集团则继续固守锦州，长春郑洞国集团伺机向沈阳突围。

10月14日，东北野战军对锦州发起总攻，迅速突入城内，经过31个小时的激战，攻克了锦州。与此同时，从10月10日开始，为阻止国民党"东进兵团"的援助，东北野战军在锦州西南塔山地区对增援锦州的国民党军顽强抗击，并取得了塔山阻击战的胜利。锦州被攻陷后，东北战局发生了急剧变化，东北国民党军队向关内的退路已被切断，已被解放军围城数月、军民饥饿陷于绝境的长春国民党军纷纷起义或者投降。

解决了锦州和长春之敌后，就剩下沈阳的廖耀湘兵团了。此时，蒋介石严令廖耀湘率领"西进兵团"夺回锦州。10月23日，东北野战军在黑山、大虎山地区对廖耀湘兵团进行阻击，连续抗击了"西进兵团"三天三夜的猛攻。10月26日，与从锦州东进的野战军主力一道在辽西完成对廖兵团的分割包围。经过两日一夜激战，全歼廖兵团。此后，东北野战军乘胜追击逃敌，11月2日，沈阳、营口也被解放军夺得，辽沈战役胜利结束。

辽沈战役东北野战军大获全胜，共歼灭国民党军47万多人，解放了东北全境。这一战后，解放军总兵力上升至310万人，国民党军总兵力则下降到290万人，共产党的军队在数量上对国民党军队有了优势。国共双方的正负位置，已经颠倒过来了，全国的战局发展到一个新的转折点。

⊛ 葫芦岛市塔山阻击战纪念馆

塔山阻击战纪念馆，位于辽宁省葫芦岛市连山区塔山乡102国道边，距葫芦岛市东北12公里。塔山本来没有塔，辽沈战役中塔山阻击战后在这里修筑了一座高大的烈士纪念塔。塔高12.5米，塔身正面刻着"塔山阻击战革命烈士永垂不朽！"，背面的碑文，记述了塔山阻击战的过程。站在塔前远望，白台山、饮马河、铁路桥、打渔山等战场尽收眼底。

纪念塔后面是烈士陵园。陵园中有塔山阻击战革命烈士英雄纪念碑、合葬着700多名烈士的烈士墓园和塔山阻击战陈列馆。在陈列馆中，摆放着战场沙盘模型，展出了塔山阻击战的图片，陈列着各种武器、奖章、决心书、人民支援前线用具等，形象而真实地再现了那场伟大的战役。

⊛ 黑山阻击战纪念馆

黑山阻击战烈士陵园位于辽宁省锦州市黑山县城北，总占地面积3.2公顷，由纪念塔、烈士墓群、纪念馆、一〇一高地等部分组成。

黑山阻击战纪念塔塔高13.5米，塔身正面阴刻楷书"黑山阻击战纪念塔"，背面刻着第四野战军政委罗荣桓元帅的亲笔题词"为人民而死虽死犹荣"。墓群包括一个公墓和六个单墓，共安葬着751具革命烈士忠骨。

黑山阻击战纪念馆建筑面积300平方米，顶部是半球形穹顶，从外形上是大写的"一〇一"造型，整个纪念馆造型规整、中轴对称，使用灰色麻面花岗石，显得庄严、肃穆。纪念馆内主要展示黑山阻击战期间的珍贵历史文物和相关资料，包括中共中央的战略决策、解放军的英勇作战、黑山阻击战、辽西围歼战、人民的积极支援、烈士的丰功伟绩等部分，再现了当年黑山阻击战壮烈的历史场景。

一〇一高地是当年黑山阻击战时，东北野战军和廖耀湘兵团争夺的阵地之一。1948年10月23日，"西进兵团"被阻击于黑山、大虎山附近地区，为了突围，国民党军向东北野战军发起猛攻。10月24日，"西进兵团"相继攻占3个高地。当两军坚守在石头山白刃肉搏时，国民党军突然调集大部重炮群，用炮火轰击，双方全被炸死，石头山被国民党军占领。接着，九二高地和一〇一高地也相继被廖耀湘军攻占。下午6时，东北野战军第十纵队又在炮火掩护下，分四路反攻，收复全部阵地。坚守黑山的第十纵队抗击了"西进兵团"三天三夜的连续猛攻，成功完成任务，后来被光荣地命名为"黑山部队"。

⊛ 辽沈战役纪念馆

辽沈战役纪念馆位于辽宁省锦州市凌河区北京路五段1号，地处辽沈战役烈士陵园北侧，是反映辽沈战役历史的纪念性博物馆。园区占地面积18.8公顷，依山就势在中轴线上排列着胜利之门、朱德元帅题词的纪念塔和主体陈列馆。

辽沈战役纪念馆胜利之门是一座中国式牌楼，由三个单体建筑组成，占地东西长77米，南北宽42米，前面两个单体建筑，东面高11米，西面高9米，北面单体建筑最高16米，三个单体建筑面积2400平方米。前面两个单体建筑都有一个斜度，从远处看是一个英文字母"V"，是胜利的象征，同时又像张开的手臂，迎接着来自国内外的游客。胜利之门是一组城市雕塑，

⊛ 辽沈战役纪念馆胜利之门　辽沈战役纪念馆提供

是一组展厅，是一组意义深远的门，某种程度上它可以和"凯旋门"相提并论。

主体陈列馆建筑面积8600平方米，共有三层，馆内设有序厅和战史馆、支前馆、英烈馆、全景画馆 4 个专题馆。根据建筑结构的特点和每个馆的特性，一层为序厅和战史馆，下一层为支前馆，下二层为英烈馆，最后沿着螺旋式坡道盘旋而上为全景画馆。陈列主题是"决战决胜"，陈列内容全面反映了东北三年解放战争的历史，并突出展示了辽沈战役的过程。其中，"攻克锦州"全景画馆为圆柱形密闭堡垒式建筑，直径42.24米，高28米。建筑结构坚固，造型庄重大方，墙顶端的女儿墙，均做成城墙式的堆叠垛口，以表现这个馆的军事斗争的特点。圆形观众看台设在中心部位，可容纳150人。《攻克锦州》全景画是我国美术史上前所未有的艺术巨作，已跻身于世界大型全景画的行列。画面全长122.22米，高16.1米，总面积1968平方米，重量达4吨，采用绘画、塑形、灯光、音响等多种艺术形式，生动地再现了辽沈战役的关键性战役——1948年10月14日至15日攻克锦州的31小时激战，给予访客身临其境的体验感。

位于锦州市东南35公里天桥镇朱家口村东南海中的笔架山，风景优美，建筑匠心独运，也是锦州旅游的必去之地。笔架山距海岸1.8公里，高78.3米，总面积1平方公里，从海岸望去，孤峰高耸，犹如一支毛笔插入海中，故而得名。这座山的东部海中还有形似笔架的小山，故又将此山称为大笔架山。在大笔架山和北岸之间有一条潮汐冲击而成的卵石小路，长1620米，宽9米，俗称"天桥"。"天桥"随着潮水的涨落而时隐时现，成为锦州八景之一。大笔架山的建筑群建于民国初年（1911年），由南向北依次为山门、真人观、吕祖亭、太阳殿、三清阁、万佛堂。这些建筑全部用花岗石砌筑，殿阁内的佛像均用汉白玉雕刻而成，堪称楼阁建筑之上乘。阁中现存大小汉白玉石佛43尊，供奉道家、儒家、佛家，为三教合一的寺庙。

4-3 淮海战役

⦿ 东北的决战方兴未艾，另一场决战又在酝酿。这一次国共决战的地点选在了苏鲁皖豫四省交界的徐州。徐州历来就是"兵家必争之地"。据统计，徐州历史上有大小战争1000余次，包括英雄相争一代绝唱的楚汉相争，忠魂烈骨血洒战场的抗日战争中的徐州会战，还有便是被列为世界十大著名战役的淮海战役。

辽沈战役后，蒋介石已经看到胜负天平不可违的逆转，命令华东、中原战场上的国民党军向徐州—蚌埠地区收缩，进行攻势防御以确保南京、上海的安全，必要时则弃守徐州依托淮河进行防御。面对国民党80万防御大军，毛泽东令邓小平、刘伯承、陈毅、粟裕、谭震林组成以邓小平为书记的总前委，统一指挥华东野战军和中原野战军及部分地方武装约60余万人，以徐州为中心，在东起海州、西至商丘、北起临城（今薛城）、南达淮河的广阔地区，毅然决然地发起了淮海战役。

淮海战役原定于1948年11月8日发起，但根据形势发展，粟裕当机立断，决定提早两天，毛泽东也授权粟裕"机断专行，不要事事请示"。11月6日，华东野战军如猛虎般迅速地在徐州以东的碾庄地区包围了黄百韬兵团。在华东野战军围歼黄百韬兵团的时候，中原野战军也开始了行动，一举攻占了宿县——这个津浦路上的战略重点。华东野战军围住了黄百韬兵团这算是掐住了蛇头，中原野战军看住了李延年、刘汝明兵团，这是钳住了蛇尾，接着攻占宿县，拦腰一刀斩断了蛇身，至此，蒋介石苦心经营的中原战略部署被解放军搅了个七零八落。而后，中原野战军在宿县双堆集地区全歼由豫南赶来增援的国民党精锐部队黄维兵团，并在永城东北地区歼灭力图突围的孙元良兵团。1949年1月6日，解放军在陈官庄地区对拒绝投降的杜聿明集团发起总攻，激战四昼夜，取得了陈官庄战斗的胜利。

淮海战役是解放战争战略决战中历时最长、规模最大、歼敌数量最多的一次战役。战役中，我野战军以伤亡13.4万余人的代价，歼灭国民党军55.5万余人，虽然说这是一个战争史上以少胜多的奇迹，但交战双方士兵都是来自普通百姓，一战功成万骨枯，国家之和平实属来之不易。淮海战役的胜利还离不开强大的后勤队伍，战役中支前民工与参战兵力比高达9：1，共计534万人，担架20.6万副，大小车辆88万辆，牲畜76.7万头，船只8539艘，筹集粮食9.6亿斤。这些数据说明了一个军队获得人民的支持是胜利的关键，同样地，一旦失去人民的支持，胜利者就会重新被"老百姓用小车推"回去。

淮海战役的胜利使长江以北的华东和中原大部分地区获得了解放，红色军队的铁拳已经直指国民党的心脏——南京、上海，对1948年扭转时局的三大战役起着决定性作用，加速了共产党夺取全国政权的历史进程。

⊛ 淮北市濉溪县淮海战役双堆集烈士陵园

淮海战役双堆集烈士陵园位于安徽省淮北市濉溪县双堆集的南面。双堆集有两座大土堆，纯土无石，因此得名。南边的一个堆，尖而高，名尖谷堆；西边的一个堆平而大，名平谷堆。其中，南部的尖谷堆是新石器时期的文化遗址，也是淮海战役双堆集地区歼灭战期间敌我双方激烈争夺的制高点。

烈士陵园中部有纪念碑。碑高22.5米，全部由白色花岗石砌成。纪念碑座正面镌刻纪念碑文，碑身正面刻有邓小平的亲笔题词"淮海战役烈士永垂不朽"。碑冠镶嵌有淮海战役胜利纪念章浮雕。

烈士陵园东南部还建有淮海战役双堆集歼灭战纪念馆。该馆造型美观，民

族式屋檐上覆盖着金黄色琉璃瓦，外墙为黄色，44面圆顶高窗分布四周。展厅陈列珍贵历史照片300余张，文物200余件，作战地图、图表、美术作品20余幅，并有电动沙盘模型1台。展出内容共分8个部分，全面反映了淮海战役全貌，并以双堆集地区歼灭战为重点。第一至第七部分为战役部分，第八部分为缅怀先烈厅，陈列着27位烈士的事迹、遗像和遗物。

⊛ 蔡洼淮海战役总前委会议暨华东野战军指挥部旧址

淮海战役总前委和华东野战军指挥部旧址位于安徽省宿州市萧县蔡洼村的杨家台子。淮海战役歼灭国民党黄维兵团后，1948年12月17日，淮海战役总前委全体成员邓小平、刘伯承、陈毅、粟裕、谭震林在这里召开了第一次全委会议。会议研究了淮海战役第三阶段围歼杜聿明集团的方略，作出了部队战地整编计划，并制定了渡江作战的初步方案。在此之前，华东野战军指挥部已迁入该村，到1949年1月10日淮海战役结束，华东野战军指挥部共在蔡洼工作28天。

旧址的主体建筑是清末古建筑群落，房主是一位姓杨的开明地主。主体建筑原为三排三进，9个小院组成，共54间房屋，现在东侧为三进院落，中间和西侧均为二进院，共48间，室内还完好地保留着淮海战役时期留下的老式床、桌椅、条几等。旧址现开设了淮海战役纪念馆，介绍淮海战役的经过和参与战役的解放军、国民党高级将领，还有邓小平、刘伯承等领导人的旧居，以及当年总前委会议室。

⊛ 商丘市永成县淮海战役陈官庄战斗遗址

陈官庄淮海战役烈士陵园建在河南省商丘市永成县陈官村南。陵园坐北朝南，园内苍松翠柏，绿树成荫，布局协调，庄严肃穆。广场中央矗立着高24.67米的纯花岗石纪念碑，上面镌刻着周恩来亲题的"淮海英雄永垂千古"8个大字。碑后是圆形公墓，公墓四角有15位著名烈士英雄事迹碑亭。公墓后排列着651座烈士陵墓，每个墓前立有一块汉白玉石碑，铭记着烈士的姓名、籍贯和生平。

纪念碑后东西两侧分列着淮海战役纪念馆和烈士事迹陈列馆，均为民族风格的天井式建筑。纪念馆共展出文物资料、历史照片等400余件（幅），详细介绍了歼灭杜聿明集团的陈官庄战役。烈士事迹陈列馆内陈列着45位在战役中奋不顾身、英勇杀敌而壮烈牺牲的我军指战员、党政干部和支前民兵、民工等烈士的遗像、遗物，以及他们的事迹介绍。

⊛ 徐州市淮海战役纪念馆

位于江苏省徐州南郊凤凰山东麓的淮海战役纪念馆，占地76.6公顷，由淮海战役纪念塔、纪念馆、总前委群雕、国防园和淮海战役碑林五大主体建筑组成，里面还设有青年湖、粟裕将军骨灰撒放处和胡耀邦植树处等景点。整个园林树木葱郁、百花争艳，是闻名遐迩的革命纪念地和风景游览区，还是全国重点烈士纪念建筑物保护单位、全国首批爱国主义教育示范基地、国家AAAA级旅游景区。

淮海战役纪念馆旧馆是一座仿明代建筑，金黄色琉璃瓦顶，中间是庑殿重檐门廊，建筑面积2800多平方米。新馆和全景画馆于2007年建成开放。新馆主体建筑的平面为百米见方的正方形，四周由46根20米高的柱廊环绕，中间为圆柱形的全景画馆，建筑面积

25600多平方米，陈展面积1.2万平方米，共展出文物、照片、图表近3000件，复原场景9个。馆内陈列分战役实施、人民支前、将革命进行到底等6个部分，展示了淮海战役的基本过程，展示了543万民工做军鞋、架人桥、运伤员、送弹药的感人场面。全景画《淮海战役》画面周长150米，高20米，运用油画、地面塑形、声光电多媒体技术配合旋转观景平台，展现了淮海战役规模宏大、战场辽阔、战斗激烈、人民支前规模空前的动人画卷。

淮海战役烈士纪念塔坐落在淮海战役纪念馆的西北，塔高38.15米，纪念塔上面镶嵌着毛泽东亲笔题词"淮海战役烈士纪念塔"九个大字，两侧为大浮雕，刻着解放军与徐州人民并肩浴血奋战的壮丽情景，记录了1948年11月那场惊天动地、扭转乾坤的淮海大战。而淮海战役碑林500多幅碑刻，刻满了当时名将、战士们的不凡之作。

徐州独特的战略区位，也孕育了灿烂的文化，其中徐州作为两汉文化的发源地，更以"汉代三绝"——汉兵马俑、汉墓、汉画像石著称。龟山汉墓位于徐州市龟山西麓，为西汉第六代楚王（楚襄王）刘注夫妻合葬墓。龟山汉墓为两座并列相通的夫妻合葬墓，其中南为楚襄王刘注墓，北为其夫人墓，两墓均为横穴崖洞式，墓葬开口位于龟山西麓，呈喇叭形状，有南北两墓道，墓室由人工开凿而成。是迄今世界上打凿精度最高的通道。墓室15间，室室相通，大小配套，主次分明。此墓工程浩大，雕凿精细，气势雄伟，实为世界罕见，中华一绝。

4-4 平津战役

◉ 1948年底，辽沈战役落下帷幕，淮海战役大局已定。已经取得两大决战胜利的解放军，并没有停顿的打算，他们又把目光瞄向了华北，瞄向了平津地区国民党华北剿匪司令部傅作义集团的军队。又一场决战即将在华北大地卷起。

11月23日，在辽沈战役结束后不久，东北野战军提前结束休整，取捷径隐蔽地挥师入关。入关的野战军先用"围而不打"和"隔而不围"的办法，以神速动作完成对傅作义集团的分割包围，切断其南撤西逃之路。接着按"先打两头、后取中间"的顺序，连续攻克西边的新保安、张家口。1949年1月14日，包围天津的野战军发起总攻，经过29个小时激战，攻克了这座坚固设防和重兵守备的大城市。天津被攻陷后，北平的国民党守军已陷于绝境。为了使北平这座举世闻名的古都免遭破坏，野战军在围城后，派出代表同傅作义接触。在共产党的耐心工作和各界人士的敦促下，又迫于军事和政治的双重压力，傅作义接受了共产党提出的"八项和平条件"，接受和平改编。1949年1月31日上午，东北野战军从西直门进入北平城区，与城内执勤的傅作义军队交接防务。从此，北平城永离战火，平津战役也宣告结束。

平津战役，是解放战争战略决战三大战役中最后一个战役，此役共歼灭、改编国民党军52万余人。这一伟大胜利，是军事打击和政治争取相结合的结果，不仅使工商业大城市天津和文化古都北平都回到人民手中，还使北平免遭战火，从此写就新的历史篇章。

✺ 平津战役纪念馆

平津战役纪念馆位于天津市红桥区平津道。纪念馆分为前后两个部分，前区是暖灰色花岗石饰面斗栱造型的三层主展馆，古朴庄重；后区是金属材料构成的巨大银灰色球体建筑，恢宏壮观。纪念馆主展馆高22米，雄伟挺拔，造型简洁，既蕴含中国传统韵味，又富有现代审美风格。聂荣臻元帅亲笔题写的"平津战役纪念馆"7个金色大字，镶嵌在展馆的巨大牌楼式眉额上。馆内陈列内容丰富，由平津战役战役决策、战役实施、人民支前、伟大胜利、英烈业绩等5个部分组成，展出照片400余幅，文物2000多件。

平津战役纪念馆前的纪念广场以胜利为主旋律。两根高大花岗石圆柱构成胜利门，柱顶分别仁立着人民解放军东北野战军和华北军区部队战士雕像，象征着东北、华北两大区军民携手并肩夺取平津战役的胜利。胜利门的两旁是反映军民团结奋战、欢庆胜利的花岗石浮雕墙。主广场中排列着两支大军勇往直前的《并肩作战》和军民之间鱼水情深的《人民支前》两组大型锻铜群雕。

胜利广场中心矗立着象征着军民奋战64天取得平津战役伟大胜利的高64米、三棱枪刺造型的胜利纪念碑，枪刺柄是长城造型，"枪刺"与"柄"交接处的上下各三个巨型钢环，象征着在平津战役中产生的"天津方式"、"北平方式"和随后产生的"绥远方式"。纪念碑下面是能变换多种造型的大型喷泉，在彩灯的照射下，水花随着雄壮的军乐多姿多彩地喷向空中。

军威园位于平津战役纪念馆西侧胜利花园内，占地面积7000平方米。总体呈长方形，四周护栏按船舷形式设计制作，远远望去好似一艘大型航空母舰。园内陈列有解放军海军首次向地方捐赠的大型兵器展品16件。军威园南侧矗立着一座由开国上将杨得志将军的亲属捐塑的杨得志将军铜像。该铜像由中国雕塑院院长吴为山教授创作，取材于北平和平解放期间的珍贵历史画面。军威园内还设有CS真人模拟实战游戏场地，供军事爱好者参与体验。

到天津，不能不看看**五大道**。五大道仿佛上海的外滩、青岛的八大关，是旧日津门的缩影，租界历史的回忆录。五大道是一个区域的泛指，主干道是以西南名城为名的五条街道，共有22条马路。天津人把这里统称为"五大道"。

五大道拥有20世纪二三十年代建成的英、法、意、德、西多个国家建筑风格的花园式房屋2000多座，其中名人故居300余处，堪称万国建筑博览会。这些风貌建筑具有丰富的建筑形式，有文艺复兴式、希腊式、哥特式、浪漫主义、折中主义以及中西合璧式等，构成了一种凝固的艺术。缓步其中，犹如一日游尽欧洲。

五大道地处原英租界的黄金地段，近代以来，随着天津地位的上升，众多

◉ 天津五大道历史街区　吴必虎 摄

政客买办、达官显贵纷纷聚居于此，五大道成为近代名人荟萃之地。作为近现代天津历史的体现，这里蕴藏着丰富的文化内涵和浓厚的历史感。许多近现代名人在这里留下了他们的足迹，每座建筑里都蕴含着故事，充分展现了近代中国的百年风云。

4-5 渡江战役

◉ 辽沈战役、淮海战役、平津战役三大战役以后，国民党军大部主力已被歼灭，所剩余的204万人中，能用于作战者仅146万人，对解放军的进攻已形不成有组织的抵抗，国共之间就只剩下一道长江天堑。到了这个时候，原来一口拒绝和谈、企图独吞天下的蒋介石国民党集团，却提出了"划江而治"政治意图，这一建议获得了美国政府的支持。但这一次轮到毛泽东说"不"了："宜将剩勇追穷寇，不可沽名学霸王"，在他眼中，长江决不能成为永久的分界线，国共最后的决战一触即发。

此时，蒋介石在重重压力之下被迫宣告"下野"，退居幕后。国民党代"总统"李宗仁表示愿以中共所提的条件为基础进行和平谈判，实际上是想争取喘息时间，部署长江防线，阻止解放军南下。当周恩来将《国内和平协定最后修正案》送交国民政府时，国民政府却拒绝在和平协定上签字，致使和谈破裂。

1949年4月21日，毛泽东、朱德发布了向全国进军的命令。中国人民解放军第二、第三野战军（原中原野战军和华东野战军）发起渡江战役，百万雄师在西起江西湖口、东至江苏江阴的千里战线上，分三路强渡长江。国民党长期苦心经营的"长江防线"顷刻瓦解。4月23日，人民解放军占领南京，降下总统府的"青天白日旗"，宣告了延续22年的国民党在大陆统治的结束。随后，解放军乘胜追击，相继解放了杭州、武汉、南昌、上海。6月2日，解放军解放崇明岛，至此，渡江战役胜利结束。

历时42天的渡江战役，是继晋灭吴、隋灭陈、宋灭南唐之战后，中国战争史上第四次大规模的渡江作战。这次战役中，人民解放军以木帆船渡江，突破了国民党军的最后防线，为尔后解放军各路大军继续向中南、西北、西南各省举行胜利进军创造了重要条件。

◉ 合肥市肥东县渡江战役总前委旧址

渡江战役总前委旧址位于安徽省合肥市肥东县撮镇镇瑶岗村。1949年3月28日，由邓小平、刘伯承、陈毅、粟裕、谭震林五人组成的渡江战役总前委指挥部进驻这里。总前委旧址原是清末五品顶戴中书科中书衔太学生王景贤的府邸，三进四厢两座四合院。四合院中一进正屋东房是陈毅卧室，西边一间是时任华东军区政治部主任舒同的卧室，最西边一间是刘伯承的卧室。二进正厅是总前委会议室。在渡江战役前夕，总前委书记邓小平就是在这里主持召开了总前委、华东局联席扩大会

⊛ 渡江胜利纪念馆，渡江战役五前委群雕 *渡江战役纪念馆提供*

⊛ 渡江战役展览馆 *新华社记者 刘军喜 摄*

议，部署渡江作战任务和接管江南新区及支前工作会议。二进东间是邓小平的卧室，室内按原状陈列着架子床和一套西式办公桌，还有邓小平当年用过的一盏煤油灯。

⊛ 渡江胜利纪念馆

　　渡江胜利纪念馆位于江苏省南京市长江之滨、秦淮河口。渡江胜利纪念馆由主馆区（新馆）——渡江战役展览馆、渡江胜利广场、渡江胜利纪念碑、挹江门城楼（旧馆）等部分组成，总占地面积20000平方米，建筑面积约9000平方米，展厅面积4000余平方米。

　　渡江战役展览馆分两层，使用仿木结构的外立面，远看像一艘木船，寓意为"驶向胜利之船"。主展厅内共展示各类文物和复制品400余件，珍贵历史照片500余幅。展览共分为6部分，分别为序厅、风雨苍黄、天翻地覆、人间正道、胜利之都、纪念厅等。

　　新馆前的**渡江胜利广场**上矗立着当年直接指挥渡江战役的邓小平、刘伯承、陈毅、粟裕、谭震林"五前委"群雕；广场中央，停泊着纪念馆的镇馆之宝——当年渡江第一船"京电号"小火轮。这艘满载渡江战役记忆的"京电号"，是在多方努力之下才从连云港灌南重新回到南京的。广场上最吸引人眼球的当数"千帆竞渡"群雕。群雕共分为六组，呈红色直线柱体形式，截面为红色五角星。其中最高的一根红色立柱长49.423米，象征着1949年4月23日南京解放。到了夜晚，49颗红色五角星连同49根大型红色立柱在江边闪耀，犹如灯塔引航，又似烽火峥嵘。

⊛ 挹江门城楼　*渡江战役纪念馆提供*

　　渡江胜利纪念碑犹如一艘乘风破浪的战舰。碑座正面镌刻邓小平手书"渡江胜利纪念碑"，背面镌刻毛泽东手迹《七律·人民解放军占领南京》。渡江胜利纪念碑呈双帆船形，碑座为紫绛色船体，白色双帆正中悬挂一枚直径2.5米、重约400公斤的铜质渡江胜利纪念章。

　　挹江门地处长江畔，石头城北，与风景秀丽的狮子山、八字山相连。此门开辟于1921年，当时只有一个门洞，称为海陵门。1929年，为使孙中山灵枢顺利送往中山陵，将其扩建为三道拱门，上下共五层，易名挹江门，其字由时任国民政府考试院院长戴季陶题写。挹江门城楼为仿明宫殿式样的两层宫殿式门楼，黑瓦雕门，飞阁流丹，画梁雕栋，古色雅致。城门上建有双檐翘角敌楼9间，是目前南京保存较为完好的城楼之一，面积近1200平方米。

　　1949年4月23日解放军夺取南京时，就是从挹江门入城的。23日深夜，人民解放军第三野战军成功渡过长江，并由下关登岸经挹江门长驱直入国民党中枢南京。24日凌晨，夜幕下的总统府，大铁门紧闭，前院空空荡荡。解放军战士们将总统府团团包围，所有的火力对准大门，并向里面喊话："里面的人赶快投降，否则无条件消灭"。很快，总统府里出来了两三个人，很配合地将大门打开。大队人马立即涌入，控制了整个总统府大院，把胜利的红旗插上了蒋介石"总统府"的门楼上。

宫；太平天国时改为天朝宫殿；清朝后期，曾国藩沿袭咸丰三年（1853年）前的旧督署规模及布局进行改建，仍为两江总督府。1912年，孙中山就任中华民国临时大总统，总统府就设在这里的西花园；1928年，这里又成了国民政府所在地；1948年5月，蒋介石在此就任总统。

"总统府"景区占地面积约9公顷，分三个参观区域：中区（中轴线）主要有国民政府、总统府及所属机构；西区有孙中山临时大总统办公室、秘书处、西花园、孙中山起居室以及参谋本部等；东区主要有行政院、陶林二公祠、马厩和东花园等。在三个参观区域中，又分布着"总统府"文物史料、孙中山与南京临时政府、太平天国、清两江总督署等十多个史料和复原陈列。在今天的"总统府"内，不仅能够看到保存完好的近代中西建筑遗存，还能感受到国内独一无二厚重的民国历史文化氛围。

△ 其他相关景点：太原解放纪念馆（山西省）

1984年4月23日（占领总统府25周年纪念日），在挹江门城楼上建了渡江胜利纪念馆，展出大厅面积为436平方米。馆内珍藏着丰富的文物和史料，展出内容分为渡江战役前的国内形势、将革命进行到底、百万雄师过大江、把红旗插遍全中国四个部分，生动地再现了从三大战役、渡江战役的胜利到新中国成立这段时间的历史。

说到渡江战役，就不能不提南京"国民政府总统府"。**"总统府"** 位于长江路292号，到今天已有600多年历史。在明代，这里是汉王府；清代设两江总督衙门于此，是清政府统治东南地区的中心；曾为康熙、乾隆皇帝南巡行

05 进京赶考

◉ 1948年3月23日，毛泽东、周恩来、任弼时等率领中共中央机关由陕西吴堡县川口东渡黄河，告别生活战斗了十三载春秋的陕北根据地，向共产党最后一个农村指挥中心——河北省石家庄市平山县西柏坡村转移。1948年5月26日，中共中央和毛泽东到达西柏坡，

与先期到达的中央工委合并。这标志着中共中央机关胜利完成了战略性的伟大转移。从此，西柏坡便成了当时中国革命的领导中心。

当时，中国新民主主义革命正处在重大转折时刻，国共内战正处于战略决战的前夕。9月8日至13日，中共中央在西柏坡召开了政治局扩大会议，即"九月会议"，会场设在了中央大院的两间中灶食堂。毛泽东、刘少奇、周恩来、朱德、任弼时、彭真、董必武等政治局委员以及14名中央委员、候补委员和10名重要工作人员出席了会议。会议根据战略反攻的新形势规定了党的战略方针和任务，提出了建军五百万，大约五年左右（从1946年7月算起）从根本上打倒国民党反动统治的战略任务。这次会议为迎接战略大决战作了思想上、组织上和物质上的准备。

1948年9月12日至1949年1月31日，中共中央指挥东北野战军、华北野战军、华东野战军与中原野战军成功地进行了震惊中外的辽沈、淮海、平津"三大战役"，4月23日胜利渡江解放南京，6月2日解放崇明岛，完成了渡江战役。半年内四大战役，基本消灭了国民党主要军事力量。

1949年3月5日至13日，中国共产党第七届中央委员会第二次会议在西柏坡召开。会场设在中央大院中央机关自己盖的职工食堂，南半部为会场，北半部为服务处，毛泽东主持会议并明确指出："夺取全国胜利，这只是万里长征走完了第一步。革命以后的路程更长，工作更伟大，更艰苦，务必使同志们继续地保持谦虚、谨慎、不骄、不躁的作风，务必使同志们继续地保持艰苦奋斗的作风。"七届二中全会描绘了新中国的宏伟蓝图，为促进和迎接全国胜利的到来，保证中国革命实现伟大的战略转变，从政治上、思想上和理论上做了必要的准备。

七届二中全会结束之后，中共中央、中央军委和中国人民解放军总部迁往北平，而此时的毛泽东联想到的是明末的农民领袖李自成，只做了18天的皇帝，就被赶出了北京城。1949年3月23日，中共中央和毛泽东离开西柏坡，出发前毛泽东说："今天是进京赶考的日子，我们不要做李自成！"而后，踏上了进京赶考、筹备成立中华人民共和国的新征程。

中共中央和毛泽东在西柏坡住了十个月时间，西柏坡也因此像瑞金、井冈山、延安一样，成了中国红色革命的圣地。西柏坡时期，毛泽东思想继续得到丰富和发展，特别是建立人民民主专政、人民代表大会制度和多党合作制度的思想，以及从国情出发，走中国式的建设道路，通过建设新民主主义向社会主义过渡的思想，都得到了进一步充实和完善。

⊛ 石家庄市平山县西柏坡红色旅游系列景区（点）

河北省石家庄市平山县西部的西柏坡村，位于太行山东麓、滹沱河北岸。史书记载，西柏坡原名"柏卜"，始建于唐代，因村后坡岭上翠柏苍郁而得名。1935年，该村一位教书先生将"卜"改为"坡"，又因为和"东柏卜"村相对，所以改名为"西柏坡村"。西柏坡这个小山村，正处于华北平原和太行山交会处，在一片向阳的马蹄状山坳里，三面环山，一面环水，西扼太行山，东临冀中平原，距华北重镇石家庄仅90公里。这里交通方便，易守难攻，既适宜危机时刻向山里撤退，顺利时又便于向城市进军。

如今的西柏坡是个风光秀美的山村，中共中央旧址、西柏坡纪念馆、书法石刻园等组成了一道靓丽的红色风景线。西柏坡还是国家AAAA级旅游景区、国家一级博物馆。

西柏坡**中共中央旧址大院**是在1958年修建岗南水库后，于1970年在距原址500米、海拔高于原址57米处复原建设。大门向南，分前后两院，面积1.6公顷，建筑为砖木结构平顶房。大院保留有毛泽东、刘少奇、周恩来、朱德、任弼时等的旧居及解放军总部旧址。

最外面的院落是**董必武旧居**。董必武是和刘少奇、朱德等一起于1947年夏初来到西柏坡的。作为中国共产党内五老之一的董必武和其他中央领导一样过着非常简朴的生活，睡的是农家土炕，铺的是延安大生产时织的早已多处破损的旧毛毯。

刘少奇当时是董必武的邻居，刚来时中央工委住在村子的东头，为了少占民房，刘少奇和朱德合住在一个拥有前后院的农舍里。刘少奇住前院，朱德住后院，院里种有桃树、梨树和枣树。刘少奇生活非常简朴，他的办公室既是会议室又是中央工委办公处。中央工委许多重要会议就是在这间屋子里召开的。屋子里的办公桌、沙发、转椅、文件箱等都是原物。

在刘少奇旧居东侧，毛泽东旧居西边有四间北房，就是当年的军委作战室。这所房子是中央机关自

⊛ 西柏坡毛泽东同志办公室 吴必虎 摄

己动手建造的。"中国人民解放军总部"这9个字是原国家主席杨尚昆于1984年7月题写的。屋内墙上挂满了军用地图，紧靠其后的柏坡岭上挂有一个警钟，可以想象在当年大决战的日子里解放军总部是何等繁忙！作战室里的摆设十分简陋，只有三张大办公桌和十几把木凳。工作条件也非常艰苦，工作人员绘图、制表用的红蓝铅笔都是从敌人手里缴获的。所有这些，就连在淮海战役中被俘的原国民党第十二兵团司令黄维在1975年到西柏坡参观后也感慨不已，钦佩至极。

毛泽东旧居是前后两个小院。前院有一个磨盘和猪圈，当年毛泽东不让拆掉这些东西，他说我们走后老百姓还要用。楸树下磨盘旁即是毛泽东夏天纳凉的地方，也是和战友们工作的场所。后院四间北房是毛泽东的寝室和办公室，里面的沙发、茶几、办公桌、台历、书架、火盆等实物再现着他俭朴的生活。

毛泽东旧居东边是任弼时和周恩来的旧居。**任弼时旧居**是南北狭长的小院，北房为东、西两间，东边一间是任弼时的办公室，西边一间是任弼时夫妇的卧室。任弼时是1948年4月23日来西柏坡的，他是五位书记中最年轻的一位。

周恩来旧居在最东头，他当时兼任解放军的总参谋长，工作十分繁忙，经常通宵达旦。他办公室里挂的一张照片，是他当年为粉碎敌人偷袭中共中央驻地的阴谋而正在凝神奋笔疾书，给毛泽东起草请示信时拍摄的。

穿过防空洞，有一座三间窑洞式的房屋，它是陕北来的人盖的。起初准备让毛泽东住，毛泽东考虑到朱德上了年纪，就让给了朱总司令。这样朱总司令才从刘少奇的前院搬到了这里。屋子的西间是朱德的办公室，中间是会客室，东间是卧室。屋内的用品和其他领导人一样，大多是战利品。卧室里的床、办公桌、衣架、床头柜等都是原物。当年他和刘少奇等一起不仅成功地领导了中央工委的工作，还协助毛泽东组织指挥了三大战役，奠定了中国革命胜利的基础。

从这里往前不远就是七届二中全会会址，它是中央大院里最大的房子，原来是中央机关的大伙房，稍加布置即成会场。1949年3月5日至13日，具有伟大历史意义的中国共产党七届二中全会就在这里举行。

西柏坡纪念馆依自然山势而建，分为上下两个四合院，12个展厅展出了大量的图片和文物。展览以"新中国从这里走来"为主题，介绍了中央工委、中共中央和解放军总部进驻西柏坡的历史背景，召开全国土地会议，领导解放区的经济建设和军工生产，组织指挥辽沈、淮海、平津三大战役，召开党的七届二中全会，赴京建国等历史功绩，以及工作之余领袖和工作人员的生活风范。西柏坡石刻园坐落于柏坡岭上，风光秀丽。石刻园采用碑廊式双层建筑，有中共中央三代领导人为西柏坡的题词，以及党和国家其他

⊕ 西柏坡纪念馆　《中国风景名胜区游览手册》（卷2）（中国建筑工业出版社出版）

领导人、老将军、书法家、在西柏坡工作过的老同志、社会名人等的墨宝300余幅。

西柏坡村所属的平山县位于滹沱河流域，河北省西部太行山中段东麓向东开口的一个马蹄形谷地，地域十分宽阔。从东端黄壁庄水库到西北角驼梁，落差达2000多米。地形变化复杂，山川荟萃，有"八山一水"之称。平山县还有着悠久的历史和灿烂的文化，公元前17世纪商朝始祖契发祥于此；战国时属中山国与赵国，有举世闻名的中山国都城遗址和国王陵墓出土文物15000余件，其中千年古酒和铜版兆域图属世界之最。

平山县是河北省的旅游大县，天桂山钟灵毓秀，素有"北方桂林"之称；避暑胜地驼梁临近佛教圣地五台山，主峰海拔2281米，原始森林保护完好，自然风光秀美，被称为太行山上的绿宝石，是休闲度假的理想去处；中山国都城遗址驰名中外，具有很高的考古研究价值。西柏坡村距天桂山30公里，距五台山90公里，距驼梁70公里，距中山国古都遗址35公里，

可以说是去这些景点的中转站。此外，西柏坡村中的西柏坡森林公园空气清新、百鸟鸣啾，柏坡湖碧波荡漾，是垂钓、划船、度假的好去处。同时，西柏坡村的西柏坡牡丹园拥有110多个品种，30000余株牡丹，每年的四五月牡丹盛开时，还会举办盛大的牡丹节。

──────────

△ 其他相关景点

1）房山区没有共产党就没有新中国纪念馆（北京市）

2）哈尔滨市中国人民解放军第四野战军前线指挥部旧址（黑龙江省）

3）五指山市五指山革命根据地纪念园（海南省）

4）福州市福建省革命历史纪念馆（福建省）

5）南阳市叶家大庄桐柏英雄纪念馆（河南省）

6）华蓥市华蓥山游击队遗址（四川省）

7）"一二·一"纪念馆及四烈士墓（云南省）

8）莆田市涵江区闽中支队司令部旧址（福建省）

9）眉县扶眉战役纪念馆（陕西省）

10）安康市汉滨区牛蹄岭战役旧址（陕西省）

11）商洛市商南县前坡岭战斗遗址（陕西省）

⊕ 房山区没有共产党就没有新中国纪念馆（北京）CFP

第六篇

新政建设

◉ 1949年对中国来讲，是一个历史分水岭。中华人民共和国成立后的中国称为"新中国"。新中国极大地改变了世界政治格局，激励和鼓舞了殖民地、半殖民地人民的民族解放斗争。新中国成立伊始，与"旧中国"各种势力仍然存在巨大冲突，政局尚欠稳定，因此在新中国成立后的头三年，共产党领导解放军、地方人民武装和刚刚分得土地及财产的农民为主的人民，肃清了国民党在大陆的残余武装力量，建立了各级人民政权，加强了人民民主专政的国家制度，维护了新中国的和平稳定，为社会主义经济建设奠定了政治基础。

新中国成立后，中国共产党一直试图努力从经济上壮大自己的力量，获得经济建设的成功，制定了雄心勃勃的头两个五年国民经济发展计划并取得了重大成就。但因受到与苏联关系变化等的国际影响，以及党内政治斗争等国内影响，很大程度上影响了中国国家建设和人民生活稳定与提高。1978年改革开放以后，中国的经济改革获得巨大成功，中国的经济实力逐步提升。经济上的成功，使中国在国际上的影响力越来越大，中国共产党真正成为影响世界格局的新力量。

01　开国大典

◉ 1949年10月1日，庆祝中华人民共和国中央人民政府的成立典礼在首都北京隆重举行，史称"开国大典"。是日下午3时许，刚刚就职的中华人民共和国中央人民政府主席毛泽东和副主席朱德等领导人和民主人士，先后登上了天安门城楼。面对聚集在天安门广场上的30万军民，毛泽东用他浓重的湖南口音向世界庄严宣布："同胞们，中华人民共和国中央人民政府今天成立了！"军乐团高奏《义勇军进行曲》，广场中央升起新中国的第一面五星红旗。与此同时，54门礼炮齐鸣28响，它标志着中国共产党领导中国人民英勇奋斗28年，终于取得了新民主主义革命胜利。毛泽东宣读中央人民政府公告之后，举行盛大的阅兵式。人民解放军受阅部队以胜利之师的步伐通过天安门广场，新组建的人民空军飞行编队矫健地飞越首都上空。当天，全国已经解放的各大城市都举行了热烈的庆祝活动。

中华人民共和国的成立开辟了中国历史的新纪元。从此，中国结束了一百多年来被侵略、被奴役的屈辱历史，真正成为独立自主的国家。

◉ 香山双清别墅

1949年3月23日，毛泽东率领中共中央机关离开河北平山县西柏坡前往北平，经过两天的颠簸，于25日上午抵达北平。当日下午5时，入城仪式隆重举行。人民解放军的一个坦克师、一个炮兵师和一个步兵师接受检阅。应中共中央的邀请来北平参加政治协商会议的全国各界民主人士，也一同来到西苑机场，欢迎毛泽东及中共中央领导人。当日晚上，毛泽东住进双清别墅；朱德、刘少奇、周恩来、任弼时住在双清别墅北面不远的来青轩。同时，新华社向全国、全世界广播了中共中央、解放军总部和毛泽东等已胜利到达北平的消息。

双清别墅，原为乾隆御题的香山二十八景之一，位于北京市海淀区香山公园南麓的半山腰，原是清代皇家园林香山静宜园"松坞山庄"旧址，环境幽雅，其苍翠的竹林、遮天蔽日的银杏、挺拔的松柏、古朴的建筑引人入胜。

双清别墅现已辟为毛泽东在双清活动的展览室。院内西侧山石上有清乾隆御笔"双清"刻石，院中立有明代石经幢等古迹。毛泽东当年居住的室内仍保存旧

◉ 香山双清别墅　李静（工作单位：北京植物园）摄

观，并展出毛泽东的多幅生活照片和电文手迹、诗文手稿等供游人参观凭吊。院中池旁的六角小亭，朴素自然，是当年毛泽东茶余饭后与友人闲谈、读书阅报之所。在双清别墅，毛泽东主席指挥了渡江战役，筹备召开新政协会议，做好创建新中国的各项工作，写下了著名诗篇《人民解放军占领南京》。

◉ 天安门广场及建筑群体

天安门广场位于北京的心脏地带。它原为明、清两代皇城的前院，呈T字形，面积约11万平方米。今天的天安门广场是世界上最大的城市中心广场。北起天安门，南至正阳门，东起中国国家博物馆，西至人民大会堂，南北长880米，东西宽500米，总面积达44万平方米。广场地面原为1959年新中国成立10周年时所铺设的水泥方砖。为迎接新中国成立50周年，1998年10月31日至1999年6月26日，对天安门广场进行了维修改造，地面全部由经过特殊工艺技术处理的浅色花岗岩条石铺成，可容纳100万人举行盛大集会。至2009年新中国成立60周年为止，天安门广场上共举行了14次隆重的阅兵仪式。每天清晨的升国旗和每天日落时分的降国旗是最庄严的仪式，此仪式连同天安门城楼、人民英雄纪念碑被列为全国百家爱国主义教育示范基地，成为中国公民向往的、海外游客认识了解中国的重要景点。

天安门城楼，坐落在天安门广场的北端。天安门建于明永乐十五年（1417年），原名承天门，清顺治八年（1651年）改建后

◉ 天安门广场　《中国建筑60年(1949-2009): 历史纵览》
（中国建筑工业出版社出版）邹德侬 摄

称天安门。城门五阙，重楼九楹，通高33.7米。在2000余平方米雕刻精美的汉白玉须弥基座上，是高10余米的红白墩台，墩台上是金碧辉煌的天安门城楼。城楼下是碧波粼粼的金水河，河上有5座雕琢精美的汉白玉金水桥。城楼前两对雄健的石狮和挺秀的华表巧妙地相配合，使天安门成为一座完美的建筑艺术杰作。

天安门城楼的北侧为**故宫**，旧称紫禁城，于明永乐十八年（1420年）建成，是明、清两代的皇宫，是世界现存最大、最完整的木质结构的古建筑群。故宫全部建筑由"前朝"与"内廷"两部分组成，四周有城墙围绕。故宫外朝、内廷的建筑气氛迥然不同。外朝以太和殿、中和殿、保和殿三大殿为中心，位于整座皇宫的中轴线，其中三大殿中的"太和殿"俗称"金銮殿"，是皇帝举行朝会的地方，也称为"前朝"，是封建皇帝行使权力、举行盛典的地方。此外两翼东有文华殿、文渊阁、上驷院、南三所；西有武英殿、内务府等建筑。故宫被誉为世界五大宫之一（中国北京故宫、法国凡尔赛宫、英国白金汉宫、美国白宫、俄罗斯克里姆林宫），并被联合国教科文组织列为"世界文化遗产"。

天安门广场中央矗立着人民英雄纪念碑和庄严肃穆的毛主席纪念堂，广场西侧是人民大会堂，东侧是国家博物馆，南侧是两座建于14

⊛ 故宫博物院 张钦楠 摄

⊛ 毛主席纪念堂
《中国建筑60年(1949-2009)：历史纵览》（中国建筑工业出版社出版）
邹德侬 摄

⊛ 人民大会堂《中国现代美术全集·建筑艺术》（卷5）
（中国建筑工业出版社出版）

世纪的古代城楼——正阳门城楼和箭楼，整个广场宏伟壮观、整齐对称、浑然一体、气势磅礴。

人民英雄纪念碑，通高37.94米，比天安门城楼还高3.24米，是新中国诞生后在广场修建的第一座建筑，也是中国历史上最大的纪念碑。纪念碑采用17000多块花岗石和汉白玉砌成，碑基面积约3000余平方米，由两层月台、两层须弥座、碑身和碑顶组成。月台上的大须弥座束腰处四面镶嵌着十幅汉白玉浮雕，记述了100多年来中国人民反抗帝国主义和封建势力可歌可泣的革命斗争史。碑身正面朝着天安门，巨大的碑石上有毛泽东亲笔题写的"人民英雄永垂不朽"8个苍劲有力的镏金大字，碑的背面是由毛泽东起草、周恩来用楷书题写的114字镏金碑文。

1976年9月9日，中国共产党中央委员会主席、原中华人民共和国中央人民政府主席、中国共产党中央军事委员会主席毛泽东在北京逝世。经过当时在任的中共中央常委会研究决定，长期保存毛泽东主席的遗体，并在天安门广场人民英雄纪念碑南侧建设**毛主席纪念堂**。纪念堂呈正方形，坐南朝北，建筑面积2万多平方米。纪念堂内设有毛泽东、周恩来、刘少奇、朱德、邓小平、陈云革命业绩纪念室，通过大量的照片、文献、实物，展现了毛泽东及其他革命领袖在中国革命和建设各个时期的奋斗历程和历史功绩。首层主要由北大厅、瞻仰厅、南大厅组成；二层为陈列厅。瞻仰厅的大厅中央安放着水晶棺，毛泽东的遗体上覆盖着中国共产党党旗，四周花丛簇拥。

⊙ 中国国家博物馆 新华社记者 陈建力 摄

人民大会堂，位于天安门广场西侧，高46米，长336米，宽206米，占地15公顷，建筑面积171800平方米。大会堂的正面有12根大理石门柱，每根高达25米。中央大厅为桃红色大理石地面和汉白玉石柱，顶部挂着水晶玻璃花灯。中央大厅后面是万人大礼堂，礼堂装饰风格典雅。大会堂的北部是可容纳5000个席位的宴会厅，大如足球场，富丽堂皇。大会堂所有厅室既保留了中国传统的建筑风格，又吸取了外国的建筑精华，布置得大方雅致，极有特色。

中国国家博物馆，位于天安门广场东侧，与人民大会堂呈对称布局。中国国家博物馆在原中国历史博物馆和原中国革命博物馆的基础上组建而成，是一座系统展示中华民族悠久文化历史的综合性博物馆。原先两馆合为一体，以中央大厅为界，北半部是中国革命博物馆，南半部为中国历史博物馆。中国国家博物馆新馆共有49个展厅，最小的面积700平方米，最大的中央大厅达2000平方米。库房展品容量达到了100万至120万件，集收藏、研究、展览于一身。随着新馆的落成，一系列的展览也将陆续向观众展出。包括两个基本陈列："古代中国"专题占据10个展厅，用近3000件文物精品来展现从远古直到明清时期的灿烂中国文化；"复兴之路"专题占据8个展厅。还有中国古代青铜器、佛造像、瓷器、书画、家具、钱币等多个专题艺术陈列，以及占据三分之一展厅面积的各种临时展览。

天安门广场南端为正阳门。正阳门包括城楼和箭楼，原由瓮城墙连为一体，后因修路分割成了两个部分。前门大街是北京著名的商业街之一，经过近百年的发展，前门大栅栏集中了绸布店、药店、鞋店、餐饮店等数百家店铺和戏院，是感受老北京风情的必游之地。

天安门城楼东西两侧分别是劳动人民文化宫和中山公园。横贯天安门城楼和天安门广场之间的是东西长安街，曾被认为是世界上最长、最宽的街道，也是中国最重要的街道之一，有"神州第一街"美誉。长安街东起东单，西至西单，贯穿天安门广场，沿线有中南海、故宫以及许多中央政府部门。长安街也是历年国庆阅兵的必经之道。

天安门广场现已是中国最具有代表性的建筑景观，天安门城楼、故宫、人民英雄纪念碑、毛主席纪念堂、人民大会堂、中国国家博物馆、正阳门、劳动人民文化宫、中山公园以及长安街是游览北京、感受文化、了解历史的著名景点群。

02 民族自治

◉ 中国是一个统一的多民族国家，新中国成立后，西藏等一些少数民族地区仍然掌握在受国民党影响、控制的地方贵族和旧军阀手中。做好少数民族地区工作，建立少数民族地区的共产党领导的政权，是完成祖国统一大业的关键。中共中央在新中国成立初期就确立了民族平等团结和民族区域自治政策。民族区域自治是中国共产党解决国内民族问题的基本政策，也是新中国的一项重要政治制度。随着民族自治政策的推进，内蒙古、新疆、西藏等少数民族地区陆续实现和平建政，实现了新中国的繁荣统一。

2-1 内蒙古自治区成立

◉ 1945年日本投降后，国民党政府力图恢复内蒙古地区的封建贵族统治。针对这种情况，中共中央决定加强对内蒙古民族解放运动的领导。1947年4月，内蒙古人民代表会议在王爷庙（今兴安盟乌兰浩特市）召开。会议通过了《内蒙古自治政府施政纲领》等重要文件，并选出乌兰夫为自治政府主席。1947年5月1日，内蒙古自治区政府正式宣告成立。

内蒙古自治政府是中国共产党领导的第一个少数民族自治政府。民族自治基本政策符合中国各民族关系的情况，对于实现各民族一律平等、促进民族团结，产生了深远的影响，为各少数民族实行区域自治开创了先例，积累了经验。

⊛ 乌兰浩特市内蒙古自治区政府成立纪念地

乌兰浩特市是大兴安岭南麓一座繁华而美丽的城市，东、西、北面与内蒙古科尔沁右翼前旗相接，南面与吉林省白城地区为邻。总面积约865平方公里，是兴安盟的政治、经济、文化、交通中心。

从20世纪初到新中国成立前，乌兰浩特市的蒙古族、汉族等各族人民与入侵的沙俄和日寇进行了殊死搏斗。1945年，共产党解放了这一城市。1947年5月1日，内蒙古自治政府在这里诞生，乌兰浩特蒙古语意为"红色的城"，成为民族解放运动的摇篮。

◉ 内蒙古自治区乌兰浩特市街景 CFP

2-2 新疆和平解放

◉ 1949年7月，人民解放军开始了从国民党手中夺取西北各省的战斗，很快解放了陕西、甘肃、宁夏、青海的广大地区。面对解放军强大的威慑，国民党新疆警备区司令陶峙岳、新疆省政府主席包尔汉，接受八项和平条件，率部7万余人通电起义，改编为中国人民解放军第二十二兵团。10月10日，解放军第一兵团司令员兼政委王震率兵团部及第二、六军，在新疆民族军配合下由甘肃向新疆进军。至1950年3月，先后抵达哈密、迪化（今乌鲁木齐）、伊宁、阿克苏、喀什、和田等地，新疆和平解放。

新疆的和平解放使新疆的社会经济免遭破坏，为新中国恢复和发展社会生产、建设新新疆，创造了良好的条件。

2-3 西藏自治区成立

◉ 新中国成立后，由于交通不便、地理环境阻隔，西藏地区建立新政权的工作被有意识地放缓了。中央政府根据西藏的历史和现实情况，决定采取和平推进的方针，多次通知西藏地方政府派代表来北京商谈和平建政事宜。1951年5月23日，在签订了《中央人民政府和西藏地方政府关于和平解放西藏办法的协议》之后，西藏和平解放的工作重心转移到协议的贯彻执行上来。同年10月24日，第十四世达赖喇嘛致电毛泽东主

⊕ 西藏布达拉宫 崔健 摄

席，表示拥护《关于和平解放西藏办法的协议》。后因1959年西藏上层统治集团发动武装叛乱，中央在平叛的同时，开始在西藏地区进行民主改革，至1960年10月基本完成。1965年9月1日，西藏自治区宣告成立，阿沛·阿旺晋美当选为首任主席。

⊕ 中央人民政府驻藏代表楼旧址

　　中央人民政府驻藏代表楼位于拉萨市西郊中共西藏自治区党校院内。该建筑于1964年由中华人民共和国中央人民政府拨专款修建，1952年至1955年任中央人民政府驻西藏代表的张经武将军在这里办公。1964年中央人民政府拨专款修建新楼，1965年建成后，继续作为中央人民政府驻西藏代表张经武的办公及住宿用房。2011年又对该建筑进行了修缮。

⊕ 拉萨烈士陵园

　　拉萨烈士陵园位于西藏自治区拉萨市，为纪念在西藏解放、青藏公路及川藏公路建设、平息武装叛乱、民主改革、中印边界自卫反击战、平息拉萨骚乱等重大历史事件中献出宝贵生命的烈士。

　　陵园始建于1955年，重修于1991年，占地6.3公顷，由纪念碑、广场、烈士亭、照壁、陵寝等组成。照壁上刻有安息在此的830位烈士的名字。墓区墓葬布局以烈士纪念亭为中心，陵园划分为四个区域：烈士墓区，领导干部墓区，一般人员墓区和"文革"墓区。陵园内有2255座墓葬，多为土石封堆，墓主有藏、汉、门巴、珞巴等民族烈士。

　　陵园平台正中耸立着占地32平方米、高9米的钢筋水泥结构双峰纪念碑，左右碑石上镌刻着

"革命烈士永垂不朽"8个醒目的大字。平台东西两侧建有烈士纪念亭，亭内竖有3米高的石碑，刻有"浩气长存"、"光照千秋"藏文和汉文的镏金大字。双峰纪念碑西北处的孔繁森墓前矗立着两座石碑，分别刻有江泽民和李鹏的题词。

烈士墓区位于烈士纪念亭正南。共安葬烈士595名，主要是1958年12月至1959年4月期间，山南和拉萨平叛中牺牲的解放军烈士。另有遇难牺牲的登山运动员、地质勘探员、筑路工人以及在西藏各项建设中牺牲的烈士。领导干部墓区位于烈士纪念亭西北部，安葬藏、汉干部共22名。其中，有前中共西藏工委副书记谭辅仁，中共西藏委员会书记、西藏人民政府副主席洛桑次诚等。

拉萨烈士陵园是西藏自治区全民国防教育的社会课堂及进行爱国主义教育、革命传统教育的重要场所。

⊛ 西藏山南地区乃东县泽当镇山南烈士陵园
新华社记者 格桑达瓦 摄

⊛ 西藏山南地区乃东县泽当镇山南烈士陵园

山南烈士陵园位于西藏自治区山南地区乃东县泽当镇。建于1965年，陵园内安葬着在和平解放西藏、西藏平叛、中印边境自卫反击作战，以及在西藏的社会主义革命和建设事业中英勇牺牲的700余位烈士。陵园由大门、陈列馆、观赏池、纪念碑和墓区五个部分组成，是西藏自治区规模最大、资料最完整的革命烈士纪念建筑。纪念馆正堂右侧是第一陈列室，主要陈列在进军西藏、修筑公路、平息叛乱过程中光荣牺牲的一部分烈士遗物和事迹介绍。纪念馆正堂左侧是第二陈列室，主要陈列在中印边境自卫反击战、建设新西藏中牺牲的一部分烈士的遗物和事迹介绍。第三陈列室陈列着党和政府对烈士家属的优待和抚恤证明、文件等以及烈属们继承烈士遗志，为社会主义革命和建设作出新贡献的有关材料。高大的纪念碑耸立在纪念馆后的平台上。纪念碑正面写着"人民英雄永垂不朽"8个大字，背面是藏汉两种文字的碑文。纪念碑后的照壁上有原西藏军区司令员张国华题写的"浩气长存"4个大字。

2-4 地县民族自治

⊛ 中国少数民族分布规律具有大散居小聚居的特点。除了内蒙古、新疆、西藏、广西、宁夏等人口较多、集中分布的少数民族地区成立省一级的自治区外，在更多少数民族相对小范围分布的地区，也推行了自治州、自治县的政策。新中国成立初期，云南普洱地区为多民族聚居的地区，各民族社会形态差异很大，发展不平衡，民族关系复杂。1950年，当地34名民族代表到首都北京参加了国庆周年观礼，受到了毛泽东等党和国家领导人的亲切接见。各族代表以"会盟立誓，刻石铭碑"的形式来表达各族人民团结爱国的决心。1950年12月27日至1951年元旦，中共宁洱地委召开了"普洱专区第一届兄弟民族代表会议"。1951年元旦，在普洱红场举行了"剽牛"、"喝咒水"和建碑签名活动，全区26个民族的代表与地方党政军领导人出席并庄重宣誓。

民族团结誓词碑是新中国各民族团结的历史见证。它象征在中国共产党的领导下，地县一级的民族自治开始了一个崭新的社会主义模式。

✪ 普洱市民族团结誓词碑

在云南省思茅地区普洱市立有一块古今少有而独具特色的碑刻，即民族团结誓词碑。誓词碑保护范围占地面积4435平方米，总建筑面积983平方米，绿化面积1890平方米。民族团结园内有碑亭、浮雕、陈列馆、牌坊式古典大门。

民族团结誓词碑高142厘米、宽66厘米、厚12厘米，碑文为楷书横行阴刻，全文是："我们二十六种民族的代表，代表全普洱区各族同胞，慎重地于此举行了剽牛、喝了咒水，从此，我们一心一德，团结到底，在中国共产党的领导下，誓为建设平等自

由幸福的大家庭而奋斗！此誓。"文下签名的是傣族、拉祜族、基诺族、哈尼族、回族、傈僳族、佤族、汉族、白族等各族各界的代表人士48人。民族团结誓词碑是普洱区各民族携手共进、共同发展的象征，代表全普洱区各族同胞为我国解放初期民族团结工作的努力，是我国各族人民大团结的象征。

△ 其他相关景点：银川市永宁县中华回乡文化园（宁夏回族自治区）

新华社记者 唐召明 摄

03　巩固新生政权

◉ 1949年10月之后的一两年内，中华人民共和国成立初期，在约占全国面积三分之一的老解放区已建立了人民政权，但人民解放战争后期作战还在继续。国民党尚有以白崇禧、胡宗南两股武装力量为主的100多万军队，占据以广州为中心的华南地区、以重庆为中心的西南地区和包括台湾在内的沿海岛屿。新中国面临的一项紧迫任务，就是迅速肃清国民党军队的残余，解放一切尚未解放的国土，在全国建立起自上而

下统一的人民政府，巩固新生的人民政权。

为了迅速彻底歼灭国民党残余军队，毛泽东明确提出人民解放军在消灭残敌的作战中，应采取"包抄"的战略部署，避免将国民党军队赶向不利于行军作战的云贵高原、个别岛屿或境外地区。人民解放军在华中、华南以及华东战场以较快的节奏取得了胜利。在华东战场，随着解放军全面突破敌军防线，厦门全岛及鼓浪屿、漳州、泉州等闽南地区随之全部解放。在西北战场，解放陕、甘、宁、青的战役在新中国成立前夕已告结束，新疆宣布和平解放。1950年，随着解放全国大陆的战斗基本结束，中央军委部署了解放海南岛和东南沿海诸岛屿的战役，并取得了最后的胜利。

为了巩固新生的政权，1950年12月至1951年10月，共产党在全国范围内进行了清查和镇压反革命分子的政治运动，镇反运动与同期进行的抗美援朝、土地改革并称为新中国初期的三大运动。历时两年多的镇压反革命运动，范围涉及大陆几乎所有地区，国民党残留势力、帝国主义间谍、猖獗一时的匪祸，都已得到基本肃清，使中国社会秩序获得了前所未有的安定。

3-1 收复海南岛

◉ 随着占领全国大陆的战斗基本结束，中央军委部署了解放海南岛和东南沿海诸岛屿的战役。1950年4月16日，解放海南岛战役打响，人民解放军靠着简陋的木帆船，与国民党精锐的海陆空立体防御体系作战，强渡琼州海峡，胜利完成琼岛北部的敌前登陆。随后，解放军向纵深进军，相继夺取了大部分沿海城镇，控制了海南岛北部长达400里的海岸线。至5月1日，海南岛全面解放。

海南岛战役是解放军海战史上最大规模的登陆作战，采取了"积极偷渡、分批小渡与最后登陆相结合"的战役指导方针，多批次实施强行渡海登陆作战，突破了敌人的"伯陵防线"，创造了渡海作战奇迹。海南岛战役的胜利也为登陆舟山本岛及周围诸岛，打破台湾国民党军队对长江口的封锁奠定了基础。

⊛ 海口市解放海南岛战役烈士陵园

解放海南岛战役烈士陵园，原名金牛岭烈士陵园，位于海南省海口市中心城区海秀大道中段南侧的金牛岭公园内。陵园始建于1957年，是海南行政公署、海口市人民委员会和海南军区为纪念长期坚持琼岛革命斗争和英勇渡海作战中牺牲的烈士而修建的，占地面积6.2公顷，原建在白沙门战斗遗址，1983年迁至现址。

陵园里安葬着1950年为解放海南岛首批渡海登陆作战中光荣捐躯的人民解放军渡海先锋营官兵，建有烈士纪念堂、烈士事迹陈列室等。陵墓前面竖立一座石碑，正面镌刻朱德1957年1月27日的题词"渡海英雄永垂不朽"，背面刻有海南行署、海口市人民委员会和海南军区司令部、政治部立的《悼白沙门上的烈士》长篇碑文。陵墓后面为单体烈士墓，环境气氛庄严肃穆。

3-2 夺取一江山岛

◉ 全国大陆解放后，国民党军的残余部队退至东南沿海部分岛屿，企图利用这些岛屿作为拱卫台湾和对大陆实施反攻的前沿基地。1955年1月18日，国民党军与解放军在一江山岛进行了一场守岛与夺岛之战。这次战役由解放军华东军区参谋长张爱萍统一指挥，是解放军首次陆、海、空三军的协同作战。进攻部队在一江山岛登陆后，经一天激战全歼岛上守军。一江山岛战役击破了国民党残部在浙东沿海岛屿的防御体系。

✸ 台州市解放一江山岛战役纪念地

　　解放一江山岛战役纪念地坐落于浙江省台州市城区枫山北麓，由战斗陈列馆、烈士纪念馆、纪念塔碑和墓区组成，建筑雄伟，环境幽静。新建的解放一江山岛登陆战纪念馆，建筑面积5138平方米，占地面积2600平方米，布展面积2800平方米。游客们可以通过馆内的展板、模型和大型沙盘以及多媒体三维实战模拟电影等了解当年解放一江山岛战役的全过程。

04　抗美援朝

◉ 20世纪50年代初，新中国刚刚创建的困难时期，对于中共中央、中国政府和中国军队来讲，组织中国人民志愿军出兵朝鲜，帮助金日成领导下的北朝鲜与美国主导下的联合国军队和南朝鲜政权作战，确实需要巨大的勇气、承担艰巨的责任。

　　1950年9月15日，美军第10军于朝鲜半岛南部西海岸仁川登陆，朝鲜人民军腹背受敌，损失严重，转入战略后退。美国认定中国不敢出兵与其对抗，所以不顾中国政府的多次警告，1950年10月1日美军越过北纬38°线（简称"三八线"），于10月19日占领平壤，企图迅速占领整个朝鲜。同时，美国飞机多次侵入中国领空，轰炸丹东地区，战火即将烧到鸭绿江边。1950年10月19日，毛泽东毅然决定中国人民志愿军赴朝参战。

　　从1950年10月至1953年7月，抗美援朝一共进行了五次战役，逐步将已经压至中朝边界的美韩联军推回到三八线以南地区。1953年7月27日，交战双方于板门店在停战协定上签字，标志着历时3年的朝鲜战争结束，战争的结果就是南北朝鲜继续分治，这一格局一直保持至今。

✸ 抗美援朝烈士陵园

　　抗美援朝烈士陵园位于辽宁省沈阳市北陵公园的东侧，占地24公顷，园内苍松

⊛ 抗美援朝烈士陵园，纪念碑　新华社提供

翠柏，气氛庄严肃穆。拾级而上，迎面矗立着一座23米高花岗石砌成的四棱锥形纪念碑。碑体正面是董必武1962年9月题字"抗美援朝烈士英灵永垂不朽"。碑的顶部是中朝两国国旗，旗下是手握冲锋枪的志愿军战士铜像。碑的底部有铜铸的花环，花环的两侧刻有"1950—1953年"字样，这是志愿军赴朝参战和交战双方签订停战协议的时间。碑体的背面刻有周恩来审定的471字祭文。纪念碑东西两侧的石壁上镶着八块展现志愿军英勇作战场面的大型铜制浮雕。

纪念碑后面便是烈士墓，分为东、西、北三个墓区，其中安葬着特级战斗英雄黄继光、杨根思，一级战斗英雄邱少云、孙占元、杨连弟等。在墓区的东南侧有大型画廊和烈士纪念馆。画廊展出国家领导人陪同国际友人来陵园扫墓以及各界群众和烈士亲属来陵园祭扫的大幅照片。烈士纪念馆主要展出反映抗美援朝战争的420多幅珍贵历史图片，烈士生前使用过的武器，荣获的勋章、军功章等珍贵文物。

⊛ 丹东市抗美援朝纪念馆

辽宁省丹东市的抗美援朝纪念馆是中国境内唯一一座全面反映中国人民志愿军赴朝参战的专题纪念馆。纪念馆的前身是安东（丹东）历史文物陈列馆，1958年正式改名为抗美援朝纪念馆，1959年10月1日正式开馆，1988年扩建。现全馆占地面积7万多平方米，建筑面积13000平方米，是一座纪念馆、纪念塔和全景画融为一体的塔楼式建筑。

陈列馆的平面布局是呈"品"字形的三层建筑，上有5个民族风格的小亭，外墙为灰白花岗岩剁斧石贴面。陈列馆的中央为序厅，序厅的正面以"抗美援朝、保家卫国"浮雕群像为背景，正中是毛泽东和彭德怀的巨型圆雕像，两侧分别是志愿军战歌和毛泽东组建中国人民志愿军命令。陈列内容分四大部分：抗美援朝战争馆、抗美援朝运动馆、中朝人民友谊馆、英雄模范烈士馆。

全景画馆陈列有全景画《清川江畔围歼战》。画面以抗美援朝战争第二次战役为背景，以清川江畔三所里、龙源里、松骨峰等阻击战为重点，形象地反映志愿军在战场上的英雄气概。画面高约18米，周长约132米，配置地面塑形、灯光和音响效果，艺术地再现了壮观的战争场面和恢宏的战争气氛。

纪念塔由塔基裙房和纪念塔主体组成，塔高53米，象征1953年朝鲜停战协定签字，抗美援朝战争胜利结束。塔面用高粱红花岗岩剁斧石贴面，塔基裙房建筑面积2900平方米，外墙为灰白色花岗岩蘑菇石贴面。纪念塔正面是邓小平题写的"抗美援朝纪念塔"7个镏金大字，背面是记载志愿军英雄业绩的塔文。

⊛ 鸭绿江断桥景区

辽宁省丹东市鸭绿江断桥原为鸭绿江上第一座桥，1909年5月动工修建，1911年10月竣工，由当时殖民机构日本驻朝鲜总督府铁道局承建。始为铁路桥，长944.2米，宽11米，共12孔。1943年4月，日本侵略者在此桥上游不足百米处建成第二座铁路大桥（即今日的中朝友谊桥），遂将第一桥改为公路桥。抗美援朝战争期间，两座鸭绿江大桥成为我国支援朝鲜前线的交通大动脉。侵朝美军曾多次对大桥狂轰滥炸，1950年11月，第一桥被炸毁。中方所剩四孔残桥保留至今，被称为"鸭绿江断桥"。鸭绿江断桥桥身漆为浅蓝色，意为不忘殖民统治和侵略战争，祈盼和维护世界和平。桥头上方，曲弦式钢梁正中悬挂的紫铜巨匾上的"鸭绿江断桥"5个金色大字，为前国防部长迟浩田上将题写。断桥上的成千上万处弹痕遗留至今，宛然成为抗美援朝的见证。

⊛ 鸭绿江断桥 《中国风景名胜区游览手册》（卷3）（中国建筑工业出版社出版）

05　过渡期建设

⊙ 20世纪50年代初，大陆地区全部解放和朝鲜战争的胜利结束，镇反运动的完成，土地改革运动的开展，新中国初创，数年波澜壮阔的历程就这样在历史上留下了印记。接下来的岁月里，这个新生的国家，在并不具备成熟经济建设经验的新的执政党——中国共产党带领下，目标坚定、道路曲折地沿着有计划的经济建设的道路探索前行。共产党领导完成了对生产资料私有制的社会主义改造。在20世纪50年代至70年代的大约30年间，新中国建立后的第一个过渡性探索时期，共产党努力探索寻找一条适合中国特点的社会主义改造和社会主义建设的道路，一直是在曲折中前进。

中国是个农业大国，新中国成立初期整个农村经济处于凋敝状态。新中国成立后，党和中央政府把农业的恢复看作整个国民经济恢复的基础，解决吃的问题是头等大事，通过土地制度的变革，采取组织互助组、兴修水利、发放农贷、城乡交流等一系列措施，帮助农民改善生产条件，发展农业生产。此外，针对历年严重的水旱灾害给农业生产和人民生命财产造成极大危害的情况，党和政府有计划、有步骤地领导农民进行了整修水利的工作。农业的发展，保障了农民稳定生活，与此同时，为工业及国防科技等方面的建设奠定了基础。

另外，为了把中国从一个落后的农业国建设成为一个先进的工业国，1953年中央制定的"第一个五年计划"明确指出我国工业化的指导思想是优先发展重工业、建立国家工业化和国防现代化。新中国成立初期，工业基础落后，优先发展重工业，可以奠定社会主义工业化的基础，建立完整的工业体系，增强国防力量，维护国家独立。

新中国成立初期，国际环境紧张，抗美援朝战争爆发后，形势更趋向严峻，党和中央政府需要更加重视国防建设，以维护国家和民族的独立，保卫国家安全和领土主权的完整。国防的建设需要现代化科技的支持，"两弹一星"的研制标志着中国军事实力的提升，对于霸权主义国家和地区扩张主义的国家而言，具有一定的威慑作用。

5-1 农业学大寨

⊛ 过渡期的中国农业发展经历了在曲折中发展、城乡二元化导致的剪刀差、农业和农民为城市工业作出巨大牺牲的阶段。新中国成立初期，党和中央政府首先领导亿万农民开展大规模的土地改革运动。到1952年底，除部分民族地区外，土地改革在全国范围内基本胜利完成，这一时期我国的农业有不同程度的发展，其中大寨人自力更生、艰苦奋斗；林县人民开凿红旗渠、重新安排山河的壮举；新疆兵团屯垦戍边的拓殖；转业军人和知识青年上山下乡到黑龙江和云南等边疆的农场开发，都以不同方式促进了中国农业的恢复与开发。

大寨，是山西省昔阳县大寨公社的一个大队，原本是一个贫穷的小山村。农业合作化后，社员们开山凿坡，修造梯田，使粮食亩产增长了7倍。1964年，《人民日报》刊登了新华社记者的通讯报道《大寨之路》，介绍了他们的先进事迹。1964年毛泽东发出了"农业学大寨"的号召，从而使大寨成为全国农业的一面旗帜。此后，全国农村兴起了"农业学大寨"运动，大寨成为当时中国农业战线的光辉榜样。

⊛ 晋中市昔阳县大寨展览馆

大寨展览馆位于山西省晋中市昔阳县的一个小山村，坐落于虎头山上。展览馆是一座平面呈倒"山"字形的民族式仿古琉璃瓦建筑。在建这座展览馆之前，经历过从1963年的简易展览小屋，到2011年扩建面积达2480平方米的新馆，大寨事迹展一共有四次变迁。新展馆采用先进的光、电、声等手段全面演绎旧大寨、农业学大寨时的场景和改革开放后大寨的发展变化。

⊛ 晋中市昔阳县大寨展览馆 CFP

穿过广场，步入以暖色为主的展馆序厅，首先看到的是大厅顶部金色麦穗环绕下的红色五角星图案。序厅迎面墙上是一组大型的《大寨英雄谱》浮雕。浮雕下方，是一座红旗形的碑，碑上的文字内容出自周恩来："大寨大队所坚持的政治挂帅、思想领先的原则；自力更生，艰苦奋斗的精神；爱国家，爱集体的共产主义风格，都是值得大大提倡的。"

改扩建后的大寨展览馆，按照时间顺序分为"大寨艰苦创业篇"和"大寨改革开放篇"两部分。创业篇共11个单元，讲述了20世纪50至70年代，大寨人战天斗地发展农业生产的艰苦奋斗史，以及他们在农业机械化、水利化建设方面的不懈探索。改革开放篇共7个单元，主要展现了1991年以来，大寨人进行深化改革、创业致富的艰难转折历程。

⊛ 长治市平顺西沟展览馆

西沟展览馆是中国农村社会主义革命、建设和改革开放的缩影，系统地展示了全国

◉ 长治市平顺西沟展览馆　*新华社记者 燕雁摄*

著名劳模李顺达、申纪兰带领西沟人民艰苦奋斗的辉煌历程。展览馆位于山西省长治市平顺县，始建于1968年，2005年扩建布展。现展馆面积近1200平方米，展出有600余幅珍贵照片和100多件实物。2006年以来，又建成了西沟森林公园、东峪沟总理绿化点、九龙壁、麒麟玉标、名人轶事浮雕壁画等新景点。2005年被山西省委、省政府命名为山西省爱国主义教育示范基地。

5-2 开垦北大荒

◉ 新中国成立后，党和政府把开垦宜农荒地、扩大耕地面积放在重要地位。1949—1954年，组织农民开荒62.95万公顷。1955—1965年，中国人民解放军铁道兵等10万官兵集体转业，分批挺进"北大荒"，把昔日一望无际的沼泽荒原建设成重要的商品粮基地。三年"大跃进"的错误所造成的困难时期，北大荒人把自己的口粮标准降到每人每月7.25公斤，节省下来的粮食支援全国。

　　解放初期，在经济困难的情况下，迫切需要大规模发展国营农场，但缺乏技术、人才、资金和农机设备，举步维艰。20世纪50年代，由苏联提供全部农机设备，派来不同层次的专家援建双鸭山市友谊县友谊农场。这是新中国第一个按照先勘探、后设计、再开荒的科学程序建立的大型机械化国营农场，开荒当年获得丰收。国营农场的建立，引入了土地整理、建设和管理的技术与经验，为中国大规模建设国营农场奠定了基础，并培养、锻炼和输出了大批经营管理干部和技术人才。

◉ 鸡西市密山市北大荒开发建设纪念馆

　　北大荒开发建设纪念馆在行政区划上位于黑龙江省鸡西市当壁镇，但在农垦产业系统内属于黑龙江农垦总局牡丹江分局八五一零农场，邻近兴凯湖畔。1993年黑龙江农垦总局投资1300万元兴建北大荒开发建设纪念馆园区。园区有纪念碑、五色土、大荒初拓、艰辛岁月、纪念碑、花岗石浮雕等，总占地面积2.28公顷。其中纪念碑的正面是江

⊛ 鸡西市密山市北大荒开发建设纪念馆 北大荒开发建设纪念馆景区提供 李洪涛 摄

泽民亲笔题词："王震将军率师开发北大荒纪念碑"。纪念碑两侧的花岗岩浮雕分别向人们展示了1958年王震将军率复转官兵来到北大荒时杂草丛生、野兽出没的艰苦环境，以及1968年知识青年、支边青年来到北大荒时的情景。

　　纪念馆建筑外形设计独具创意，呈现三个抽象化的大字，即：北、大、仓。左边的一竖加上展厅的两横和右边加上展厅形成了一个"北"字。中间的一"横"一"撇"一"捺"形成了一个"大"字，两边的展厅分别代表"仓"。寓意着原来的北大荒变成了现在的北大仓。

　　纪念馆内总共分为五个展厅：开国将军，拓荒先锋；英雄齐聚北大荒，艰苦创业立家园；中国北大荒，中华大粮仓；完达山下风光美，兴凯湖畔鱼米香；亲切的关怀，巨大的鼓舞。展厅中央矗立着王震将军85厘米高的汉白玉半身塑像，在塑像的下面安放着他的部分骨灰。作为中国垦荒第一人，他曾经说过："生为祖国开荒，死为人民站岗。"这也是他光辉一生的真实写照。

⊛ 双鸭山市友谊县友谊农场

　　1954年秋，苏联政府代表团应邀来中国参加新中国成立五周年庆典时，了

⊛ 双鸭山市友谊县友谊农场 CFP

解到中国也在开始进行开荒和建设机械化农场，立即提出把苏联在这方面积累的丰富经验系统地介绍给中国，并赠送给中国大型机械化谷物农场所必需的全部机器设备，此外，还派遣一批苏联专家前来帮助建立农场，作为纪念中华人民共和国成立5周年的礼物。这个大型谷物农场位于黑龙江省双鸭山市友谊县，被国务院命名为"国营友谊农场"，作为中苏友谊的纪念，而坐落在友谊公园内的中苏友谊纪念碑是这一历史的见证。

近年来，友谊农场被农业部定为全国首批启动的15个"科技兴农与可持续发展综合示范县（场）"之一，被农业部农垦司定为"农业现代化示范场"，继续引领中国现代化农业的前进方向。

5-3 新疆兵团农垦

◉ 1949年，新疆和平解放。驻新疆人民解放军部队为巩固边防，加快新疆发展，减轻新疆当地政府和各族人民的经济负担，将主要力量投入到生产建设中。到1954年，解放军驻新疆部队经过艰苦创业，共建成农场34个，牧场8个，拥有耕地7.72万公顷。1954年10月，中央人民政府命令驻新疆人民解放军的大部集体就地转业，脱离国防部队序列，组建生产建设兵团，其使命是劳武结合，屯垦戍边。新疆生产建设兵团是巩固西北边防、增进民族团结的核心队伍，同时为农业开垦发展作出了重要贡献。

⊛ 新疆生产建设兵团军垦博物馆

新疆生产建设兵团军垦博物馆位于新疆维吾尔自治区石河子市，前身是1988年筹建的石河子军垦博物馆，总建筑面积9703平方米，共展出实物1000余件，图片900余幅。基本陈列分为：铸剑为犁；艰苦创业；激情燃烧、五湖四海兵团人；"三个队"的作用；继往开来铸辉煌；伟大创举六个部分。采用声、光、电手段，再现进疆人民解放军向荒原开战的壮举。

⊛ 农一师阿拉尔市三五九旅纪念馆

三五九旅纪念馆位于新疆维吾尔自治区农一师阿拉尔市，南临市政府，北靠军垦大道，东距塔里木大学1公里，西接开阔的城市绿地，隶属于新疆生产建设兵团农业建设第一师。纪念馆由法国规划事务所设计，建筑面积11000平方米。纪念馆馆内的八个展区分别是：西域屯垦，源远流长；英雄部队，功勋卓著；艰苦创业，屯垦荒原；五湖四海，投身兵团；建设大军，铸就辉煌；中流砥柱，铜墙铁壁；建设城市，勾画家园；构建和谐，奔向小康等内容。

⊛ 安阳市林州市红旗渠，分水闸 红旗渠风景区提供

⊛ 安阳市林州市红旗渠，青年洞 红旗渠风景区提供

5-4 开凿红旗渠

⊛ 红旗渠是一个人工修建的灌渠名称，位于河南省林州市（原林县，属于安阳市），地处河南、山西、河北三省交界处，历史上严重干旱缺水。为了改变因缺水造成的穷困，林县人民从1960年开始修建红旗渠，竣工于1969年，历时十年余。它的总干渠长140里，加上三条干渠全长343里，可灌溉33万亩农田。

在极其艰难的施工条件下，林县人民克服重重困难，奋战于太行山悬崖绝壁之上、险滩峡谷之中，逢山凿洞，遇沟架桥，削平了1250座山头，开凿了180个隧洞（31公里）。如果把这些土石垒筑成高2米、宽3米的墙，可纵贯祖国南北，把广州与哈尔滨连接起来。20世纪70年代周恩来总理曾自豪地告诉国际友人，"新中国有两大奇迹，一个是南京长江大桥，一个是林县红旗渠"。江泽民亲笔题词："发扬自力更生，艰苦创业的红旗渠精神"。

⊛ 安阳市林州市红旗渠

红旗渠位于河南省林州市北部豫、晋、冀三省交界处。今天的红旗渠已经形成国家AAAA级风景区——红旗渠风景区，既有秀丽雄险的自然风光，也有独特恢弘的人文景观，是旅游观光的理想胜地。它将盘绕在太行山腰悬崖绝壁之上、雄伟险要的红旗渠伟大工程与"雄、险、奇、秀"的林虑山自然风景和名胜古迹巧妙地融会结合，雕凿加工，相辅相成，浑然一体，具有纯真淳朴的乡土风格和雄险壮观的高深意境。

红旗渠风景区由红旗渠纪念馆（分水苑）、青年洞和络丝潭组成，三个景区各有特点。在红旗渠分水苑建成了占地4000多平方米的红旗渠纪念馆。纪念馆由序厅、干涸历史、太行壮歌（上、下篇）、今日红旗渠、亲切关怀和影视厅等展厅组成，陈列了修渠时的文物，展示了210幅珍贵的历史照片，总展线长316米，全面系统地反映了那段难忘岁月的英雄壮举。青年洞位于风景如画的太行山腰，修筑于峭壁之上，飘荡于云雾之间，渠水蜿蜒，颇为壮观，更有江泽民、李先念等题词的石刻点缀其间，为山增色。红旗渠靠崖壁而凿，从大山之中穿通而过，将太行美景"雄、险、奇、秀"凝集于此。络丝潭风景区坐落在青年洞西约1公里处，上有连接豫、冀两省的峡谷索桥，故称"天桥断"，人行桥上，宛如九霄步云，侧观飞流狂涛，俯瞰深涧幽潭，彩虹飞挂，情趣无限。

5-5 工业学大庆

◎ 新中国成立初期，我国的工业基础特别是重工业基础十分薄弱。重工业是国民经济、社会主义工业化的基础。1952年，现代化工业在工农业生产总值中只占26.65%，重工业在工业生产总值中只占35.5%。我国在工业技术上更是落后，有的工业部门还是空白，远谈不上有一个较完整的工业体系。

新中国建立初期的重工业发展战略，奠定了我国工业化建设的基础。"一五"时期我国的工业发展取得了可喜的成就。随着工业重点工程的逐步施工和投产，中国的工业技术基础发生了巨大变化，重工业得到较大发展，工业结构得到初步改善，初步建立独立的工业体系，形成合理的工业布局，全面推进了社会主义工业化的发展进程。

中国在近代历史上曾被认为是一个贫油国家。从20世纪初起，科技人员历经近40年的努力，仅建成甘肃老君庙（玉门）、新疆独山子和陕西延长三个小规模油田，年产不足12万吨。当时，中国的化工产业和生活用油，基本依赖于"洋油"的进口。

新中国成立后，国家投入大量人力物力进行石油勘探和开发。20世纪50年代建成了新疆克拉玛依、甘肃玉门和青海冷湖三个石油工业基地，使原油产量增加到145.7万吨。但是，同国家经济建设的快速发展相比，这个产量仍离需求量相去甚远。1955年开始，国家开始对东北松辽盆地进行地质勘探，在大同镇找到了工业性油流，并进而发现了高台子油田，因国庆10周年临近，人们将油田命名为"大庆油田"。

"工业学大庆"开始于1964年初，即号召当时的工人阶级发扬"大庆精神"，为了工业的发展而苦干，不为名，不为利，不依靠外国，自力更生。"工业学大庆"运动为中国的工业带来了良好的经济效益，产生了一些大庆式的企业。

⊛ 酒泉市玉门油田

戈壁腹地，祁连山下，坐落着中国石油工业的"摇篮"——玉门油田，它位于甘肃省酒泉玉门市。玉门油田是中国第一个天然石油基地，已走过了70余

⊛ 克拉玛依市克拉玛依一号井　新华社记者 周文斌 摄

⊛ 大庆市大庆油田历史陈列馆　CFP

年的发展历程。在国民党统治时期，玉门油田就已经开采了10多年，玉门油田诞生了中国第一口油井、第一个油田、第一个石化基地。玉门油田还记载着一段国共合作的佳话。日寇封锁我国国际救援通道后，石油等战略物资极为紧缺，当时有"一滴石油一滴血"的说法，国民党资源委员会早在"七七"事变前就想开发陕北的延长油田，但当设备运抵该地不久，该地即为红军占领。1939年，国民党资源委员会又欲开发玉门油田，但苦于设备不足，于是便向共产党求救，周恩来亲自批示将延长油田的老设备紧急调运到玉门油田来，让国民党再一次看到共产党对待国共合作的决心。

⊛ 克拉玛依市克拉玛依一号井

　　新中国诞生后，社会主义建设的高速发展对石油的需求与日俱增，政府决定在准噶尔盆地钻探石油。专家们在现在的黑油山发现了一座沥青丘，能像山泉一样涌出黑色的石油，于是决定在黑油山附近一号井这个位

置打一口探井查明地下石油蕴含的储量。

　　1955年6月16日，独山子1219青年钻井队挺进黑油山，安营扎寨，战天斗地，制服井喷，经过100天的奋斗，终于在1955年10月29日完钻喷出工业性油流，初期日产原油3.7吨，成为克拉玛依油田发现的标志。从此使克拉玛依油田成为新中国成立后发现和开发建设的第一个大油田和新疆的主力油田。

　　克拉玛依一号井出油的消息震惊了华夏大地，从此，毛泽东的书柜里多了一块来自克拉玛依的岩心石，克拉玛依一号井喷出的滚滚黑油标志着一座崭新的石油城市的诞生。因为它是克拉玛依油田第一口井，故定名为"克一号井"，1982年10月29日，在此立碑纪念，碑高4米。

⊛ 大庆市大庆油田历史陈列馆

　　大庆油田位于黑龙江省大庆市萨尔图区，是中国最大的综合性石油生产基地。由于玉门油田的援建，才诞生了大庆油田。1959年9月26日，在松嫩平原上一个叫大同

的小镇附近，从一座名为"松基三井"的油井里喷射出的黑色油流改写了中国石油工业的历史：松辽盆地发现了世界级的特大砂岩油田！当时正值国庆10周年之际，时任黑龙江省委书记的欧阳钦提议将大同改为大庆，将大庆油田作为一份特殊的厚礼献给成立10周年的新中国。

大庆油田历史陈列馆是全国第一个以石油工业为题材的原址纪念馆，占地面积15900平方米，陈展面积4200平方米，陈列展品3055件，国家重点文物117件，容纳史料200多万字。馆内陈列分为岁月·大庆、松辽惊雷，油出大庆、艰苦创业，光辉历程、大庆赤子、油田脊梁、大庆精神、民族之魂、巨大贡献，卓越品牌、春风沐雨，光耀征程、油田·百年、百年油田畅想等几部分。通过采用编年体和专题式有机结合的方式，全面展示了大庆油田的辉煌发展历程。在大庆油田会战初期，涌现出很多感人事迹，"铁人"王进喜就是其中最为杰出的代表。

5-6 国防进步

◉ 新中国成立后，党和政府确立了国防建设的突出地位和重大作用，明确提出了建设一支现代化革命军队的奋斗目标。为适应大规模经济建设和军队正规化、现代化建设需求，人民解放军进行精简整编，在中共中央、中央军委的正确领导下，军队的正规化建设全面展开。首先建立了陆军、空军、海军、防空军、公安军等军种，随后组建了炮兵、装甲兵、工兵、铁道兵、通信兵、防化兵等兵种。在军兵种建设上，到1953年已经发展成为一支军兵种比较齐全的军队。

20世纪五六十年代，中国面对着严峻的国际形势。为了抵御帝国主义的武力威胁和打破大国的核讹诈、核垄断，党中央果断决定研制"两弹一星"。我国的优秀专家和军工科技人员奋发图强，在原子弹、导弹、氢弹和人造地球卫星等研制方面，取得长足的进步和举世瞩目的成就。中国能以世界上最快的速度完成"两弹一星"，主要是自力更生的结果。1964年10月16日，我国成功爆炸第一颗原子弹，"东方巨响"震惊了世界。之后，中国科学家又突破了氢弹研制中的关键技术，于1967年成功爆破了我国第一颗氢弹。1970年4月24日我国用长征号运载火箭，成功地发射我国的第一颗人造卫星——东方红一号，成为继苏联、美国、法国、日本之后，世界上第五个能独立发射人造地球卫星的国家。

◉ 泰州市中国人民解放军海军诞生地纪念馆

中国人民解放军海军诞生地旧址在江苏省泰州市白马庙。1949年4月21日，中国人民解放军发起渡江战役，4月23日，南京宣告解放。就在这一天，根据中央军委命令，中国人民解放军第一支海军部队——华东军区海军，在江苏泰州白马庙乡宣告成立。是日，定为中国人民解放军海军成立日。

1998年，时任中共中央军委主席的江泽民为纪念馆亲笔题名"中国人民解放军海军诞生地纪念馆"。纪念馆分海军诞生地旧址和新馆两部分，占地面积约23000平方米。旧址为全国重点文物保护单位，海军诞生和渡江战役指挥部，以及粟裕、张震、张爱萍当年的卧室和办公室就在一座清式二层楼房

⊛ 青岛市海军博物馆 新华社提供 冯杰 摄

⊛ 鸡西市密山市中国空军诞生地、东北老航校纪念馆
沈畔 摄

及数间平房内。

新馆于1999年4月建成开放，主体建筑外形似军舰，展厅以大量文献资料、图片再现了白马建军、威镇海疆、奋勇向前、鱼水情深等不同主题，展示了新中国海军诞生与成长的历史，陈列有人民海军装备的各种舰艇和飞机模型、服装及渡江木船等大量实物，展示了人民海军从泰州白马庙诞生至今发展壮大的光辉历程。

⊛ 青岛市海军博物馆

山东省青岛市海军博物馆由海军创建，是中国唯一的一座全面反映中国海军发展的军事博物馆。坐落于青岛市莱阳路8号，东邻鲁迅公园，南濒一望无际的大海。海军博物馆目前已建成室内展厅、武器装备展区、海上展舰区三大部分。

中国海军史展室展出了古代海军史、近代海军史和人民海军史。通过大量史料，详细地介绍了中国海军的起源、发展及其维

护国家主权和领土完整的重要作用。现已建成武器装备露天展区、海上舰艇展区、海军军服展厅、礼品展厅等四个分馆，展出面积26000多平方米，各种展品800余件。陈列的特点是所有展品都是实物，展品可以操作、能触摸；展出形式颇有魅力。

⊛ 鸡西市密山市中国空军诞生地

1949年11月11日，新中国成立40天后，空军领导机关在北京正式成立。这一天，被确定为人民空军诞生日。"二十五年磨一剑"，从此，中国人民解放军开始了真正掌握自己国家天空的历史。

黑龙江省鸡西市密山（原东安）在国民党发动内战时，是我党东北局的第一个根据地，新中国成立后被政务院（国务院）首批确定为革命老区，是我军第一所航空学校——东北民主联军航空学校所在地。学校在密山度过艰难的三年零四个月，是人民空军诞生、发展和走向强大的重要时期，密山

被誉为中国航空事业的摇篮。

东北民主联军航空学校旧址纪念馆位于密山市市中心以西3公里处，纪念馆占地面积15000平方米，建筑面积1100平方米，主体建筑为上下两层，馆内设有6个展室。

为了弘扬东北民主联军航空学校创建历程，空军赠送给纪念馆各式不同型号的退役飞机7架和16个高级木雕飞机模型，并在此基础上，鸡西市委、市政府又筹措资金征集了老航校珍贵资料、图片、实物等800余幅（件），通过展品再现了东北民主联军航空学校的光辉岁月。

⊛ 海北州青海原子城遗址，纪念碑 CFP

⊛ 海北州青海原子城遗址

青海原子城遗址是中国第一个核武器研制基地旧址，位于青海省海北藏族自治州州府所在地海晏县西海镇。原子城为原国营221厂，30多年的风风雨雨中，基地科技工作者在海拔3100米的高原上，在这里先后成功研制了我国第一颗原子弹和氢弹，生产出多种型号战略核武器装备。原子城是我国社会主义建设和科技发展史上的里程碑，在国防建设中有着独一无二的地位。

原子城纪念馆在建造的过程中，巧妙地利用了北高南低的地形，将纪念馆的一部分埋于地下，从而形成了掩体的效果。纪念园则用雕塑、道路、纪念墙等元素，展示了核武器研制基地的辉煌历程。宏大的叙事和微观的刻画在这里得到了巧妙结合，从这个意义上说，原子城纪念馆无疑就是一件巧夺天工的艺术品。

进入原子城，首先映入眼帘的是一座高耸的纪念碑，碑的正面写着"中国第一个核武器研制基地"，背面是600字的碑文。碑高16.15米，象征1964年10月16日15时我国第一颗原子弹成功爆炸的时刻。碑顶镶嵌着与第一颗原子弹形状大小相同的不锈钢圆球，象征我国第一颗原子弹。碑的左右两侧分别是原子弹和氢弹爆炸时的蘑菇云浮雕，东西两面各有18块花岗石组成的浮雕，象征地处金银滩草原的18个工作单位。顶端下部四周设计有抵御性的盾牌和展翅欲飞的和平鸽。

基地展览馆共有七个展室：基地创建的背景；基地创建的过程；两弹爆炸成功；辉煌成就；光荣退休；化剑为犁、和平利用；西海新貌。

另外，青海原子城也是个旅游资源丰富的地区，以金银滩草原为依托，成功打造和开展了具有草原风情的民族娱乐体育活动。在保护草原生态环境的前提下，城区建筑充分体现少数民族特点，以藏式建筑为主。城镇大街小巷重新更换不同样式的路灯，形成路灯一巷一景。近年又成功打造了神秘原子城旅游品牌，成为环湖游众多游客必游之地。

⊛ 绵阳市"两弹一星"国防科技教育基地

　　"两弹一星"国防科技教育基地位于四川省绵阳市，主要包括：中国工程物理研究院科技馆、绵阳科技馆、中国工程物理研究院旧址（民族魂碑林、大礼堂、情报中心、模型厅、院士别墅区）等。1958年7月13日，一个平常的日子诞生了一个不平常的科研机构——中国工程物理研究院的前身，北京第九研究所。中国一场具有空前意义的向核武器进军的伟大战役悄悄地打响了。朱光亚、邓稼先、郭永怀等蜚声中外的科学家开始了充满艰辛而极富挑战的秘密研究历程。中国工程物理研究院科技馆享有"国宝"的盛誉，是全国唯一的核科学技术馆。

　　绵阳科技馆的前身是绵阳博物馆。为打造中国红色（科工）旅游基地，2005年下半年，绵阳市委、市政府决定，将绵阳博物馆馆舍改建为"两弹一星科技博物馆"，后来定名为"绵阳科技馆"，中国科协主席周光召为绵阳科技馆题写了馆名。2005年9月，绵阳科技馆的陈列布展工作开始启动，到2006年4月9日，建成了"中国唯一、亚洲第一的太空娱乐风洞"和"中国第三、西部第一的Digistar3数字球幕影院"。太空娱乐风洞是绵阳市和中国空气动力研究与发展中心利用自身的科研与发展将成熟的高科技成功运用于娱乐项目中。2006年7月，以"两

⊛ 绵阳科技馆太空娱乐风洞　沈晔 摄

⊛ 中国工程物理研究院旧址、邓稼先旧居　沈晔 摄

弹一星"为主题的陈列布展工作正式展开。2008年汶川大地震后，灾后恢复重建工程在2011年1月18日全面完工，1月26日举行了开馆庆典仪式。

　　中国工程物理研究院的院部旧址位于四川省绵阳市梓潼县长卿镇长卿山下，也曾是中国两弹研制基地。如今，这里还保留了大量20世纪六七十年代的建筑，包括大礼堂、办公楼、档案馆、模型厅、情报中心等，其

中最著名的是两弹元勋**邓稼先旧居**、"小白宫"、将军楼等，保留着一座长达2.8公里的防空战备洞。此外，院部旧址内还有著名的民族魂碑林，碑林中的70余块石碑由江泽民、李鹏、张爱萍、邓稼先、于敏等党和国家原主要领导人及国防科学家题词。红砖墙围起的院落便是院士别墅区，邓稼先旧居在院子东南边一片平房的最前排，是一个二室一厅的套间，仅有30多平方米。屋内保留了当年的原貌，简朴而宁静。邓稼先旧居内陈列着许多珍贵的历史资料。

06 改革开放

◉ 1978年12月，中国共产党召开了具有重大历史意义的十一届三中全会，以此为标志，中国共产党开始了以经济建设为中心、实行改革开放政策的新的历史时期。

　　改革开放事业首先在中国农村起航。通过"包产到户"的政策，实现家庭联产承包责任制，以全面攻坚为特点的农村综合改革，取得了显著成绩。一些重大国家工程在这一时期逐一启动，城市开发大张旗鼓，还老账、开新户，百废待举；国际活动接二连三，奥运会、世博会，举世瞩目。1978年之后的30多年，中国改革开放事业取得了令人惊叹的成就。经济繁荣、社会活跃，中国的综合国力一举跃居世界前列。

6-1 农业承包制

◉ 1978年，面对长期以来奉行的集体制、"大锅饭"的低效生产组织方式，中国农业发展遭受了严重制约，一些地方的农民开始自发寻求更有效的农业生产组织方式，拉开了"包产到户"的序幕。"包产到户"是中国农村集体经济组织实行的一种生产责任制度，在统一组织和经营下，根据计划，农户承包一季或全年以至更长时间的生产任务。

包产到户最初也叫家庭联产承包责任制。1978年11月24日，由小岗村的18户农民，立下字据，最先开始实行"包产到户"。群众用顺口溜概括："大包干，大包干，直来直去不拐弯，保证国家的，留足集体的，剩下都是自己的。"1980年1月，中共安徽省委召开全省农业会议，在全省范围内进行推广。由于是以农户为单位负责完成整个农业生产周期内的全部生产任务，劳动的最终成果和承包户的经济利益联系比较直接，因此有利于调动生产积极性，促进生产的发展。"家庭联产承包责任制"作为农村经济体制改革第一步，突破了"一大二公"、"大锅饭"的旧体制。随着承包制的推行，个人付出与收入挂钩，农民生产的积极性大增，解放了农村生产力。随后，"家庭联产承包责任制"在全国得到了普遍实行，为农村商品经济发展创造了条件，促使传统农业经济开始朝专业化、商品化和社会化方向发展。

1978年后中国农业经济的发展为推动国民经济高速增长和世界农业增长作出了重要贡献，农业经济的发展不仅改变了我国农业和农村经济长期处于国民经济短线的状态，还从供给和需求两个方面推动了整个国民经济的快速增长。

✵ 滁州市凤阳县小岗村

小岗村，位于安徽省滁州市凤阳县梨园乡，是中国农村改革的发源地，有"中国十大名村、安徽省历史文化名村"等美誉。1978年冬，小岗村18位农民在土地承包责任书上按下鲜红手印，实施了"大包干"。这一"按"竟成了中国农村改革的第一份宣言，它改变了中国农村发展史，掀开了中国改革开放的序幕。在"大包干"开始之前小岗村隶属于梨园公社，当时仅仅是一个有20

✵ 滁州市凤阳县小岗村大包干纪念馆
滁州市凤阳县小岗村大包干纪念馆提供

户、115人的生产队，"大包干"第一年，小岗村发生了巨大变化。

2004年，模范基层干部沈浩到小岗村任小岗村党支部书记，带领全体党员、农民进行新的创业，制定了振兴经济和社会发展"三步走"战略，实现小岗村跨越式发展。目前小岗村已开发形成的旅游项目有：大包干纪念馆、当年农家、村文化广场、葡萄采摘园、蘑菇大棚和高效生态农业示范园等景点。

大包干纪念馆于2005年6月19日建成开放，通过文字、图片、音像、实物、群雕等多种手段展示了抉择、追梦、关爱三大主题内容，真实再现了当年大包干从酝酿到发生、发展的历史过程，客观记录党和国家领导人、各级各界人士对大包干的关注和支持。

当年农家，以保存完好的茅草房、瓦

房、厨房、猪圈、牛棚等组成的农家院落为载体，通过生产、生活用具等实物展示，真实地再现了"大包干"前后的农村生活场景。村文化广场则包括雕塑、广场、紫藤长廊、邓塘、生态停车场，占地1.5公顷，是村民休闲、娱乐和举办大型活动的场所。占地40公顷、种植优质葡萄品种的葡萄采摘园，和占地10公顷、种植双孢菇的蘑菇大棚，每年吸引国内外众多游人前来参观、学习。

6-2 三峡工程

◉ 改革开放之后，我国基础产业和基础设施得到明显加强，对经济、社会发展的支撑能力大大提高。国家加强了对中西部地区的建设，建成了一大批基础产业和基础设施项目，如三峡工程、青藏铁路、渝怀铁路、甘肃宝天高速公路、陕西黄延高速公路、贵州黔西电厂、陕西宝鸡退耕还林、天然林保护工程等等。这些项目的建成投产，极大地改善了中西部地区基础设施建设落后的面貌，为提高中西部地区人民的生活水平，缩小与东部地区的差距起到积极的促进作用。

长江三峡水利枢纽工程是世界上规模最大的水电站，也是中国有史以来建设的最大型的水利工程项目。三峡水利枢纽建于长江三峡之上，综合利用了长江水利资源，对于改造我国自然面貌和改变经济落后状态有着非常重大的意义。三峡水利枢纽的建成，使我国水利电力的科学技术水平跃居世界前列。

✵ 宜昌市长江三峡水利枢纽工程

长江三峡是万里长江一段山水壮丽的大峡谷，为中国十大风景名胜区之一。它西起重庆奉节县的白帝城，东至湖北宜昌市的南津关，由瞿塘峡、巫峡、西陵峡组成，全长191公里。长江三段峡谷中的大宁河、香溪、神农溪的神奇与古朴，使三峡景色更加迷人。三峡的山水也伴随着许多美丽动人的传说。三峡两岸悬崖绝壁，在三峡大坝蓄水之前，江中滩峡相间，水流湍急；蓄水之后，已经变成高峡平湖的景色。三峡地区也是中国古文化的发源地之一，曾是三国古战场、无数英雄豪杰用武之地。历代文人墨客，无论是顺流而下抑或是逆水行舟，都会被沿途风景深深打动，留下了许多壮美或秀丽的诗篇。

三峡水利枢纽工程位于长江三峡之一的西陵峡的中段，坝址在三峡之珠——湖北宜昌市的三斗坪。三峡工程建筑由大坝、水电站厂房和通航建筑物三大部分组成。整个工程包括混凝土重力式大坝、泄水闸、堤后式水电站、永久性通航船闸和一架升船机。大坝坝顶总长3035米，坝高185米，水电站共安装额定容量为70万千瓦的水轮发电机组26台，总装机容量为1820千瓦，年发电量847亿千瓦时，向华中、川东、华东送电。工程采用分期导流方式，分三期施工，总工期18年。三峡工程的淹没区陆续涉及1087处文物，其中752处在重庆库区。在这752处文物中，有地面文物246处，地下文物506处。因此在重庆建立了中国三峡博物馆，对库区文物进行编目造册、安全保护、科学保管，并进行研究、展示。

⊛ 宜昌市长江三峡水利
枢纽工程 *新华社提供*

　　随着三峡库区的蓄水，湖北省和重庆市两地原来藏在深山的大批新景观展现在世人面前，成为长江三峡旅游的新景观。随着三峡宽谷成为平湖，在长达650公里的水库里，可形成峡谷及漂流河段37处，溶洞15个，湖泊11个，岛屿14个。

　　在长江三峡水利枢纽工程基础之上开发的三峡大坝旅游区，占地15.28平方公里，三峡大坝旅游区目前已升级为国家AAAAA级旅游景区。主要旅游景点有：坛子岭观景点、185平台、西陵长江大桥等景点。在三峡大坝旅游区，能真切感受雄伟壮丽的大坝，登上坝顶直面雷霆万钧的泄洪景观。

　　坛子岭是三峡坝区的制高点，可将三峡工程全貌尽收眼底，在此体会毛泽东诗句"截断巫山云雨，高峡出平湖"的豪迈情怀最为舒畅。185平台以其高度而命名，与大坝的坝顶等高。西陵长江大桥位于三峡大坝中轴线下游4.5公里处，为单跨900米的钢箱梁悬索桥，是长江上的第一座悬索桥，其跨度在同类型桥梁中居国内第一、世界第七。大桥全长1118.66米，桥宽18.5米，双向4车道。

6-3 基础设施提速

◉ 改革开放之际，中国进入工业化加快形成的重要时期，但铁路等基础设施"瓶颈"的制约使矛盾日益突出。1978年之后，国家加强了交通运输的建设，20世纪80年代，组织"南攻衡广、北战大秦、中取华东"3个铁路建设重点战役；20世纪90年代，组织"强攻京九、兰新，速战宝中、侯月，再取华东、西南"铁路建设大会战；进入21世纪，铁路建设进入新的高潮，2006年7月1日，

⊛ 青藏铁路起点，西宁站　沈晔 摄

青藏铁路建成通车。这个时期铁路发展的重点是动车和高速铁路的建设。国家提出"四纵四横"的高铁网规划，在21世纪初期已经初具规模。四条纵线，贯通了京津至长江三角洲东部沿海经济发达地区，连接了华北和华南地区，东北和关内地区，长江、珠江三角洲和东南沿海地区；四条横线，连接了西北和华东地区，西南、华中和华东地区，华北和华东地区，西南和华东地区。截至2012年7月底，我国高铁总里程达6894公里，居世界第一位。

⊛ 青藏铁路拉萨站

　　青藏铁路，是实施西部大开发战略的标志性工程，是中国新世纪四大工程之一，该路东北起自青海西宁，西南到达西藏拉萨。青藏线大部分线路处于高海拔地区和无人区，穿越了藏羚羊、藏野驴和黄羊等珍稀野生保护动物的迁徙和栖息地区，要克服多年冻土、高原缺氧、生态脆弱三大难题。青藏铁路是世界海拔最高、线路最长的高原铁路。

　　青藏铁路西宁至拉萨线路全长约2000公里，沿途经过青海湖、昆仑山、可可西里、三江源、藏北草原、布达拉宫等中国著名的景区景点，是一条充满神秘色彩的旅游风景线，从格尔木到拉萨一共1142公里，共设了34个站，很多车站里修了观景平台，火车会在观景台上给旅客做一个短暂停留，以便下车观景。

　　沿青藏铁路乘坐火车，沿途可以欣赏光影变化的措那湖，它海拔4800米，面积约300平方公里，是世界海拔最高的淡水湖。另外一道风景便是以桥代路的景观，青藏铁路沿线有150多公里以桥代路工程，目的是为了解决高原冻土地带的路基稳定问题，藏羚羊等野生动物可以从桥洞中自由穿行。此外，沿途的拉萨河特大桥设计十分巧妙，特别是桥上的三跨连续钢拱，仿佛三条洁白的哈达飘飞在拉萨河上，迎接人们的到来。

　　拉萨火车站位于拉萨市西南的堆龙德庆县柳梧乡境内，海拔3600多米，距离布达拉宫近20公

里。车站主站房矗立在车站北广场南侧，依山而立。走进拉萨火车站一层中央大厅，仿佛置身于传统的藏式宫殿，而电子显示屏幕、自动扶梯，又将人们带回到现代社会中。中央大厅主要采用红色调，地面铺设着白色和红色为主的色泽鲜艳的高级防滑石材，大厅内高高立着的8根大柱子，设计采用了藏式建筑风格。柱子内部是钢结构，而外面包着的是特殊处理过的红松木，具有防腐、防紫外线、防变形等特点。

6-4 老工业基地改造

◉ 新中国成立后的第一、第二个五年计划时期（1953—1962年），国家在东北等地区集中投资建设了具有相当规模的以能源、原材料、装备制造为主的战略产业和骨干企业，为我国形成独立、完整的工业体系和国民经济体系，建立了较为扎实的基础，为第一个30年中国的工业化作出了重大贡献。但随着改革开放的不断深入，老工业基地的体制性、结构性矛盾日益显现，产品竞争优势逐渐丧失，东北地区出现发展下滑现象。面对东北老工业基地布局不合理、环境污染、安全隐患突出和土地利用效益低下等问题，改革开放后，一些旧工业基地结合旅游业进行改造，形成了工业遗址园等项目。

⊛ 阜新市海州矿国家矿山公园，矿坑围坡 新华社记者 姚剑锋 摄

⊛ 阜新市海州矿国家矿山公园

　　辽宁阜新海州露天矿于1953年建设投产，50多年的大规模开采为国家创造了巨大的经济和社会财富，曾被誉为"百里煤海"，但随着煤炭资源的日益枯竭，2005年6月宣布破产。在露天矿关闭之后，城市中心区留下一个长4公里、宽2公里、深350米、绝对深度为-175米的废弃矿坑。各类环境灾害及周边生态环境的恶化严重威胁周边企业单位和当地居民的生命财产安全。面对上述困难和问题，国土资源部正式批准建设阜新市海州矿国家矿山公园，成为全国第一个资源枯竭型城市转型的新亮点。

　　矿山公园占地28平方公里，既是全国首批、辽宁省唯一的一座国家矿山公园，又是全国首家工业遗产旅游示范区。它集旅游、考察、科普于一体。矿山主题公园，总面积为20公顷，由公园正门、生态恢复示范区、大型矿山设备展示区、矿山公园博物馆、矿山纪念碑等5部分组成。

　　矿山公园正门的设计采用国际建筑学最流行的解构主义理念，模拟露天采矿标志性的机械设备——单斗挖掘机（电镐）。海州露天矿曾经的电镐作业场面先后为1954年B2邮票和1960年5元人民币图案。正门两侧手形象征电铲的勺头，四根钢管象征电镐的动力支臂，椭圆形寓意露天采矿大坑。大门南面的道路两侧是生态恢复示范区和停车场，面积为13公顷，修建了2510米林间小径和4处休憩广场，供游人休憩、娱乐。

踏进园区大门，主题公园中心广场是大型矿山设备展示区。面积为3公顷，直径175米，蕴含海州露天矿地表标高+175米、矿坑标高−175米的寓意，分别摆放着露天开采作业中穿孔爆破、采装和运输三个关键环节广泛应用的大型机械设备。中心广场南部两座相对称的博物馆是矿山博物馆，主体建筑高15米，建筑面积为5万平方米，寓意50多年来海州露天矿三代矿工15万人为共和国建设所作的贡献。建筑外形既像一层层地质沉积岩层，又像一本本摞起来的解释采矿奥秘的教科书。博物馆集煤矿历史、文物、矿物、化石等收藏、展示与研究于一体，分为矿史展示、矿石展示和地方特产展示三个功能区。博物馆采用声、光、电等现代手段介绍阜新煤矿盆地煤炭形成、发现、采掘过程，模拟矿山灾害发生过程。

两座博物馆中间正南方，矗立着一座题有"海州矿精神永存"的纪念碑。整个纪念碑高度为24米，寓意海州露天矿53年间为国家输送煤炭2.4亿吨。纪念碑主体是仿岩石组合造型，碑上的矿工群雕像，展示了煤矿工人的创业精神。

⊛ 本溪市本溪湖中国近代煤矿工业遗址园

辽宁本溪市溪湖区有一座本溪煤铁工业革命遗址博览园，包括本钢一铁厂旧址、本钢第二发电厂冷却水塔、大仓喜八郎遗发冢、本溪湖小红楼和大白楼、本溪煤矿中央大斜井、东山张作霖2座别墅（建造于1927年）、本溪湖火车站、彩屯煤矿竖井和肉丘坟等共9处不可移动战争工业遗址。

本钢一铁厂旧址中的1号、2号高炉为中国最早的炼铁高炉。本钢第二发电厂冷却水塔是日伪时期建筑，共3个单体建筑，包括2个冷却水塔、1座办公楼。本溪湖小红楼和大白楼原是清末中日合资的本溪商办煤铁公司和伪满洲国本溪湖煤铁公司的办公大楼，和大仓喜八郎遗发冢、肉丘坟一起，是日本帝国主义掠夺本溪煤铁资源的历史见证。本溪煤矿中央大斜井巷道深1500米，将各作业区相连。东山张作霖别墅于1946年成为东北大学（今东北师范大学）校址。现改用作本钢石灰石矿办公楼。

本溪湖火车站位于溪湖区河东街道办事处站前社区，始建于1904年，包括仓库和2个站台。彩屯煤矿竖井始建于1938年2月，曾被当时日本人称为"东洋第一大竖井"，新中国成立后进行了重建，1954年12月正式投产。彩屯煤矿竖井分为地上和地下2个部分。肉丘坟是为了纪念1941年本溪煤矿瓦斯爆炸死难劳工而建。

本溪湖中国近代煤矿工业遗址园与本溪烈士纪念馆、万人坑纪念地、平顶山等红色旅游景点形成了一条红色旅游线路，是本溪市重要的爱国主义教育基地。

⊛ 唐山市开滦矿山博物馆

始建于1878年的开滦煤矿，堪称中国煤炭工业的活化石，在跨越三个世纪的发展历程中，留下了许多极具典型性、稀有性的历史文化和矿业遗存。洋务运动代表人物李鸿章、中国近代煤矿之父唐廷枢、中国共产党的创始人之一李大钊等众多历史人物，都曾在这里留下重要历史遗踪。

位于河北唐山市中心繁华地带的开滦国家矿山公园建设项目，于2007年10月开工建设。作为大型工业遗产旅游园区，开滦国家矿山公园主要由开发开滦的百年采矿遗迹组成，分为"中国近代工业博览园"和"生态休闲娱乐园"两部分。目前一期工程的开滦矿山博物馆等项目已经结束并对公众开放。

开滦矿山博物馆共五层，地面四层，高20米。建筑造型取自1922年建于天津的开滦矿务局大楼，为新古典主义风格，既注重整体风貌的稳重典雅，也力求线脚细部的简洁利落，包括浮雕语言的选择，以保证与工业主题的内涵相适合。

⊛ 抚顺市西露天矿史陈列馆

抚顺市西露天矿史陈列馆位于辽宁省抚顺市煤田西部，浑河南岸千台山北麓，占地面积约3公顷。参观台始建于20世纪50年代初，几经修缮，现已成为集矿山文物、工艺品展室、矿山大型设备陈列广场为一体的爱国主义教育基地。陈列馆主要由四部分组成：矿山文物展室，会议室、碑刻和观景台，毛泽东铜像，露天矿大型设备陈列广场等功能分区。

陈列馆的西侧是矿山文物展室。整个展室内设展示厅、沙盘厅、矿史厅三个功能厅。展示厅内陈列了毛泽东来露天矿视察时使用过的沙发和茶几，展柜内摆放着琥珀、硅化石、煤精等诸多矿物珍品。矿史厅以历史图片、文献资料和珍贵文物的形式，反映了露天矿在日伪统治时期、矿山恢复时期、"文革"动乱时期、市场经济初期等不同的矿山发展历程，述说了西露天矿百年开采的辉煌历史。沙盘

⊛ 抚顺市西露天矿 CFP

厅里陈列了新、旧两组以1：2000比例制作的矿山全景立体沙盘模型，新全景立体沙盘模型展示了十里煤海宏伟壮观的全貌。

北侧是会议室、碑刻和观景台。一号会议室墙壁四周悬挂着党和国家领导人来露天矿视察时的留影及题字真迹，一些重大外事接待任务均在这里进行。二号会议室较大，主要承担着矿内一些大型工作会议。与会议室紧密相连的是毛泽东题词、江泽民题字和参观台重要接待大事记三个碑刻。与碑刻遥相呼应的是三个观景台，毛泽东曾在一号观景台观看矿坑，二号、三号观景台是近年修建的，供游人饱览矿坑全貌。毛泽东铜像位于西露天矿史陈列馆的南侧。铜像取材于毛泽东当年视察西露天矿时的场景，铜像高3米。铜像坐落区域外圆直径为19.58米，寓意着1958年毛泽东来到矿山。

东侧是露天矿大型设备陈列广场。一个极具现代气息的大型音乐喷泉坐落于陈列广场西侧。陈列广场南侧展出了西露天矿采装、剥离和运输三个关键环节中不同生产时期使用过的德国、捷克、原苏联等国生产及国产不同型号的大型矿山设备，以及具有西露天矿特色的"十个之最"标志性景观石林，详细记录了西露天矿与众不同之处。在陈列广场东侧陈列的一块重达近25吨原煤的"煤王"是这里独具特色的又一大景观。

矿史陈列馆不仅浓缩了中国煤炭百年发展进程沧桑巨变，也为我们挖掘中国工业遗产文化提供了宝贵的历史遗迹。

△ 其他相关景点：长春电影制片厂（吉林省）

6-5 城市开发

◉ 1978年改革开放的重大转变，给中国城市的建设和发展带来了无限生机与活力。改革开放，改变了国家和城市的长期封闭状态，打开了国门和城门，实现了我国城市的全方位开放。城市之间的联系更加紧密，京津冀、长三角、珠三角地区出现了城市群的宏大景象。

1990年，中国政府宣布开发浦东新区，并在陆家嘴成立全中国首个国家级金融开发区。目前已有多家外资金融机构在陆家嘴设立办事处，当中经营人民币业务的包括汇丰银行、花旗银行、渣打银行、东亚银行等。外资金融机构的落成，促进了上海金融业的发展。通过借鉴上海金融区的建设发展模式，中国其他城市也纷纷打造金融服务业。

随着改革开放事业的蓬勃发展和经济总量的迅速增长，中国的城镇化进程也明显加快，一大批的城镇被规划、建设出来。城市规划展示馆的建立和对公众开放，更是城市规划思想解放的证明，如北京、上海、重庆、南京、宁波等不少城市的城市规划展示馆面向社会，公开展览，拓宽了公众参与的渠道和机会，促进了城市规划走向多学科、透明化和稳定有效的发展方向。

❀ 北京规划展览馆

北京规划展览馆位于北京市天安门广场东南侧，于2004年9月24日正式对外开放，是国家AAAA级旅游景区、全国青少年教育基地和全国科普教育基地，是全面展示北京城市规划建设发展的历史、现状和未来的大型主题展览馆。

北京规划展览馆内许多展品同时又是不可多得的艺术精品。展览馆的陈展内容包括：北京古城变迁，北京历史文化名城保护，北京历次总体规划介绍，商务中心区、奥运中心区等功能区规划建设等。其中位于展馆三层的北京城市规划模型展区面积达到1300平方米，以1：750的比例真实展现了北京城的现状，堪称世界之最。

此外，北京规划展览馆还积极为各种文化交流、展示和会议等活动提供高水平的场所服务，馆内拥有2100平方米的临时展区、1000平方米的一层展区、1100平方米的二层展区，拥有能容纳180人的多媒体影厅（大会议室）和能够容纳60人的VIP会议室。三层宏伟的北京市大模型区域和四层宽敞的参观展示区域为举办发布会、酒会等活动提供了富有吸引力且别具特色的活动空间。许多高水平、高规模的展览和重要活动都曾在北京规划展览馆举办。

⊛ 浦东陆家嘴金融贸易区

上海一直是中国的经济首都，金融业一直独占鳌头，而上海浦东陆家嘴金融贸易区就是其中一个新的亮点。它矗立于浦东新区黄浦江畔，面对20世纪30年代金融中心所在区域——上海外滩。根据规划，陆家嘴金融贸易区划分为若干重点开发小区：金融中心区、竹园商贸区、行政文化中心、龙阳居住区等。

浦东黄浦江畔的滨江大道，全长2500米，由防汛墙、江边大道、亲水平台、音乐喷泉、游艇码头等组成，被称为浦东"新外滩"，其中最为著名的建筑有东方明珠广播电视塔、上海科技馆和上海国际会议中心等。东方明珠广播电视塔，以其468米的绝对高度成为当时亚洲第二、世界第四之高塔，仅次于广州新电视塔、加拿大多伦多电视塔和俄罗斯莫斯科奥斯坦金诺广播电视塔。上海科技馆位于世纪大道东端浦东新区市政中心广场的南侧，与世纪公园、东方明珠电视塔、浦东行政管理中心、世纪大道、锦绣路等相映生辉。上海科技馆借助新的设计理念与管理手段，以"天地、生命、智慧、创造、未来"等五大展馆为基本内容，以人、科技、自然三者关系为主题，成为兼具展示与教育、科研与交流、收藏与制作、休闲与旅游等四大功能的新型科技中心。上海国际会议中心坐落在浦东陆家嘴东方明珠广播电视塔旁，于1999年8月建

⊛ 浦东陆家嘴金融贸易区 《中国建筑60年(1949-2009):历史纵览》（中国建筑工业出版社出版）邹德侬 摄

成。从外滩隔江相望国际会议中心，只见乳白色的外墙轻轻地托起两只巨大的球体。东面的大球直径50米，西面的小球直径38米，一大一小，相映成趣。球体上的透明玻璃拼装出世界地图图形，意寓"上海走向世界"。

浦东滨江大道的夜景现已成为上海著名的景观。夜幕降临，游轮在波光粼粼的黄浦江上穿梭，隔江相望的金茂大厦，沿江的现代化高楼大厦以及标志性的东方明珠电视塔，吸引了无数中外游客。

⊛ 上海城市规划展示馆　吴必虎 摄

⊛ 上海城市规划展示馆

作为中国第一大城市的上海，其辉煌的历史基本上集中于近代百年。受到外国租界的保护，上海在中国历次革命乱世却能独享平和，甚而在经济、人口等各方面都进一步加快了发展速度。1949年5月上海解放后，在计划经济的数十年内，上海成了中国几乎各种名牌产品的供应地，城市发展进入一枝独秀的奇特时期。

对于城市的未来，人们可以在上海城市规划展示馆里找到更多的了解机会。规划展示馆位于人民广场市府大厦东侧。占地面积3600余平方米，总建筑面积18390平方米，具有展示、查询、交流研究、宣传教育和休闲观光等功能。展示馆展示的主题为"城市、人、环境、发展"，向人们叙述了上海从一个小渔村发展成为中国最大的经济中心和国际型大都市的演变过程，反映了上海城市总体规划，特别是改革开放以来上海城市面貌的巨变。

展馆大楼主体造型从中国传统的城门形态中获得设计灵感，以中心对称的结构图式巧妙地呼应着中国传统的美学思维，顶部寓意着盛开的上海市花——白玉兰，网络状的结构让建筑与蓝天、白云融为一体。馆内大量采用高科技手段，全面展示上海至2020年的城市未来蓝图。

⊛ 河北区天津市规划展览馆

天津市规划展览馆位于天津市河北区博爱道30号，著名的一宫花园历史文化保护区内，地上建筑面积15000平方米，其中布展面积10000平方米。展览馆共4层，一至三层为展示区，共分为16个展区，其中第一层设历史、总体规划、交通规划、中心城区规划模型、公示区等展区；第二层设滨海新区规划、海河规划、名城保护规划、旅游规划、海河之旅影厅等展厅；第三层设住房与公共设施、生态规划、环境整治、重点地区规划、区县规划、城市映像影厅、公众互动参与区等展区；第四层为办公区。

△ 其他相关景点：深圳市博物馆（新馆）及莲花山公园（广东省）

6-6 国际大型节事

⊙ 改革开放之后，中国的经济从一度濒于崩溃的边缘跃居到世界第二，并成功应对了国际金融危机。中国取得的成就举世瞩目，文化事业在这一时期也得到蓬勃发展，使中国向世界迈进了一大步。从2008年北京奥运会，到2010年上海世博会，一北一南接踵而至的两大国际盛会，让一个多世纪以来一直不懈追寻"强国梦"的东方文明古国，站到历史大舞台的聚光灯下。

2008年8月8日，第29届奥林匹克运动会在首都北京开幕，参赛国家及地区达204个，共有6万多名运动员、教练员和官员参加了北京奥运会。中国以51面金牌占据榜首，是奥运历史上首个亚洲国家金榜题名。北京奥运会的口号"同一个世界，同一个梦想"（One World, One Dream）深刻反映了北京奥运会的核心理念，传递了"天人合一"、"以和为贵"的理念，它们是中国人民自古以来对人与自然、人与人和谐关系的理想与追求。2008年北京奥运会的成功举办，加速中国形成全方位、多层次、宽领域的对外开放格局，进一步提高中国的国际地位，进一步促进中华民族的伟大历史复兴进程。

2010年5月1日至10月31日期间，第41届世界博览会在上海举行。上海世博会以"城市，让生活更美好"（Better City, Better Life）为主题，实现了世界各国人民在中国的一次伟大聚会。上海世博会吸引了200个左右的国家（地区）和国际组织参展，吸引海内外

⊛ 北京奥林匹克公园，国家体育场
《五环绿苑·奥林匹克公园》（中国建筑工业出版社出版）

7000万人次游客前来参观，从而以最为广泛的参与度载入世博会的史册。上海世博会的成功举办，不仅给参展国家带来发展的机遇，而且给中国创造了巨大的经济效益和社会效益，宣传和扩大了中国的知名度和声誉，同时对上海的发展也有直接的积极影响，加速了产业结构的升级，推动了高新技术产业的发展，促进了上海经济的全面崛起。

⊛ 北京奥林匹克公园

奥林匹克公园位于北京市朝阳区北四环与北五环及附近区域，是2008年北京奥运会和残奥会的主场地。公园南起北土城东路，北至清河，东至安立路和北辰东路，西至林萃路和北辰西路，包括先前已经建成的国家奥林匹克体育中心（1990年亚洲运动会主会场）和一座森林公园。奥林匹克公园也是北京中轴线向北延长的工程，这在公园设计中占据了重要的地位，中轴线由城市引出，最终消失在森林公园的山水之间。

奥林匹克公园围绕贯穿整个园区的中轴线设计了

⊛ 北京奥林匹克公园 《五环绿苑·奥林匹克公园》（中国建筑工业出版社出版）

不同的景观，设计了三条轴线——中轴线、西侧的树阵和东侧的龙形水系。在龙形水系和中轴线之间设置了三段不同的空间（庆典广场、下沉花园、休闲广场），水系两岸也分别配套进行了景观设计。在园区之中设置了一个临时性景观塔——玲珑塔，赛时为媒体提供演播室、电视转播等服务，赛后将在龙形水系北端建设一座永久性观景塔。此外，园区中已有的历史遗存，包括北顶娘娘庙等古迹在内，也在景观设计中得到了保留和强化。

奥林匹克公园的主体建筑包括国家体育场、国家游泳中心及国家会议中心等体育文化设施。**国家体育场**也称为"鸟巢"，外形结构主要由巨大的门式钢架组成，空间效果新颖激进、简洁质朴，为奥运会创造了独一无二的地标性建筑。**国家游泳中心**又被称为"水立方"，它是经全球设计竞赛产生的"水的立方"（[H_2O]^3）方案。场馆表面覆盖的ETFE膜赋予了建筑冰晶状的外貌，使其具有独特的视觉效果和感受，水的神韵在建筑中得到了完美的体现。

奥林匹克公园设有包括主体育场国家体育场在内的10个比赛场馆，奥运会期间，大部分的金牌在奥林匹克公园内产生。赛后，奥林匹克公园成为了包含会展中心、体育赛事、休闲购物、科教文化等多种功能在内的综合性市民公共活动中心。

　　北京奥林匹克公园已经成为体验现代北京、了解奥运文化的著名景点。

⊛ 上海世博园

　　2010年上海世博会举办场地位于黄浦江两岸、南浦大桥和卢浦大桥之间，但以浦东一侧为主。在世博园区规划范围内，除建大量新式建筑外，近20%的老建筑得到了保留，200万平方米的总建筑面积中，老建筑再利用面积达到38万平方米。其中包括上海开埠后建造的优秀老民居和见证中国工业发展进程的工业遗产。它们经改建后主要用于展馆、管理办公楼、临江餐馆、博物馆等。而令海内外最为关心的江南造船

⊛ 上海世博园中国国家馆　郑建民 摄

⊛ 上海世博园文化中心　《2010年上海世博会建筑》（中国建筑工业出版社出版）

厂，世博会后再度改建成中国近代工业博物馆群，作为上海城市的一个新亮点而被永久保留。

　　世博园区用地范围为5.28平方公里，园内分为5大场馆群，分别是独立馆群、联合馆群、企业馆群、主题馆群和中国馆群。其中，独立馆的建筑群集中在黄浦江边，每栋建筑由参会各国出资建设，用于展示该国的科技成果；联合馆建筑群中的一部分由一些国家联合建造，另外一些建筑由我国出资建造，租赁给参展国使用；企业馆建筑群为国际参展商参展场所。

　　在2010年世博会举办之后，"一轴四馆"即世博轴、中国国家馆、世博会主题馆、世博中心和世博会文化中心等五个标志性的永久建筑得到了保留。

　　世博轴作为上海世博会上最大的单体建筑，长约1045米，宽约130米，总建筑面积超过25万平方米。由地上两层、地下两层组成。世博轴具有三大功能，第一是交通枢纽功能，它连接中国国家馆、世博主题馆、世博中心、世博文化中心四

大永久性场馆以及轨道交通7号线和8号线，是园区的主出入口和中央人行立体交通枢纽。第二大功能是用极具视觉冲击力的倒锥形建筑——"阳光谷"，将阳光和新鲜空气从40多米高的空中"采集"到地面。它是世博轴建筑最重要的形象标志，采用的是钢结构网壳形式，用近2万块不同规格的三角形玻璃镶嵌其内。第三大功能是生态技术支持功能需求，大幅度采用了环保节能新技术。

中国国家馆位于世博轴东侧，采用"东方之冠、鼎盛中华、天下粮仓、富庶百姓"的设计理念。用7种红色组合而成的"中国红"色彩，蕴含了中国文化。馆体颜色由上至下依次由深至浅，可以在白天不同阳光折射和夜间灯光投射及不同视觉高度等条件下，形成统一的具有沉稳、经典视觉效果的红色。另外，中国国家馆红板选用金属材料，采用灯芯绒状肌理方案，使中国国家馆不仅穿上了更具质感的"外衣"，也为原本张扬、跳跃的红色赋予了稳重、大气的形象。

世博会主题馆位于世博轴西侧，在设计和建设中创造了三项"最大"：屋面2.8兆瓦太阳能和5000平方米生态绿墙是世界最大，西展厅双向大跨度为亚洲最大。世博会主题馆的造型设计围绕"里弄"、"老虎窗"的构思，运用"折纸"手法，形成了二维平面到三维空间的立体建构，设计方案不仅突出上海城市肌理的特征、城市生活的记忆空间和令人陶醉的城市意象，又考虑从外墙与屋面的保温与隔热、屋面通风与采光等方面实现建筑节能。

世博中心建筑位于卢浦大桥东侧的世博园，东西长约350米，南北宽约140米，总建筑面积约14万平方米。从建筑外观来看，世博中心棱角分明、简洁大气，由西向东高低错落，外立面为玻璃幕墙，如同一座巨大的"水晶宫"。世博中心使用不同色调分割空间主题，内设绿色大厅（中央大厅）、红色大厅（2600人大会堂）、蓝色大厅（600人的国际会议厅）、金色大厅（3000人的宴会厅）和银色大厅（7200平方米的多功能大厅）。世博会期间，该中心承担了世博会运营指挥中心、庆典会议中心、新闻中心、论坛活动中心等功能。

与世博中心相邻的**世博园文化中心**用地面积6.7万平方米，总建筑面积近16万平方米，其中地上为单层的1.8万座多功能剧场及环绕主场馆的周边六层建筑，地下建筑为两层。建筑形态宛若飞碟，灵动轻盈，极富现代感。作为国内第一个容量可变的大型室内场馆，世博文化中心的剧场可以通过灵活的垂直分隔系统和创新的可伸缩可升降观众座椅系统，根据需要隔成可容纳不同人数的会议空间。

6-7 航天事业

◉ 1978年对于国防科技工业来说，也是一个巨大的转折。改革开放之后，经济的快速发展使中国的航空航天事业也发生了翻天覆地的变化。载人飞船的成功发射，使中国成为继美国和俄罗斯之后第三个独立把航天员送上太空的国家。

1999年11月20日，"神舟一号"火箭于酒泉卫星发射中心发射升空，标志着中国载人航天之门从此被叩开。

2003年10月15日，我国自行研制的"神舟五号"载人飞船在中国酒泉卫星发射中心发射升空，这是中国首次进行载人航天飞行。

2007年10月24日，中国首颗探月卫星"嫦娥一号"发射成功。

2012年6月16日，"神舟九号"载人飞船也在酒泉卫星发射中心成功发射。"神舟九号"载人飞船是中国第4艘载人飞船，也是第一次将中国女航天员载入太空。

航空航天事业的发展对我国政治、经济、军事和科技领域都具有非常重大的意义。它促进了中国航天技术实现跨越式发展和中国基础科学的全面发展；带动了信息、材料、能源、微机电等新技术的提高；提升了国家的综合国力和国际地位，对于促进中国社会经济的发展具有重要意义。

✦ 凉山州中国西昌卫星发射中心

西昌卫星发射中心位于四川省南部凉山彝族自治州首府西昌市境内。自古人们在西昌能经常观赏到分外明亮皎洁的月亮，传为佳话，故西昌以"月城"的美称而闻名。如今，又以发射人造地球卫星，服务于人类而声震寰宇。她除了拥有"月城"、"小春城"、"攀西聚宝盆"和"黄金地带"等富有大自然美好情调的名字外，又增添了充满现代科学技术魅力的名称："中国航天城"、"东方休斯敦"等。

卫星发射场位于西昌市西北65公里处的大凉山峡谷腹地的秀丽山水之间。从地理位置上来看，西昌优越条件颇多，具有海拔高、纬度低、地形隐蔽、地质结构坚实、水源丰富稳定、交通和通信良好等理想条件。

西昌卫星发射中心始建于1970年，于1982年交付使用，由总部、发射场（技术区和两个发射工位）、通信总站、指挥控制中心和三个跟踪测量站，以及其他一些相关的生活保障（医院、宾馆等）单位组成。其中发射场的2号、3号发射工位曾在我国航天史上写下了多个第一。2号发射工位的发射塔高为97米、重约4500吨。3号发射工位发射塔高为77米、重约900吨。1984年4月8日，3号发射工位用长征三号火箭将中国第一颗试验通信卫星送入太空。1990年7月16

◉ 凉山州中国西昌卫星
发射中心《中国现代美术
全集·建筑艺术》(卷5)
(中国建筑工业出版社出版)

日，中国首枚自行研制生产的长征二号火箭从2号发射工位发射升空。2007年10月24日，中国探月工程的首颗卫星"嫦娥一号"启程奔向38万公里外的月球，2010年10月1日"嫦娥二号"发射成功。

现在西昌卫星发射中心主要的参观景点为2号、3号发射工位，长征三号火箭实体，卫星发射及控制中心。

07 合力抗灾

◉ 中国幅员辽阔，地理气候条件复杂，是世界上自然灾害比较多发的国家之一。1976年河北省唐山大地震、1998年特大洪水、2008年四川省汶川地震、2010年青海省玉树地震，不仅造成公私财产的巨大损失，也使灾区人民遭受大量伤亡。随着国民经济持续发展、生产规模扩大和社会财富的积累，灾害损失有日益加重的趋势。

面对各类自然灾害，中国政府具有很强的动员和物资调度能力。在灾害发生的第一时间，能有效地组织军队及各方力量，齐心协力对抗灾害。随着国民素质不断提高和人民经济能力不断上升，民间自发救灾的能力与慈善捐助事业也越来越发达；官民同心协力，形成一方有难、八方支援的合力。中国抗震救灾、预防灾害的能力和重建速度让世人为之瞠目，受到世界各国的普遍称赞。

7-1 唐山抗震救灾

◉ 1976年7月28日北京时间3时42分，在河北省唐山、丰南一带发生了里氏7.8级、震中烈度达11度的地震。地震持续约12秒。有感范围广达14个省、市、自治区，其中北京市和天津市受到严重波及。强震产生的能量相当于400颗广岛原子弹爆炸。整个唐山市顷刻间夷为平地，全市交通、通信、供水、供电中断。唐山地震没有小规模前震，而且发生于凌晨人们熟睡之时，绝大部分人毫无防备，造成24.2万人死亡，重伤16.4万人，成为20世纪世界地震史死亡人数最多的一次灾难。地震发生后，中共中央成立了抗震救灾指挥部，国务院和各级政府向灾区派出了工作组，十几万解放军指战员、两万多名医务工作者和数万名各方面的支援人员迅速赶赴灾区，展开紧急救灾，大批救灾物资也被迅速运到唐山。

唐山大地震是一场自然浩劫，无数的人被夺去了生命，新兴的现代化工业城市彻底瘫痪。唐山大地震给国家、社会也造成了巨大冲击。但唐山灾区在全国人民的大力支援下，1个月后，灾区人民的生活已得到了妥善安排，铁路、公路全部通车，农业生产也转入正常。抗震救灾工作结束后，唐山人民又开始了重建家园的工作。

✪ 唐山市唐山地震遗址纪念公园

唐山地震遗址纪念公园位于河北省唐山市岳各庄路北侧，占地40公顷。于2008年兴建开放，是一座以"纪念"为主题的地震遗址公园。公园设计充分体现"敬畏自然、关爱生命、探索科学、追忆历史"的理念，以原唐山机车车辆厂铁轨为纵轴，以纪念大道为横轴，分为地震遗址区、水区、森林区、碎石广场等四个区域。

纪念公园内的纪念广场占地3万平方米，地面由黑白相间的大理石铺成，可供上万人举行重大集会活动，是公园内供人们纪念亲人、凭吊逝者的一个重要场所。广场正前方是纪念水池，面积3万平方米，水池内主题雕塑采用石材和青铜质地，用写实的雕塑语言，展现唐山人民在灾难面前风雨同舟、患难与共的生动场面，激发人们珍爱生命、奋发向上的豪迈情怀。

唐山大地震罹难者纪念墙由5组13面墙体组成，镌刻着在1976年唐山大地震中罹难的24万同胞的姓名。纪念墙每面高7.28米，代表7月28日，墙体距水池水面19.76米，代表1976年，预示着逝者与生者的时间和空间的距离，让人永远铭记1976年7月28日这个令唐山人和中国人众皆悲恸的日子。在纪念墙的北侧正后方，是一片占地14公顷的纪念林，栽植各类苗木3万余株，表达生命和纪念的意义。园内中国·唐山地震博物馆建筑面积12000平方米，2009年10月落成。由纪念展馆和科普展馆两个分展馆组成，是一座以地震为主题的展馆。

⊛ 唐山市唐山地震遗址纪念公园，唐山抗震纪念碑 CFP

7-2 98抗洪

⊛ 1998年，我国发生了历史上罕见的特大洪水灾害。从6月份起，长江流域出现3次持续大范围强降雨，发生了继1954年以来第二次全流域性大洪水。由于洪水量极大、涉及范围广、持续时间长，洪涝灾害非常严重。继长江流域洪灾之后，嫩江、松花江也发生了洪灾。中共中央、国务院领导百万军民与历史上罕见的大洪水进行了殊死搏斗。中央军委命令解放军全力支持抗洪抢险，人民解放军和武警部队官兵充分发挥了突击队的抗洪作用，先后调动30余万兵力，日夜奋战在抗洪抢险第一线。

沿江居民是抗洪斗争的主力军，他们日夜坚守大堤，舍小家、保全局，不惜一切代价，投入大量财力、物力，保证抗洪抢险的需要。全国参加抗洪的官民达800多万人，再加上按中央统一部署由中央各部委、地方各级政府分层次实施的组织工作，以及为之服务的交通、通信、医疗服务人员，总共动员的力量有上亿人。如此大规模的抗洪抢险在中国历史上绝无仅有，在世界上也是没有过的。

⊛ 98抗洪精神教育基地

　　98抗洪精神教育基地坐落于江西省九江市长江大堤4-5号闸口，于2005年8月建成，占地面积4.6公顷，建筑面积6000多平方米，是目前我国最大的以纪念抗洪精神为主题的城市广场。

　　抗洪精神教育基地由两个部分组成，第一部分是98抗洪图史文物展，展厅中收集了大量的图文和实物，充分展示了九江地区3万军民战胜洪魔的宏大场景，一张张照片、一件件实物、一个个感人的场面，让人身临其境感受那难忘的1998年，一睹军民当年封堵九江决口的惊险和壮举。

　　在98抗洪精神教育基地的发展过程中，九江市旅游局招商引资，以抗洪广场为基地，成立了九江市旅游商品展销中心，以满足中外游客的购物需求。这里汇集了九江及江西省所有的名优土特产品，有曾被宋代大文豪苏东坡赞誉的"小饼如嚼月"的桂花茶饼，有庐山三宝（石鱼、石耳、石鸡），庐山云雾茶等，以及各类颇具地方特色的工艺品，如鄱阳湖的淡水珍珠，纯手工制作的麦秆画、石楠木梳、瑞昌剪纸，以及景德镇的瓷器等。

△ 其他相关景点：荆州市98抗洪及荆江分洪工程（湖北省）

7-3 汶川地震救灾

◉ 汶川大地震发生于2008年5月12日北京时间14时28分，震中位于四川省阿坝藏族羌族自治州汶川县映秀镇附近，距成都市西北偏西方向79公里。根据中国地震局的数据，此次地震达里氏8.0级。地震波及大半个中国及多个亚洲国家和地区。北至北京，东至上海，南至香港、澳门、泰国、越南，西至巴基斯坦均有震感。截至2008年9月18日12时，汶川大地震共造成近7万人死亡，因为震中位置地处青藏高原向四川盆地过渡的深切峡谷群山之中，使其成为新中国成立以来破坏性最强、波及范围最广、救灾难度最大的一次地震。

　　地震发生后，中共中央、国务院和中央军委迅即决定，派遣国家地震灾害紧急救援队连夜赶赴四川地震重灾区实施紧急救援行动，先后转战都江堰市、绵竹市汉旺镇、汶川县映秀镇、北川县城等4个重灾区48个作业点，与此同时，四川、重庆、江苏、海南、辽宁等19支省级地震灾害紧急救援队4000多人也立即赶赴灾区实施救援行动。

在国家展开紧急救援工作的同时，国内外社会各界也向灾区提供各类捐赠，全国为汶川地震灾区募集的款物，超过了1996年至2007年全国接收的救灾捐赠款物的总和，打破了中国捐赠史上的纪录。此外有10余个国家亦向灾区捐款捐物，或派遣人员参与救援。

出于对生命的尊重，国务院宣布5月19日至21日三天为全国哀悼日，全国下半旗致哀，5月19日14时28分，全国人民默哀3分钟，汽车、火车、舰船鸣笛，防空警报鸣响。此外，奥运圣火在中国境内的传递活动也暂停三天，以示对死者的哀悼。在"5·12"汶川大地震巨大的灾难面前，全国人民用实际行动诠释了"大爱无疆"的精神。

⊛ 阿坝州汶川县映秀镇汶川地震震中纪念地

"5·12"汶川大地震后，四川省阿坝州政府决定在震中汶川县映秀镇的灾后重建中，将纪念体系作为一个独立专项进行规划，并建设震中纪念地。

纪念馆建筑造型以大地景观的手法，通过地面的切割、抬起，形成了主要的建筑体量，再通过升起的广场向外延伸，形成朝向新城镇的崛起之势。整个建筑形象低俯，且紧密结合地形，与平缓的草坡融为一体，只留出东面显露出地面，因为东方是太阳升起的方向，象征着新生和希望。

纪念馆没有使用昂贵的材料和过于复杂的构造做法，取而代之的是能显露材料本性的细木模板清水混凝土作为主要的外观材料，局部使用了四川当地产的黑砂岩，质朴但象征着坚强和韧性。另外，结合纪念馆作为抗震新技术展示，在设计中采用刚性结构和柔性结构相结合的两种结构形式，让参观同时成为接受地震防灾教育的过程。

纪念馆的开端用一个以水为主题的庭院来涤净参观者的心灵，滴答水声、向着天空敞开的空间，均能让人从听觉和视觉上感悟时间的力量和大自然的恩泽。进入建筑内部，参观者在主流线上分别经过地殇、崛起、希望为主题的三个庭院，它们分别作为相对应三个主题展厅的重要空间过渡，并与地震灾害、灾后重建、"5·12"启示等三大展览部分的主题相呼应，营造相应的气氛和空间寓意。

⊛ 绵阳市北川县地震遗址博物馆

北川县地震遗址博物馆位于四川省绵阳市原北川县城遗址，它是一处以北川县城地震遗址为核心，以纪念"5·12"汶川大地震死难

® 北川县城遗址 沈畔 摄

者、颂扬抗震救灾英雄事迹、展示人性光辉为主要内容的露天博物馆和纪念地。北川国家地震遗址博物馆的核心区包括任家坪地震博物馆及综合服务区，北川县城遗址保护区，次生灾害展示与自然恢复区等三个部分组成。它与阿坝州汶川地震震中纪念地、绵竹汉旺工业遗址纪念地和都江堰虹口地震遗址纪念地一起，共同构成"5·12"汶川大地震遗迹群，成为四大重点地震遗址遗迹保护项目。

任家坪地震博物馆的功能包括纪念、展示、宣传、教育、科研等功能。博物馆包括以集中展示与研究为主的博物馆和综合服务区两部分内容。方案以"永恒的记忆"为主题，以唤起"灾难的记忆、事迹的记忆、大爱的记忆、知识的记忆"来演绎地震博物馆的功能本质。地震博物馆以北川中学遗址为中心，集中布置展示设施、体验设施和集中的纪念场所，作为开展地震知识教育、防灾教育、地震科学研究和抗震纪念的基地。北川中学教学楼遗址整体保留，作为博物馆现场展示的一个主要内容。

北川县城遗址保护区，以"永恒的家园"为主题，分为老城遗址保护区、新城遗址保护区、中心祭奠公园、龙尾山公园和北部综合服务区等五大区域，其中老城区与新城区内又按照所处环境分为六个主题展示区：入城凭吊区，生活回忆区，滨河冥想区，人文追思区，市民缅怀区和救灾纪实区。

次生灾害展示与自然恢复区结合了周边保留的村落，展现自然中羌禹文化的发展和内涵，包括堰塞湖抗震救灾纪念馆、次生灾害纪念公园、唐家山自然风光与羌族文化展示区等三个部分。

® 青川县东河口地震遗址公园

四川省广元市青川县东河口地震遗址公园是汶川大地震首个地震遗址纪念公园。一块巨石上镌刻着"2008；5·12；14：28"几个数字，记录着汶川大地震发生的时刻。青川县东河口地震遗址公园是汶川大地震中地质破坏形态最丰富、地震堰塞湖数量最多且最集中的地震遗址群。

青川地震博物馆由浙江省援建，浙川共建。整个博物馆建筑面积6000平方米，布展面积4000平方米。由游客中心、序厅、地震灾难体验厅、抗震救灾展示厅、重建厅、援建厅、科普厅、尾厅、4D影院厅等组成。

博物馆建筑呈歪斜形态，像一块石头砸进了地下而倾斜。该博物馆是防震减震设计的一个典

范：整个建筑是按照100年使用年限的标准设计，作为缓冲支撑插入了78个抗震垫，即使再次发生8.0级地震，抗震垫的弹性也可以抵挡强烈的地震波冲击。

⊛ 成都市"万众一心、众志成城"抗震救灾主题展览馆

　　"万众一心、众志成城"抗震救灾主题展览馆位于四川省成都市大邑县安仁镇，于2011年5月11日开馆，是一座抗震救灾大型主题纪念馆。占地面积共14000平方米，建筑面积为8508平方米，内设主题展厅、地震科普厅、临展厅等。

　　作为纪念馆的重要组成部分，纪念馆的主题展厅面积约5000平方米，展线长872米，陈列实物270余件（组），图板559个，灯箱23个，视频播放点12 处，视频片长约45 分钟。纪念馆主题展览分为序篇和六个主题陈列单元：坚强领导、心系人民；争分夺秒、全力营救；临危不惧、奋起自救；八方支援、共克时艰；恢复生产、重建家园；伟大精神、不竭动力。采用新闻纪实的表现手法，通过实物、图片及影像资料的组合，达到形式与内容的高度统一。大量场景的复原、声光电等多种现代化多媒体互动手段的使用，大大提升了展览的感染力。

△ 绵竹市汉旺东汽工业遗址纪念地
CFP

△ 汶川县水磨古镇 CFP

△ 其他相关景点

1）绵竹市汉旺东汽工业遗址纪念地
（四川省德阳市）

2）都江堰市虹口深溪沟地震遗址纪
念地等遗址遗迹及纪念馆（四川省
成都市）

3）汶川县水磨古镇（四川省阿坝
州）

4）理县桃坪羌寨（四川省阿坝州）

5）北川县永昌镇（四川省绵阳市）

6）崇州市街子古镇等反映灾后重建
成果的景区（四川省成都市）

7）甘南州舟曲泥石流灾害纪念设施
（甘肃省）

8）玉树州地震纪念设施（青海省）

△ 崇州市街子古镇 CFP

△ 舟曲泥石流灾后重建项目 CFP

第七篇
革命英豪谱

◉ 一百多年波澜壮阔的中国革命史，交织着新与旧、左与右、公与私、进步与反动、国学与西学、马克思主义与三民主义、共产党与国民党、大陆与台湾的冲突与交融，斗争与合作，渗透与割裂，碰撞与包容。有时候共同反对清朝封建统治、反对帝国主义掠夺、反对日本军国主义侵略，有时候相互意识形态对立，兄弟阋于墙。历史证明，大浪淘沙，只有获得人民支持的政党和政府才能够胜出竞争，获得未来。

回首一百多年来风风雨雨走过来的中国，探寻大江南北、长城内外、广袤国土大地上的史迹，今天的人们在旅游路上阅读到的风景里的革命史，不仅有巍峨的高峰和上面飘扬过的旗帜，也会有曲折的沟谷和溪流里流淌过的鲜血。而所有这些高昂或低沉的路上的历史遗迹，都离不开千千万万书写中国革命史的人们。作为追寻革命先驱足迹的游客，如何从这些革命者的身上，获得有益于国家与个人发展的教益，也许与红色旅游本身的教育意义，具有同样重要的价值。

01　领袖人物

◉ 一百多年来的中国革命史，从孙中山领导辛亥革命推翻清朝封建统治，到国共两党分头探索建国道路并且共同抵抗外敌侵侮，直到国共内战并以中国共产党取得最终胜利、建立新中国，这其中大浪淘尽、多少风流人物！

　　革命史上的领袖人物，是凝聚民族力量、挽救民族危亡的坚强鼓舞者和组织者，是历史大河中的中流砥柱。本书限于篇幅，不能尽述所有的人物，也无法做到详尽评论他们的功过。我们能做的，就是为读者搜集革命史料、梳理史地脉络、提供走访目的地，使读者能去实地观访，进行现场思索，并受其激励，受其启发，从而为民族振兴而鼓舞，为国家强盛而努力，为个人发展而奋发，在探访革命史的路程中有所收获。

1-1 孙中山·宋庆龄

◉ 孙中山（1866年11月12日—1925年3月12日），名文，字德明，号日新，改号逸仙，后化名中山樵，广东香山（今中山）人。中国近代伟大的民主革命家。曾任同盟会总理、国民党理事长、中华革命党总理，中华民国临时大总统，护法军政府海陆军大元帅，中华民国临时大总统等职。遗著编为《孙中山全集》、《中山全书》、《总理全集》等。

　　孙中山于1894年11月创立了革命团体"兴中会"，并为宣传民主革命而在世界各地奔波。1905年8月，他在东京创立中国同盟会，提出了"民族、民权、民生"的旧三民主义。1911年的武昌起义胜利后，孙中山被推举为中华民国临时大总统，成立了南京临时政府，制订了《临时约法》，但在内外压力下，被迫让位于袁世凯。之后，他又发动了"二次革命"、"护国运动"、两次"护法运动"，均告失败。俄国十月革命的胜利与中国共产党的成立、工农运动的蓬勃发展，给孙中山莫大鼓舞，使他接受了列宁领导的共产国际和中国共产党的帮助，确定了"联俄、联共、扶助农工"三大政策，并根据三大政策，把旧三民主义发展为新三民主义。之后，他又重新改组了国民党，实现了第一次国共两党的合作。1924年1月，孙中山在广州召开了有中国共产党人参加的国民党第一次代表大会，宣告了国共两党统一战线的建立。但积劳成疾，1925年3月12日，孙中山在北京不幸逝世。其遗嘱指出"革命尚未成功"，"必须唤起民众及联合世界上以平等待我之民族，共同奋斗"。1929年6月1日，根据其生前遗愿，将陵墓永久迁葬于南京紫金山中山陵。

孙中山是中国伟大的民主革命先行家，为了改造中国耗尽毕生的精力，在历史上建立了不可磨灭的功勋。在中国民主革命准备时期，他以鲜明的中国革命民主派立场，同中国改良派作了尖锐的斗争。孙中山是中国革命民主派的旗帜，领导人民推翻帝制，建立共和国，把旧三民主义发展成为新三民主义是其伟大的历史功绩。

孙中山先生之夫人宋庆龄（1893年1月27日—1981年5月29日），广东文昌（今属海南）人，生于上海。中华人民共和国的领导人。1913年任孙中山秘书，1915年与孙中山结婚，致力于民主革命。1949年出席中国人民政治协商会议第一届全体会议，被选举为中央人民政府副主席。后为全国人民代表大会常务委员会副委员长、中华人民共和国副主席。1981年5月加入中国共产党，并被第五届全国人大常委会授予中华人民共和国名誉主席荣誉称号。著作有《中国走向民主的途中》、《为新中国奋斗》、《宋庆龄选集》及《宋庆龄自传》等。

1924年国民党第一次全国代表大会后，宋庆龄坚决拥护孙中山的"联俄、联共、扶助农工"的三大政策，谴责国民党右派，并投身于北伐战争的准备工作。大革命失败后，多次发表通电、声明和宣言，揭露蒋介石、汪精卫的叛变行为。1925年3月孙中山逝世后，向国内外介绍孙中山的遗嘱，坚持国共合作，积极投身两党共同领导的大革命。1932年和蔡元培、杨杏佛等组织中国民权保障同盟，保护和营救了大批共产党员、反蒋爱国民主人士。1935年宋庆龄和何香凝等率先响应中共中央发表的《八一宣言》。1937年6、7月间，为营救被国民党逮捕的"七君子"，她发起"救国入狱"运动，引起极大反响。抗日战争时期，在香港组织保卫中国同盟，致力于战时医药工作和儿童保育工作，支持共产党领导的抗日斗争，揭露国民党反动派对日妥协投降、对内反共反人民的政策。1945年抗战胜利后回到上海，创建中国福利基金会（前身即保卫中国同盟，1950年8月改名为中国福利会）任主席，给予中国人民解放军以巨大的物质帮助。

宋庆龄是孙中山的理想和事业的坚定继承者，是中华人民共和国的缔造者之一，始终不渝地致力于中国人民解放事业，为国家和人民建立了光辉的业绩。

✱ 南京中山陵

中山陵位于江苏省南京市东郊紫金山南麓。国民党为其修建陵墓前，孙中山先生的葬事筹备处广泛征集陵墓设计方案。最终建筑师吕彦直设计的"自由钟"式图案荣获首奖。这组建筑，在形态组合、色彩运用、材料表现和细部处理上，都取得很好的效果，增强了庄严的气氛。

中山陵自1926年春动工，至1929年夏建成。1929年6月1日举行了庄严的奉安大典，为迎孙先生灵柩，从南京下关码头至中山陵修建了迎柩大道，名"中山路"（即今南京的中山北路、中山路和中山东路）。灵柩所过之处都以"中山"、"逸仙"命名，以示纪念。

中山陵坐北朝南，陵园占地130公顷，布局严整，规模宏大。从空中往下看，中

山陵像一座平卧在绿绒毯上的"自由钟"。整个陵墓用的是青色的琉璃瓦，青色以象征青天，代表中华民族光明磊落、崇高伟大的人格和志气，它也是中国国民党党旗的颜色——青天白日。另外，青色琉璃瓦乃含天下为公之意，以此来显示孙中山为国为民的博大胸怀。

中山陵的主要建筑有：牌坊、墓道、陵门、石阶、碑亭、祭堂和墓室等，排列在一条中轴线上，体现了中国传统建筑的风格。从牌坊到祭堂，共有石阶392级，8个平台，落差73米。392级石阶象征当时中华民国人口三亿九千二百万。其中祭堂为仿宫殿式的建筑，建有三道拱门，门楣上刻有"民族、民权、民生"横额。

祭堂东西护壁大理石上刻着孙中山手书的遗著《国民政府建国大纲》。堂后有墓门二重，两扇前门用铜制成，门框则以黑色大理石砌成。进门为圆形墓室，直径18米，高11米。中央是长形墓穴，上面是孙中山先生汉白玉卧像，下面安葬着孙中山先生的遗体。

中山陵前临苍茫平川，后踞巍峨碧嶂，气象壮丽。音乐台、光化亭、流徽榭、仰止亭、藏经楼、行健亭、永丰社、中山书院等纪念性建筑，众星捧月般环绕在陵墓周围，构成中山陵景区的主要景观，不仅寄托了人们对孙中山先生的崇高敬意和缅怀之情，并且是建筑名家之杰作，具有极高的艺术价值。

钟山风景区是我国著名风景名胜区，除了中山陵景区外，钟山风景区还包括明孝陵、梅花山、灵谷寺、灵谷塔、紫金山天文台、中山植物园、北极阁气象台、鸡鸣寺等景点。每年2月至3月，梅花山会举办国际梅花节，吸引众多中外游客。

⊛ 中山市孙中山故居和纪念馆

中山市孙中山故居位于广东省中山市翠亨村，馆藏文物有孙中山遗物60多件，孙中山本人藏档资料700多件，陶瓷等文物200多件，照片1000多张。较为珍贵的文物有孙中山在南京当临时大总统时穿过的呢大衣、总统办公室用的座椅、意大利赠送白玉石精刻的圆台、孙中山先生父亲签署的耕种荒山合约和家谱等。翠亨村孙中山故居于1892年春由孙中山亲自设计，在祖屋的旧址上建成，是一座有外墙围护的西式二层楼房。

故居正厅的两旁摆着酸枝木椅和茶几，长台上有两盏煤油灯，两边墙上分别挂着孙中山父亲和母亲的照片，正厅南北两边的房间分别是孙眉（孙中山胞弟）和孙中山的卧室。故居二层南边的房子是孙中山的书房，墙上挂着孙中山17岁时的照片，有孙中山使用过的书桌、台椅和铁床，桌上有《东周列国志》、《东莱博议》、《三国志》、《水浒传》等书籍和孙中山行医时使用的听诊器。孙中山故居是当年孙中山读书、写作、行医、进行农业生产技术改革，并与陆东等志士在此商讨举行反清武装起义和组织军队等大计的地方。1912年，孙中山辞去临时大总统职务后，曾最后一次回故乡小住。

1953年在此成立孙中山故居纪念馆，全馆面积约15000平方米，按原状陈列。1966年，在故居旁兴建孙中山故居陈列馆，分三部分展出了孙中山生平事迹、实物、文献和图片等300余件。

⊛ 中山市孙中山故居　*新华社记者 陈晔华 摄*

⊛ 宋庆龄故居　*新华社记者 何俊昌 摄*

⊛ 宋庆龄故居

　　宋庆龄故居位于北京市西城区后海北沿46号，保留着王府花园的布局和风格，又融入西方别墅的特点，是一处中西合璧的园林。始建于清朝康熙年间，为大学士明珠的府邸花园，乾隆年间为和珅别院；嘉庆年间是成亲王永瑆的王府花园；后为光绪父亲醇亲王奕譞府邸花园；清末又为末代皇帝溥仪的父亲醇亲王载沣的王府花园，即摄政王府花园。新中国成立前夕，这里已经荒芜凋敝。后来，周恩来总理受党和政府委托，筹建宋庆龄在北京的住宅，于1961年将这座王府花园整饬，辟成一座优雅安适的庭院。1963年至1981年，宋庆龄在此生活工作，直至逝世。

　　院落建筑分前厅"濠梁乐趣"、后厅"畅襟斋"、东厢"观花室"，西厢与新建主楼相连。故居的主楼是建于1962年的一座中西合璧的两层楼房，外观仿古，与内部景致和谐一体。园内引什刹海活水绕园而行，湖面上建有长廊、恩波亭。故居西山脚下立有岁岁平安太湖石，山上建有箑（sha，扇子）亭、听

雨屋、瑰宝亭。

　　故居内长期设有"宋庆龄生平展"和"宋庆龄生活原状陈列"，展示宋庆龄生活、工作的环境，现有文物两万余件，主要有宋庆龄的手迹、照片等文献资料以及个人藏品。每年的1月27日宋庆龄诞辰纪念日、5月29日宋庆龄逝世纪念日，都组织相应的主题纪念活动。

北京恭王府　*孙大章 提供*

△ 漫游什刹海

　　与宋庆龄故居相邻的是什刹海景区。什刹海也写作"十刹海"，四周原有十座佛寺，故有此称。元代名海子，为一宽而长的水面，明初缩小，后逐渐形成西海、后海、前海，三海水道相通。自清代起就成为游乐消夏之所，为燕京胜景之一。

　　什刹海地区是北京内城保留了原有民俗文化的传统风景地区和居民地区，有大量典型的胡同、四合院，如金丝套地区的大小金丝胡同，南、北官房胡同和鸦儿胡同、白米斜街、

烟袋斜街等。东部银锭桥横跨湖上，站立桥头可饱览西山秀色，故有燕京小八景"银锭观山"之美称。

什刹海周围有许多的王府和花园，保存最好的是恭亲王府、醇亲王府等，除了宋庆龄故居，郭沫若故居也在什刹海旁边，此处的柳荫街曾住过十大元帅中的三位。这一带也是原老北京主要的商业活动区，有传统的烤肉季、中外闻名的后海酒吧，古典与现代的相容，传统与前卫的碰撞，形成中西合璧的风景线。

什刹海景区中最为著名的是恭王府，始建于18世纪末，是北京保存最完整的清代王府，堪称"什刹海的明珠"。曾属乾隆后期大学士和珅的宅邸，后改赐为恭亲王奕䜣的王府。府后有一独具特色的花园，名萃锦园，占地约3000平方米。花园东、南、西三面被马蹄形的土山环抱，园中景物别致精巧。许多影视剧，如《还珠格格》等都在这里取景。

在美丽的什刹海景区内，可以乘坐三轮车游览老北京的胡同、古迹，也可以乘坐橹船观赏迷人的三海风光，或者骑上双人自行车细细品味古都文化。

⊛ 宋庆龄陵园　CFP

⊛ 宋庆龄陵园

宋庆龄陵园的正门位于上海市长宁区陵园路，建于1984年1月，前身为上海市万国公墓。陵园由以宋庆龄墓为中心的纪念设施、少年儿童活动区、万国公墓名人墓和万国公墓外籍人墓园四部分组成。

以宋庆龄墓为中心的纪念设施包括纪念广场、宋庆龄汉白玉雕像、宋庆龄纪念碑、宋庆龄生平事迹陈列室等。主干道东端建有宋庆龄纪念碑，正面镌刻着邓小平"爱国主义、民主主义、国际主义、共产主义的伟大战士宋庆龄同志永垂不朽"的题词，背面为碑文。主干道尽头是宋庆龄生平事迹陈列室。陈列馆展线长137米，展出照片400多幅，实物100多件，真实、形象、全景式地展示了宋庆龄从一个追求真理的爱国青年到投身革命，最终成为共产主义伟大战士的光辉历程。以儿童博物馆为核心的少年儿童活动区位于宋庆龄陵园东南部，由综合楼、航天馆、航海馆、环幕电影厅四部分组成。

名人墓园安葬有爱国老人马相伯、抗日英雄谢晋元、"三毛之父"张乐平等知名人士。外籍人墓园用以归葬对中国的民主革命和社会主义建设事业给予支持、长期从事对华友好事业、参加中国的社会主义建设，并作出重大贡献的著名外籍人士和各类外籍专家，以及临时来中国旅游、学习、工作时逝世的各国著名人士。

1-2 毛泽东

◉ 毛泽东（1893年12月26日—1976年9月9日），字润之，湖南湘潭韶山冲（今属韶山市）人。马克思列宁主义者，革命家、政治家、军事家，中国共产党、中国人民解放军和中华人民共和国的主要缔造者和领袖，毛泽东思想的主要创立者。中国共产党第一次代表大会代表。1921年任中共"一大"秘书长，1935年1月在遵义会议上被选为中共中央政治局常委，1936年12月任中央军委主席，1943年3月被选为中共中央委员会主席、中共中央政治局主席。1949年新中国成立后任中华人民共和国中央人民政府主席，中共中央主席，中国人民政治协商会议主席，中央军委主席等职。著有《毛泽东选集》、《毛泽东诗词选》、《建国以来的毛泽东文稿》、《毛泽东书信选》等。

　　1920年，毛泽东在湖南创建共产主义小组。1921年7月，出席中国共产党建党的第一次全国代表大会。1923年在中共"三大"当选为中央执行委员，参加中央领导工作。1924年国共合作后，曾任国民党中央宣传部代理部长，主编《政治周报》，主办第六届广州农民运动讲习所。1926年11月，任中共中央农民运动委员会书记。国共合作破裂后，到湖南、江西边界领导了秋收起义，接着率领起义部队上井冈山，创造了第一个农村革命根据地。1928年，同朱德领导的起义部队会师，成立工农革命军第四军，任党代表、前敌委员会书记。从此开创了以农村包围城市、最后夺取城市和全国政权的道路。1930年红军第一方面军成立，任总政治委员；同朱德领导的红一方面军战胜了国民党军队的多次"围剿"。以王明为代表的小集团反对毛泽东的路线，将其排斥于红军和党的领导之外，导致了第五次反"围剿"的失败。1934年10月红一方面军被迫长征。1935年1月遵义会议，确立了以毛泽东为代表的新的中央领导，随后在行军途中又组成由周恩来、毛泽东、王稼祥参加的三人指挥小组。同年10月，中共中央和红一方面军到达陕北。1936年12月，同周恩来等促使"西安事变"和平解决，这成为由内战到第二次国共合作、共同抗日的时局转换的枢纽。抗日战争开始后，以毛泽东为首的中共中央坚持统一战线中的独立自主原则，努力发动群众，开展敌后游击战争，建立了许多大块地区的根据地，为夺取全国政权积蓄了军事力量。1942年领导中共开展整风运动。1945年主持召开中共第七次全国代表大会。从七届一中全会起至1976年逝世为止，一直担任中共中央主席。抗战胜利后，领导共产党和解放军推翻了国民党政府。1949年9月，当选为中华人民共和国中央人民政府主席，领导中国人民进行新中国建设。

　　1966年由于对国内国外形势作出了错误的估计，毛泽东发动了被称为"文化大革命"的政治运动，使中国的许多方面受到严重的破坏和损失。但是，毛泽东对中国革命的功绩仍然受到中国人民的崇敬。毛泽东在半个多世纪的革命活动中，不断集中全党的智慧，创造性地把马克思列宁主义普遍原理同中国革命的具体实践结合起来，对中国长期革命实践中的一系列独创性的经验作了理论概括，制定了正确的理论、政策和适应中国情况的科学的指导思想。毛泽东为中国共产党和中国人民解放军的创立和发展，为中

国各族人民解放事业的胜利，为中华人民共和国的缔造和在国际地位上的独立和提升，建立了不可磨灭的功勋。

⊛ 湘潭市韶山市毛泽东故居和纪念馆

毛泽东故居位于湖南省湘潭韶山市韶山冲上屋场，系土木结构的"凹"字形建筑，坐南偏东，东边是毛泽东家，西边是邻居，中间堂屋两家共用。故居建于民国初年，为南方农宅形式，背山面水、泥砖墙、青瓦顶，进深两间；后有天井、杂屋，共13间半，建筑面积223平方米。

1893年12月26日，毛泽东诞生于此，并在这里度过了童年和少年时代。1910年秋毛泽东外出求学。1925年回乡组织农民运动，在此建立中国共产党韶山支部。1927年考察湖南农民运动时，于此召开乡村干部和农民座谈会。1929年，故居被国民党政府没收，并遭到破坏；1950年按原貌修复。故居已经维修几次，现门额之"毛泽东同志故居"匾系邓小平于1983年所题。

故居陈列物品中有许多是原物：卧室中的床、衣柜、书桌、长睡椅和摺衣凳，堂屋中的两张方桌、两条板凳和神龛，厨房中的大水缸和碗柜，农具室中的石磨、水车和大木耙等。故居前有一亩地左右的池塘，塘中有荷花，故又叫荷花塘，与之相毗邻的是南岸塘。青山、绿水、苍松和翠竹把这栋普通农舍映衬得生机盎然。

毛泽东故居斜对面有**毛泽东纪念馆**，它是一处以毛泽东的革命足迹为历史背景，以革命纪念地为原型的缩微景观区，是反映毛泽东革命生平和光辉业绩的纪念馆，于1964

年10月1日正式对外开放。整座建筑物创造性地把湖南乡间农舍格调同苏州园林风格相结合，集庄严、朴素、美观于一体。

该馆基本陈列共8个室，反映了毛泽东从少年和青年学生时代起直到1976年逝世为止的生活与斗争业绩。纪念馆前，左右原来各有一口池塘，馆前是一个大广场，大门顶上镂刻着邓小平手书金色大字"韶山毛泽东同志纪念馆"。进门是一宽敞大厅，一尊高2.67米、重达3吨多的毛泽东塑像立于红帐之前，毛泽东身着风衣，左手捏军帽，右手前挥。厅内依次陈列了全国六大革命纪念地（即韶山毛泽东故居、上海一大会址、井冈山黄洋界、遵义会议旧址，陕北延安、北京天安门）的图片，可谓一部压缩的中国革命史。序厅中央的一座山水模型将韶山的210平方公里的景色浓缩于其中。

⊛ 中共湘区委员会旧址暨毛泽东、杨开慧故居

中共湘区委员会旧址暨毛泽东、杨开慧故居，位于湖南省长沙市八一路清水塘。旧址因地处长沙市郊区，才在长沙大火时幸免于难，整栋房屋一直保存到长沙解放。

旧址属一陶姓商人住宅，典型南方民居风格，南北朝向。1921年10月至1923年4月，毛泽东、何叔衡等租用此地作为中共湘区委员会机关秘密办公地。故居为一栋二进三开间砖木结构的小平房。内墙用木质板材所隔，门窗采用镂空的装饰手法，同时用青砖砌成外墙，圈绕院落，显得十分雅致。堂屋右边第一间房子是毛泽东与杨开慧的卧室兼办公室，他们的两个儿子毛岸英、毛岸青均出生于此。右边第二间房子是杨开慧的母亲杨老太太的住房，堂屋左边第一间房子是客房，许多到湘区汇报工作或参加会议的中共活动家如李立三、刘少奇等曾在此休息和住宿。左边第二间房子是秘密会议室，1922年10月6日，毛泽东曾在此召开长沙泥木工人罢工委员会会议，部署罢工斗争。

1951年湖南省文物管理委员会征收该建筑，并于1954年对外开放。1956年7月24日，由湖南省人民政府公布为省级文物保护单位。2003年12月26日，为纪念毛泽东诞辰110周年，将"中共湘区委员会旧址"重新冠名为"中共湘区委员会旧址暨毛泽东、杨开慧故居"。

⊛ 磨西镇毛泽东住地旧址

磨西镇毛泽东住地旧址位于四川省甘孜藏族自治州泸定县境内。1935年5月，毛泽东带领红军抢渡大渡河前夕，与朱德一起住在磨西的天主教堂里，召开磨西会议，确定了红军下一步的战略目标；同样在距离磨西天主教堂不远的沙坝天主教堂，毛泽东指挥红军进行了一场伟大的战役——飞夺泸定桥。"磨西"为古羌语，意为"宝地"之意，始于汉代的磨岗岭古道之上的重镇。磨西天主教堂坐西朝东，为中西合璧四合院建筑，建

有经堂、钟楼、神甫楼和男女生宿舍，建筑面积289.7平方米。教堂内装修雅致，有柱12根，每根柱顶上都有木制树叶雕花，并绘有少量花纹，望板上绘有玫瑰花，极具西方浪漫色彩。钟楼共3层，楼顶采用六角形攒尖顶，由6根圆柱抬顶，窗为桃尖形。二层为四角形，用四方形砖柱托檐，有方形窗、拱形大门，门两侧有圆柱各一根，并绘有花纹图案，极具东方古典建筑风格。

神甫楼是一栋两层青砖土瓦房。楼前有块白色花岗石石碑，上面刻有"四川省重点文物保护单位"、"磨西天主教堂"、"毛泽东同志住地旧址"等字样。走进神甫楼，里边陈列着红军曾经用过的一些物品，保存着当年一些红军将领到此参观的题词。毛泽东住房陈列和磨西会议房间复原陈列，以及室内的展示，图文并茂地介绍了红军在磨西的活动情况，介绍红军强渡大渡河、飞夺泸定桥以及红军在甘孜藏族自治州的历史事件。

☀ 磨西镇毛泽东住地旧址 CFP

☀ 开慧乡杨开慧故居和纪念馆

杨开慧纪念馆位于湖南省长沙市开慧乡开慧村，由杨开慧故居、杨开慧烈士陵园及板仓教育活动中心三部分构成。

杨开慧故居是一座土木结构的平房，占地680平方米，建筑面积480平方米，始建于1795年。1901年，杨开慧在这里出生，并在这里度过了她的童年和少年时代。故居三面靠山，分上、中、下三栋和东西两厢，各栋之间设有天井。前门上方悬挂着毛泽东手书"板仓"黑底金字匾。正堂屋里悬挂着江泽

☀ 磨西天主教堂 CFP

民、李鹏、万里、李瑞环等原中共领导人为杨开慧烈士牺牲60周年的题词。在故居中，展出了杨开慧生平事迹的照片资料，其父母卧室和本人的住房等均作原状陈列。1984年12月前栋三间被辟为"杨开慧烈士生平事迹陈列室"，1991年又将前栋另一间改建为"毛岸英烈士生平事迹陈列室"对外开放。陈列室内陈列着各类展品，较为全面地反映了杨开慧烈士光辉的一生。

在杨开慧烈士陵园的正中是一座高3.8米、重11吨的杨开慧烈士全身汉白玉像。板仓教育活动中心位于烈士故居和陵园之间，占地800平方米，建筑面积3020平方米。中心大楼共四层，内设爱国主义教育报告厅，以及党和国家领导人为杨开慧烈士题词的陈列厅。

△ 其他相关景点：湖南第一师范学校旧址（湖南省）

新华社记者 龙弘涛 摄

1-3 周恩来

● 周恩来（1898年3月5日—1976年1月8日），字翔宇，曾用名伍豪等，浙江绍兴人，生于江苏淮安。马克思列宁主义者，革命家、政治家、军事家、外交家，中国共产党和中华人民共和国的主要领导人，中国人民解放军的主要创建人和领导人，中华人民共和国主要缔造者之一。曾任中华人民共和国政府总理，兼任外交部长，全国政协主席，中共中央副主席等职。主要著作有《周恩来选集》、《周恩来统一战线文选》等。

1917年，周恩来于天津南开中学毕业后留学日本。1919年春回国。1920年到法国勤工俭学。1921年，在法国参加中国共产党，后任中共旅欧支部领导人。1924年秋回国，曾任黄埔军校政治部主任，国民革命军第一军政治部主任、第一军副党代表等职。1927年3月领导上海工人第三次武装起义。同贺龙、叶挺、朱德、刘伯承等一起于1927年8月1日在江西南昌领导了武装起义，任中共前敌委员会书记。1931年12月进入江西中央革命根据地，先后任中共苏区中央局书记、中国工农红军总政治委员兼第一方面军总政治委员、中央革命军事委员会副主席。1935年1月遵义会议上，他支持毛泽东的正确主张，继续被选为中央主要军事领导人之一。1936年12月"西安事变"发生后，任中共全权代表去西安同蒋介石谈判，和张学良、杨虎城一起迫使蒋介石接受"停止内战，一致抗日"的主张，促使团结抗日局面形成，促使国共第二次合作。抗日战争期间，代表中共长期在重庆及国民党控制的其他地区做统一战线工作。1945年在中共七届一中全会上当选为中央政治局委员、书记处书记。解放战争时期，任中央军委副主席兼代总参谋长，协助毛泽东、朱德组织和指挥解放战争，同时指导国民党统治区的革命运动。1949年中华人民共和国成立后，一直任政府总理，一度兼任外交部长，并任政协副主席、主席，中共中央副主席，中央军委副主席等职。他担负着处理党和国家日常工作的繁重任务，参与制定和亲自执行重大外交政策；倡导了著名的"和平共处五项原则"，为实现中日、中美关系正常化和恢复中国在联合国的席位作出了卓越的贡献。"文化大革命"中他同林彪、江青反革命集团进行了各种形式的斗争。

新民主主义革命时期，周恩来为中国共产党创建人民军队、创建革命统一战线、创建中华人民共和国建立了不朽功勋。在大革命中，他出色领导了国民革命军军政工作、广东地方政权工作、震惊中外的上海工人武装起义，成为共产党最早认识武装斗争重要性和最早从事军事工作的领导人之一。他积极探索中国革命的正确道路，明确提出"乡村中心"的思想，为推动"农村包围城市，武装夺取政权"道路的形成作出了突出贡献。在江西中央革命根据地，他同朱德等一起成功指挥了第四次反"围剿"斗争，创造了大兵团伏击歼灭战的新经验。新中国成立后，周恩来先后担任政务院总理、国务院总理长达26年，为积极探索符合中国国情的社会主义建设道路，全面组织和实施社会主义各项建设事业，兢兢业业，殚精竭虑，在政治、经济、外交、国防、统战、科技、文化、教育、新闻、卫生、体育等各领域倾注了大量心血，作出了奠基性的贡献。

❋ 周恩来纪念馆和故居

周恩来纪念馆，位于江苏省淮安市楚州区北门外桃花垠。邓小平题写馆名，江泽民、李先念、杨尚昆、李鹏等中央领导人为纪念馆题词。

纪念馆坐落于一个三面环水的湖心半岛上，馆区总面积35万平方米，其中70%为水面。整个建筑造型庄严肃穆，形式朴实典雅，既有传统的民族风格，又有现代建筑特色。馆区平面图呈等腰梯形，俯瞰全景，纪念岛和人工湖构成汉字"忠"字形。主馆底部基台呈方梯形，而馆体呈八棱柱体，在庄严中具有动感，喻示周恩来数次在共产党与解放军的生死存亡关头所起的扭转乾坤的作用；基台周围由四根巨大的花岗石石柱撑起锥形大屋顶，寓意他最早提出建设社会主义四个现代化的千秋大业。与主馆相呼应的附馆呈"人"字形展开，寓意周恩来伟大崇高的人格。纪念馆内分为三层，底层为陈列厅，二层为纪念厅，三层为观景台。

在纪念馆南北800米长的中轴线上，依次有瞻仰台、纪念馆主馆、附馆、周恩来铜像和仿北京中南海西花厅等纪念性建筑。此外，还有岚山诗碑、海棠林、海棠路、樱花路、五龙亭、怀恩亭、西厅观鱼等景点。

周恩来故居，位于江苏省淮安市楚州区西北隅的驸马巷内。故居由东西相连的两个宅院组成。1898年3月5日，周恩来诞生在这个院落东侧的一间房子里。

故居有东西相连的两个宅院，系清咸丰到光绪年间所建的青砖瓦木结构平房，共32间。周恩来在这里出生、成长、学习至12岁。东大院有周恩来祖父住房、继母和乳母住房、周恩来诞生地、读书房、他提过水的水井和浇过园的菜地。西大院原为周恩来二祖父住房，现辟为陈列室，展出照片近200幅，内容分为5部分：周恩来童年、家世和故乡、人民的怀念、党和国家领导人题词、周恩来书画苑和周恩来墨迹碑廊。

周恩来故居门前，有一条凿于明代嘉靖年间的文渠，渠岸镶嵌着石块，水尤清洌。童年周恩来曾与表姐龚志如不止一次地步下石阶，登上小船，顺流而下，出北水关，穿莲花桥，达河下镇，接触了解民间风情。新中国成立后，周恩来曾说："我的学问不少是读民间文学得来的。"这条文渠，就是他最初通向民间的渠道之一。

⊛ 周恩来邓颖超纪念馆

周恩来、邓颖超的青少年时代是在天津度过的，他们在天津相识、相知、相爱并共同走上革命道路。两位伟人始终把天津作为第二故乡，临终前他们分别留下遗嘱将骨灰撒在祖国的山河大地，撒在天津海河。为缅怀铭记周恩来、邓颖超的丰功伟绩和高尚品德，特在天津建立了周恩来邓颖超纪念馆。

⊛ 天津南开区周恩来邓颖超纪念馆 *新华社记者 刘海峰 摄*

　　纪念馆坐落于天津市南开区水上北路天津水上公园风景区内，是一座传统文化和现代文化相结合的建筑。布局呈"工"字形，主体建筑为三层，屋顶采取传统重檐形式并结合现代工艺，屋面为石材，外檐镶嵌花岗石，色彩朴素淡雅。

　　纪念馆基本陈列分为三大展区即主展厅、按1∶1比例仿建的北京中南海西花厅专题陈列厅和专机陈列厅。纪念馆展厅包括瞻仰厅、生平厅、情怀厅以及竹刻楹联厅和书画艺术厅。瞻仰厅正面耸立着周恩来、邓颖超的汉白玉雕像，两侧浮雕墙镌刻着五四运动、南昌起义、红军长征、西安事变和开国大典等历史性画面。生平厅的9个部分以复原场景、缩微景观和大量翔实的历史资料，全面展示一代伟人的风采。情怀厅展示了两位伟人的伉俪情深和对祖国、人民的真挚热爱。楹联厅和书画厅汇集并展示来自全国的知名人士和著名艺术家为讴歌周恩来、邓颖超而作的竹雕艺术品和书画作品。

　　馆外的巨型花岗石雕像《高山仰止》表现了人们对周恩来和邓颖超的崇敬之情。馆内藏品丰富，文物、文献、照片及其他资料8000余件，珍品达百余件，文物价值弥足珍贵。周恩来邓颖超纪念馆现为全国爱国主义教育示范基地、全国廉政教育基地和国家一级博物馆。

⊛ 农八师周恩来总理纪念馆

　　农八师周恩来总理纪念馆位于新疆维吾尔自治区石河子市区北郊北泉镇。园内有纪念碑和纪念馆。纪念碑在南，纪念馆在北。1977年7月1日纪念碑建成；1991年至1994年间，又扩建了周恩来总理纪念馆及其他附属建筑。

◉ 新疆石河子农八师周恩来总理纪念馆 CFP

周总理纪念碑耸立在一所门朝西开的园林内，碑体用钢筋混凝土浇筑而成，总高12.8米；碑角四棱挺拔，交棱成冠；碑身呈方柱体，高7.8米，象征周总理享年78岁；碑文高6.7米，象征周总理来此视察时67岁。碑身由大理石贴面，正面为"敬爱的周恩来总理永垂不朽"的黄铜镀金大字，背面为145团党委撰写的碑记，两侧镌刻周总理为军垦战士的题词"高举毛泽东思想的胜利红旗，备战防边，生产建设，民族团结，艰苦奋斗，努力革命，奋勇前进"。

纪念碑北面是纪念馆，总面积1680平方米，内设正厅、展厅和放映厅。正厅北墙为大型油画《新疆风光》，油画下是78厘米的周总理半身铜像，三个展厅展出230多幅图片和部分实物。纪念碑南面是纪念厅，占地225平方米。正墙有高2.2米、长9米的大型浮雕《周总理陈毅副总理和新疆各族人民在一起》。园内还有接待室、凉亭、喷泉等附属建筑，整个园林由红墙黄瓦组成的仿古式围墙环绕。

1-4 刘少奇

◉ 刘少奇（1898年11月24日—1969年11月12日），曾化名胡服，湖南宁乡人。马克思列宁主义者，革命家、政治家、理论家，中国共产党和中华人民共和国的主要领导人，中华人民共和国的主要缔造者之一。曾任中华全国总工会委员长、中共北方局书记、中央中原局书记、新四军政委、中央书记处书记、中央军委副主席等职。新中国成立后，任中央人民政府副主席、全国人大常委会委员长、中华人民共和国主席、中共中央政治局常委、中共中央副主席等职。著作有《论党》、《论共产党员的修养》、《刘少奇选集》等。

1921年，刘少奇在莫斯科加入中国共产党。1922年回国后，同李立三等领导了江西安源路矿工人大罢工。1925年当选为全国总工会副委员长。此后，分别在上海、广州、武汉参加领导五卅运动、省港大罢工和武汉工人群众收回汉口英租界的斗争。1934年10月参加长征，在遵义会议上，支持毛泽东的正确主张。1936年春赴华北坚定地执行了中共中央关于建立抗日民族统一战线的新政策。1941年皖南事变后，被任命为新四军政治委员，同陈毅代军长一起扭转了新四军的困难处境，扩大了华中抗日根据地。新中国成立后，担任中华人民共和国主席，在制定国家政治、经济、文化、教育、外交等方面的方针政策中发挥了重要作用。1966年开始的"文化大革命"，受到毛泽东的错误批判，并遭到林彪、江青反革命集团的政治陷害和人身摧残，被免除一切职务。1969年11月12日在开封被折磨病逝。1980年中共十一届五中全会为其平反昭雪、恢复了他的名誉。

刘少奇是中国共产党领导的工人运动的著名领袖和主要领导者，是党的正确路线在白区工作中的杰出代表。大革命失败后，他坚持战斗在白色恐怖笼罩的上海、北平、天津、哈尔滨等地。他坚持从实际出发，独立思考，善于创造性地开展工作，同党内"左"倾错误进行坚决斗争。他参加了中央红军长征，在具有重要历史意义的遵义会议上坚定支持以毛泽东为代表的正确主张。红军长征胜利到达陕北后，他领导迅速恢复和发展了党在华北地区的组织。在延安时期他着力提倡毛泽东思想的概念，为毛泽东思想理论的形成起到了重要推动作用。在进行革命实践的同时，他也致力于对共产主义理论的研究，其著名的著作《论共产党员的修养》就是其研究成果之一。

⊛ 宁乡县花明楼刘少奇故居和纪念馆

刘少奇故居和纪念馆位于湖南省长沙市宁乡县花明楼镇炭子冲村。刘少奇故居是一座砖木结构的四合院式的农舍，始建于清同治十年（1871年）。故居陈列除了按原貌恢复30多间茅房和瓦房以外，还陈列了190件展品。通过这些展品，再现了19世纪末湖南农家的典型风貌和刘少奇在这里学习和活动的部分场景。故居正门悬挂着1980年邓小平题写的"刘少奇同志故居"匾额，堂屋内陈列着一本清朝同治十年的历书和1961年5月刘少奇、王光美在故居的合影。刘少奇的卧室内摆着书桌、太师椅和床等，刘少奇1961年5月回故居时曾在此住宿、办公。

刘少奇纪念馆于1984年筹建，1988年11月24日建成，馆址距故居约300米。占地面积约46690平方米，由大门、广场、纪念馆、文物馆等组成，具有浓郁的民族风格。纪念馆主馆建筑面积3200平方米，陈列面积980平方米。主馆坐北朝南，呈三级阶梯展开。大门正中悬有汉白玉箔金雕字，为邓小平手书"刘少奇同志纪念馆"的匾额。门楼内为宽敞的序厅，序厅后面为8间展览室。馆内有大小模型4个，即安源路矿工人俱乐部、北方局旧址、盐城新四军军部旧址、西柏坡旧址。复原陈列2个，即延安杨家岭刘少奇所住窑洞、北京中南海福禄居刘少奇住室。此外，还有刘少奇夫人王光美委托中共中央办

⊛ 宁乡县花明楼刘少奇故居　郑建民 摄

公厅移交给刘少奇纪念馆的刘少奇生前阅读、批注过的上万册图书及历史照片。

走出故居，与故居一山之隔的仙基岭、白鹤岭下，还有一座占地面积约13公顷的主题文化公园——花明园。花明园是一座以营造和表现刘少奇成长的历史人文环境为主题的公园，于2003年11月24日刘少奇诞辰105周年之际建成开放。当年83岁高龄的刘少奇夫人王光美第六次回到花明楼，参加了开园仪式。

△ 其他相关景点：和平区中共中央北方局旧址纪念馆（天津市）

1-5 朱德

● 朱德（1886年12月1日—1976年7月6日），字玉阶，原名朱代珍，曾用名朱建德，四川省仪陇县人，中华人民共和国十大元帅之首。马克思列宁主义者，革命家、政治家、军事家，中国共产党和中华人民共和国的主要领导人，中国人民解放军的主要创建人和领导人，中华人民共和国主要缔造者之一。井冈山时期任红四军军长，抗战时任八路军总指挥、总司令，解放战争时期任中国人民解放军总司令。新中国成立后，任中央人民政府副主席、中华人民共和国副主席、国防委员会副主席、人大常委会委员长、中共中央政治局常委、副主席等职。主要著作为《朱德选集》。

1909年，朱德考进云南陆军讲武堂，同年加入同盟会，参加了辛亥革命。1913年后在滇军任营长、副团长、团长、旅长。曾参加护国、护法战争。1922年赴德国留学，同年由周恩来介绍在法国加入中国共产党。1927年在南昌创办国民革命军第三军军官教导团，参加领导八一南昌起义，任起义军第九军副军长。1928年领导湘南起义，同年4月率部前往井冈山，同毛泽东领导的部队会合，成立工农革命军第四军。1930年8月任中国工农红军第一方面军总司令，后任中国工农红军总司令。他先同毛泽东、后同周恩来一起指挥红军战胜了国民党军队对中央革命根据地的四次"围剿"。在遵义会议上，他支持毛泽东的正确主张。长征途经四川北部时，同张国焘分裂党、分裂红军的活动进行了坚决的斗争。

抗日战争爆发后，他任八路军总指挥，率领和指挥八路军深入日军战线后方，广泛开展游击战争，建立和扩大了许多抗日根据地。中共七届一中全会上，当选为中央政治局委员、中央书记处书记。解放战争时期，他任中国人民解放军总司令，曾亲临华北前线指挥作战，取得了清风店、石家庄两大战役的胜利。他协助毛泽东组织和指挥了辽沈、平津、淮海三大战役，部署渡江战役和解放西南、西北地区的重大战役。朱德是中共第六至十届中央政治局委员，第七届中央书记处书记，第八届中央委员会副主席，第

⊛ 南充市仪陇县朱德故居纪念馆　新华社提供 肖洪环 摄

十届中央政治局常委。在社会主义经济建设和国防建设中，他忠实执行党的路线、方针和政策，为实现农业、工业、国防和科学技术现代化的伟大历史任务作了巨大努力。1955年被授予中华人民共和国元帅军衔。曾获一级八一勋章、一级独立自由勋章、一级解放勋章。

⊛ 南充市仪陇县朱德故居纪念馆

朱德故居纪念馆坐落在四川省南充市仪陇县马鞍镇琳琅山下，距县城36公里，占地约2.7公顷，总建筑面积4597平方米，展室使用面积905平方米。

纪念馆坐东朝西，与朱德故居遥遥相望。主体建筑融合了古典民族传统技艺和现代建筑风格，古朴典雅。正门悬挂的黑漆大匾"朱德同志故居纪念馆"烫金字，为邓小平手书。

馆内现设有6个展览厅，其中5个为朱德生平事迹展览，一个展厅为书画辅助活动展厅。展厅用丰富的图片、翔实的史料、珍贵的文物，展示了朱德元帅伟大的一生。第一展厅为"勤劳刻苦的佃农子弟"；第二展厅为"投笔从戎、护国讨袁、寻求真理、旅欧求学和回击英舰"；第三、第四展厅为"南昌起义、井冈会师、万里长征、抗战八年、解放战争"；第五展厅为"国务活动"。纪念馆右侧有怀念朱德同志的字画陈列厅，展出了邓小平、宋庆龄、邓颖超、李鹏等党和国家领导人的题词，以及著名书法家作品530余幅。

纪念馆为了使环境更加优美，还修建了五个古典亭榭。其中海量亭、丹心亭、山河志亭分别取朱德度量大如海、丹心为人民、大志壮山河之意。另外，还有滴翠亭、饮水思源亭、泰安亭等。此外，为了纪念朱德生前乐于种菜赏兰，该馆于1985年还建起名为国香苑的兰草园，种植兰草1000多个品种。

◉ 甘孜县朱德司令和五世活佛纪念馆

朱德司令和五世活佛纪念馆位于四川省甘孜藏族自治州甘孜县，于1993年11月建立，内有朱德司令和五世活佛格达促膝谈心的大型雕像，反映红军在甘孜期间同当地藏民鱼水相依的关系，以及新中国成立后特别是改革开放以来甘孜发展变化的各类文物和图片展览。

1936年，红军第二、四方面军在甘孜会师，红军在甘孜停留期间，爱国宗教人士五世活佛格达通过与红军的接触，特别是和朱德司令九次亲切会见和促膝谈心后，思想感情发生了根本的变化，毅然投入到新民主主义革命的洪流之中，他带领广大藏族同胞救助伤病员，捐粮捐物，积极支援和帮助红军，朱德司令和五世活佛格达由此结下了深厚情谊。

1-6 邓小平

◉ 邓小平（1904年8月22日—1997年2月19日），原名先圣、希贤，四川广安人。马克思列宁主义者、革命家、政治家、军事家、外交家，中国共产党、中国人民解放军、中华人民共和国的主要领导人。中国社会主义改革开放和现代化建设的总设计师，邓小平理论的主要创立者。曾任中共中央政治局常委，中共中央军委主席，全国政协主席，中央顾问委员会主任等职。著作有《邓小平文选》、《邓小平文集》等。

1924年，邓小平在留法期间参加中国共产党。第一次国内革命战争时期，他在革命军队中负责政治工作。第二次国内革命战争时期，他发动和领导百色起义和龙州起义，创建了中国工农红军第七军、第八军和右江、左江革命根据地。在中央革命根据地和长征过程中，执行以毛泽东为代表的正确路线。抗日战争时期，同刘伯承一起，率部创建晋冀豫等根据地，同敌后其他抗日根据地相配合，恢复了被日本侵略者占领的大片国土。解放战争时期，和刘伯承一起，坚决执行毛泽东关于从内线作战转向外线作战的战略决策，率部强渡黄河，挺进中原。接着，他们率领第二野战军，同陈毅指挥的第三野战军一起，开展淮海战役和渡江战役，占领南京、上海和东南各省，随后进军大西南。从1956年起，连续10年担任中共中央总书记（当时毛泽东为中共中央委员会主席，而总书记一职相当于秘书长），在许多方面进行了卓有成效的工作。在"文化大革命"中，受到错误批判，被剥夺一切职务。1973年被恢复工作，任国务院副总理；特别是1975年初主持党和国家的日常工作后同"四人帮"进行了针锋相对的斗争，对"文革"的错误进行全面整顿，因而第二次被撤销了一切职务。1978年党的十一届三中全会后，邓小平成了中国共产党第二代领导集体的核心，主持制定了符合中国国情的思想路线、政治路线和组织路线，提出了建设有中国特色的社会主义基本理论。为了实现祖国的和平统一，邓小平富有创造性地提出了"一个国家、两种制度"的构想。他一贯坚持独立自主的和平外交政策，主张以"和平共处五项原则"为准则建立世界的政治经济新秩序。

邓小平对中国的最大贡献是在毛泽东去世之后推动了中国的改革开放

事业，曾指出"改革是中国第二次革命"。邓小平阐明了社会主义本质、社会主义初级阶段、社会主义市场经济、社会主义改革开放，以及科学技术是第一生产力、和平与发展是当代世界两大问题等一系列理论观点，发展了马克思列宁主义、毛泽东思想。他设计了从20世纪80年代到21世纪中叶分三步走、基本实现现代化的发展战略目标。大力支持和推动农村改革，推进以城市为中心的全面改革，他关于社会主义也可以搞市场经济的论述，为中国共产党确定建立社会主义市场经济体制的改革目标奠定了理论基础。在这个理论指导下，邓小平确立了新的历史时期在经济、政治、外交、教育、科技、文化、军事、国家统一、共产党的建设等方面的方针政策，开辟了实现社会主义现代化的新道路，使中国的生产力得到突飞猛进的发展，人民生活得到很大的提高，国家面貌发生深刻变化。

为了促进、推动中国的改革开放事业，邓小平于1992年春进行了南巡视察，走访了武昌、长沙、深圳、珠海、上海等地，沿途发表了重要讲话，科学地总结了十一届三中全会以来党的基本实践和基本经验，提出"发展才是硬道理"，"不坚持社会主义，不改革开放，不发展经济，不改善人民生活，只能是死路一条"，办事情正确与否"主要看是否有利于发展社会主义社会的生产力，是否有利于增强社会主义国家的综合国力，是否有利于提高人民的生活水平"，对开好党的十四大具有重要指导作用。

⊛ 四川广安邓小平故居 *新华社记者 海明威摄*

⊛ 邓小平故居和纪念馆

邓小平故居和纪念馆，位于四川省广安市广安区协兴镇牌坊村，名曰"邓家老院子"，是一座坐东朝西的传统农家三合院。建筑具有典型的川东民居特色，充满浓郁的蜀乡风情。邓小平祖上三代人都居住在这里。1904年8月22日，邓小平诞生于故居的北厢房，并在这里度过了他青少年时期的15个春秋。

邓家老院子大门上方悬挂着江泽民1998年2月题写的"邓小平同志故居"的匾额。室内分别存放着红色柏木雕花床和简单的衣柜桌凳。北转角是邓家饭厅，存放着一张普通的方桌和凳子，当年邓家十几口人在这里用餐；饭厅后侧是厨房和猪牛圈。东南转角处是邓家的作坊屋，一半是粉坊，一半为酒坊。南北厢房造型格局基本相同。北厢房一共五间，紧挨饭厅的那间房屋是邓小平当年的起居之所，约20平方米，里面存放着邓小平当年降生的雕花木床及衣柜；靠窗户边摆着十分普通而又不同寻常的一张桌子和凳子，桌面上摆放着邓小平当年读书习文用过的油灯和纸、笔、砚。其余四间分别为横堂屋，是姐姐邓先烈，妹妹邓先芙、邓先群的住房和堆放农具的地方。

故居内设有3个图片展室、7个文物展室。陈列主要分"革命年代"、"建国时期"、"动乱岁月"、"开创新时期"、"外事活动"、"休戚与共"、"九二南巡"、"多彩情趣"8个部分，展现了伟人光辉的革命历程。

⊛ 南昌市新建县小平小道陈列馆

小平小道位于江西省南昌市新建县望城岗，原名为江西新建县拖拉机修配厂，是邓小平1969年10月至1973年2月下放劳动和生活的地方。小平小道的总面积约为6公顷，2004年将原拖拉机修配厂7栋厂房修复建成展馆，还建成了小平广场、停车场、开放性公园、绿化等设施。2008年新建了一栋现代化展馆——小平小道陈列馆。新馆建筑面积为2134.5平方米，陈展面积为1720平方米。陈列馆主要分为6个部分布展："文化大革命"初期、疏散到江西、工厂劳动、小平小道、情系新建、永远的怀念。

⊛ 南昌市新建县小平小道陈列馆内景　**CFP**

1-7 任弼时

◉ 任弼时（1904年4月30日—1950年10月27日），名培国，号二南，湖南省湘阴县（今属汨罗市）塾塘乡唐家桥人。马克思列宁主义者，革命家、政治家和组织家，中国共产党的主要领导人。曾任团中央书记，中共中央委员，中共湖北省委书记，武汉市委书记，中共中央政治局委员，中共中央苏区中央局组织部长，中国工农红军第二方面军政委，八路军总政治部主任，中央书记处书记等职。著作有《社会主义青年团是什么》、《列宁与十月革命》、《联合战线问题》等。

1920年8月，任弼时加入中国社会主义青年团；1921年入莫斯科东方大学学习，1922年底转为中共正式党员。1928年到中共中央机关工作，中共六大期间与李维汉、罗登贤留守国内，主持中央日常工作。长征期间，同张国焘的分裂主义作坚决斗争，促成红军第一、第二、第四方面军胜利会师。抗日战争爆发后，任中共中央军委华北分会委员、八路军政治部主任，和朱德、彭德怀等率八路军开赴山西前线抗战。1938年3月，代表中共中央赴莫斯科向共产国际系统地汇报中国抗战形势与中国共产党的工作和任务，阐明以毛泽东为代表的抗日民族统一战线，取得了共产国际的理解和支持。1940年3月回国，参加中共中央书记处工作。1941年9月任中共中央秘书长，协助毛泽东领导整风和大生产运动，并受中央委托主持《关于若干历史问题决议》的起草工作。1943年3月与毛泽东、刘少奇组成以毛泽东为首的中共中央书记处。1946年后，和毛泽东、周恩来一起转战南北，协助毛泽东指挥全国解放战争，制定中国共产党的土地政策和开展土地改革工作。

任弼时的一生贡献于中国的民族解放、人民解放和工人阶级解放的伟大事业，特别是贡献于中国共产党的组织工作和人民解放战争的政治工作。在1927年党内反对陈独秀右倾错误的斗争中，在土地革命战争时期红军的建设和领导红二、红四两方面军胜利完成长征的艰险斗争中，在抗日战争和人民解放战争中，任弼时都留下了不可磨灭的功绩。任弼时在青年工作、部队政治工作、土地改革工作、党的组织工作等方面，更有特殊的贡献。

☀ 汨罗市任弼时故居

　　任弼时故居位于湖南省岳阳汨罗市城南45公里的弼时镇唐家桥，坐东朝西，青砖落地；大门上方挂有邓小平手书的"任弼时同志故居"黑底金字匾，中堂门额下"望重龙门"、"光照壁水"两块御匾，昭示着书香门第昔日的辉煌与荣耀。故居系砖木结构，为三进三间两偏屋，九个坍池，占地3800平方米，共有大小房屋31间，四周环以低矮的院墙。故居三面环山，具有江南农舍的建筑风格。1904年4月30日，任弼时诞生在这里，并在此读完小学，度过童年和少年时代。

1-8 陈云

● 陈云（1905年6月13日—1995年4月10日），原名廖陈云，江苏青浦（今属上海市）人。马克思列宁主义者，革命家、政治家，中国共产党和中华人民共和国的主要领导人，中国社会主义经济建设的开创者和奠基人之一。曾任国务院副总理，中共中央政治局委员、常委、副主席，中央纪律检查委员会第一书记，中共中央顾问委员会主任。著作有《陈云文集》。

　　1925年，陈云加入中国共产党，此后致力于工人运动和农民运动。1931年1月在中共六届四中全会上被补选为中央委员，1932年任临时中央常委、全国总工会党团书记。1933年进入中央革命根据地。1934年1月，他在中共六届五中全会上被选为中央政治局委员、常委，并兼任白区工作部部长。随后参加长征，曾任军委纵队政治委员等职。在遵义会议上，他支持毛泽东的正确主张。1935年5月后作为中央代表去上海恢复党的秘密工作，同年9月到莫斯科参加中共驻共产国际代表团，后进入列宁学校学习。在延安整风中，他提出指导各项工作应采取"不唯上，不唯书，只唯实"的科学态度。1944年任中共西北财经办事处副主任，主持陕甘宁根据地的财经工作。1945年6月在中共七届一中全会上继续当选为中央政治局委员，8月任中央书记处候补书记。抗日战争胜利后被派往东北，曾任中共中央东北局副书记、东北财经委员会主任等职。1948年10月当选为中华全国总工会主席。中华人民共和国成立后，任政务院副总理兼财经委员会主任。1956年9月在中共八届一中全会上当选为中央副主席。此后兼任中共中央财经小组组长。对全国经济的迅速恢复和社会主义经济建设作出了重要贡献。1958年后，他提出的有关经济工作的一些正确主张不仅没有能够付诸实施，反而被错误地视为右倾，因此受到长时间的冷遇。"文化大革命"中，受到错误的批判，在党内只保留了中央委员的名义。1975年被选为第四届全国人大常委会副委员长。1978

年12月在中共十一届三中全会上重新当选为中央政治局常委、中央副主席，并被选为中央纪律检查委员会第一书记。1979年3月任国务院财经委员会主任，7月任国务院副总理。1987年10月中共十三大后，当选为中央顾问委员会主任，任职至1992年10月。中共十一届三中全会后，他主张清除"文化大革命"的影响，稳步推进社会主义现代化建设，系统地进行社会主义经济体制改革，加强执政党的建设。

　　新中国成立初期，在中共中央和毛泽东领导下，陈云具体部署和精心组织，全党全国共同努力，只用不到一年时间，党和政府就迅速实现了全国财政经济统一，稳定了金融物价，扭转了旧中国遗留下来的经济凋敝、物价飞涨、财经混乱的困难局面。为推进国家社会主义工业化，陈云积极借鉴国外有益经验，深入调查研究，坚持从我国国情出发，成功主持了第一个五年计划的编制和执行，为我们党推进工业化提供了宝贵经验。党的十四大以后，陈云从领导岗位上完全退下来，但他依然高度关注党和人民事业的发展，始终不渝地支持中共中央的工作，直到生命的最后一息。

⊛ 陈云故居暨青浦革命历史纪念馆

　　陈云故居暨青浦革命历史纪念馆是在"陈云故居"和原"青浦革命历史陈列馆"的基础上改扩建而成的，位于上海市青浦区练塘镇朱枫公路3516号，于陈云诞辰95周年之际，即2000年6月6日建成开馆，江泽民题写了馆名。2005年6月8日陈云诞辰100周年之际，陈云铜像在纪念馆落成。陈云故居总占地面积3.5公顷，为一块较为规则的梯形地块，建设内容包括纪念馆主体建筑和附属设施两部分，纪念馆主体建筑占地2.6公顷，主体部分及辅助设施由地下一层和地上二层构

⊛ 陈云故居暨青浦革命历史纪念馆　CFP

成，总建筑面积5500平方米。主体建筑前为广场，广场正中矗立着陈云铜像，广场两侧是长廊和水池。主体建筑周围种植苍松、翠柏，后方设青石铺地的小广场，陈云故居毗邻主体建筑。基地后方是风貌依旧的市河，市河两岸保留着具有江南小桥流水特色的建筑群。

主体建筑采用中轴严格对称布局的手法来表现崇高的纪念主题，立面以色调朴实沉稳的石料为主，屋檐采用琉璃瓦装饰。整个建筑造型设计既继承传统，又具有现代感，同时融入地方历史文化的深刻内涵，用建筑语言反映出陈云的个性，历史地再现了陈云青少年时期的成长环境，充分体现陈云一生平易近人、朴实高洁的精神风貌。故居与民宅融为一体，体现了江南水乡小镇的独特韵味。

☀ 临江陈云故居

临江陈云故居位于吉林省白山临江市南国街45号，原系清光绪六年（1880年）防军统领左宝贵建的防营。1945年，抗日战争胜利后，蒋介石大举向解放区进攻。东北民主联军遵照中共中央和毛泽东关于"建立巩固的根据地"的指示，从长春、四平等一些大中城市撤出，到比较偏僻的山区临江、长白、抚松、靖宇建立了南满根据地。中共中央决定派中共东北局副书记、东北民主联军副政委陈云和东北民主联军副司令员萧劲光到南满工作。陈云于1946年11月27日来到临江县（现临江市），就住在这所平房里。房子是旧式建筑，砖瓦结构，外墙水泥挂面，房山墙开门。门上方有一横额，由萧劲光题词"陈云同志旧居"。室内通过大量的珍贵图片和史料介绍了陈云在临江工作的经历和"四保临江"战役的详细经过，并陈列着陈云的部分工作、生活用品。

1–9 胡耀邦

◉ 胡耀邦（1915年11月20日—1989年4月15日），生于湖南省浏阳县。革命家，中国共产党和中华人民共和国的领导人。1931年加入中国共产主义青年团，1933年转入中国共产党。1934年参加长征。抗日战争时期，先后担任延安抗日军政大学政治部副主任、军委总政治部组织部长。解放战争时期历任冀察辽军区代理政治部主任、晋察冀军区第四纵队、第三纵队政委、第十八兵团政治部主任，先后参加了保卫张家口、解放石家庄、太原和宝鸡等战役。新中国成立后，1952年任中国新民主主义青年团中央委员会书记处书记；1957年任共青团中央第一书记，长期主持团中央的工作。1965年兼任西北局第二书记和陕西省委第一书记。"文化大革命"中遭迫害。1975年担负中国科学院的领导工作。1977年3月起先后担任中央党校副校长、中央组织部部长。1978年12月进入中共中央政治局；1980年2月担任中共中央政治局常委、中央委员会总书记。改革开放后，他组织和推动了真理标准讨论，组织和领导了平反冤假错案、落实干部政策的大量工作，主持制定和执行了发展农村经济的一系列方针政策，推动农村经济的迅速发展。对于党的工作从十一届三中全会以来所实现的伟大转变，对于各条战线清除极"左"思想，清除林彪、江青反革命集团的流毒和影响，恢复正确的政策和适应新情况制定新的政策，他发挥了重要的作用。

⊛ 共青城创业史陈列馆

共青城创业史陈列馆位于江西省九江市永修县，占地面积0.5公顷。共青城创业史陈列馆展示了胡耀邦两次亲临共青城，三次为共青城题词的感人场景，显示了他对共青城的深切关怀、鼎力支持和殷切期望；记录了98名上海青年志愿者在鄱阳湖畔开荒创业的历程，激励今人为中华民族的崛起而奋斗。

开国元帅

◉ 新中国成立后，为了嘉奖在中国共产党和人民解放军的建党建军立国过程中作出了巨大贡献的军队领导人，特别是在红军长征、抗日战争、解放战争时期建立显赫战功的军事家，1955年9月27日，中华人民共和国全国人大常委会第二十二次会议通过了授予中华人民共和国元帅军衔的决议。1955年9月27日下午5时，在北京中南海怀仁堂隆重举行授元帅军衔及授予勋章典礼，毛泽东主席颁发命令状，授予朱德、彭德怀、林彪、刘伯承、贺龙、陈毅、罗荣桓、徐向前、聂荣臻、叶剑英10人中华人民共和国元帅军衔，并授予一级八一勋章、一级独立自由勋章、一级解放勋章，中国人民解放军历史上著名的"十大元帅"由此确立（在十大元帅中，朱德元帅作为革命领袖见前述）。林彪因"文革"中与陈伯达等结成反革命集团，阴谋败露后，1971年9月13日乘飞机外逃时机毁人亡于蒙古国。1973年8月20日，中共中央决定开除其党籍。1981年1月25日被中华人民共和国最高人民法院特别法庭确认为反革命集团案主犯，勋章由中华人民共和国最高人民法院剥夺。

2-1 彭德怀

◉ 彭德怀（1898年10月24日—1974年11月29日），原名得华，号石穿，湖南省湘潭县人。革命家、军事家，中国人民解放军的创建人和领导人之一。曾任中国人民解放军副总司令，第一野战军司令员兼政委，中央军委副主席，中国人民志愿军司令员兼政委，国务院副总理兼国防部长，中共中央政治局委员等职。出版的著作有《彭德怀回忆录》、《彭德怀自述》、《彭德怀画册》等。

1926年，彭德怀参加北伐战争，于1928年加入中国共产党。同年7月率2000余官兵在湖南平江县举行武装起义，组成红军第五军，任军长。12月率军到井冈山与毛泽东、朱德领导的红四军会合。1930年任红三军团军团长，在打破国民党军"围剿"中屡建功勋。1934年10月参加红一方面军长征。遵义会议上支持毛泽东的正确主张，后任红军陕甘支队司令员。抗日战争时期，任八路军副总指挥，1940年秋在华北敌后指挥了"百团大战"。1945年6月任军委副主席兼总参谋长，协助毛泽东、朱德指挥对日军的大反攻。解放战争时期任中国人民解放军副总司令、西北野战军司令员兼政治委员，同毛泽东、周恩来等留在陕北根据地，指挥仅2万余人的部队，挫败了国民党20多万军队的重点进攻，解放西北五省。1950年10月出任中国人民志愿军司令员兼政治委员，赴朝鲜指挥作战。1952年4月回国主持中央军委日常工作。1954年以后，任国务院副总理兼国防部长。他对中国军队现代化正规化建设作出了卓越的贡献。1959年底在庐山会议上受到错误的批判，被免去国防部长职务。"文化大革命"中，遭到诬陷迫害，受到严重摧残，于1974年11月29日遭折磨病逝。1978年中共十一届三中全会为他平反昭雪。彭德怀平生以刚直不阿、敢于直言、艰苦朴素、关心群众著称。

在中国革命的各个历史时期，彭德怀都担任红军和解放军的高级领导职务，是毛泽东、朱德指挥全军的得力助手。他具有非凡胆略和精湛的军事指挥艺术，在国内外享有崇高的声望。

◉ 湘潭市湘潭县彭德怀故居和纪念馆

彭德怀纪念馆位于湖南省湘潭市湘潭县西南40公里的彭德怀故里乌石镇。这里处于全国知名的"伟人故里金三角"黄金旅游区，是湖南"长沙—韶山—南岳"人文旅游线的重要支点，又是重要的革命纪念地、爱国主义教育基地和国防教育基地。

纪念馆采用中国传统庭院式布局，富有浓厚地方色彩的马头墙门廊、青灰瓦屋顶以及灰白墙镶着的仿宋窗棂，既有古老的楚湘神韵，又有较强的时代感。序厅为一个宽敞的八边形，正墙由三组红色高浮雕组成，分别表现的是：血战罗霄、百团大战、抗美援朝。正中一座半身圆雕，塑造了解放战争时期的彭德怀。正门两侧是两组主题为"和人民群众心连心"、"致力于军队的革命化、

◉ 湘潭市湘潭县彭德怀故居 *新华社记者 龙启云 摄*

现代化、正规化建设"的壁画。围绕序厅设立了4大展厅共8个展室，用了300多张照片和一大批珍贵艺术展品，采用了声、光、电等多种表现手段，生动、艺术地再现了彭德怀伟大、光辉、战斗的一生。

序厅与各展室之间，由一条朝着庭院的走廊连通，走廊中段延伸出一个观景平台，站在平台上，可以远眺乌石峰、德怀亭、德怀墓和彭德怀故居。彭德怀故居始建于1925年，坐西北朝东南，砖木结构，粉墙青瓦，是具有典型江南风味的普通农舍。故居一直由其胞弟彭金华、彭荣华居住，故名"三华堂"。1958年至1961年，彭德怀曾两次回乡，1961年回乡调查时在此居住34天，接待来访的干部、群众2000多人次，并在此撰写5份农村调查材料供中共湖南省委参考。

故居的西侧是乌石峰，海拔377.5米，是南岳七十二峰之一，山势连绵，巍峨耸峙，曾是元末明初农民起义军地方首领、"两湖参政"易华的大本营。彭德怀早年受易华劫富济贫、疏财仗义的影响和思想启迪，走上革命道路，成为了一代伟人。

────────

△ 其他相关景点：庐山会议旧址及领袖旧居群（江西省）

2-2 刘伯承
────────

◉ 刘伯承（1892年12月4日—1986年10月7日），原名明昭，四川开县（今属重庆）人。革命家、军事家，中国人民解放军的创建人和领导人之一。曾任中央军委总参谋长，第二野战军司令员，军事学院院长兼政委，国防委员会和军委副主席，全国人大常委会副委员长等职。主要著作有《刘伯承军事文选》。

1912年，刘伯承入重庆军政府将校学堂，次年起参加护国、护法战争，1923年任四川东路讨贼军第一路前敌指挥官，被誉为川中名将。1926年加入中国共产党并参与领导泸顺起义，任起义军四川各路总指挥、暂编第十五军军长。1927年参与领导南昌起义，任中共前敌委员会参谋团参谋长。1928年去苏联伏龙芝军事学院学习。1930年回国，历任中央军委委员、中共中央长江局军委书记、红军学校校长兼政委、中央军委总参谋长。长征中曾率第一师强渡大渡河。第一、四方面军会合后，同张国焘分裂党的活动进行了斗争。抗日战争中，任八路军第一二九师师长，率部创建晋冀豫抗日根据地。1940年组织所部参加百团大战。解放战争时期，历任晋冀鲁豫军区、中原军区、中原野战军、第二野战军司令员。1947年与邓小平率主力挺进中原，对扭转全国战局起了巨大作

用。曾参与指挥淮海、渡江和西南解放等战役。新中国成立后，历任西南军政委员会主席、军事学院院长兼政委、人民革命军事委员会副主席、中央军委副主席、全国人大常委会副委员长。他是中共第七届中央委员、第八至十一届中央政治局委员。

刘伯承长期不懈地研究马克思主义军事理论，创造性地运用于中国革命战争实践，并为建立各军兵种指挥院校，培养大批中高级军事干部，推进现代化、正规化革命军队的建设作出重大贡献。

⊛ 开县刘伯承故居及纪念馆

刘伯承纪念馆地处重庆市开县新城城北盛山公园内，于1984年开始筹建，1990年12月奠基，1992年12月4日刘伯承元帅诞辰100周年时正式建成并对外开放，邓小平题写"刘伯承同志纪念馆"馆名。纪念馆现占地约3公顷，含主展馆和东西部景区，主馆建筑面积2343平方米，为现代仿古建筑，依山而建，高低错落有致，体现了巴渝东部的建筑艺术风格。馆内共有展室6间，再现了刘伯承元帅光辉伟大的一生，馆藏文物资料共4430余件（套）。

如果从汉丰湖乘船到刘伯承纪念馆，首先要攀登一座高43米，宽10米的大石梯，分三段台阶共204级。台阶的3幅摩崖石屏风（又称堡坎），各宽18米、高10米，分别用赭色花岗石、黑色大理石镶嵌成3幅大写意壁画《山河颂》。《山河颂》画面自下而上为：黄山青松、峨眉秀色、泰山旭日。壁画取材于祖国大好河山，象征刘伯承元帅的博大胸怀。

刘伯承故居位于重庆市开县赵家镇周都村，故居建筑是一栋青瓦土墙、半边茅屋的三合院，属晚清川东一带的普通农舍，当时仅有陋室三间，因兄弟姐妹增多，才又陆续建了几间。故居的正堂屋大门上方，挂着邓小平1986年亲笔题写的"刘伯承同志故居"大匾，左侧房是刘伯承的卧室，右侧房是刘伯承父母亲的居室。刘伯承故居现藏有文物35件，其中11件文物及当年使用的书籍、物品复制件，分布在他居住的卧室、父母居室、灶房及堂屋。

刘伯承骨灰盒于1987年12月1日，安放在故居前面的小陵园里，一方青石碑上镌刻着徐向前元帅亲笔题写的"伟大的无产阶级革命家刘伯承元帅之部分骨灰葬于此"的碑文，墓前的青石浮雕花圈上刻着刘帅家人对他的永远怀念。

2-3 贺龙

◉ 贺龙（1896年3月22日—1969年6月9日），原名贺文常，字云卿，湖南桑植人。革命家、军事家，中国人民解放军的创建人和领导人之一。他在半个多世纪的革命斗争生涯中，为中国的新民主主义革命、社会主义革命和建设，作出了重要贡献，建立了不朽功勋。曾任红二方面军总指挥，八路军第一二〇师师长，西北军区司令员，中央军委副主席，国务院副总理兼国家体委主任等职。著作有《南昌起义与我军建设》等。

1914年，贺龙加入孙中山领导的中华革命党。曾任桑植县讨袁护国军总指挥，湘西护国军营长，靖国军团长，四川警备旅旅长，混成旅旅长，建国川军师长。1926年参加北伐战争，任国民革命军第九军一师师长，第二十军军长。1927年参加领导南昌起义，任起义军总指挥，所率二十军是起义军主力之一。起义失败后在湘鄂边开辟革命根据地，历任中国工农红军第四军军长，中共湘鄂西前敌委员会书记，红二军团总指挥兼红二军军长，红三军军长，红二、红六军团总指挥，创建湘鄂川黔根据地。1935年11月，贺龙率部长征。1936年7月编成红二方面军任总指挥，坚决反对张国焘的分裂主义，同年10月同红一方面军会师。抗日战争初期，任八路军第一二〇师师长率部开赴晋西北抗日前线，扩大晋西北根据地。1938年12月率部东进冀中，巩固了冀中抗日根据地。1939年率主力返回晋西北。任晋绥军区司令员，巩固和扩大了晋绥抗日根据地。解放战争时期，历任晋绥军区司令员，晋绥野战军司令，西北军区司令员，中共中央西北局第二书记。发起绥远战役，指挥晋北战役。1949年底协同第二野战军发起成都战役，进军西南广大地区。1954年任国务院副总理，1959年任中央军委副主席，中共中央国防工业委员会主任。1964年起主持中央军委日常工作，参与领导人民解放军革命化、现代化、正规化建设。"文化大革命"中遭受林彪、江青反革命集团的诬陷迫害，坚贞不屈，1969年6月9日被迫害致死。1978年12月十一届三中全会后得到彻底平反。

贺龙一生追求真理，把毕生的精力和心血都奉献给了创立和建设新中国。他大公无私，刚直不阿，言行一致，光明磊落，平易近人，豁达大度，爱护战士，关心群众。他的英雄形象和崇高品德深受全党、全军和全国各族人民的崇敬和爱戴。

◉ 桑植县贺龙故居和纪念馆

贺龙故居位于湖南省张家界市桑植县洪家关村。故居是一栋坐北朝南、四扇三间的普通木房，原是贺

龙祖父贺良仕于清道光年间修建的，后为贺龙的父亲贺仕道所继承。贺龙和他的姐姐、妹妹、弟弟都出生在这里，并在这里度过了他们的童年和青少年时期。正中堂屋门首红底金字匾额上的"贺龙故居"为邓小平手书。堂屋前面一间过去是供奉家神和红白喜事用的厅堂，现在这里置放贺龙元帅身穿戎装的半身铜像。原建筑在战争年代几次被毁，只剩下槽门和一壁残墙。"文化大革命"期间贺龙遭到诬害被打倒，剩下的残墙也被捣毁，屋基被平整为稻田。现在的贺龙故居是1977年由湖南省和桑植县两级政府拨款按旧居原貌修复的。1983年，湖南省人民政府将贺龙故居列入重点文物保护单位。

　　贺龙纪念馆位于桑植县洪家关村贺龙故居附近，与**贺龙桥**成犄角之势。高大威武的贺龙铜像耸立在纪念馆前。馆舍占地面积9335平方米，建筑面积2080平方米，是一座融现代建材、仿古工艺和民族风格为一体的四合院式建筑。纪念馆三面环水，玉泉河、天在溪、鱼鳞溪绕馆而过。平面图近似巨型菜刀，隐喻贺龙当年两把菜刀闹革命。大门上墨色大理石匾额上镌刻的"贺龙纪念馆"烫金大字，由江泽民亲笔题写。馆内设有贵宾休息室、音像放映厅和展览陈列室，共展出贺龙一生中各个时期的图片337幅，文物文献138件。展览共分"执着的救国救民抱负"、"卓越的无产阶级军事家"、"杰出的新中国体育事业的奠基者"、"军队和国防建设的重要领导人"、"贺龙永远活在人民心中"五个部分，全面地展现了贺龙战斗、光辉的一生。

2-4 陈毅

◉ 陈毅（1901年8月26日—1972年1月6日），字仲弘，四川乐至人。革命家、军事家，中国人民解放军的创建人和领导人之一。曾任新四军军长，第三野战军司令员兼政委，上海市委第一书记、上海市市长，中共中央军委副主席，国务院副总理兼外交部部长，中共中央政治局委员等职。著作有《陈毅诗词选集》、《陈毅诗稿》等。

陈毅1919年赴法勤工俭学，1921年参加留法学生爱国运动，被驱逐回国。1923年，加入中国共产党。1926年在川军中进行革命活动。1927年任中央军事政治学校武汉分校中共委员会书记，后参加南昌起义部队。1928年参与领导湘南起义，和朱德一起率部上井冈山。曾任工农革命军第四军政治部主任兼第十二师师长、中共第四军军委书记。1929年协助毛泽东召开了古田会议。历任红军第四军前敌委员会书记、第六军政委、第二十二军军长、中共赣西南特委书记、江西军区司令员兼政委、中华苏维埃共和国中央执行委员。中央红军主力长征后，留在当地，任中共中央苏区分局委员、中华苏维埃共和国中央政府办事处主任，坚持艰苦卓绝的游击战争。抗日战争全面爆发后，历任中央军委新四军分会副书记、新四军第一支队司令员、代军长、军长。解放战争时期，历任山东、华东、第三野战军司令员兼政委，中原军区、中原野战军副司令员，中共中央中原局第二书记，领导解放华东地区的作战。新中国成立后，

◉ 资阳市乐至县陈毅故居 CFP

历任华东军区司令员、上海市市长、中共中央华东局第二书记兼上海市委第一书记、中央军委副主席、国务院副总理兼外交部部长、人民革命军事委员会副主席、国防委员会副主席、全国政协副主席。陈毅是中共第七至九届中央委员、第八届中央政治局委员。在"文化大革命"中，同林彪、江青反革命集团进行了坚决斗争，遭到严重迫害。

陈毅领导了上海解放之初的经济恢复工作，使上海市的经济建设得到了迅速的恢复和发展，团结民族资产阶级，为资本主义工商业的社会主义改造打下坚实基础。在发展我国独立自主的外交路线、加强与各国友好关系上具有不朽功勋，在全国人民中享有很高声望。陈毅也是一名诗人，被人们称誉为"文武全才"。

⊛ 资阳市乐至县陈毅故居

陈毅故居坐落于四川省资阳市乐至城北17.5公里的劳动乡正沟湾，系典型的浅丘民居。故居兴建于清代乾隆初年（1736年），陈毅太祖于乾隆丁卯年（1747年）买下这块基业，后经扩建完善，共计有大小房屋36间，建筑面积750平方米，为三重堂四合院布局，木质穿榫结构，房屋坐西朝东。1901年8月26

日，陈毅诞生在这座院落一重堂左侧的一间小瓦房里，并在这里度过童年时光。

距故居约500米处有陈氏宗祠，兴建于清同治八年（1869年），坐南朝北，是一座木质穿榫结构的小四合院，雕梁画栋，古色古香。1922年陈毅留法勤工俭学回国后在此居住半年。其间，他为家乡人民在故居外羊汊河上安装了水碾、水磨、水力轧花机和简易提水灌溉等机器，一直传为佳话。

1986年在离故居200米处的梅山修建了故居文物陈列馆，并于1987年8月26日正式对外开放。陈列馆以江南民居并吸取苏杭园林的特色布局，建筑面积1926平方米，共有大小庭院7个。陈列馆前庭安放着陈毅元帅的青铜铸像，铜像高4.5米。内坝中央建有一水池，池畔有黑色大理石雕凿的诗碑，刻录了陈毅元帅的《大雪压青松》、《梅岭三章》等著名诗篇。陈列馆内的五个展厅，按陈毅元帅的一生分为5个时期、18个部分，以大量的实物、照片、年表、诗词、著述、信札、战役示意图、战绩统计表等系统地再现了陈毅元帅光辉的一生，史料共计461件。陈毅故居及文物陈列馆被列为四川省爱国主义教育和精神文明教育基地。

2-5 罗荣桓

◉ 罗荣桓（1902年11月26日—1963年12月16日），湖南衡山南湾村（今属衡东）人，革命家、军事家、中国人民解放军的创建人和领导人之一。曾任八路军第一一五师政委、代理师长，东北野战军政委，第四野战军政委，中央军委副主席，国防委员会副主席。全国人大常委会副委员长，中共中央政治局委员等职。

1927年，罗荣桓加入中国共产党，同年参加鄂南暴动和秋收起义。曾任中国工农红军第四军的连、营、纵队党代表；1930年起任中国工农红军第四军政委、第一军团、江西军区、第八军团政治部主任、中国工农红军后方政治部主任；参加了长征。抗日战争时期，历任八路军第一一五师政治部主任、师政委，与代师长陈光率主力进入山东。1943年3月任山东军区司令员、第一一五师代理师长兼政治委员、中共中央山东分局书记，统一领导山东抗日根据地的党政军工作。1945年指挥部队进行大反攻，控制山东境内的津浦、胶济、陇海铁路，收复山东大部地区。解放战争时期，率山东主力部队6万余人进军东北，任东北民主联军副政治委员、东北军区政委、第四野战军第一政委，参与指挥辽沈战役和平津战役，主持和平解放北平的谈判工作。新中国成立后，历任中央人民政府最高人民检察署检察长，中国人民解放军总政治部主任兼总干部管理部部长，领导全军政治工作，对人民解放军政治工作卓有建树。1952年领导和筹建人民解放军政治学院，兼任院长。第一、二届全国人大常委会副委员长。

罗荣桓是红军和解放军最早的政治工作者之一，为创建新型的人民军队作出了杰出的贡献。自从秋收起义开始，罗荣桓便在毛泽东领导下工作，亲自贯彻执行了毛泽东的许多主张，例如支部建在连上、三大纪律八项注意、部队要做群众工作、建立根据地等。

✳ 衡阳市衡东县罗荣桓故居

罗荣桓元帅故居位于湖南省衡阳市衡东县荣桓乡南湾村，又名异公享祠，建于民国3年（1914年）。

◉ 衡阳市衡东县罗荣桓故居　CFP

◉ 衡阳市衡东县罗荣桓纪念馆　CFP

故居是罗荣桓元帅的父亲罗国理为纪念第12代先祖异山公倡建的族祠。故居的格局为三进五厢，属清末湘南民居建筑形式，占地530多平方米，建筑面积420多平方米。故居内设有陈列室，展出珍贵文献、照片和实物150余件。

从外观上看，这座建筑重檐挑角，雕梁画栋。左右两边分别为永隆杂货铺和永隆花铺修复后的罗荣桓故居，完全保持了原貌。主体陈列380多平方米，再现了罗荣桓家庭当年的生活情景，恢复了罗荣桓卧室、书房，以及罗荣桓祖母卧室、父母卧室、客厅、健身房、火炉屋、永隆杂货铺。罗荣桓卧室陈列的橱柜、板床、梳洗台、书柜、梳妆盒、双影镜、床头小方桌等都是罗荣桓用过的原物，按当年的情形摆放的。健身房是罗荣桓兄弟练武的场所，陈设有民间武术器械；辅助陈列室是利用厨房、猪牛栏、碓臼屋等四间杂房改建的。在罗荣桓故居北面50米是南湾古戏台。这座建于清代中叶、古香古色的建筑，是1926年下半年罗荣桓在家乡开展农民运动时举行群众大会、进行演讲的地方。

罗荣桓故居现已成为南岳衡山、洣水、炎帝陵、井冈山黄金旅游线路的重要组成部分。

2-6 徐向前

◉ 徐向前（1901年11月8日—1990年9月21日），原名徐象谦，字子敬，山西五台县人。革命家、军事家，中国人民解放军的创建人和领导人之一。曾任红四方面军总指挥，中国人民解放军总参谋长，国防委员会副主席，全国人大常委会副委员长，国务院副总理兼国防部长，中央军委副主席等职。主要著作有《徐向前军事文选》、《历史的回顾》。

1927年，徐向前加入中国共产党，任武汉中央军事政治学校队长。广州起义中任工人赤卫队第六联队队长，后任工农革命军第四师参谋长、师长。1929年后任红军第三十一师副师长，鄂豫边军委会主席，第一军副军长，第四军参谋长、军长，第四方面军总指挥，红军前敌总指挥部总指挥，中共中央西北局委员，西路军军政委员会副主席兼西路军总指挥。指挥鄂豫皖苏区历次反"围剿"和川陕苏区反围攻作战。抗日战争全面爆发后，他任八路军第一二九师副师长、第一纵队司令员、陕甘宁晋绥联防军副司令员、抗日军政大学代理校长。参与指挥广阳、神头岭、响堂铺等战斗和冀南反"扫荡"。解放战争时期，任晋冀鲁豫军区副司令员、华北军区副司令员兼第一兵团司令员和政委，指挥临汾、晋中、太原战役。新中国成立后，任解放军总参谋长、人民革命军事委员会副主席、国防委员会副主席。1965年起任第三、四届全国人大常委会副委员长，中央军委副主席。1978年起任国务院副总理兼国防部长，是第八、十一、十二届中央政治局委员。

⊛ 徐向前故居和纪念馆

徐向前元帅故居位于山西省忻州市五台县东冶镇永安村内，故居始建于清嘉庆道光年间，占地330平方米，坐北朝南，是一座典型的晋北四合院式的建筑，十分幽雅别致。

故居前院正中为塑高2.1米的徐帅半身铜像，铜像后建有影壁，其上刻有江泽民亲笔题写的"功勋垂青史，楷模昭后人"烫金字。故居院内正面主房为三间二层木楼，两侧是厢房。主房分上下两层，一层主房供尊长居住，二层为供奉祖先之所。1901年，徐向前就出生在上东房的土炕上。故居的陈设有徐向前童年时学习用的小木桌，1955年毛泽东向徐向前授勋时的元帅礼服，以及有关徐向前战斗、生活、工作的珍贵照片和珍贵的实物如望远镜、旧军衣、水壶等70余件。还有陈云、聂荣臻等国家领导人的亲笔题词。整个展室分为战争篇、生活篇、国事篇三大部分，生动形象地向世人展现了徐向前这位开国元勋戎马一生的丰功伟绩。

2-7 聂荣臻

◉ 聂荣臻（1899年12月29日—1992年5月14日），字福骈，四川江津（现重庆市江津区）人。革命家、军事家，中国人民解放军的创建人和领导人之一。曾任八路军第一一五师副师长，华北军区司令员，国务院副总理，中央军委副主席，第四、五届全国人大常委会副委员长，第八、十一、十二届中央政治局委员等职。出版有《聂荣臻军事文选》。

1919年，聂荣臻赴法国勤工俭学，1923年加入中国共产党。1926年北伐战争开始后，任军委特派员、中共湖北省委军委书记。后在中央军委参与了向北伐军中派遣中共党员等工作。1927年被指定为中共前敌军委书记，赴九江准备南昌起义。8月1日组织了张发奎部第一和第五师两个多团起义，后任起义军第十一军党代表，与军长叶挺率部南下。同年参与领导广州起义。1931年12月进入中央革命根据地，先后任中国工农红军总政治部副主任、第一军团政治委员，率部参加第四、第五次反"围剿"。长征中率部通过彝族区、强渡大渡河、攻占腊子口。抗日战争开始，任八路军第一一五师副师长、政治委员，参与指挥平型关战斗。1937年创建了晋察冀抗日根据地。1948年与林彪、罗荣桓组成平津战役总前委，指挥平津战役。自1949年起先后任平津卫戍区司令员、北京市市长兼军管会主任。1950年初任人民解放军代总参谋长，协助中央军委领导部署解放西南地区和东南沿海岛屿。参与组织中国人民志愿军抗美援朝。1954年任人民革命军事委员会副主席，主管军队武器装备工作。1956年任国务院副总理，主管科学技术工作。1958年兼任国家科学技术委员会主任。1959年任中央军委副主席、国务院副总理兼国防科学技术委员会主任，成功地领导了导弹、原子弹和氢弹的研制。

聂荣臻率部深入日本侵略军后方创建根据地，显示出独当一面的统帅之才。他遵照八路军总部的指示，带一部分兵力与主力分手，从五台山区向周围广阔的地域发展，创建了敌后第一块最大的晋察冀边区根据地。解放战争时期，为北平的和平解放作出了贡献。新中国成立后，在主管科学技术工作期间，于1956年与周恩来、陈毅、李富春共同主持制订了《1956至1957年科学技术发展远景规划纲要》，为中国的"两弹一星"伟业奠定了基础。

⊛ 江津县聂荣臻元帅陈列馆

由江泽民题写馆名的聂荣臻元帅陈列馆位于重庆市江津区西部，由主馆和铜像广场组成，占地约1.3公顷，铜像广场分为上下两级，总面积6600平方米，视域开阔、气势雄伟。聂荣臻元帅铜像屹立在上广场中央，铜像高4米，连基座高7米，基座上镌刻着江泽民题写的"聂荣臻元帅"。

主馆建筑面积为3647平方米，由瞻仰大厅、陈列厅、聂荣臻元帅模拟办公室和卧室、中国卫星发射演示厅、游客接待中心等几部分组成。展厅以200余张生动的图片、丰富的文物和翔实的史料，以及40余件国防科技成果模型和西昌卫星发射演示模型，再现了聂帅为中国革命和建设事业所作出的丰功伟绩。

　　中国卫星发射演示厅是陈列馆最精彩的部分。卫星发射演示模拟了西昌卫星发射中心现场，通过地形沙盘和计算机、声光电等手段的综合效应，展现火箭、卫星发射时的壮丽场景，给人以身临其境的感受。

⊛ 江津县聂荣臻元帅陈列馆 郑建民 摄

2-8 叶剑英

◉ 叶剑英（1897年4月28日—1986年10月22日），原名叶宜伟，字沧白，广东省梅州市梅县人。革命家、军事家，中国共产党和中华人民共和国的领导人，中国人民解放军的创建人和领导人之一。曾任黄埔陆军军官学校教授部副主任，国民革命军第四军参谋长，参加广州起义，任工农红军副总指挥。长征中任前敌总指挥参谋长。新中国成立后，任中共中央书记处书记，中央军委副主席，国防部部长，全国人大常委会委员长，中共中央副主席，中央政治局常委等职。著作有《叶剑英选集》、《叶剑英军事文选》等。

　　1925年，叶剑英参加讨伐陈炯明的两次东征。1926年任国民革命军第一军总预备队指挥部参谋长，随师北伐。攻克南京后任新编第二师师长。1927年加入中国共产党，在大革命失败后的白色恐怖中，他坚定机敏地策应南昌起义的组织准备工作，参与领导广州起义。1931年进入中央苏区，先后任中央革命军事委员会参谋部长、红军学校校长、瑞金卫戌司令、红一方面军参谋长，参与反"围剿"作战的指挥。红军长征中任第一纵队司令员。第一、四方面军会合后，任红军前敌总指挥部参谋长。长征途中，他坚决维护全党全军的团结，机智勇敢地同张国焘分裂红军、危害中共中央的阴谋作斗争，为中共中央和红军胜利北上立了大功。毛泽东后来曾多次称赞叶剑英在这一关键时刻"救了党，救了红军"。抗日战争时期，任八路军参谋长。曾在南京、武汉、长沙、桂林等地，参与领导党的统一战线工作。1941年任中共中央革命军事委员会参谋长，协助毛泽东、朱德指挥作

⊛ 梅州市梅县叶剑英元帅纪念馆
梅州市梅县叶剑英元帅纪念馆提供

⊛ 梅州市梅县叶剑英故居
梅州市梅县叶剑英元帅纪念馆提供

战。1946年1月任北平军事调停处执行部中共代表，1947年2月返回延安任中国人民解放军参谋长，协助毛泽东、朱德指挥解放战争。解放战争时期，他在晋西北领导中央后方委员会的工作，有力地保证了中共中央和毛泽东转战陕北、指挥全军作战。1948年，任华北军政大学校长兼政治委员。他为北平的和平解放和接管做了大量工作，北平和平解放后任北平市市长。1954年后任人民革命军事委员会副主席、国防委员会副主席、人民解放军武装力量监察部部长、训练总监部代部长等职。1958年后，任军事科学院院长兼政委，并一度兼任高等军事学院院长。在"文化大革命"中，同林彪、江青反革命集团进行了坚决斗争。1971年重新以中央军委副主席身份主持军委日常工作。1976年10月，在粉碎江青反革命集团的斗争中起了关键和决定性作用。

叶剑英戎马一生，英勇善战，为中国革命的胜利建立了不朽的历史功勋。

⊛ 梅州市梅县叶剑英元帅纪念馆

叶剑英元帅纪念馆位于广东省梅州市梅县雁洋镇虎形村，坐落在叶剑英元帅故居的左侧。纪念馆建于1987年7月，1989年10月22日竣工，原国家主席杨尚昆题写了馆名。纪念馆的设计理念以浓厚的客家文化气息，衬托、突出表现叶剑英的丰功伟绩、伟大思想及崇高风范，是集展示、传播、娱乐、休

闲于一体的 "文化公园型" 景区。园区规划占地面积40多公顷，分为纪念景区、人文区、生态林区和旅游休闲服务区。

纪念馆原建筑面积1560平方米，1994年又增加1800平方米，高两层，为现代园林式建筑。馆内设有5个陈列室，分别以照片、题词、文献手稿、办公用具、文房四宝等文物，以20个专题展示了叶剑英光辉伟大的一生。纪念馆正门口左侧的台基上，坐落着叶剑英元帅的坐姿铜像，铜像高2米，由中国著名的雕塑家刘焕章雕刻而成，铜像基座上镌刻着中共中央撰写的碑文。

叶剑英生平事迹陈列共分九个章节，以编年体与小专题相结合的形式，在对叶剑英的生平进行客观、真实介绍的同时，着重表现叶剑英在几个革命危难时刻的伟大贡献，充分向世人展现叶剑英伟大光辉的一生。

叶剑英故居也是客家民居的代表，它向人们展示叶剑英生长、生活的环境，同时是展示客家民风、民俗的极好场所。

03　烈士英杰

◉ 为了中华民族的独立、解放和振兴，无数革命志士前赴后继，浴血奋斗，付出了毕生心血甚至生命；很多国际友人为了中国的解放事业也参与到革命洪流之中，甚至殉身于中国。这些感人至深的英烈事迹，诉说着革命的残酷与信念的坚定。他们的历史功绩，值得我们永远铭记，他们的革命精神，值得我们发扬光大。

3-1 1937 年抗战之前

李大钊

◉ 李大钊（1889年10月29日—1927年4月28日），字守常，直隶乐亭（今属河北）人，是中国最早的马克思主义者、中国共产党的创始人之一。1913年入日本东京早稻田大学本科。1915年曾组织留日中国学生总会，参加反对袁世凯运动。1916年春回国。曾任北京大学经济学教授兼图书馆主任和《新青年》杂志编辑。俄国十月社会主义革命胜利后接受和传播马克思主义，创办《每周评论》，领导了五四爱国运动。1920年在北京发起和建立共产主义小组。在中国共产党第二、第四次全国代表大会上当选为中央委员。1923年2月与邓中夏组织领导了"二七"大罢工。同年底代表中国共产党同孙中山、廖仲恺在广州进一步商谈建立国共统一战线问题。在帮助孙中山确定"联俄、联共、扶助农工"三大政策和改组国民党工作中起了重要作用。1924年1月在国民党第一次全国代表大会上当选为国民党中央执行委员会委员。1927年4月6日被奉系军阀张作霖逮捕。同年4月28日在北京就义。遗著编为《李大钊选集》。

作为中国共产党的创始人和早期领导人，李大钊对党的第一代领导人有着深刻影响。毛泽东开始接触马克思主义思想，也是受到了他的影响，毛泽东自己也称李大钊为"真正的老师"。

✵ 李大钊烈士陵园

李大钊烈士陵园位于北京市海淀区香山脚下万安公墓之中，占地2200平方米，坐西朝东，是在20世纪30年代万安公墓主体建筑的基础上改建的，为一庭院式仿古建筑。

陵园主体建筑采用传统的古建筑形式，高廊大檐，雕梁画栋，古色古香，与前部墓地建筑及苍松翠柏相互融合，陵园的园门上方悬挂着"李大钊烈士陵园"匾额，由彭真题写。园门内迎面是李大钊烈士

◉ 北京海淀香山李大钊烈士陵园
新华社记者 袁汝逊 摄

的汉白玉雕立像。雕像后面是李大钊与夫人赵纫兰的墓。墓后有一座宽4米、高2米的花岗石纪念碑，碑身正面镌刻着邓小平书写的题词："共产主义运动的先驱伟大的马克思主义者李大钊烈士永垂不朽"。碑的背面是中共中央为李大钊烈士撰写的碑文。

陵园内辟有李大钊烈士革命事迹陈列室。展室分前后两厅，沿墙布展，用250余张珍贵的图片和实物，吸收了多年来对李大钊的研究成果，分列十个标题，详尽地介绍了李大钊在捍卫民主共和，参与领导新文化运动、五四运动，宣传俄国革命，传播马克思主义，创建中国共产党，领导北方革命斗争等一系列重大历史事件中的活动和业绩，以及李大钊作为青年导师、著名学者在引导青年进步和从事学术活动方面的贡献。

◉ 乐亭县李大钊故居和纪念馆 新华社提供

◉ 乐亭县李大钊故居和纪念馆

李大钊故居位于河北省唐山市乐亭县大黑坨村。李大钊故居始建于清光绪七年（1881年），坐北朝南，呈长方形，占地面积约1010平方米。分为前院、中院、后院，是一座具有明清以来乐亭县民居建筑风格的一宅两院穿堂套院。中院东侧三间厢房中最北边的一间，就是李大钊出生的地方，现室内陈放着李大钊母亲的遗物。三间正房中靠东面的两间，是李大钊长期居住的地方，现陈设着他的祖先及他夫人赵韧兰的遗物。炕上的两个樟木箱子是李大钊的书箱；另有一张八仙桌，李大钊幼年时常在上面吃饭、读书。后院东边的两间厢房，原是存放粮食的地方，因李大钊幼年时常在此屋读书、写文章，故被后人称为"大钊书房"。中华人民共和国成立后对李大钊故居曾两次按原貌修复，1958年建立"李大钊故居纪念馆"。现在故居的西半院，是李大钊生平事迹展览室。1988年1月13日，李大钊乐亭故居经国务院批准为全国重点文物保护单位。

高君宇

◉ 高君宇（1896年10月22日—1925年3月5日），名尚德，字锡三，山西静乐县岭底村（今属娄烦）人。1919年五四运动时为北京大学学生会负责人之一。山西省党组织的创建人之一。1920年与邓中夏等组织马克思学说研究会，成立北京共产主义小组和社会主义青年团，任团书记。1921年中国共产党成立后，参加领导京汉铁路工人大罢工。中共"二大"被选为中央委员。1925年3月5日病逝。

◉ 高君宇故居

高君宇故居纪念馆位于山西省娄烦县静游镇岭底村，占地面积约1300平方米，建筑面积约500平方米，为晋西北农民特有的建筑风貌。从西往东的第三孔窑洞是高君宇学习和生活的住所，他参加革命后曾在这里撰写了大量的书信和文稿。窑内陈列着高家当年的家具、灶具、用品等文物。下院东第二孔窑洞是高君宇的出生地，现在这孔窑洞壁上悬挂着彭真、薄一波、许德珩等领导人为高君宇题词的书法字画。其余三大孔窑内全部悬挂着介绍高君宇生平事迹和进行革命活动的照片镜框和文物展柜，照片共100余幅，展柜共20余个。

杨闇公

◉ 杨闇公（1898年—1927年4月6日），又名尚述，四川潼南（今属重庆市）人，原国家主席杨尚昆的四哥。中国共产主义运动先驱者、四川党团组织主要创建人和大革命运动的主要领导人。1913年考入江苏军官教导团。1917年赴日本士官学校学习，并参加留日学生的爱国运动。1923年与吴玉章在成都秘密组织中国青年共产党。1924年加入中国社会主义青年团，1925年加入中国共产党。同年8月和吴玉章等建立四川最早的中共党组织重庆地区委员会，任书记。后任中共四川省委书记，领导四川地区的革命运动，与朱德、刘伯承等发动泸州起义。1927年"三三一"惨案后被国民党逮捕，于4月6日在重庆浮图关就义，年仅29岁。遗稿有《杨闇公日记》。

⊛ 杨闇公旧居及烈士陵园

　　杨闇公旧居坐落在重庆市潼南县双江镇正街，是杨闇公烈士及胞弟杨尚昆幼时学习、生活、成长的地方，也是中共四川地下省委早年地下活动的一个重要据点。旧居坐北朝南，修建于清咸丰年间，系典型的南方晚清悬山顶式民居建筑，占地面积1600平方米，建筑面积1100平方米，有大小39间房舍。旧居内陈列着杨闇公生平业绩展览、杨闇公与杨尚昆幼时生活复原陈列展览和杨闇公图书馆，以直观而丰富的图片、实物等栩栩如生地再现了杨闇公烈士光辉战斗的一生。

⊛ 重庆潼南杨闇公旧居
CFP

赵世炎

◉ 赵世炎（1901年4月13日—1927年7月19日），字琴生，号国富，笔名施英，四川酉阳（今属重庆）人。革命家。1926年，被派往上海与周恩来一起领导上海工人武装起义，配合国民革命军北伐。1927年"四一二"事变后，留在上海从事秘密活动。7月2日，在虹口北四川路志安坊109号住所被捕。7月19日，在上海枫林桥监狱被国民党杀害。

✳ 酉阳县赵世炎烈士故居

　　赵世炎烈士故居及纪念馆坐落在重庆市酉阳土家族苗族自治县龙潭镇龙潭河东岸，"赵世炎烈士故居"由邓小平题写。纪念馆中展示了赵世炎短暂而又杰出的一生。展出的图片是赵世炎一家革命生涯的缩影，他的三姐赵世兰、九妹赵君陶都是投身革命的巾帼英雄。故居为砖木结构的四合院，建筑现在保存完好。堂屋悬挂"琴鹤世家"巨匾，两旁依次是赵世炎兄弟姐妹启蒙读书的私塾屋、父母的居室、姐妹兄长的卧室等。

马骏

◉ 马骏（1895年9月12日—1928年2月15日），又名天安，吉林宁安（今属黑龙江）人，回族。1924年，组织吉林各界开展声援五卅运动的活动，遭到通缉，被派往苏联莫斯科中山大学留学，留学期间曾负责中山大学的中共党务组织。1927年，奉调回国，任中共北京市委书记，12月3日在北京被捕。1928年2月15日，被张作霖下令杀害。

✳ 宁安市马骏故居和纪念馆

　　马骏纪念馆位于黑龙江省牡丹江市宁安城南的江滨公园之中，总建筑面积1283平方米，占地5000平方米。纪念馆为三层仿古建筑。8根白色擎檐柱、弧形蓝膜玻璃的钙塑门窗、白色的大理石墙面、具有回族特色的蓝琉璃瓦屋顶及飞檐，使纪念馆显得古朴凝重。二层飞檐下悬挂着邓颖超亲笔题写馆名的匾额。

　　纪念馆分为两部分，一是马骏烈士生平事迹陈列，二是宁安市历史文物陈列。马骏烈士生平事迹陈列，通过马骏开展地下活动时用过的念珠、在敌人法庭上的辩护词手稿、马骏生前用过的器物等珍贵文物，记载马骏革命事迹的历史文献以及照片、创作画等，翔实生动地再现了马骏烈士光辉的革命生涯。

邓恩铭

◉ 邓恩铭（1901年1月5日—1931年4月5日），又名恩明，字仲尧，又名黄伯云，贵州荔波人，水族。1920年底参与组织山东共产主义小组。1921年7月出席中国共产党第一次全国代表大会。次年赴莫斯科出席远东各国共产党及民族革命团体第一次代表大会。回国后，领导胶济铁路工人和青岛日商纱厂工人大罢工。1927年任中共山东省委书记。1928年12月在济南被国民党逮捕，曾领导越狱斗争，后英勇就义。

◉ 黔南州荔波县邓恩铭烈士故居

　　邓恩铭烈士故居，坐落于贵州省黔南布依族苗族自治州荔波县城北向阳路21号，故居为一栋四排三间土木结构的普通民居瓦房，坐西朝东，当街而立。故居的陈列展览，除恢复烈士少年时代居室原貌外，还布置有他使用过的桌椅、石磨、药碾钵、八卦钟、笔墨砚台和部分家书。新楼上的"生平事迹展览"，通过大量的照片、图表、遗物、书信和敌伪报刊复印材料，介绍邓恩铭艰苦奋斗的历程。室内陈列着烈士少年时代用过的笔、墨、砚台、墨盒、衣架、马灯、家信等实物。陈列室内，有江泽民的题词："学习邓恩铭烈士追求真理献身革命的崇高精神"，乔石的题词："弘扬烈士精神开拓前进振兴荔波"等。

◉ 黔南州荔波县邓恩铭烈士故居　*新华社记者 欧东衢 摄*

周逸群

◉ 周逸群（1896年6月25日—1931年5月20日），字立凤，贵州铜仁人。革命家。1919年到日本留学。1923年回国，次年加入中国共产党。黄埔军校第二期毕业。后任国民革命军军委会政治训练部宣传科长。1927年参加南昌起义。1928年后与贺龙等开辟湘鄂西苏区和创建工农武装，后任中共湘鄂西特委代理书记兼苏维埃联县政府主席。1931年在湖南岳阳贾家凉亭附近遭国民党军伏击牺牲。

✸ 铜仁市周逸群烈士故居

　　周逸群烈士故居位于贵州省铜仁市区，坐北朝南，四合大院，占地面积1162平方米。故居现存三栋木房。清道光年间，周逸群祖父始建后楼两栋。周逸群在左楼出生。右楼结构与左楼基本相同，楼上为书房，楼下两间为仓库，一间为客房。1918年新建了前楼正屋一栋三间，占地面积109平方米，现为周逸群生平事迹陈列室。周逸群故居1984年对外开放，展览系统介绍周逸群从在家乡读书，到东渡日本留学，以后进入黄埔军校，参加南昌起义，创建洪湖苏区，直至1931年在湖南岳阳遭敌伏击，壮烈牺牲的光辉一生。徐向前、廖汉生分别为故居大门和陈列室题写匾额；萧克的题词"发扬周逸群烈士奋斗精神，开创梵净山老区崭新面貌"陈列于故居大门过道。

✸ 铜仁市周逸群烈士故居 吴必虎 摄

韦拔群

◉ 韦拔群（1894年2月6日—1932年10月19日），广西东兰人，壮族。1925年到广州农民运动讲习所学习，同年回家乡开办农讲所。1929年加入中国共产党，任广西农民协会副主席。同年参加领导百色起义，参与开辟右江苏区，历任右江苏维埃政府委员、红军第七军纵队长、第二十一师师长。1930年，第七军主力开往江西后，留在当地坚持斗争，任右江独立师师长。1931年当选为中华苏维埃共和国执行委员。1932年在东兰被叛徒暗害。

✪ 河池市东兰县韦拔群故居及纪念馆

　　韦拔群纪念馆坐落在广西壮族自治区河池市东兰县烈士陵园内，主要由纪念馆、拔群广场、集会广场、功德园、将军园等部分组成，占地面积13多公顷。纪念馆高28米，分为三层，长129米，宽71米，馆内陈列布置7个展厅和多功能室。展览面积3500平方米，共陈列布展1000多件文物史料。纪念馆充分运用声、光、电、多媒体、幻影成像、虚拟现实、壁画、雕塑、油画、场景复原等手段再现历史真实场面，突出韦拔群为中国人民解放事业作出的突出贡献和邓小平、张云逸等领导左右江革命的丰功伟绩。

✪ 河池市东兰县韦拔群纪念馆　新华社提供

方志敏

◉ 方志敏（1899年8月21日—1935年8月6日），江西弋阳人，革命家、军事家。1924年加入中国共产党。大革命失败后，领导弋（阳）横（峰）起义，创建赣东北苏区和红军第十军。担任闽浙赣省委书记，赣东北省和闽浙赣省苏维埃政府主席，第十、十一军政委，第十军团军政委员会主席。1934年11月率红军抗日先遣队北上抗日，后在江西怀玉山遭国民党军阻击被俘。在狱中坚贞不屈，次年8月6日在南昌英勇就义。遗著有《可爱的中国》、《狱中纪实》等。

⊛ 方志敏纪念馆

　　方志敏纪念馆位于江西省上饶市弋阳县城北面峨眉嘴山顶，占地面积11000平方米，建筑面积1300平方米，馆内陈设有四个陈列室和一个展厅，分别陈列介绍方志敏烈士参加创建江西地方党团组织、领导江西农民运动、创建闽浙赣根据地和红十军团、狱中斗争的事迹。

⊛ 方志敏旧居

　　方志敏旧居位于江西省上饶市弋阳县城的漆工镇，是方志敏当年"两条半枪闹革命"的发源地。方志敏旧居的庭院里种植了松、柏、竹、梅，既美化了庭院的环境，也表现了烈士抒发自己的胸怀而亲自

⊛ 江西弋阳方志敏纪念馆 CFP

撰写的一副对联："心有三爱，奇书骏马佳山水；园栽四物，青松翠竹洁梅兰"。室内陈列着方志敏家人生前用过的各类生活、生产物品和方志敏青少年时期的照片及方志敏母亲金香莲、胞弟方志慧的照片等物。

瞿秋白

⊙ 瞿秋白（1899年1月29日—1935年6月18日），又名霜，江苏常州人。革命家，中国共产党的早期领导人之一。1922年加入中国共产党。1927年国民党叛变革命后，于8月7日主持召开中共中央紧急会议，会后任临时中央政治局常委，在主持中央工作期间犯了"左"倾盲动错误。1930年参加纠正李立三"左"倾冒险主义的错误。1934年到中央苏区，中央红军主力长征后，留在苏区，任中共苏区中央分局宣传部长兼中央办事处教育部长。1935年2月突围转移途中，在福建长汀水口乡遭国民党军队包围被俘，6月18日在长汀英勇就义。遗著有《瞿秋白文集》、《瞿秋白选集》。

张太雷

⊙ 张太雷（1898年6月—1927年12月12日），原名曾让，字泰来，江苏常州人。革命家。1920年加入北京共产主义小组。1921年赴莫斯科参加第三国际第三次代表大会，任第三国际远东书记处中国科书记。曾多次陪同第三国际代表来华会见李大钊、陈独秀、孙中山等人，参与创建中国共产党和建立国共合作的统一战线。曾任中共中央南方局书记兼广东省委书记。1927年12月11日领导广州起义，在大北门指挥战斗中牺牲。

恽代英

⊙ 恽代英（1895年—1931年4月29日），又名蘧轩，字子毅，江苏武进人，生于湖北武昌。革命家，中国早期青年运动领导人之一。五四运动时参加领导武汉学生爱国运动。1921年加入中国共产党。1923年起任青年团中央宣传部长及《中国青年》主编、上海大学教授、黄埔军校政治总教官兼中共党团书记、广州农民运动讲习所教员、武汉中央军事政治学校总教官。大革命失败后，参加领导南昌起义和广州起义。1928年后任中共中央宣传部秘书长，主编《红旗》，中央组织部秘书长。国共合作时期曾任国民党第二届中央执行委员。1930年5月在上海任中共沪东区委书记时被国民党反动派逮捕，次年4月29日在南京狱中遭杀害。遗著编为《恽代英文集》等。

⊛ 福建长汀瞿秋白烈士纪念碑

新华社记者 彭张青 摄

⊛ 常州市瞿秋白故居、张太雷故居及恽代英纪念广场

作为常州人的瞿秋白、张太雷和恽代英被称为常州三杰,坐落于江苏省常州市中心南隅的常州"三杰"纪念地是常州市首家被中宣部命名的全国爱国主义教育示范基地。

纪念地占地面积6.42公顷,庄严肃穆,郁郁葱葱,目前主要建筑物有常州"三杰"群雕、烈士诗抄碑廊和人生格言碑林、常州革命烈士纪念馆、革命烈士纪念碑等。在常州"三杰"展厅,运用现代声光电技术,生动全面地展示了常州"三杰"伟大的一生,给参观者以强烈的视觉和听觉震撼。

⊛ 瞿秋白烈士纪念碑

瞿秋白烈士纪念碑,位于福建省龙岩市长汀县城罗汉岭,建在烈士就义地之上。碑总高30.59米,碑名为陆定一所题,碑文由中共福建省委、省人民政府撰写敬立。碑座下分四个层次设平台,建筑面积4000平方米,地坪上建有方形、六角形几处花池。六角形花池中央,为瞿秋白就义处,旁有瞿秋白烈士事迹陈列室。纪念园已建成集教育、休闲、旅游于一体的主题公园式的爱国主义教育基地。

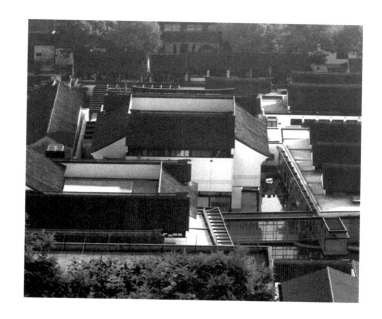

⊛ 绍兴市鲁迅故居及纪念馆
《中国建筑60年(1949—2009):历史纵
览》（中国建筑工业出版社出版）

鲁迅

● 鲁迅（1881年9月25日—1936年10月19日），原名周树人，字豫才，浙江绍兴人。文学家、思想家和革命家。1902年去日本学医，后弃医从文。1909年回国，辛亥革命后曾任民国南京临时政府和北京政府教育部部员、佥事等职，兼在北京大学、女子师范大学等校授课。1918年5月，首次用笔名"鲁迅"发表中国现代文学史上第一篇白话小说《狂人日记》。1930年起，先后参加中国自由运动大同盟、中国左翼作家联盟和中国民权保障同盟，积极参加革命文艺运动。1936年10月19日病逝于上海。鲁迅作品深受毛泽东喜爱，毛泽东称"鲁迅是中国文化革命的主将，他不但是伟大的文学家，而且是伟大的思想家和伟大的革命家。"因此其著作在新中国成立后得到了广泛的传播，有多种版本的《鲁迅全集》问世。

⊛ 绍兴市鲁迅故居及纪念馆

　　鲁迅故居及纪念馆位于浙江省绍兴市内东昌坊口新台门内，总占地面积为6000平方米，总建筑面积约5000平方米。它以"老房子、新空间"的设计理念，使其与该地区传统街巷肌理保持统一。

　　鲁迅故居系周家族居之地，1918年故居易主，原屋大部分被拆重建，原有的主要建筑仅存两楼两底的木构旧式民房一栋。该处建筑包括故居、百草园、三味书屋和鲁迅生平事迹陈列厅等部分。主要建筑是一栋朝南的中式两层楼房，里面有会客室（绍兴称堂前）、鲁迅母亲和祖母的卧室，一切陈列均按当时原貌布置，室内陈列的器具许多也是原物。故居后不远即百草园，原为周家十几户人家仅有的菜园，是鲁迅童年时的乐园。距故居不远的三味书屋是一所私塾。鲁迅在这里学习了5年。房中有"三味书屋"匾额，匾额下有《松鹿图》和楹联，有教书先生和学生坐的书桌和坐椅。其中有一张桌上刻有"早"字的，就是当年鲁迅的书桌。

鲁迅纪念馆外部为绍兴台门建筑形式，主入口采用绍兴传统竹丝台门。鲁迅生平事迹陈列厅本身是一座富有绍兴特色和时代特征的现代化展馆，造型简洁平和，朴素无华，充分体现了鲁迅精神的人文内涵。建筑与水景纵横交错，室内外空间相互渗透，构成了一个充满灵气的具有绍兴特色的现代展馆。镶嵌在陈列厅正面墙上的"绍兴鲁迅纪念馆"为郭沫若所题。

⊛ 上海鲁迅纪念馆 《中国现代美术全集·建筑艺术》
（卷5）（中国建筑工业出版社出版）

⊛ 上海鲁迅纪念馆

上海鲁迅纪念馆以鲁迅故居、鲁迅墓、鲁迅纪念馆的生平陈列三位一体形式展示给中外游客。上海鲁迅故居位于虹口区山阴路132弄9号（大陆新村九号），为红砖红瓦砖木结构的三层里弄房，外形具有鲁迅故乡绍兴民间住宅的风格。1933年4月鲁迅租下其中第一排的9号为居所，同月11日鲁迅携夫人许广平和儿子周海婴迁于此，直至1936年10月19日在这里与世长辞。

1956年10月，**鲁迅墓**由上海虹桥路万国

⊛ 上海虹口公园鲁迅墓
《建筑圈里的人与事》（中国建筑工业出版社出版）

公墓迁葬于虹口公园（今鲁迅公园）。1961年，新建的鲁迅墓被列为全国重点文物保护单位。鲁迅墓位于公园的西北隅，面积达1600平方米，全部用细密坚实的苏州金山花岗石构筑，具有民族风格。进至墓前大道，踏上三级台阶，便是墓前广场，中间是长方形的草地，其间屹立着著名雕塑家萧传玖所塑的鲁迅铜像。拾级而上，为墓前平台。墓栏之内，是安放鲁迅灵柩的墓椁。墓穴后面是照壁式大墓碑，用斩光花岗石砌成，高

5.38米，宽10.2米，上面镌刻着毛泽东手书的"鲁迅先生之墓"六个金字。墓的设计全部采用花岗石，而且大部分用平石，就是为了体现鲁迅朴实、刚毅、坚强的性格。

上海鲁迅纪念馆原与山阴路上海鲁迅故居毗邻，1956年9月迁入虹口公园（今鲁迅公园）。这个纪念馆是新中国第一座人物性纪念馆，它的陈列改变了以往以生平为线索的旧例，在陈列框架上以专题划分展区，分"新文学开山"、"新人造就者"、"文化播火人"、"精神界战士"和"华夏民族魂"5个专题展区，系统地再现鲁迅丰富而深刻的精神和思想内容。纪念馆中有文物文献资料20余万件，其中一级文物达160余件，6000余件为珍贵、重要文物，包括鲁迅手稿、遗物、文献照片等。

赵一曼

◉ 赵一曼（1905年10月25日—1936年8月2日），原名李坤泰，又名李一超，四川宜宾人。著名的抗日民族女英雄。1926年加入中国共产党。1927年入武汉中央军事政治学校学习。同年去莫斯科中山大学学习。"九一八"事变后到东北，任东北人民革命军第三军第一师第二团政委。1935年11月与日伪军作战时受伤被俘，1936年8月2日在珠河（今黑龙江省尚志市）被日本侵略军杀害。

◉ 赵一曼被捕地

赵一曼纪念园即赵一曼被捕地遗址，位于黑龙江省尚志市长寿乡一曼村。纪念园占地面积60公顷，园中主题群雕为标志性景观，由人物雕塑、春秋岭主峰山石和浮雕组成，群雕再现赵一曼与团长王惠桐1935年11月14日在春秋岭主峰与日伪军激战时的情景。纪念碑刻由民族魂、祖国万岁、巾帼英雄等42块石刻组成，革命文化内涵丰富。赵一曼养伤窝棚，按照当年的地形地貌和养伤窝棚的真实情形，进行了重新复制。

◉ 宜宾市宜宾县赵一曼纪念馆

赵一曼纪念馆位于四川省宜宾市翠屏区翠屏山上，占地3120平方米，建筑面积547平方米。纪念馆内共设有三个展厅和一个宜宾地方党史陈列室。第一展厅陈列朱德、陈云等领导人的题词及赵一曼烈士的大事年表、生平简介；第二展厅介绍赵一曼从一个大家闺秀演变成为一个坚定的共产主义者的过程；第三展厅介绍赵一曼在东北组织领导工人运动，参加东北抗日联军英勇杀敌的光辉事迹及被俘后英勇就义的悲壮情景。此外，还收藏了有关赵一曼烈士的实物171件，照片706幅，各类文献资料、题词等200余件。

3-2 1937—1945年八年抗战

诺尔曼·白求恩

◉ 白求恩（1890年3月4日—1939年11月12日），全名Henry Norman Bethune（亨利·诺尔曼·白求恩），加拿大共产党党员，胸外科医师，国际主义战士。中国抗日战争爆发后，他率领由加拿大人和美国人组成的医疗队来到中国参加抗战，1938年3月至4月间到达延安，不久又转赴晋察冀边区工作。后因抢救伤员感染生病，1939年11月12日在河北唐县逝世。

柯棣华

◉ 柯棣华（1910年10月10日—1942年12月9日），全名Dwarkanath Shantaram Kotnis（德瓦卡纳思·桑塔拉姆·柯棣尼斯），印度著名医生，国际主义战士。1938年随印度援华医疗队来中国，次年到延安，任八路军总医院外科主治医生。1940年到晋察冀边区任白求恩国际和平医院院长兼白求恩卫生学校外科教员。1942年7月加入中国共产党，12月9日在河北唐县积劳病逝。

◉ 唐县白求恩柯棣华纪念馆

　　白求恩柯棣华纪念馆坐落在河北省保定市唐县城北2公里钟鸣山下。1971年、1982年在县城向阳路先后建造白求恩纪念馆与柯棣华纪念馆；1984年3月，改名为唐县白求恩柯棣华纪念馆。整个建筑群采用中国传统形式，气势宏伟，造型精美，它以独特的建筑风格被收入德国法兰克福《世界工艺美术大词典》。主建筑群分为"两馆一堂"，东侧是柯棣华纪念馆。"纪念堂"由聂荣臻元帅亲笔题名，可容纳近千人，主要用于举办各种纪念活动。纪念馆藏品丰富，有珍贵历史图片235幅，实物近百件。

杨靖宇

◉ 杨靖宇（1905年2月13日—1940年2月23日），原名马尚德，字骥生，河南确山人，回族。革命家。1927年加入中国共产党。"九一八"事变后，任东北抗日联军第一军军长兼政委、第一路军总司令兼政委，中共南满省委书记。1940年2月23日，在吉林濛江（今靖宇县）三道崴子被日军包围，只身与敌周旋五昼夜，壮烈殉国。

⊛ 靖宇县杨靖宇将军殉难地，
纪念塔 CFP

⊛ 靖宇县杨靖宇将军殉难地 CFP

⊛ 靖宇县杨靖宇将军殉难地

　　杨靖宇将军殉难地位于吉林省白山市靖宇县城西南6公里，纪念塔北侧50米处，是杨靖宇殉国牺牲地，在此建有一座石碑。碑高5.34米，宽1.2米，厚0.55米。正面刻有"人民英雄杨靖宇同志殉国地"，背面刻有杨靖宇的简历。碑身两侧镶边的条石面上刻有民族风格的回字形纹以及红灯和海浪等饰纹。纪念碑西侧是200平方米的两层楼的杨靖宇将军纪念馆，一层的80平方米展室通过大量的实物、照片，再现了将军殉国前在濛江90天的战斗历程。目前，纪念地已建成由前导区、中心区和旅游区构成的三个功能区，以牌楼、塑像、正气亭、台阶、拱桥、纪念碑、纪念塔形成一条纵轴线，将三个区连在一起。

⊛ 通化市杨靖宇将军烈士陵园

　　杨靖宇将军烈士陵园位于吉林省通化市浑江东岸的靖宇山上，陵园占地2公顷，由5座民族形式建筑物组成。正面主体建筑为灵堂和墓室，两侧4个偏殿为陈列室。陵园建筑物全为宫殿式，黄釉屋瓦，红柱雕檐，精巧别致，庄严肃穆。陵园正中，是一座杨靖宇将军的高大戎装铜像。陵墓内的白丁香木民族式棺椁中安葬着杨靖宇将军的遗首遗骨，陈列室展出的是杨靖宇将军青少年时期的遗物和他在抗日战争艰苦岁月里的一些用品和战利品等有关文物、文献、照片共280余件。

张自忠

◉ 张自忠（1891年8月11日—1940年5月16日），山东临清人，字荩忱。中国国民党爱国将领。1914年投军，后转入冯玉祥部。1931年任国民党第二十九军第三十八师师长。1933年在喜峰口参加长城抗战。1935年华北事变后，任察哈尔省政府主席、天津市长。1938年先后参加徐州会战和武汉保卫战，升任国民党第三十三集团军总司令、第五战区右翼兵团总司令。1940年5月在湖北省宜城南瓜店前线同日军作战时牺牲。以一生之践行，换得了名中的一"忠"字。

⊛ 襄樊市宜城市张自忠纪念馆

　　张自忠将军纪念馆位于湖北省襄樊宜城市襄沙大道烈士陵园内，始建于1991年，为纪念张自忠将军殉国51周年暨诞辰100周年修建落成。纪念馆占地面积约1000平方米，建筑面积约500平方米。建筑为仿古式。展厅分为四部分：第一部分为序幕厅，其中陈列有毛泽东为张自忠题写的"尽忠报国"，以及张自忠牺牲地湖北宜城十里长山、抗日战争爆发地北平宛平卢沟桥的巨幅照片；第二部分为张自忠生平事迹展览，展有200余幅珍贵历史照片和部分文字资料；第三部分为张自忠纪念碑廊，共收入朱德、董必武、李先念、郭沫若、李宗仁、孔德成、季羡林等重要人物题词碑刻50余块；第四部分为张自忠故里碑亭。纪念馆陈列内容充分展示了张自忠将军艰难曲折的经历和从政治军风范及高尚的人格魅力。

⊛ 襄樊市宜城市张自忠纪念馆　新华社提供 王晓丽 摄

赵尚志

◉ 赵尚志（1908年10月26日—1942年2月12日），热河朝阳（今属辽宁）人。1925年加入中国共产党。"九一八"事变后，任东北抗日联军第三军军长、第二路军副总指挥。1942年2月12日在袭击梧桐河警察分所时，被特务击伤腹部，昏迷中被俘。在他生命的最后时刻，依然与敌人进行顽强斗争。新中国成立后，黑龙江省珠河县第一届工农代表大会通过决议，把珠河县改为尚志县。

⊛ 尚志市革命烈士陵园

尚志市革命烈士陵园坐落在黑龙江省尚志市城区花园街2号，是为纪念东北抗日联军创建人之一、著名的抗日民族将军赵尚志烈士和著名抗日民族女英雄赵一曼烈士而建立的。1965年始建陵园主体——珠河抗日游击队纪念碑，1986年修建了尚志烈士纪念馆。2005年纪念馆重新布展，以突出赵尚志、赵一曼为主，兼顾抗联三军史实。现更名为"抗日烈士赵尚志赵一曼纪念馆"。尚志市革命烈士陵园是黑龙江省重点文物保护单位，馆藏文物达200余件。

⊛ 朝阳市赵尚志纪念馆

赵尚志纪念馆位于辽宁省朝阳市中山大街，以弘扬尚志精神为主题，以赵尚志的革命战斗经历为主线，通过实物、绘画、图片、场景及现代化科技手段，向人们讲述了赵尚志将军悲壮而又传奇的一生。纪念馆的建筑平面为矩形，俯视整个建筑可以看到平面为一个方正的"尚"字。纪念馆高11米，正面长34米，象征着赵尚志将军11岁离开家乡以及34年短暂而壮丽的人生，纪念馆的正面像张开的手臂，寓意家乡人民张开怀抱迎接将军魂归故里。

陈潭秋

⊚ 陈潭秋（1896年1月4日—1943年9月27日），原名澄，字云先，湖北黄冈人。革命家、中国共产党的创始人之一。1920年参加组织武汉共产主义小组。1921年7月出席中国共产党第一次全国代表大会，负责武汉党的组织工作。大革命失败后，曾任中华苏维埃共和国中央执行委员兼粮食部长。中央红军主力长征后，留在苏区坚持游击战争。1939年化名徐杰，任中共驻新疆代表和八路军驻新疆办事处主任。1942年9月，在新疆被军阀盛世才逮捕，在狱中坚持斗争。次年9月27日，在迪化（今乌鲁木齐）被秘密杀害。

⊛ 黄冈市黄州区陈潭秋故居

陈潭秋故居位于湖北省黄冈市黄州区陈策楼镇陈策楼村，建于清光绪二十二年（1896年），一进二重，面阔五间，面积约280平方米，硬山顶，砖木结构。陈潭秋烈士居室，办有"陈潭秋生平展览"，展室8间，照片260余幅，展线长80米，展出文物50余件，史料100余份。

马本斋

◉ 马本斋（1901年—1944年2月7日），直隶献县（今属河北）人，原名守清，回族。曾在东北军中任团长。抗日战争全面爆发后，组织回民义勇队，抗击日本侵略军。1938年率部参加八路军，同年加入中国共产党。曾任冀鲁豫军区第三军分区兼回民支队司令员，率部转战于冀中和冀鲁豫平原，为抗日战争的胜利作出重要贡献，1944年2月7日病逝。

⊛ 沧州市献县马本斋烈士纪念馆

马本斋烈士纪念馆位于河北省沧州市献县本斋村北，东西宽60米，南北长100米，占地6000平方米。马本斋纪念馆由展馆、塑像、开旗台、矮墙、大门等组成。纪念馆的主体部分采用了伊斯兰风格，纪念馆的入口处还设有高大的穹隆，墙面上采用典型的伊斯兰窗，建筑精致且具有回族风格。纪念馆的展出共9部分：苦难童年，上下求索，奔向光明，千里驰骋，母子英雄，冀中血战，威震山东，以身殉国和永远活在人们心中。纪念馆中珍藏了很多藏品，马本斋瓷盘立像是全国现存唯一的马本斋立体照片。珍藏的手迹训令中有马本斋手迹及印章，内容广泛，涉及战事、民事、生活、生产、后勤保障等多方面，十分珍贵。

彭雪枫

◉ 彭雪枫（1907年9月9日—1944年9月11日），原名修道，河南镇平人。革命家、军事家。1926年加入中国共产党。曾任中央军委第一局局长，红军大学校长，参加长征。抗日战争中，曾任新四军第六支队司令员兼政委、八路军第四纵队司令员、淮北军区司令员。1944年在河南夏邑八里庄战斗中不幸牺牲。

⊛ 南阳市镇平县彭雪枫故居及纪念馆

彭雪枫故居及纪念馆位于河南省南阳市镇平县城东北隅，始建于1984年，共占地2.46公顷，主体建筑面积3916平方米。纪念馆由瞻仰厅、展厅、碑廊、碑亭、广场、绿化区、文物库房和办公区8部分组成。纪念馆大门右侧的巨石上刻写着原国家主席杨尚昆题写的馆名"彭雪枫纪念馆"。广场中心矗立着高3.2米、重1.5吨的将军戎装铜像，昂首挺立、凝视千秋。铜像后是坐北面南框架结构的主体建筑，前为八角形瞻仰大厅、后为展室，平面呈"回"字形，寓现代特色和民族风格于一体。陈列室有两尊烈士的泥塑"马上雄姿"和"宣传真理"，并有300多幅珍贵的历史照片，以及烈士的遗物、遗著。

◉ 宿迁市雪枫公园

　　宿迁雪枫公园位于江苏省宿迁市区幸福北路与黄河北路之间，环城北路北侧，京杭大运河和古黄河两条城市景观廊道的围合区。公园是为纪念以彭雪枫将军为代表的抗日民族英雄而建设的一座集纪念瞻仰、爱国主义教育、国防教育及休闲旅游等多种功能于一体的大型城市公园，是宿迁市规模最大的爱国主义教育基地。雪枫公园建成于2007年9月，占地21.3公顷，分为纪念瞻仰、水景游览、励志教育和配套服务等四大功能区。

3-3 1946-1949年解放战争

关向应

◉ 关向应（1902年9月10日—1946年7月21日），原名致祥，奉天金县（今辽宁大连金州）人，满族。革命家。1924年入莫斯科东方大学学习。1925年加入中国共产党。曾任共青团中央书记、红军第三军政委，参与创建湘鄂川黔苏区。长征中，任第二方面军副政委，曾对张国焘的分裂活动作坚决斗争。参与开辟晋绥抗日根据地。1946年在延安病逝。

◉ 大连市关向应故居纪念馆

　　关向应纪念馆位于关向应故居——辽宁省大连市金州区向应镇关家村。纪念馆占地面积6公顷，其中新馆占地面积4.74公顷，主展馆建设面积3448平方米，布展面积2800平方米。景区内除了纪念馆新馆和关向应故居外，新建有延安窑洞、满族风情四合院等附属展馆。纪念馆正门前矗立着一尊关向应的铜像，馆内通过珍贵的历史照片、资料、实物、模型等多种表现形式和声、光、电等多种科技手段，详细地介绍了关向应革命的一生。

罗炳辉

◉ 罗炳辉（1897年12月22日—1946年6月21日），云南昭通市彝良县人。革命家、军事家。1913年参加滇军。1929年加入中国共产党。曾任第九军团军团长，中华苏维埃共和国中央执行委员。参加过中央苏区历次反"围剿"和长征。抗日战争胜利后，任新四军第二副军长兼山东军区第二副司令员，1946年病逝。

✦ 昭通市罗炳辉将军故居

　　罗炳辉将军故居位于云南省昭通市彝良县阿都乡偏坡寨村。1987年在原址按原貌重建土木结构草房三间。它坐北朝南，面阔14米，进深7米，面积120平方米，另划有保护范围2000余平方米，修有文物标志碑等。故居是罗炳辉17岁离家从军前居住的，陈列有罗炳辉在家时使用的生活用具。保护范围内有罗炳辉高祖罗凤鳌墓，父亲罗守清、母亲黄氏墓，妻子李凤桂墓，以及《罗炳辉祭父文碑》。

王若飞

◉ 王若飞（1896年10月11日—1946年4月8日），原名荫生，号继仁，贵州安顺人。革命家。1919年赴法勤工俭学。1922年6月在巴黎发起成立旅欧中国少年共产党，同年转入中国共产党。1923年赴莫斯科东方大学学习。1925年回国，任中共豫陕区委书记、中共中央秘书长，参加领导上海工人三次武装起义。1927年任江苏省委书记，次

◉ 安顺市王若飞故居　新华社记者 陈喆 摄

年去莫斯科，任中共驻第三国际代表。1931年夏回国，同年10月在包头被国民党政府逮捕。1937年出狱后到延安，任八路军副参谋长、中共中央秘书长。1945年与毛泽东、周恩来一起赴重庆同国民党谈判。1946年4月8日因飞机失事在山西兴县黑茶山遇难。

✦ 安顺市王若飞故居

　　王若飞故居位于贵州省安顺市内若飞大道北道中段东侧，故居始建于清代，由王若飞曾祖父所建。故居临街，院内铺以方形石板，有石砌花坛、鱼池等。房屋为木结构小青瓦建筑，具有清代民居风格。故居内展品包括现存部分家具实物及王若飞青少年时期

在日本、法国留学时进行革命活动资料，与毛泽东、周恩来等领导人一起工作时的照片、通信手迹，重庆谈判时所穿衣物，遇难后中共中央和中央领导的悼词，部分国民党要员、爱国将领、民主党派知名人士题词、挽联及有关王若飞的书籍、出版物等。故居内全部陈列共分8个部分，目前展览图片资料为125幅，实物资料47件。

叶挺

◉ 叶挺（1896年9月10日—1946年4月8日），原名为询，字希夷，广东惠阳人。革命家、军事家，中国人民解放军的创建人和领导人之一。1921年任孙中山大元帅府警卫团营长。1924年赴莫斯科东方大学和红军学校中国班学习。同年加入中国共产党。1925年回国，任国民革命军第四军参谋处长、独立团团长。在北伐战争中，于湖北汀泗桥和贺胜桥两次战役中击溃军阀吴佩孚主力，为第四军赢得"铁军"称号。1927年参加领导南昌起义，任前敌总指挥兼第十一军军长。同年又参加领导广州起义，任工农红军总司令。抗日战争爆发后，任新四军军长，率部坚持华中敌后抗战。1941年在皖南事变中被国民党扣押，经中共中央营救，于1946年3月出狱。同年4月8日由重庆乘飞机去延安途中，因飞机失事在山西兴县黑茶山遇难。

◉ 惠州市惠阳区叶挺纪念馆，惠阳革命烈士纪念碑 **CFP**

◉ 惠州市惠阳区叶挺纪念馆

　　惠阳区叶挺纪念馆坐落在广东省惠州市惠阳区淡水镇叶挺中路，占地面积8.16公顷，建筑面积1500平方米。采用现代建筑风格与中国古典建筑艺术相结合，回字形走廊把8个展厅连接起来。纪念馆序幕厅中央矗立着叶挺将军半身汉白玉雕像。纪念馆记录了叶挺一生的革命事迹。展馆内分为：出身农家，从戎救国；赴法深造，编练新军；北伐先锋，保卫武汉；举旗南昌，再战广州；领导抗敌，卓著勋劳；皖南浴血，铁窗铮骨；光荣出狱，名留青史等7个部分。展览用400多件珍贵的文物、文献、照片和图片，再现了一代名将叶挺短暂而光辉的一生。

刘胡兰

◉ 刘胡兰（1932年10月8日—1947年1月12日），山西省吕梁市文水县人。1945年11月，任村妇救会秘书，动员全村妇女做军鞋、送军粮、慰问部队、看护伤员。1946年加入中国共产党。1947年1月12日，由于叛徒告密，不幸被捕。面对敌人的铡刀，为保护乡亲，她从容地走向铡刀，壮烈牺牲，年仅15岁。毛泽东为之亲笔题词："生的伟大，死的光荣"。

✹ 文水县刘胡兰纪念馆

　　刘胡兰纪念馆坐落在山西省吕梁市文水县刘胡兰村南，其前身是1957年开放的刘胡兰烈士陵园。1959年第一次扩建后，始改称今名。该馆占地面积6公顷，建筑面积1万平方米，由广场、纪念碑、刘胡兰生平事迹陈列室、影视室、书画室、七烈士纪念厅和群雕、陵墓、刘胡兰雕像、碑亭、烈士被捕受审就义原址组成，以纪念碑和陵墓为中轴线作对称分布，藏有烈士遗物74件。毛泽东题词纪念碑矗立在广场花坛中央，碑的正面镌着毛泽东题词："生的伟大，死的光荣"。纪念碑后面是刘胡兰革命事迹陈列室。整个陈列馆高8米，宽60米，建筑面积1400平方米。

杨子荣

◉ 杨子荣（1917年—1947年2月23日），原名宗贵，字子荣，山东牟平人。战斗英雄。1945年秋参加八路军胶东海军支队。同年10月随部队挺进东北，并加入中国共产党。1946年任牡丹江军区二团三营七连一排班长、侦察排长。1947年2月在搜剿惯匪"座山雕"张洛山的战斗中，化装打入匪穴，里应外合，彻底消灭了这股土匪，并活捉匪首"座山雕"，荣立三等功。同年2月23日，在剿灭残匪的战斗中牺牲。杨子荣的团参谋长曲波根据他的事迹创作了小说《林海雪原》，后被改编为同名电影和京剧《智取威虎山》。

✹ 海林市杨子荣烈士墓及剿匪遗址

　　杨子荣烈士墓及剿匪遗址位于黑龙江省海林市区东山之巅约7公顷的松林中。1970年7月，为纪念在解放战争时期，剿匪战斗中牺牲的杨子荣等烈士而建。陵园内有纪念碑，高10米，基座阔15平方米，用花岗石筑成。碑背面刻有杨子荣等42位烈士的名字。杨子荣墓坐落在纪念碑东侧，墓前立有"革命烈士

杨子荣之墓"石碑，高3.1米。

杨子荣烈士纪念馆于1978年扩建而成，现改建为海林市博物馆。一本石头雕成的《林海雪原》立于纪念馆中，背面展开的两页展现的是杨子荣在威虎厅里智斗群匪的精彩段落。纪念馆主要由四部分组成：挺进东北，进驻海林；斗智斗勇，智取匪首；英雄永生，名垂青史；英雄土地的沧桑巨变。馆内还陈列着珍贵文献、图片等。

董存瑞

⊙ 董存瑞（1929年—1948年5月25日），河北张家口市怀来县人。中国人民解放军战斗英雄，班长。1945年参加八路军，1946年加入中国共产党。1948年5月25日在解放隆化战斗中，用手托起炸药包炸毁了暗堡，壮烈牺牲，用生命为部队开辟了前进的道路。1957年5月，朱德为他题词："舍身为国，永垂不朽"。

⊛ 承德市隆化市董存瑞烈士陵园及纪念馆

董存瑞烈士陵园位于河北省承德市隆化西北的苔山脚下伊逊河东岸，陵园占地7.1公顷。大门由四根白色方柱组成，中间横额上是萧克将军为陵园题写的园名"董存瑞烈士陵园"。椭圆形的纪念广场上，屹立着董存瑞烈士纪念碑。碑体正面镶嵌在汉白玉碑心石上，镌刻着朱德的亲笔题词："舍身为国、永垂不朽"。

纪念碑后两侧是为董存瑞题词的碑廊，东西各一座，每座总高4米，长24米，基座宽3.2米。两座共镶嵌着党和国家领导人聂荣臻、杨尚昆、程子华、迟浩田、朱学范等及知名人士为董存瑞题词47块。在两座题词碑廊北面是一片松柏掩映下圆壁隆顶的董存瑞烈士墓，整个建筑群体构成了较为完整的纪念体系。

纪念馆陈列着董存瑞烈士事迹图片、油画、烈士遗物、重要的文献资料、有关董存瑞烈士事迹的文艺作品200余册件。在陵园外西南部200米的地方，是董存瑞当年炸毁的桥型暗堡处，建有高4米的花岗石标志碑，碑身有许益智书写的"董存瑞烈士牺牲地址"9个大字。

◉ 承德市隆化市董存瑞烈士陵园及纪念馆　CFP

3-4 1949年新中国成立后

雷锋

◉ 雷锋（1940年12月18日—1962年8月15日），湖南省长沙简家塘（今属望城）人。1957年加入中国共产主义青年团。1960年参加中国人民解放军，在沈阳部队工程兵某部运输连四班当汽车兵，多次立功受奖，同年加入中国共产党。雷锋一生助人为乐、大公无私，被树立为模范标兵、时代楷模。1962年8月15日因公殉职。毛泽东、周恩来、刘少奇、朱德、陈云、邓小平等先后题词赞扬他。毛泽东的题词是："向雷锋同志学习"。雷锋成为一个时代的典范，每年的3月5日是"学习雷锋日"。出版物有《雷锋日记》、《雷锋日记诗文选》等。

☀ 抚顺市雷锋纪念馆

抚顺市雷锋纪念馆位于辽宁省抚顺市望花区和平路，原雷锋生前所在部队驻地附近。雷锋纪念馆占地面积5.67公顷。馆内有：雷锋纪念碑。碑身镌刻毛泽东手书"向雷锋同志学习"；雷锋墓。墓前黑岩基石上雕有汉白玉花环；墓后竖卧碑一方，正面镌刻书法家舒同撰写的"雷锋同志之墓"，碑后镌刻有由著名作家周而复书写的碑文。墓南广场上塑有总高8米的雷锋全身塑像。雷锋事迹陈列馆原建筑面积960平方米。1991年扩建，1992年12月竣工，新馆建筑面积4500平方米。

陈列馆为两层建筑，一层主要有雷锋生平事迹展厅、多用厅和纪念品服务部。二层主要有学雷锋展厅、录像厅、接待厅、资料室等。展厅内，陈列着党和国家领导人为纪念雷锋的题词；展览共分五个部分，陈列着400余件雷锋的遗物和图片资料。

☀ 抚顺市雷锋纪念馆，雷锋墓 *新华社记者 杨青 摄*

焦裕禄

◉ 焦裕禄（1922年8月16日—1964年5月14日），山东淄博市博山县北崮村人，革命烈士。1946年，加入中国共产党。1962年被调到河南兰考县担任县委书记。时值该县遭受严重的内涝、风沙、盐碱三害，他与干部、群众一起，与深重的自然灾害进行顽强斗争，努力改变兰考面貌。他身患肝癌，依旧忍着剧痛，坚持工作。1964年5月14日，焦裕禄被肝癌夺去了生命，年仅42岁。他临终前对组织上唯一的要求，就是他死后"把我运回兰考，埋在沙堆上。活着我没有治好沙丘，死了也要看着你们把沙丘治好。"

☀ 开封市兰考县焦裕禄烈士陵园

焦裕禄烈士陵园位于河南省开封市兰考县城关北黄河堤顶上，占地约5公顷，分堤顶、堤下两段。陵园由纪念碑、墓区和纪念馆组成。纪念馆由江泽民题写馆名。展馆由序厅、展厅、放映厅3厅组成。展厅内收藏有焦裕禄遗物89件、照片200余幅，展示内容分4部分：青少年时代、在工业战线上、县委书记的榜样、人民呼唤焦裕禄；其中第三部分是重点，又分为8个单元。序厅有焦裕禄半身铜像，像后有江泽民题词，介绍焦裕禄领导兰考人民根治三害的事迹。

☉ 开封市兰考县焦裕禄烈士陵园，革命烈士纪念碑　CFP

从陈列馆向北的堤上是16米见方的墓区平台。烈士墓坐北朝南，坐落在堤顶中间，用汉白玉长条石砌成。墓前立有汉白玉石碑，碑高2米、宽0.6米、厚0.18米，正面镌刻着"焦裕禄烈士之墓"；碑首镶嵌烈士的瓷像，碑阴记载烈士的生平事迹。墓北面为高7米的屏风墙，上面镶有"为人民而死，虽死犹荣"的金字。南面的台阶与小广场相连，广场中央有一座高19.64米的革命烈士纪念碑。

王进喜

◉ 王进喜（1923年10月8日—1970年11月15日），甘肃玉门人。全国劳动模范、大庆油田工人的英雄代表。在石油大会战的日子里，他以一不怕苦、二不怕死的精神，克服了许许多多难以想象的困难。严重的井喷发生时，他不顾身上有伤，纵身跳进浆池，用自己的身体搅拌泥浆，身上、手上被碱性很强的泥浆烧起了大泡，但井喷被控制住了。王进喜就是这样，用自己的鲜血和生命换来了一口口的油井。为我国石油工业作出了巨大贡献，被群众誉为"铁人"。

☉ 铁人王进喜同志纪念馆

铁人纪念馆原址位于黑龙江省大庆市解放二街8号，是1989年在"铁人王进喜同志英雄事迹陈列室"旧址上新建的。全馆总占地面积5.4公顷，建筑面积3950平方米，展览面积2500平方米。纪念馆共7层，纪念馆主体建筑外形为"工人"二字组合，象征这是一座工人纪念馆。建筑高度47米，正门台阶47级，寓意铁人47年不平凡的人生历程。建筑顶部为钻头造型，象征大庆油田奋发向上，积极进取。

☉ 大庆市铁人王进喜同志纪念馆
新华社记者 金良快 摄

王稼祥

◉ 王稼祥（1906年8月15日—1974年1月25日），原名嘉祥，又名稼蔷，安徽泾县人。革命家。1928年加入中国共产党。曾任红军总政治部主任、中央革命军事委员会副主席。1934年参加长征，遵义会议上坚决支持毛泽东的正确主张，批判"左"倾错误领导，会后任中央三人军事小组成员。1937年赴苏联，任中共驻第三国际代表。次年回国，任中共中央军委副主席、总政治部主任，中共中央华北、华中工作委员会主任和军政学院院长。1943年第一次提出和论证了"毛泽东思想"的科学概念。后任中共中央东北局城工部长、宣传部代部长。新中国成立后，任驻苏联大使、外交部副部长、中共中央对外联络部部长、全国政协常委。著述集为《王稼祥选集》。

◉ 芜湖市王稼祥纪念园　新华社提供

⊛ 芜湖市王稼祥纪念园

　　王稼祥纪念园坐落在安徽省芜湖市风景秀丽的狮子山上，它西临长江，东望赭山。王稼祥纪念园由江泽民题写园名。扩建后的王稼祥纪念园占地面积1.24公顷，建筑面积1500平方米，由生平陈列馆、综合馆、生平藏馆等组成。纪念广场面积2000平方米，由铜像、浮雕墙组成。王稼祥生平陈列馆设有6个展厅，收集并陈列了王稼祥珍贵遗物110余件，重要信件文章130件，照片200余幅。综合馆设有贵宾室、影像厅及临时展厅。王稼祥生平藏馆再现了王稼祥办公室及卧室，珍藏了王稼祥生前藏书共1200余册，及生前使用的各类遗物，前苏联领导人伏洛希洛夫赠给王稼祥的吉姆牌轿车亦珍藏于此。

张云逸

◉ 张云逸（1892年8月10日—1974年11月19日），原名运镒，又名胜之，广东文昌（今属海南）人。革命家、军事家。参加过同盟会及辛亥革命和护国战争。1926年加入中国共产党。1929年参加领导百色起义和创建右江苏区。曾任红军第七军军长、红军总司令部作战部长、中央纵队先遣队司令员、华东军区副司令员兼山东军区司令员。新中国成立后，曾任中共广西省委书记、中共中央中南局委员、全国人大常委会委员。1955年被授予大将军衔。

⊛ 文昌市张云逸大将纪念馆

张云逸大将纪念馆位于海南省文昌市文城镇文建路51号，占地面积0.8公顷。其正门顶分为双层，饰碧绿琉璃瓦，门楣正中镌刻聂荣臻题写的"张云逸纪念馆"6个金色大字。陈列室有两层，建筑面积为256.2平方米。其中间是张云逸全身铜像，总高8米，基座正面镌刻彭真题写的"张云逸大将"，基座背面为张云逸生平简介。陈列室里展出张云逸在学生时代和各个革命时期的照片、图表、绘画152幅，书稿88件，实物48件，还有毛泽东、江泽民等党和国家领导人重要的批示和题词。

⊛ 文昌市张云逸大将旧居　CFP

库尔班·吐鲁木

◉ 库尔班·吐鲁木（1883年—1975年5月26日），维吾尔族，新疆于田人。出生在新疆于田县托格日尕孜乡一个贫苦农民家庭，1950年1月于田和平解放，库尔班·吐鲁木感到是共产党让他有了重获新生的幸福感，坚信没有中国共产党、毛主席，就没有自己的幸福生活，他把对共产党的感激之情，化为要亲眼见见毛泽东主席的美好愿望。为实现自己的愿望，1955年秋季丰收后，他让家里人打了一袋馕，装满一葫芦水，决定骑着毛驴去北京见毛主席，一时在神州大地传为佳话。后来在自治区负责人王恩茂的关心下先坐汽车然后乘火车到达北京。1958年6月28日，毛泽东接见了新疆代表团。库尔班跟毛泽东握手，并拍了与毛泽东合影的照片，这张照片一时风靡全国。

◉ 和田地区于田县库尔班·吐鲁木纪念馆

　　和田地区于田县库尔班·吐鲁木纪念馆位于新疆维吾尔自治区和田地区于田县，占地面积400余平方米。纪念室由展览室和声像室两部分组成。2000年，一首《库尔班·吐鲁木在哪里》的爱国主义教育歌曲在和田地区传播开来。2002年库尔班·吐鲁木纪念馆建成并命名为和田地区爱国主义教育基地。同年新疆天山电影制片厂摄制完成了影片《库尔班大叔上北京》，成为传播这个故事的又一条途径。

许世友

◉ 许世友（1905年2月28日—1985年10月22日），河南省新县人。少年时放过牛，读过私塾，曾拜少林寺云游武僧为师练武。1926年，以国民革命军连长身份加入中国共产主义青年团。1927年8月加入中国共产党，同年参加了黄麻起义。曾任红四军军长、红四方面军骑兵司令员。新中国成立后任华东军区副司令员，南京军区、广州军区司令员，军委常委。中共九、十、十一届中央政治局委员。

◉ 将军故里

　　位于河南省新县田铺乡河铺村许家洼。故居坐北朝南，有砖木结构的房屋10间，占地322平方米。条石门框，大门上方悬挂着"许世友将军故居"的匾额，进大门这一间为正房和会客厅，面积较大，系新中国成立后修建，客厅里布置了将军工作和生活片段陈列。与客厅相连的4间厢房为半地下式，从东到西，一间低于一间，低矮而又潮湿。东首第一间曾是将军的卧室，里面摆放着他当年结婚时所用的老式木床。厨房的墙角还保存着当年将军为逃避敌人抓捕而掏出的1米多高的墙洞。

路易·艾黎

◉ 路易·艾黎（1897年12月2日—1987年12月27日），全名Rewi Alley，新西兰人。1927年来华，任上海公共租界工部局消防处防火督察、工业督察长等职。1934年参加了上海第一个国际性的马克思主义学习小组，并和中国共产党建立了联系。曾把住所作为中共地下党的联络站和秘密电台通讯点。1938年5月辞职去武汉，与斯诺等人发起工业合作社运动。1943年在陕西双石铺创办培黎工艺学校，1944年该校迁至甘肃山丹，对学生进行半工半读、理论结合实际的教育，培养了大批人才。1953年后定居北京，1987年12月27日在北京逝世。著有《艾黎自传》等。

⊛ 张掖市山丹艾黎纪念馆

　　艾黎纪念馆坐落于甘肃省张掖市山丹县城文化街，是一座中西结合具有民族风格的建筑物。主楼两层，硬山单檐，第二层置前后外廊；主楼两侧展厅对称，平面布局呈四合院式。占地面积4600平方米，建筑面积1434平方米。纪念馆设6个展厅，第一展厅展出路易·艾黎生平，路易·艾黎工作生活用过的实物、著作等文物109件和照片231幅；第二至第五展厅，展出路易·艾黎捐赠各类文物980件；第六展厅展出山丹县长城资料图片71幅，山丹县出土文物及标本105件。

乌兰夫

◉ 乌兰夫（1906年12月23日—1988年12月8日），又名云泽，内蒙古土默特旗塔布村（今属土默特左旗）人，蒙古族，革命家。1925年加入中国共产党。同年赴莫斯科中山大学学习。1945年后，任绥蒙政府主席、内蒙古自治政府主席、内蒙古军区司令员兼政委。新中国成立后，任中共内蒙古自治区区委第一书记、中共中央统战部部长、中华人民共和国副主席。1955年被授予上将军衔。

⊛ 乌兰夫故居和纪念馆

　　乌兰夫故居位于内蒙古自治区呼和浩特市土默特左旗塔布赛乡塔布赛村。故居占地面积为0.8公顷，其中建筑面积为300平方米。故居建筑恢复了原农家四合院。陈列内容以乌兰夫生平事迹为主。展品有乌兰夫生前各个历史时期的照片和部分实物，其中也有老一辈革命家李先念、李德生、习仲勋、杨成武等领导人的题词墨迹。

乌兰夫纪念馆在土默特左旗政府所在地察素旗镇，占地约3000平方米，建筑面积2100平方米，是一座具有独特民族风格的纪念建筑。整个建筑包括主馆、纪念广场和塑像平台、纪念亭、牌楼门等4部分。展览分为序厅及6个展室、2个展廊，展示了乌兰夫从少年投身革命到为国操劳、鞠躬尽瘁的全过程。整个陈列，共使用文物135件，历史照片286张，绘画9幅，文献126件。

孔繁森

◉ 孔繁森（1944年7月—1994年11月29日），山东聊城人。1966年加入中国共产党。曾任中共聊城地委宣传部副部长、聊城地区行署副专员。1979年和1988年两次赴西藏工作，历时十年，任中共西藏阿里地委书记。在藏工作期间，勤政为民，政绩卓著，被国务院授予"全国民族团结进步模范"称号。1994年11月在赴新疆考察途中因车祸殉职。1995年4月国务院追认他为"全国先进工作者"。

⊛ 聊城市东昌府区孔繁森同志纪念馆

　　孔繁森同志纪念馆坐落在山东省聊城市东昌府区东昌湖西北隅。1995年9月

⊛ 聊城市东昌府区孔繁森同志纪念馆　刘志强 摄

14日正式开馆。纪念馆占地面积约1.04公顷，建筑面积1400平方米。纪念馆坐西面东，正门上镶嵌着江泽民题写的"孔繁森同志纪念馆"8个镏金大字。纪念馆内设1个纪念厅和3个展览厅。纪念厅内安放着孔繁森大型汉白玉半身塑像，塑像后红色屏风上镌刻着江泽民的题词"向孔繁森同志学习"。展览共分6个部分，展出图片270余幅，陈列实物千余件，并配以专题录像片。

04　　革命丰碑

◉ 在中国革命和社会主义建设的各个时期，涌现了一批又一批优秀的共产党员，他们当中许多都是无名英雄。这些无名英雄不畏艰险，前赴后继，为新中国的诞生和发展作出了不可磨灭的贡献。他们的可贵在于：无名英雄把理想和信念看得比自己的生命更重要，他们只求奉献不为索取。"俏也不争春，只把春来报，待到山花烂漫时，她在丛中笑。"这便是无名英雄们的博大襟怀，是他们崇高品格的真实写照。

每一位无名英雄都是一座丰碑，一座没有镌刻名字却巍然屹立的丰碑。

4-1 革命纪念馆

◉ 贵阳市息烽集中营革命历史纪念馆

息烽集中营旧址位于贵州省贵阳市北郊66公里处，是抗日战争时期国民党军统局设立的监狱中规模最大、等级最高的一所秘密监狱，由设于息烽阳郎坝的本部和玄天洞囚禁处组成。

纪念馆在集中营旧址的基础上进行了改建，恢复"四一"合作社、特斋、原军统食堂等设施。营区外，重点建设了纪念活动场、音响教育馆、接待厅等。

◉ 贵阳市息烽集中营革命历史纪念馆
贵阳市息烽集中营革命历史纪念馆提供

⊛ 红岩魂广场及陈列馆　董苏华 摄

⊛ 沙坪坝区歌乐山红色旅游系列景区

　　重庆市沙坪坝区歌乐山红色旅游系列景区是在原中美合作所集中营旧址上建成，它由红岩魂广场、歌乐山烈士陵园、陈列总馆、国民党军统重庆集中营旧址等部分组成。

　　红岩魂广场是在纪念"11·27"革命烈士殉难50周年之际，在原中美合作所阅兵场的基地上修建而成。广场分为瞻仰区和纪念区两个部分，占地2.2公顷。瞻仰区主题为浩气长存的赤色花岗石烈士群雕。纪念区中轴线外两侧列有18根花岗石纪念柱，纪念柱南北两侧为宽敞的斜面草坪。轴线东端为浮雕墙和喷泉音乐壁；西端为一水晶汉白玉砌成的碑体，上面镌刻着邓小平题写的"重庆歌乐山烈士陵园"，陵园占地2.14平方公里。

⊛ 白公馆监狱旧址　沙坪坝区歌乐山革命纪念馆提供

　　歌乐山烈士陵园陈列总馆占地面积1159平方米，基本陈列为"中美合作所集中营"史实展。以490张图片、108件实物和"11·27"大屠杀半景画，详细披露了国民党军统集中营和中美特种技术合作所黑暗的内幕，生动翔实地介绍了叶挺、江竹筠、罗世文、车耀先、杨虎城等革命先烈为新中国的建立前赴后

继、英勇不屈的斗争事迹。

白公馆是国民党囚禁与残杀共产党人和爱国人士的集中营之一。白公馆集中营原为四川军阀白驹所建的乡间别墅，是一座两层楼房。抗日战争爆发后，1939年该馆被国民党军统局征用并改建为集中营，后又成为"中美合作所"的第一看守所。著名的抗日将领杨虎城将军就在白公馆后面的松林坡遇难。

渣滓洞看守所原为一小煤窑，因渣多煤少而得名。国民党军统强占煤窑设立看守所。它分内外两院，外院为特务办公室、刑讯室等；内院一层16间房间为男牢，另有两间平房为女牢。关押在此的革命者有江竹筠、许建业、何雪松等，最多时达300余人。1949年11月27日解放军逼近重庆时，国民党对这里和白公馆的革命人士进行了大屠杀。渣滓洞内有面墙名为"逃生墙"。当时连续的降雨曾把渣滓洞的一面墙冲垮，看守们就让监狱里的革命志士去修筑。这些革命者在修补时就用自己衣服里的烂棉花掺在泥土里使

其黏性减弱，牢固性降低。大屠杀发生时革命志士躲过特务的机枪扫射，一起将这面墙推倒，但仅有15位革命志士顺利脱逃。

◉ 闽北革命历史纪念馆

闽北革命历史纪念馆位于福建省武夷山市区列宁公园内，1988年7月建成开馆。占地面积3000平方米，是一座雄伟壮观、具有民族风格的仿古建筑，有7个展室144米延长展线及配套设施。它是南平市唯一一座全面、系统、集中展示闽北党史、革命史和新中国成立以来闽北建设成就的纪念馆。

纪念馆是一座回字形仿古建筑，建筑面积3000平方米，共分7个展厅，陈列200多件珍贵的革命文物和260余幅图片，基本陈列分16个专题。

◉ 中国人民革命军事博物馆

中国人民革命军事博物馆位于北京市长安街延长线的复兴路，是为迎接中华人民共和国成立十周年而建的十大建筑之一，1960年对外开放。

该建筑物设计上遵循了当时苏式建筑的风格。占地约8公顷，陈列面积约为6.2万平方米。主楼塔尖上托着中国人民解放军军徽。馆前

广场东西侧分别陈列有海军的导弹快艇、东风-2型导弹、参加过2009年国庆阅兵的后勤保障车以及10门清代铁炮（东西各五门）。军事博物馆共五层。陈列体系以军事历史为主，辅以军事科技、军事艺术陈列。陈列重点是中国共产党领导的革命战争陈列、新中国国防和军队建设陈列以及人民军队专题陈列、兵器陈列。此外，还设置中国历代军事陈列、军事科技陈列、军事艺术陈列和临时展览。共收藏34万多件文物和藏品。其中国家一级文物1793件，大型武器装备250余件，艺术品1600余件，对外军事交往中受赠礼品2551件。

◉ 中国人民革命军事博物馆
《中国建筑60年(1949-2009):历史纵览》（中国建筑工业出版社出版）邹德侬 摄

◉ 张家口市张北国防教育基地

河北省张家口市张北国防教育基地分为军事展馆区、地道游览区、营房游览区、拓展训练区等参观游览区域。其中，占地面积5000平方米的户外军事展区内展示了华北大演习中使用过的已退役的飞机、大炮、坦克、装甲车等。在国防教育基地国防工事，诸如医疗室、指挥室、弹药库、官兵宿舍等设施内，均依照当年的陈设摆放着老旧物件、桌椅板凳、老电话机、老的茶杯茶缸，甚至还有一些当年部队使用过的弹药箱。景区内还设立了野战游戏俱乐部，寓教于乐于一体。

◉ 哈尔滨烈士陵园 CFP

2011年该旅游区被列入国家第二批红色经典旅游景区、国家AAA级景区。

4-2 综合纪念陵园

◉ 哈尔滨烈士陵园

哈尔滨烈士陵园位于黑龙江省哈尔滨市动力区体育街1号，始建于1948年，占地面积4公顷，是中国重点烈士纪念建筑物保护单位。园名由原国防部长张爱萍题写，园区内有革命烈士陵墓18座、革命烈士诗抄碑林100延长米、三组革命烈士群像浮雕、革命烈士英名录碑、无名烈士雕塑、革命烈士纪念馆和可容纳300人的录像厅及供参观群众祭悼、休息的文化小区、休闲小区。园内共存放和安葬抗日战争、解放战争、抗美援朝、社会主义建设及改革开放等不同时期牺牲的烈士228位。碑座正面刻写着哈尔滨市人民政府及全体人民题撰的碑文。

⊛ 石家庄市华北军区烈士陵园

华北军区烈士陵园位于河北省石家庄市中山西路343号，是为了纪念在抗日战争和解放战争中牺牲在华北大地的革命烈士而建。陵园坐北朝南，采用主轴线布局。园内主要建筑集中在三条轴线上，中间的主轴线上，由南向北依次排列着陵园大门、悼念广场、铭碑堂、烈士墓群、烈士纪念堂等纪念建筑；南边的辅轴线上，西面是国际主义战士白求恩大夫陵墓，东面是柯棣华大夫陵墓、爱德华博士和巴苏大夫纪念碑；而在北面的辅轴线上，纪念亭、展览馆与烈士纪念馆相对称分布。

⊛ 金寨县革命烈士陵园

金寨是红军的故乡，将军的摇篮。金寨县革命烈士陵园是融博物馆、纪念堂和红军墓为一体的大型陵园，位于安徽省金寨县城梅山史河西侧西山上，内设序厅及金寨革命史、金寨将军、今日金寨、金寨名人、金寨烈士和将军名人书画等展厅。馆内史料展示了鄂豫皖苏区革命斗争史和今日金寨的发展面貌。金寨县革命烈士纪念塔，位于陵园中央，塔高24米。塔身正面镌刻着刘伯承元帅亲笔题写的"燎原星火"四个镀金大字。

⊛ 北山革命纪念园

北山革命纪念园坐落于福建省宁化市城区的北山公园内，面积5公顷，它集古宁化微缩风景和革命历史文物于一体。园内有革命纪念馆和烈士纪念碑，还有刻着毛泽东著名诗篇《如梦令·元旦》的铜雕。革命纪念馆内陈列着梭镖长矛、土枪土炮、号角大刀等革命历史文物和众多革命烈士英勇事迹的介绍。此外，还有明代"鲤鱼跳龙门"壁雕、古宁化微缩景观寿宁屋桥等。

⊛ 湘鄂西革命烈士陵园

湘鄂西苏区革命烈士陵园坐落在湖北省洪湖市城区西南郊，占地面积40公顷。全园共有五大主体建筑，古朴秀丽的四柱三间式绿瓦朱楹、飞檐斗栱牌坊迎门而立，坊额上镌刻着原国家主席李先念题写的园名。

纪念碑正前方是一尊贺龙元帅全身铜像。1996年3月22日为纪念贺龙元帅诞辰100周年而建立。铜像高4米，重量为2.4吨。纪念碑以西为烈士祠。祠正中为吊唁厅，廖汉生题写匾额。吊唁厅两侧共四间展室里，展出了116位烈士的遗像、遗物和生平简介。纪念碑以东是一座造型别致的正方形二层平顶式陈列馆。馆内展示着第二次国内革命战争时期湘鄂西苏区史实，概括而生动地再现了湘鄂西人民革命斗争的光辉历程。

⊛ 黄石市阳新县湘鄂赣边区鄂东南革命烈士陵园

湘鄂赣边区鄂东南革命烈士陵园位于湖北省黄石市阳新县城区北郊竹林湖畔的卧虎山上，占地面积28.5公顷。陵园以纪念碑、纪念馆、烈士纪念堂、九烈士墓地、正气亭、国防园组成，陈列有湘鄂赣21个市、县500余位烈士的生平事迹，展出了大量的革命文物和图片资料。

陵园内的纪念碑高24.5米，占地2500平方米。碑身正面为1993年杨尚昆题写的"湘鄂赣边区鄂东南革命烈士纪念碑"碑名。碑身正北面是1957年彭德怀的题词"先烈之血浇成了革命之花"。

⊛ 乌鲁木齐市革命烈士陵园

乌鲁木齐市革命烈士陵园位于新疆维吾尔自治区乌鲁木齐市南郊燕尔窝风景区。陵园是新疆各族人民为纪念1943年被盛世才杀害的中国共产党创始人之一陈潭秋等革命烈士而修建的，始建于1956年。祭坛上并排矗立着陈潭秋、毛泽民、林基路、乔国桢、吴茂林五位烈士的墓碑。重建后的烈士墓碑碑身高2.2米。正面是烈士墓碑题字，背面是用汉、维、哈、蒙四种文字镌刻的烈士简历碑座。

另外，后山坡上还设有公墓，埋葬着100多名为新疆的解放和建设事业作出贡献的老红军的遗体。

△ 其他相关景点
1）六安皖西烈士陵园（安徽省）
2）济南革命烈士陵园（山东省）
3）临沂市华东革命烈士陵园（山东省）
4）黄冈市英山县英山革命烈士陵园（湖北省）
5）黄冈市罗田县胜利烈士陵园（湖北省）
6）衡阳市南岳忠烈祠（湖南省）
7）河池市东兰烈士陵园（广西壮族自治区）
8）吴忠市盐池县革命烈士纪念馆（宁夏回族自治区）

⊛ 黄石市阳新县湘鄂赣边区鄂东南革命烈士陵园　吴必虎 摄

附录

全国红色旅游经典景区第一批及第二批名录①

全国红色旅游经典景区第一批名录

（2005年公布，2011年修订，共122处）

北京市

1. 天安门广场
2. 中国人民抗日战争纪念馆、卢沟桥、宛平城
3. 新文化运动纪念馆
4. 李大钊烈士陵园
5. 中国国家博物馆
6. 中国人民革命军事博物馆
7. 顺义区焦庄户地道战遗址纪念馆

天津市

8. 周恩来邓颖超纪念馆
9. 平津战役纪念馆
10. 盘山烈士陵园

河北省

11. 石家庄市平山县西柏坡红色旅游系列景区
    （点）
12. 石家庄市华北军区烈士陵园
13. 邯郸市红色旅游系列景区
    晋冀鲁豫烈士陵园
    武安市晋冀鲁豫中央局旧址
    涉县一二九师司令部旧址
14. 保定市红色旅游系列景区
    阜平县城南庄晋察冀军区司令部旧址
    易县狼牙山风景区

安新县白洋淀景区
清苑县冉庄地道战遗址
唐县白求恩柯隶华纪念馆
保定留法勤工俭学运动纪念馆
涞水县野三坡平西抗日根据地
15. 唐山市红色旅游系列景区
    乐亭县李大钊故居和纪念馆
    丰润区潘家峪惨案纪念馆
16. 邢台市邢台县中国人民抗日军事政治大学
    陈列馆
17. 沧州市献县马本斋烈士纪念馆
18. 承德市隆化市董存瑞烈士陵园及纪念馆

山西省

19. 长治市红色旅游系列景区
    武乡县八路军太行纪念馆
    武乡县王家峪八路军总部旧址景区
    武乡县百团大战砖壁指挥部旧址
    黎城县黄崖洞景区
    沁源县太岳军区司令部旧址
20. 晋中市左权县麻田八路军前方总部旧址景区
21. 大同市红色旅游系列景区
    大同煤矿遇害矿工"万人坑"展览馆
    灵丘县平型关战役遗址
22. 忻州市红色旅游系列景区
    五台县晋察冀军区司令部旧址纪念馆
    徐向前故居和纪念馆

---

① 此名单为全国红色旅游工作协调小组办公室公布。两批共计249个景区，500余个景点。

23. 吕梁市红色旅游系列景区
　　文水县刘胡兰纪念馆
　　兴县"四八"烈士纪念馆
　　晋绥边区革命纪念馆
24. 太原市红色旅游系列景区
　　山西省国民师范旧址革命活动纪念馆
　　太原解放纪念馆
　　高君宇故居

内蒙古自治区

25. 呼和浩特市红色旅游系列景区
　　乌兰夫故居和纪念馆
　　武川县大青山抗日根据地旧址
26. 满洲里市红色国际秘密交通线教育基地

辽宁省

27. 沈阳市红色旅游系列景区
　　"九一八"历史博物馆
　　抗美援朝烈士陵园
28. 抚顺市红色旅游系列景区
　　平顶山惨案遗址纪念馆
　　战犯管理所旧址
29. 丹东市抗美援朝纪念馆，鸭绿江断桥景区
30. 锦州市红色旅游系列景区
　　辽沈战役纪念馆
　　黑山阻击战纪念馆
31. 葫芦岛市塔山阻击战纪念馆
32. 大连市关向应故居纪念馆

吉林省

33. 四平市红色旅游系列景区
　　四平战役纪念馆
　　四平革命烈士陵园
　　四平烈士纪念塔
　　梨树县东北民主联军四平保卫战指挥部旧址

34. 白山市红色旅游系列景区
　　白山市郊七道江遗址
　　临江市四保临江战役纪念馆及烈士陵园
　　陈云故居
　　靖宇县杨靖宇将军殉难地
　　白山市东北抗日联军纪念园
35. 通化市杨靖宇将军烈士陵园

黑龙江省

36. 哈尔滨市红色旅游系列景区
　　东北烈士纪念馆
　　东北抗联博物馆
　　哈尔滨烈士陵园
　　侵华日军第七三一部队罪证陈列馆
37. 哈尔滨市尚志市红色旅游系列景区
　　尚志市革命烈士陵园
　　赵一曼被捕地
38. 牡丹江市红色旅游系列景区
　　牡丹江市八女投江革命烈士陵园
　　海林市杨子荣烈士墓及剿匪遗址
　　宁安市马骏故居和纪念馆

上海市

39. 上海红色旅游系列景区
　　中国共产党第一次全国代表大会会址纪
　　念馆
　　龙华革命烈士陵园
　　宋庆龄陵园
　　陈云故居暨青浦革命历史纪念馆

江苏省

40. 南京市红色旅游系列景区
　　梅园新村纪念馆
　　雨花台烈士陵园
　　侵华日军南京大屠杀遇难同胞纪念馆

渡江胜利纪念馆

41. 江苏新四军红色旅游系列景区
镇江市句容县茅山新四军纪念馆
盐城市新四军重建纪念馆
泰兴市黄桥战役纪念馆
常熟市沙家浜革命历史纪念馆
常州市新四军江南指挥部纪念馆

42. 徐州市淮海战役纪念馆

43. 南通市海安县苏中七战七捷纪念馆

44. 淮安市红色旅游系列景区
周恩来纪念馆和故居
黄花塘新四军军部旧址
新安旅行团革命历史陈列馆
淮安市刘老庄八十二烈士陵园

浙江省

45. 嘉兴市南湖风景名胜区（中共"一大"旧址）

46. 绍兴市鲁迅故居及纪念馆

47. 台州市解放一江山岛战役纪念地

48. 温州市浙南（平阳）抗日根据地旧址

49. 宁波市浙东（四明山）抗日根据地旧址

安徽省

50. 安徽新四军红色旅游系列景区
泾县皖南事变烈士陵园及新四军军部旧址
滁州市藕塘烈士纪念馆及中原局旧址
黄山市黄山岩寺新四军军部旧址
宿州市皖东北革命历史纪念馆暨江上青烈士殉难地
亳州市涡阳县新四军四师纪念馆
滁州市来安县新四军二师师部旧址
新四军江北指挥部旧址

51. 安徽省淮海战役系列景区
淮北市濉溪县、宿州市萧县淮海战役双堆集烈士陵园

蔡洼淮海战役总前委会议暨华东野战军指挥部旧址

52. 皖西南红色旅游系列景区
金寨县革命烈士陵园
皖西烈士陵园
独山革命旧址群
红二十五军政机构旧址
岳西县及金寨县红二十八军军部及重建旧址
霍山县诸佛庵镇革命遗址
裕安区苏家埠战役纪念园
太湖县刘家畈高干会议旧址

53. 芜湖市王稼祥纪念园

福建省

54. 福州市福建省革命历史纪念馆

55. 龙岩市红色旅游系列景区
上杭县古田会议旧址
毛泽东才溪乡调查纪念馆
长汀县福建省苏维埃旧址
福音医院旧址
长汀县革命委员会旧址
红四军司令部、政治部旧址
中共福建省委旧址
福建省职工联合总工会旧址
瞿秋白烈士纪念碑
红军长征出发地（中复村）旧址
连城县红四军政治部旧址
红四军司令部旧址
武平县红四军前敌委员会旧址

56. 三明市红色旅游系列景区
宁化县红军医院旧址
长征集结出发地
北山革命纪念园
泰宁县红军街
建宁县红一方面军总司令部、总前委、总政治部旧址
清流县红军标语遗址

明溪县红军战地医院遗址
57. 漳州市毛主席率领红军攻克漳州陈列馆及
中共闽粤边区特委旧址
58. 南平市红色旅游系列景区
武夷山赤石、大安红色旅游景区
闽北革命历史纪念馆
坑口革命遗址
邵武市中共苏区闽赣省委旧址
东方县委旧址
光泽县大洲国共谈判旧址

江西省

59. 南昌市红色旅游系列景区
南昌八一起义纪念馆
方志敏纪念馆
南昌新四军军部旧址
60. 赣西红色旅游系列景区
萍乡市、铜鼓县、修水县秋收起义纪念地
系列景点
萍乡市安源路矿工人运动纪念馆
宜春市万载县湘鄂赣革命根据地旧址
上高县抗日会战遗址
新余市罗坊会议纪念地
61. 井冈山市红色旅游系列景区
62. 赣州市、吉安市、抚州市中央苏区政府
根据地红色旅游系列景区
63. 上饶市上饶集中营革命烈士陵园

山东省

64. 济南市红色旅游系列景区
济南革命烈士陵园
济南战役纪念馆
济南市解放阁
65. 枣庄市、济宁市铁道游击队红色旅游景区
枣庄市八路军抱犊崮抗日根据地遗址
66. 枣庄市台儿庄大战遗址

67. 临沂市红色旅游系列景区
蒙阴县、沂南县沂蒙山孟良崮战役遗址
临沂市华东革命烈士陵园
莒南县八路军115师司令部
河东区新四军军部旧址
68. 莱芜市莱芜战役纪念馆
69. 青岛市海军博物馆

河南省

70. 驻马店市确山县竹沟镇确山竹沟革命
纪念馆
71. 信阳市红色旅游系列景区
新县鄂豫皖苏区首府革命博物馆
鄂豫皖苏区革命烈士陵园
首府路和航空路革命旧址
将军故里
商城县金刚台红军洞群等
罗山县铁铺乡红二十五军长征出发地
72. 南阳市叶家大庄桐柏英雄纪念馆
73. 郑州市二七纪念堂

湖北省

74. 武汉市红色旅游系列景区
江岸区八七会议旧址纪念馆
武昌区毛泽东旧居及中央农民运动讲习所
旧址纪念馆
75. 黄冈市大别山红色旅游区
麻城市烈士陵园
红安县黄麻起义和鄂豫皖苏区革命烈士
陵园
英山县英山革命烈士陵园
红二十八军红军医院旧址等
罗田县胜利烈士陵园
麻城市乘马会馆
76. 湘鄂西红色旅游系列景区
荆州市洪湖市湘鄂西革命根据地旧址群

　　　　湘鄂西革命烈士陵园
77.　孝感市红色旅游系列景区
　　　　大悟县宣化店谈判旧址
　　　　新四军五师旧址

　　　湖南省

78.　湘潭市韶山市毛泽东故居和纪念馆
79.　长沙市红色旅游系列景区
　　　　宁乡县花明楼刘少奇故居和纪念馆
　　　　浏阳市文家市镇秋收起义会师旧址纪念馆
　　　　开慧乡杨开慧故居和纪念馆
　　　　岳麓山景区
　　　　湖南第一师范学校旧址
　　　　中共湘区委员会旧址暨毛泽东、杨开慧
　　　　故居
80.　湘潭市湘潭县彭德怀故居和纪念馆
81.　岳阳市红色旅游系列景区
　　　　平江县平江起义旧址
　　　　汨罗市任弼时故居
　　　　华容县湘鄂西革命根据地
82.　郴州市红色旅游系列景区
　　　　宜章县湘南暴动指挥部旧址
　　　　桂东县"三大纪律六项注意"颁布旧址
83.　衡阳市衡东县罗荣桓故居
84.　张家界市红色旅游系列景区
　　　　桑植县贺龙故居和纪念馆
　　　　刘家坪红二方面军长征出发地
85.　湘西土家族苗族自治州永顺县湘鄂川黔
　　　革命根据地旧址

　　　广东省

86.　广州市红色旅游系列景区
　　　　毛泽东同志主办农民运动讲习所旧址
　　　　广州起义纪念馆和烈士陵园
87.　梅州市梅县叶剑英元帅纪念馆
88.　惠州市惠阳区叶挺纪念馆

　　　广西壮族自治区

89.　左右江红色旅游系列景区
　　　　百色市红七军部旧址
　　　　乐业县红七军和红八军会师地旧址
　　　　崇左市龙州县红八军部旧址
　　　　河池市东兰县韦拔群故居及纪念馆
　　　　东兰烈士陵园
　　　　广西农民运动讲习所旧址
　　　　红七军前敌委员会旧址
90.　桂林市红色旅游系列景区
　　　　八路军驻桂林办事处旧址
　　　　兴安县界首镇红军长征突破湘江烈士纪念
　　　　碑园

　　　海南省

91.　五指山市五指山革命根据地纪念园
92.　海口市琼山区工农红军琼崖纵队改编旧址
93.　琼海市红色娘子军纪念园
94.　定安县母瑞山革命根据地纪念园

　　　重庆市

95.　重庆市红色旅游系列景区
　　　　渝中区重庆红岩革命纪念馆
　　　　沙坪坝区歌乐山革命纪念馆
　　　　"11·27"大屠杀遗址
　　　　红岩魂广场及陈列馆
　　　　中美合作所
　　　　国民党军统集中营
　　　　开县刘伯承故居及纪念馆
　　　　江津县聂荣臻元帅陈列馆
　　　　酉阳县赵世炎烈士故居
　　　　杨闇公旧居及烈士陵园
　　　　川陕苏区城口县苏维埃政权遗址
　　　　酉阳南腰界革命根据地

四川省

96. 广安市红色旅游系列景区
　　邓小平故居和纪念馆
　　华蓥市华蓥山游击队遗址
97. 巴中市、达州市、广元市、南充市川陕
　　革命根据地红色旅游系列景区
　　巴中市通江县红四方面军总指挥部旧址纪念馆
　　川陕苏区红军烈士陵园
　　南江县巴山游击队纪念馆
　　平昌县刘伯承纪念馆
　　达州市万源市万源保卫战战史陈列馆
　　广元市剑阁县红军血战剑门关遗址
　　苍溪县红军渡江纪念地
　　旺苍县红军街
　　南充市仪陇县朱德故居纪念馆
98. 四川红军长征红色旅游系列景区
　　凉山州会理县皎平渡红军渡江遗址
　　会理会议遗址
　　冕宁县彝海结盟遗址
　　红军长征纪念馆
　　泸州市古蔺县红军四渡赤水太平渡陈列馆
　　雅安市宝兴县夹金山红军纪念碑
　　石棉县红军强渡大渡河纪念地
　　甘孜州泸定县泸定桥革命文物纪念馆
　　磨西镇毛泽东住地旧址
　　甘孜县朱德司令和五世活佛纪念馆
　　阿坝州若尔盖县巴西会议会址
　　马尔康县卓克基会议旧址
　　红原县红原瓦切红军长征纪念遗址
　　小金县两河口会议旧址
　　松潘县红军长征纪念碑碑园
　　黑水县芦花会议旧址
　　成都市邛崃市红军长征纪念馆
99. 宜宾市宜宾县赵一曼纪念馆
100. 资阳市乐至县陈毅故居

贵州省

101. 贵州红军长征红色旅游系列景区
　　遵义市遵义会议纪念馆
　　红花岗区红军山烈士陵园
　　汇川区、桐梓县娄山关景区
　　赤水市赤水红军烈士陵园
　　习水县、赤水市、仁怀市风溪渡口红军
　　四渡赤水纪念地
　　习水县黄皮洞战斗遗址
　　赤水市丙安红一军团纪念馆
　　黔南州瓮安县、遵义市余庆县、遵义县和
　　贵阳市息烽县乌江景区
　　黔东南州黎平县黎平会议旧址
　　印江县木黄会师纪念地
102. 贵阳市息烽集中营革命历史纪念馆
103. 安顺市王若飞故居

云南省

104. 云南红军长征红色旅游系列景区
　　曲靖市会泽县水城红军扩军旧址
　　昆明市禄劝县皎平渡
　　寻甸县红军长征柯渡纪念馆
　　丽江市玉龙县石鼓红军渡口
　　楚雄州元谋县龙街红军横渡金沙江渡口
　　昭通市威信县扎西会议纪念馆
　　迪庆州香格里拉县独克宗古城红军长征
　　纪念馆
105. 西南联合大学旧址、昆明陆军讲武堂
　　旧址、"一二·一"纪念馆及四烈士墓

西藏自治区

106. 西藏山南地区乃东县泽当镇山南烈士陵园

陕西省

107. 西安市红色旅游系列景区
     八路军西安办事处纪念馆
     "西安事变"纪念馆
108. 汉中市川陕革命纪念馆
109. 延安市延安革命纪念地系列景区
     延安革命纪念馆
     枣园旧址
     杨家岭旧址
     王家坪旧址
     凤凰山旧址
     清凉山旧址
     "四八"烈士陵园
     洛川县洛川会议纪念馆
     子长县瓦窑堡会议旧址
     宝塔山景区
     桥儿沟革命旧址
     南泥湾革命旧址
     中共西北局革命旧址
     陕甘宁边区政府旧址
     志丹县保安革命旧址
     吴起镇革命旧址
110. 咸阳市旬邑县马栏革命旧址
111. 铜川市陕甘边照金革命根据地旧址

甘肃省

112. 甘肃红军长征红色旅游系列景区
     白银市会宁县红军长征会师旧址
     甘南州迭部县腊子口战役遗址
     陇南市宕昌县哈达铺红军长征纪念馆
     定西市岷县"岷州会议"纪念馆
     通渭县榜罗镇革命遗址
     武威市古浪县红军西路军古浪战役遗址

113. 兰州市城关区八路军兰州办事处旧址
114. 庆阳市华池县陕甘边区苏维埃政府旧址
115. 张掖市高台县高台烈士陵园

青海省

116. 西宁市中国工农红军西路军纪念馆

宁夏回族自治区

117. 六盘山红军长征纪念景区
     固原市隆德县六盘山长征纪念亭
     西吉县将台堡一、二方面军会师纪念碑
     兴隆镇单家集红军长征遗址
     泾源县老龙潭革命烈士纪念亭
118. 吴忠市同心县红军西征红色旅游系列景区
     陕甘宁省豫海县回民自治政府旧址
     红军西征纪念园
     豫旺堡西征红军总指挥部旧址
119. 吴忠市盐池县革命烈士纪念馆

新疆维吾尔自治区

120. 乌鲁木齐市八路军驻新疆办事处纪念馆
121. 乌鲁木齐市革命烈士陵园
122. 石河子市红色旅游系列景区
     新疆生产建设兵团军垦博物馆
     农八师周恩来总理纪念馆

全国红色旅游经典景区第二批名录

（2011年公布，共127处）

北京市

123. 北京奥林匹克公园
124. 圆明园遗址公园
125. 北京规划展览馆
126. 宋庆龄故居
127. 香山双清别墅
128. 房山区没有共产党就没有新中国纪念馆

天津市

129. 河北区天津市规划展览馆
130. 和平区中共中央北方局旧址纪念馆

河北省

131. 唐山市开滦矿山博物馆
132. 承德市宽城县喜峰口长城抗战遗址
133. 邢台市邢台县前南峪村
134. 唐山市唐山地震遗址纪念公园
135. 张家口市张北国防教育基地

山西省

136. 阳泉市狮脑山百团大战遗址
137. 吕梁市石楼县红军东征纪念馆
138. 晋中市昔阳县大寨展览馆及长治市平顺
西沟展览馆

内蒙古自治区

139. 乌兰浩特市内蒙古自治区政府成立纪念地
140. 海拉尔市世界反法西斯战争海拉尔纪念园
141. 锡林郭勒盟多伦县察哈尔抗战遗址
察哈尔抗日同盟军收复多伦指挥部
吉鸿昌将军讲演地
同盟军收复多伦战斗遗址
142. 乌兰察布市绥蒙革命纪念馆及田家镇惨案遗址

辽宁省

143. 抚顺市雷锋纪念馆
144. 朝阳市赵尚志纪念馆
145. 本溪市东北抗联史实陈列馆
146. 东北老工业基地转型发展系列景区
本溪市本溪湖中国近代煤矿工业遗址园
阜新市海州矿国家矿山公园
抚顺市西露天矿史陈列馆

吉林省

147. 长春市东北沦陷史陈列馆
148. 长春市长春电影制片厂
149. 辽源市日军辽源高级战俘营旧址
150. 白城市中共辽吉省委辽北省政府办公旧址
和侵华日军机场遗址群

黑龙江省

151. 大庆市大庆油田历史陈列馆及铁人王进喜
同志纪念馆
152. 齐齐哈尔市江桥抗战纪念地
153. 哈尔滨市中国人民解放军第四野战军前线
指挥部旧址
154. 鸡西市密山市中国空军诞生地
——东北民主联军航空学校旧址纪念馆
155. 北大荒开发纪念地
鸡西市密山市北大荒开发建设纪念馆
双鸭山市友谊县友谊农场
156. 鸡西市侵华日军虎头要塞遗址及牡丹江市
侵华日军东宁要塞遗址
157. 绥芬河市秘密交通线纪念馆

上海市

158. 中国共产党第二次全国代表大会会址纪念馆

159. 上海城市规划展示馆
160. 上海鲁迅纪念馆
161. 浦东陆家嘴金融贸易区
162. 上海世博园

江苏省

163. 南京市中山陵
164. 宿迁市雪枫公园
165. 泰州市中国人民解放军海军诞生地纪念馆
166. 常州市瞿秋白故居、张太雷故居及恽代英
纪念广场

浙江省

167. 浙西南革命根据地旧址群
丽水市厦河省委机关旧址
龙泉市披云山苏维埃旧址
松阳县安岱后苏维埃旧址
遂昌县王村口苏维埃旧址
衢州市开化县中共浙皖特委旧址、
中共闽浙赣省委旧址
温州市泰顺县中共浙闽边临时省委成立旧址
168. 湖州市新四军苏浙军区旧址群
长兴县新四军苏浙军区旧址
一纵队司令部旧址
新四军苏浙学社
安吉县反顽自卫战指挥部旧址
169. 温州市永嘉县中国工农红军第十三军旧址群

安徽省

170. 合肥市肥东县渡江战役总前委旧址
171. 滁州市凤阳县小岗村

福建省

172. 福州市马尾船政旧址

173. 宁德市闽东红色旅游系列景区
蕉城区中国工农红军闽东独力师旧址
福安市中共闽东特委旧址
174. 莆田市涵江区闽中支队司令部旧址

江西省

175. 赣东北红色旅游系列景区
上饶市横峰县闽浙皖赣革命根据地旧址群
玉山县中国工农红军北上抗日先遣队
纪念馆
铅山县石塘镇新四军整编旧址
景德镇市浮梁县新四军瑶里改编及程家山
旧址
乐平市红十军建军旧址
赣东北革命委员会旧址
方志敏旧居
176. 吉安市红色旅游系列景区
东固革命根据地
永新三湾改编旧址
泰和县马家洲集中营
177. 九江市红色旅游系列景区
共青城创业史陈列馆
庐山会议旧址及领袖旧居群
98抗洪精神教育基地
178. 赣州市红色旅游系列景区
宁都县中央苏区反“围剿”旧址及纪念馆
大余县南方红军三年游击战旧址及纪念馆
179. 南昌市新建县小平小道陈列馆

山东省

180. 威海市环翠区刘公岛甲午海战纪念地
181. 鲁西南战役纪念系列景区
菏泽市郓城鲁西南战役指挥部旧址
菏泽市冀鲁豫边区革命纪念馆
济宁市金乡县羊山鲁西南战役纪念馆
182. 聊城市东昌府区孔繁森同志纪念馆

183. 烟台市海阳地雷战遗址

河南省

184. 开封市兰考县焦裕禄烈士陵园
185. 安阳市林州市红旗渠
186. 商丘市永成县淮海战役陈官庄战斗遗址
187. 南阳市镇平县彭雪枫故居及纪念馆
188. 濮阳市清丰县单拐革命旧址
189. 安阳马氏庄园（刘邓大军指挥部旧址）

湖北省

190. 武汉市辛亥革命系列景区
　　武昌区辛亥革命纪念馆及首义广场
　　江夏区中山舰纪念馆
191. 咸宁市咸安区北伐战争汀泗桥战役遗址
192. 湘鄂赣红色旅游系列景区
　　黄石市阳新县湘鄂赣边区鄂东南革命
　　烈士陵园
　　湘鄂赣革命根据地旧址群
　　大冶市红三军团建军旧址
　　鄂州市梁子湖区湘鄂赣军区司令部旧址
193. 荆州市'98抗洪及荆江分洪工程
194. 宜昌市长江三峡水利枢纽工程
195. 襄樊市宜城市张自忠纪念馆
196. 黄冈市黄州区陈潭秋故居
197. 随州市曾都区新四军第五师旧址群

湖南省

198. 湘潭市湘乡东山学校旧址
199. 怀化市红军长征通道会议旧址
200. 衡阳市南岳忠烈祠
201. 怀化市芷江县中国人民抗日战争胜利芷江
　　受降旧址
202. 株洲市红色旅游系列景区
　　茶陵县工农兵政府旧址
　　炎陵县红军标语博物馆

广东省

203. 深圳市博物馆（新馆）及莲花山公园
204. 汕尾市海丰县红宫红场旧址
205. 中山市孙中山故居和纪念馆
206. 广州市三元里人民抗英斗争纪念馆
207. 广州市黄花岗七十二烈士墓
208. 广州市黄埔陆军军官学校旧址
209. 东莞市鸦片战争博物馆
210. 梅州市大埔县"八一"起义军三河坝战役
　　烈士纪念园

广西壮族自治区

211. 贵港市桂平县太平天国金田起义旧址
212. 崇左市凭祥市镇南关大捷遗址

海南省

213. 万宁市六连岭革命遗址
214. 文昌市张云逸大将纪念馆
215. 海口市解放海南岛战役烈士陵园

重庆市

216. 中共中央南方局暨八路军驻重庆办事处遗址
217. 国共合作遗址群及抗日民族统一战线遗址群

四川省

218. 绵阳市"两弹一星"国防科技教育基地
219. 凉山州中国西昌卫星发射中心
220. "5·12"汶川大地震抗震救灾系列景区
　　阿坝州汶川县映秀镇汶川地震震中纪念地
　　绵阳市北川县地震遗址博物馆
　　绵竹市汉旺东汽工业遗址纪念地
　　青川县东河口地震遗址公园
　　成都市"万众一心、众志成城"抗震救灾
　　主题展览馆

都江堰市虹口深溪沟地震遗址纪念地等
遗址遗迹及纪念馆
阿坝州汶川县水磨古镇
理县桃坪羌寨
绵阳市北川县永昌镇
成都市崇州街子古镇等反映灾后重建
成果的景区
221. 泸州市泸顺起义旧址

　　贵州省

222. 黔南州独山县深河桥抗战遗址
223. 铜仁市周逸群烈士故居
224. 黔南州荔波县邓恩铭烈士故居

　　云南省

225. 普洱市民族团结誓词碑
226. 保山市滇西抗战松山战役遗址及滇西抗战
纪念馆
227. 边疆民族抗英纪念遗址
怒江州泸水县片马抗英遗址
临沧市沧源县班洪抗英遗址
228. 昭通市罗炳辉将军故居及乌蒙回旋战旧址

　　西藏自治区

229. 拉萨市红色旅游系列景区
中央人民政府驻藏代表楼旧址
拉萨烈士陵园
青藏铁路拉萨站
230. 日喀则地区江孜县宗山抗英遗址

　　陕西省

231. 渭南市华县渭华起义纪念馆
232. 榆林市红色旅游系列景区
米脂县杨家沟革命旧址
佳县神泉堡革命纪念馆

233. 宝鸡市红色旅游系列景区
凤县两当起义纪念馆
眉县扶眉战役纪念馆
234. 陕南红军革命根据地系列景区
汉中市洋县华阳红二十五军司令部旧址
西乡县红二十九军军部旧址及红四方面军
总后医院旧址
安康市汉滨区牛蹄岭战役遗址
商洛市商南县前坡岭战斗遗址
235. 咸阳市泾阳县安吴青训班革命旧址

　　甘肃省

236. 庆阳市环县山城堡战役遗址
237. 平凉市界石铺红军长征纪念园
238. 陇南市两当县两当兵变遗址
239. 酒泉市玉门油田
240. 张掖市山丹艾黎纪念馆
241. 甘南州舟曲泥石流灾害纪念设施

　　青海省

242. 海北州青海原子城遗址
243. 玉树州地震纪念设施

　　宁夏回族自治区

244. 银川市永宁县中华回乡文化园

　　新疆维吾尔自治区

245. 哈密市红军西路军进疆纪念园
246. 克拉玛依市克拉玛依一号井
247. 和田地区于田县库尔班·吐鲁木纪念馆
248. 巴音郭勒州马兰军博园

　　新疆生产建设兵团

249. 农一师阿拉尔市三五九旅纪念馆

参考文献

[1] 北京市规划展览馆官网. 北京市规划展览馆 [EB/OL]. [2012-10-16].
http://www.bjghzl.com.cn/.

[2] 北京宋庆龄同志故居管理中心. 宋庆龄同志故居 [EB/OL]. [2012-11-15].
http://www.sql.org.cn/AboutHouse.aspx.

[3] 北京新文化运动纪念馆官方网站. 北京新文化运动纪念馆[EB/OL]. [2012-11-21].
http://www.xwh.org.cn/.

[4] 陈毅故里管理局. 陈毅故里 [EB/OL]. [2012-11-15].
http://www.chenyiguli.com/Intothehome.aspx.

[5] 陈云故居暨青浦革命历史纪念馆官网. 陈云故居暨青浦革命历史纪念馆 [EB/OL].
[2012-11-15]. http://www.cyjng.net/Default.aspx?tabid=175&language=zh-CN.

[6] 词踪2010. 舟曲泥石流 [N]. 北京：北京晨报，2010-11-18（T28）.

[7] 辞海编辑委员会. 辞海 [M]. 上海：上海辞书出版社，2000.

[8] 大陕北网 [EB/OL]. [2012-12-21]. http://www.dashanbei.com/.

[9] 邓小平故里管理局. 邓小平故里 [EB/OL]. [2012-11-15]. http://dxp.gatv.com.cn/.

[10] 第一旅游网. 红色景区 [EB/OL]. [2012-10-16]. http://www.toptour.cn/tab785/.

[11] 高狄. 毛泽东 周恩来 刘少奇 朱德 邓小平 陈云著作大辞典 [M].
辽宁：辽宁人民出版社，1991.

[12] 郭煜，郭炫. 寻找革命的故乡：中国红色之旅 [M]. 广州：广东旅游出版社，2005.

[13] 何正强，何镜堂，郑少鹏，陈晓虹，郭卫宏. 大地的纪念——汶川映秀镇地震纪念体系
规划及震中纪念地设计 [J]. 规划设计，2010，9：27-32.

[14] 红故事. 红军西征纪念园[EB/OL]. [2012-09-21].
http://www.honggushi.com/news/hongsezhilv/hgs7812.html.

[15] 红色辽宁·爱国主义教育基地网上展馆. 抚顺西露天矿矿史陈列馆[EB/OL].
[2012-10-16]. http://edu.nen.com.cn/lnaiguojiaoyu/56/3523556.shtml.

[16] 红色旅游门户网站 [EB/OL]. [2012-10-15]. http://www.crt.com.cn/.

[17] 黄秉洲. 踏上红色之旅 [M]. 北京：中共编译出版社，2005.

[18] 蒋建华，冯婉蓁，季弘. 中华人民共和国资料手册：1949-1999 [M].
北京：社会科学文献出版社，1999.

[19] 九一八事变纪念馆官网. 九一八事变纪念馆 [EB/OL].
http://his.tsingming.com/918shibian/.

[20] 军事科学院军事历史研究所. 中国工农红军长征全史 [M].
北京：军事科学出版社，2006.

[21] 乐途旅游网 [EB/OL]. [2012-06-21]. http://www.lotour.com/.

[22] 林众. 中华旅游通典 [M]. 北京：社会科学文献出版社，2004.

[23] 罗荣桓故居管理处、县文物局. 罗荣桓纪念馆[EB/OL]. [2012-11-15].
http://www.lrhgj.com/ch/About.asp?ID=18.

[24] 洛川会议纪念馆官网. 洛川会议纪念馆[EB/OL]. [2012-12-21].
http://agzy.youth.cn/xzzh/lchy/index.html.

[25] 彭德怀纪念馆官网. 彭德怀纪念馆 [EB/OL]. [2012-11-15]. http://www.pdhjng.cn/.

[26] 皮纯协，徐理明，曹文光. 简明政治学辞典 [M]. 河南：河南人民出版社，1986.

[27] 侵华日军南京大屠杀遇难同胞纪念馆官网. 南京大屠杀纪念馆 [EB/OL].
　　　http://www.nj1937.org/.

[28] 邱科平. 世界大百科全书 [M]. 北京：光明日报出版社，2003.

[29] 桑广书. 延安旅游区旅游资源、地位分析 [J].
　　　咸阳师专学报（综合版），1994，3：47-50.

[30] 山西省文物局 [EB/OL]. [2012-10-11]. http://www.sxcr.gov.cn/.

[31] 四川党的建设（城市版）编辑部. 红军长征在四川的重大事件 [J].
　　　四川党的建设（城市版），2006，10：18.

[32] 四川省自然科学博物馆协会. 绵阳市科技馆[EB/OL]. [2012-10-16].
　　　http://www.scstm.com/sansm/newDetails-145.aspx.

[33] 宋春，朱建华. 中国政党辞典 [M]. 吉林：吉林文艺出版社，1988.

[34] 宋春，朱建华. 中国政党要人传 [M]. 吉林：吉林文艺出版社，1990.

[35] 宋庆龄陵园官网. 宋庆龄陵园 [EB/OL]. [2012-11-15].
　　　http://www.shsoongching-ling.com/.

[36] 搜狐网. 三军大会师——红军长征三大主力会师全纪录[EB/OL]. [2012-09-21].
　　　http://news.sohu.com/20061018/n245871795.shtml.

[37] 皖南事变烈士陵园官网. 皖南事变烈士陵园 [EB/OL]. http://www.wnsblsly.com/.

[38] 王春红. 建党前八十年的历史启示 [J]. 实事求是，2002，1：55-57.

[39] 王嘉. 万众一心 众志成城5·12抗震救灾纪念馆开馆 [N].
　　　四川：成都日报，2011-05-12（01）.

[40] 我的祖国·爱国主义教育基地网上展馆（人物篇）.
　　　拉萨烈士陵园[EB/OL]. [2012-10-16].
　　　http://space.tv.cctv.com/act/article.jsp?articleId=ARTI1258625241119967&nowpage=1.

[41] 吴明明. 二十世纪世界名人辞典 [M]. 辽宁：辽宁人民出版社，1991.

[42] 吴长福，张尚武，卢永毅，吴承照，汤朔宁. 永恒北川——北川国家地震遗址博物馆项目
　　　概念设计 [J]. 城市规划学刊，2005，6（2）：1-12.

[43] 西部网. 延安新闻纪念馆 [EB/OL]. [2012-11-21].
　　　http://news.cnwest.com/content/2010-04/05/content_2926822.htm.

[44] 新青年网. 红军长征翻越夹金山纪念馆[EB/OL]. [2012-11-21].
　　　http://news.we54.com/a/news/ztmbsy/renwu/2011/0629/18242.html.

[45] 延安精神网 [EB/OL]. [2012-11-01]. http://www.yajs.cn/.

[46] 延安市圣地中心旅游区概念规划[EB/OL]. [2012-12-12].
　　　http://wenku.baidu.com/view/35b7812e647d27284b735140.html.

[47] 央视网 [EB/OL]. [2012-07-05]. http://www.cntv.cn/.

[48] 余庆门户网站. 我市迎来文化旅游产业发展黄金期 [EB/OL]. [2012-12-12].
　　　http://www.yuqing.gov.cn/art/2012/11/2/art_164_69937.html.

[49] 圆明园遗址公园官方网站. 圆明园遗址公园 [EB/OL]. [2012-08-21].
　　　http://www.yuanmingyuanpark.cn/.

[50] 张文. 大革命失败后各地武装起义概况 [J]. 党建，1991，5.

[51] 中共党史人物研究会. 中共党史人物传 [M]. 陕西：陕西人民出版社，1981.

[52] 中共二大会址纪念馆官方网站. 中共二大会址纪念馆 [EB/OL]. [2012-07-21].
　　　http://www.edjng.org/.

[53] 中共中央党史研究室. 中国共产党历史 [M]. 北京：中共党史出版社，2002.

[54] 中共中央党史研究室. 中国共产党历史（1921–1949）·第一卷（上册）[M].
北京：中共党史出版社，2011.

[55] 中共中央党史研究室. 中国共产党历史（1921–1949）·第一卷（下册）[M].
北京：中共党史出版社，2011.

[56] 中共中央党史研究室. 中国共产党历史（1949–1978）·第二卷（上册）[M].
北京：中共党史出版社，2011.

[57] 中共中央党史研究室. 中国共产党历史（1949–1978）·第二卷（下册）[M].
北京：中共党史出版社，2011.

[58] 中共中央党史研究室第一研究部. 红军长征史 [M]. 北京：中共党史出版社.
沈阳：万卷出版公司，2006.

[59] 中国百科大辞典编委会. 中国百科大辞典 [M]. 北京：华夏出版社，1990.

[60] 中国博物馆学会. 中国博物馆志 [M]. 北京：华夏出版社，1995.

[61] 中国辞典编写组. 中国辞典 [M]. 北京：五洲传播出版社，2008.

[62] 中国工程物理研究院科技馆. 中国旅游网 [EB/OL]. [2012–10–16].
http://www.51yala.com/html/20071120224449–1.html.

[63] 中国工农红军长征史网 [EB/OL]. [2012–09–21]. http://www.sdyyyz.net/red/index.htm.

[64] 中国共产党新闻网 [EB/OL]. [2012–06–30]. http://cpc.people.com.cn/.

[65] 中国国防资讯网. 延安的红色之旅——两黄两圣文化 [EB/OL]. [2012–11–21].
http://info.cndsi.com/html/20060112/4532161201.html.

[66] 中国近现代史纲要 教材编写组. 中国近现代史纲要 [M].
北京：高等教育出版社，2007.

[67] 中国经济网. 泸定桥革命文物纪念馆[EB/OL]. [2012–11–21].
http://travel.ce.cn/gny/200912/02/t20091202_20543120.shtml.

[68] 中国旅游百科全书编委会. 中国旅游百科全书 [M].
北京：中国大百科全书出版社，1999.

[69] 中国旅游新闻网. 凤凰山麓革命旧址[EB/OL]. [2012–07–15].
http://www.cntour2.com/viewnews/2008/10/11/1011165900_1.htm.

[70] 中国网. 第一次国共合作 [EB/OL]. [2012–08–21].
http://www.china.com.cn/chinese/zhuanti/222527.htm.

[71] 中国文物学会专家委员会. 中国文物大辞典 [M]. 北京：中央编译出版社，2008.

[72] 中国小岗村. 小岗村乡村旅游动态[EB/OL]. [2012–10–16].
http://www.cnxiaogang.cn/html/2009–08/1695.html.

[73] 中国遵义门户网站 [EB/OL]. [2012–10–21]. http://www.zunyi.gov.cn/.

[74] 中红网 [EB/OL]. [2012–07–05]. http://www.crt.com.cn/.

[75] 中华人民共和国国家文物局 [EB/OL]. [2012–09–21]. http://www.sach.gov.cn/.

[76] 中央政府门户网站. 西安事变纪念馆[EB/OL].
http://www.gov.cn/test/2008–11/28/content_1162609.htm.

[77] 周恩来邓颖超纪念馆官网. 周恩来邓颖超纪念馆[EB/OL]. [2012–11–15].
http://www.mzhoudeng.com/Introduction.html.

[78] 周恩来纪念地管理局. 淮安周恩来纪念景区 [EB/OL]. [2012–11–15].
http://www.crt.com.cn/zel/jqfm.html.

[79] 周家珍. 20世纪中华人物名字号辞典 [M]. 北京：法律出版社，2000.

后记

● 《红色旅游与文化》一书作为迎接党的十八大的主题出版物，入选了社会主义核心价值体系建设"双百"出版工程首批重点选题，从全国1600余种选题中脱颖而出，成为50种通俗读物之一。本书是一部具有思想性、文化性、体现社会主义核心价值观的、具有一定理论高度的普及性通俗读物。书籍以简要文字和大量精美图片，宣传、介绍了由全国红色旅游工作协调小组办公室（简称全国红办）公布的全国红色旅游经典景区第一批及第二批名录共计249个红色旅游景点景区，以及与各景区景点相对应的中国革命史。通过介绍红色旅游景点景区，重点反映了中国共产党的光辉历史和优良传统。通过充分挖掘和利用红色旅游景区景点所蕴含的革命历史文化资源，来宣传和介绍中国革命史，传播与弘扬共产主义思想及内涵，开展爱国主义和革命传统教育，培育伟大民族精神，以不断增强民族凝聚力，推动革命老区经济社会的协调发展，并促进红色旅游健康持续地发展。本书最大的亮点是突破了红色旅游以及其他各类旅游书籍的传统思路和模式，以中国革命史为主要线索，从爱国主义教育与红色旅游相结合的新视角，把红色旅游景点景区对应到相应的革命史事件中去，使读者和旅游者能生动、鲜活、立体地解读中国革命史。

为了圆满完成本书的写作工作，北京大学旅游研究与规划中心和北京交通大学风景道与旅游规划研究所于2012年下半年开始，组织多名编著人员，先后经过近20次研讨会，查阅和运用了大量第一手资料，充分参考和吸收了现有的最新研究成果，并请党史专家等，对书稿进行了指导、审阅；前后经过了多达十余轮的反复修改、完善和定稿，最终形成了本书的出版稿。

参与本书编著工作的有王缤钰（第一篇、第二篇、第三篇）、李静（第四篇）、李敏琦（第五篇）、沈晔（第六篇、第七篇）、王菲（参与收集了部分景区景点的照片）。全书由吴必虎、余青主持确定了编写大纲、撰写内容，并对文稿进行了多次统稿、校核和审定。

本书的编著是集体劳动的产物，在此对所有参与、支持本书工作的同仁表示衷心感谢。感谢中国建筑工业出版社原副社长李根华、原总编辑朱象清对全书的审阅和指导；感谢提供了红色旅游景点景区照片的新华社图片中心、汉华易美网站、相关的旅游景点景区管理处以及其他摄影者的大力支持；特别感谢中国建筑工业出版社领导、董苏华编审、赵子宽、贺伟、廖晓明、孙梅和张慧丽等为本书所付出的大量心血，为本书提出的宝贵建议和进行的认真审校以及后期的制作，使其得以及时与读者见面。

由于时间紧，加之编者自身水平有限，不足和差错在所难免，敬请读者批评指正。

余青

2012年12月28日